새롭게 배우는

사회복지실천론

 양정빈 · 김효순 · 이무영 · 정여주 · 홍성례 공저

Social Work Theory and Practice

학지사

최근 우리의 일상에서 '4차 산업혁명'이라는 단어를 쉽게 접할 수 있다. 사회복지를 전공한 저자들에게 디지털과 물리·생물세계의 융합이 경제, 사회, 기술을 포함한 사회 전반을 변화시키는 시대가 도래하고 있다는 점은 다소 충격적이다. 더 나아가 우리의 삶이 로봇, 가상현실, 인공지능과 같은 혁신적인 기술로 탈바꿈되는 미래 사회가 과연 행복한 세상일까 하는 의구심마저 들기도 한다. 그런 시대를 대비하기 위해 휴먼서비스 직종인 사회복지사는 어떤 준비를 해야 하는가? 이 질문에 대한 답을 찾기란 쉽지 않을 것이다. 저자들은 과학기술이 사회의 중심축이 되는 시대에 교수자가 예비 사회복지사들에게 무엇을 가르쳐야 하는지를 고민하면서 이 책을 집필하였다.

2012년과 2016년에 한국사회복지교육협의회는 사회복지교육의 질을 높이기 위해 사회복지교과목 지침서를 개정한 바 있다. 2018년에는 변화하는 현장에 필요한 역량을 교육과정에 반영하기 위해 또 한 번의 과감한 개정을 실시하였다. 개정 과정에서 사회복지실천 교육과 현장 간의 괴리감이 상당하다는 기존의 문제가 다시 부각되었고, 사회복지현장에서 역량기반

교육(competency-based education)이 필요하다는 목소리가 높아졌다. 역량(competency)은 특정 과업을 수행하는 데 필요한 기술을 갖춘다는 의미를 내포하고 있다. 즉, 역량기반 교육의 핵심은 추상적이고 수동적인 지식 중심의 학습이 아닌 사회복지사로서 과업을 수행하는 데 필요한 기술을 습득할 수 있는 교육 목표와 내용, 그리고 교수방법의 지침을 제공하는 것이다.

개정된 사회복지교과목 지침서에서 주목할 만한 변화는 다음과 같다. 첫째, 그간 지속적으로 논의되어 오던 사회복지실천론과 사회복지실천기술론 교과 내용의 중복 문제에 대한 해법을 찾는 노력이 있었다. 둘째, 실천의 토대가 되는 개념과 이론에 초점을 두면서 좀 더 큰 틀인 실천의 접근 방법과 관점의 중요성을 부각시켰다. 셋째, 개인을 초점으로 실천의 전체 과정을 개괄적으로 보여 주었다. 마지막으로, 기록과 평가는 사회복지실천기술론보다 사회복지실천론에서 다루는 것으로 개편되었다.

이에 따라 이 책은 개정된 사회복지실천론 지침서 내용을 상당 부분 반영하여 다음과 같이 목차를 구성하였다.

제1부 사회복지실천의 개관에서는 제1장 사회복지실천의 개념 및 정의(김효순), 제2장 사회복지실천의 가치와 윤리(홍성례), 제3장 사회복지실천의 역사(김효순), 제4장 사회복지실천 현장(이무영), 제5장 사회복지사의 전문성과 성찰적 실천(홍성례)을 다루었다.

제2부 사회복지실천의 접근 방법에서는 제6장 사회복지실천의 관점: 통합적 접근을 중심으로(홍성례), 제7장 사회복지실천에서의 관계형성과 면접(이무영)을 제시하였다.

제3부 사회복지실천의 과정에서는 제8장 사회복지실천의 과정과 기록(양정빈), 제9장 초기단계: 접수 및 자료수집(양정빈), 제10장 사정 및 계획단계(양정빈), 제11장 개입단계(정여주), 제12장 종결단계(정여주), 제13장 사례관리(정여주)의 순서로 정리하였다.

이렇게 구성된 목차에 집필진은 다음과 같은 내용들을 반영하였다. 첫째, 1급 국가자격시험의 핵심 과목인 사회복지실천론의 교과안에 실천의 개념, 목적, 가치를 강조하였다. 또한 현장에 대한 실제 예시들을 제공함으로써 학생들이 현장을 이해하고 관심을 갖도록 하였다. 둘째, 점차 역량기반 교육이 중요시되므로 적절한 사례, 서식, 평가 틀 등을 제시함으로써 이론과 현장의 접목을 유도하였다. 셋째, 학생들이 사회복지사로서의 정체성을 올바르게 확립할 수 있도록 자신의 가치, 윤리적 사고에 대해 성찰할 수 있는 다양한 활동을 제시하였다. 특히, 그 어느 때보다 사회복지현장에서 정의, 인권, 다양성이 주요 이슈로 자리 잡고 있기 때문에 실천의 주요 가치와 윤리적 원칙의 중요성을 이해하고 스스로 성찰할 수 있는 토론 주제들을 포함하였다. 넷째, 사회복지실천 과정에서 대인서비스 중심의 상담과 치료에 초점을 둔 미시적 실천과 거시적 실천 내용을 적절히 배분하여 구성하였다. 다섯째, 개정된 교과목 지침서에도 제시된 것처럼 사회복지실천기술론에 포함되었던 기록 부분을 사회복지실천론 목차에 구성하였다. 그리고 현장에서 활용도가 높은 기록 유형과 양식을 제시하여 실천과정에서 어떻게 쓰이는지 이해도를 높이고자 하였다. 그러나 개정된 지침서는 사례관리가 직간접 서비스를 제공하는 통합적 실천방법이므로 실천론의 통합적 관점 부분에 그 내용을 소개하였다. 저자들은 고심 끝에 사례관리가 통합적 관점 부분보다는 사회복지실천 과정의 내용에 더 적합하다고 판단하여 마지막 장인 제13장에 배치하였다.

이 교재를 사용하여 학생들을 지도할 때, 학생들이 실천의 기초 개념과 실천의 관점 그리고 실천과정을 충분히 이해할 수 있도록 교재의 토론 주제와 사례를 활용할 것을 추천한다. 교수자는 해당 내용과 관련된 사례를 기반으로 학생들과 토의하고, 그 토의 결과에 대해 슈퍼비전을 주는 방식으로 진행한다면 학습 효과를 극대화할 수 있을 것이다. 최근 대학에서 강조하는 다양한 교수법(예: PBL과 Flipped Learning)을 적용해 보고 학생 간 상호 역할극을 활용하는 것도 유용할 것이다.

저자들은 사회복지교과목 가운데 사회복지실천론이 현장을 이해하고 그곳으로 나아가게 하는 나침반과 같은 역할을 한다고 생각했다. 그렇기 때문에 이론, 관점, 과정에 대한 지식에 중점을 두면서 동시에 예비 사회복지사가 겸비해야 할 가치, 윤리적 의식, 정체성 등도 강조하기 위해 노력하였다. 아마 이것은 서두에 저자들이 제기한 '4차 산업혁명 시대에 사회복지사는 어떤 준비를 해야 하는가?'라는 질문에 대한 답일 수도 있다. 이 답을 중국 송나라의 사마광이 집필한 『자치통감(資治通鑑)』의 내용에서도 찾아볼 수 있다. 이 역사서에서 사마광은 인재를 네 가지 유형으로 설명하고 있다. 재주와 덕망을 겸비한 사람을 성인(聖人), 재주와 덕망이 모두 없는 사람을 우인(愚人), 덕망이 재주를 이기는 사람을 군자(君子), 재주가 덕망을 이기는 사람을 소인(小人)이라고 기술하고 있다. 이 말은 결국 아무리 훌륭한 재주도 덕(德)을 겸비하지 못하면 쓸모가 없고, 때로는 그 재주로 주변에 큰 위해를 입힐 수도 있다는 충고를 전하고 있다. 덕(德)은 공정하며 윤리적 원칙을 준수하고 타인을 받아들이며 이해하는 마음과 행동으로 볼 수 있다. 즉, 사회복지사가 지켜야 할 중요한 실천의 원칙과도 일맥상통하는 의미이다. 저자들은 사회복지실천론 교과를 수강하는 예비 사회복지사들이 이러한 덕성과 인성을 갖추도록 하는 데 이 책이 유용하게 활용되기를 적극 기대한다.

예비 사회복지사에게 필요한 핵심 지식을 전달하기 위해 저자들이 고심하면서 글을 써 내려갔으나 여전히 부족한 부분들이 보여 많은 아쉬움이 남는다. 향후 학생들과 동료 교수들로부터 제시되는 비판을 겸손히 받아들여 교재의 완성도를 높이기 위한 작업을 지속적으로 해 나가고자 한다.

최근 대학은 격동의 시기를 보내고 있다. 이러한 시기에 교육과 연구로 바쁜 일상을 보내면서도 원고가 마무리될 수 있도록 애써 주신 집필진의 노고에 먼저 감사의 인사를 드린다. 교재의 골격을 설계하고 원고를 작성해 나가면서 함께 고민하는 과정 속에서 집필진 또한 성장할 수 있었던 귀한 시간이었다. 마지막으로 교재의 출간을 위해 물심양면으로 지원을 아끼지 않으셨던 학지사 김진환 사장님과 한승희 부장님께도 깊은 감사의 인사를 전한다.

2020년 여름
눈이 부시게 오늘을 살아가고자 하는 저자 일동

□ 머리말 / 3

• 제1부 •
사회복지실천의 개관

제1장 … 사회복지실천의 개념 및 정의 • 15

   1. 사회복지실천의 개념 및 정의 _ 15

   2. 사회복지실천의 가치와 지식 _ 19

   3. 사회복지실천의 목적 _ 20

   4. 사회복지실천의 기능 _ 22

   5. 사회복지실천의 이념과 철학적 배경 _ 23

제2장 … 사회복지실천의 가치와 윤리 • 31

   1. 사회복지실천의 가치 _ 32

   2. 사회복지실천의 윤리 _ 43

   3. 사회복지실천 현장의 윤리적 갈등과 조정 _ 59

제3장 ··· 사회복지실천의 역사 · 71

1. 서구사회 사회복지실천의 발달과정 _ 71
2. 한국 사회복지실천의 발달과정 _ 84

제4장 ··· 사회복지실천 현장 · 99

1. 사회복지실천 대상 _ 100
2. 사회복지실천 현장 _ 108

제5장 ··· 사회복지사의 전문성과 성찰적 실천 · 129

1. 사회복지 전문직의 정체성 _ 130
2. 사회복지사의 역할 _ 132
3. 사회복지사의 자격 _ 143
4. 사회복지사의 자기인식 _ 149

• 제2부 •
사회복지실천의 접근 방법

제6장 ··· 사회복지실천의 관점: 통합적 접근을 중심으로 · 169

1. 통합적 접근의 개요 _ 171
2. 통합적 접근의 주요 이론과 관점 _ 181
3. 통합적 접근의 실천모델 _ 203

제7장 ··· 사회복지실천에서의 관계형성과 면접 · 241

    1. 관계형성 _ 242

    2. 면접 _ 250

• 제3부 •
사회복지실천의 과정

제8장 ··· 사회복지실천의 과정과 기록 · 273

    1. 기록의 목적 _ 274

    2. 기록에 포함되는 기본적인 내용 _ 277

    3. 기록의 유형 _ 282

    4. 기록을 위한 원칙 _ 297

제9장 ··· 초기단계: 접수 및 자료수집 · 303

    1. 접수 _ 304

    2. 자료수집 _ 312

제10장 ··· 사정 및 계획단계 · 319

    1. 사정 _ 320

    2. 계획단계 _ 348

제11장 ··· 개입단계 • 359

    1. 직접적 개입 _ 361

    2. 간접적 개입 _ 380

    3. 사회복지사의 역할 _ 383

제12장 ··· 종결단계 • 387

    1. 사회복지실천 평가 _ 388

    2. 종결 _ 397

    3. 사후관리 _ 401

제13장 ··· 사례관리 • 405

    1. 사례관리의 개념 및 도입배경 _ 406

    2. 사례관리의 개입원칙 _ 410

    3. 사례관리의 과정 _ 412

    4. 사례관리자의 역할 _ 420

    □ 찾아보기 / 425

제1부

사회복지실천의 개관

제1장

사회복지실천의 개념 및 정의

●학습개요●

이 장에서는 사회복지실천의 개념 및 정의를 살펴본다. 사회복지의 개념을 이해하는 것은 사회복지실천을 이해하는 첫걸음이 될 것이다. 이러한 사회복지실천의 정의를 바탕으로 사회복지실천이 추구해야 하는 가치와 목표에 대한 이해를 깊이 할 수 있을 것이다. 더불어 우리나라 사회복지실천 현장의 문제점도 살펴볼 수 있다.

●학습목표●

1. 사회복지실천의 개념을 알아본다.
2. 사회복지실천의 정의를 살펴본다
3. 우리사회의 사회복지실천 문제점에 대해 살펴본다.

1. 사회복지실천의 개념 및 정의

사회복지실천이 무엇인지에 대하여 한마디로 정의하는 것은 쉬운 일이 아니다. 따라서 기관이나 학자에 따라 여러 다양한 정의가 존재한다. 일반적으로 사회복지실천이란 다양한 사회적 욕구를 지닌 사람들로 하여금 사회복지사를 만나 사회변화(social change)의 과정을 경험하게 함으로써 그들의 욕구를 충족시켜 주는 사회복지의 방법이라 할 수 있다. 그런데 이러한 사회복지사와 만남의 대상은 사회적 요구(need)를 지닌 한 사람일 수도 있고, 집단일 수도 있고, 조직이나 지역사회 전체일 수도 있다(김융일, 조흥식, 김연옥, 1995). 사회복지실천의 정의를 명확히 할 때에 사회복지사는 자신의 실제적 활동무대를 명확하게 지정하여 직업적·전문적 기술을 최대한 발휘하고 사회복지서비스 제공에서 기본적인 지식과 기술 발전을 신장시킬 수 있을 것이다. 다음은 다양한 사회복지실천의 개념들을 시대별로 정리한 것이다.

1) Richmond(1922)

사회복지실천이란 개인과 개인, 인간과 사회환경 사이의 의식적인 조정을 통해서 그 개인의 인격발달을 이루어 가는 과정이다.

2) 전미사회복지사협회(National Association of Social Workers: NASW, 1982)

사회복지실천이란 개인·집단·지역사회로 하여금 그들 각자의 사회적 기능을 증진·복구시키며 그러한 목적에 합당한 사회적 조건들을 스스로 만들어 갈 수 있도록 돕는 전문적 활동이다. 좀 더 구체적으로 살펴보면, 사회복지실천이란 첫째는 인간과 사회환경 간의 생태체계적인 관점에 기초하여 개인, 집단, 가족이 자신들의 문제해결능력과 대처능력을 향상시키는 것이며, 둘째는 인간이 필요로 하는 사회자원, 서비스, 기획 등의 환경체계가 원활하게 상호작용할 수 있도록 도와주는 것이며, 셋째는 자원과 서비스를 제공할 수 있도록 효과적이고 효율적인 운영을 추구하는 것이며, 넷째는 새로운 사회정책의 개발과 향상을 목적으로 하는 실천활동이다.

3) Pincus와 Minahan(1990 : 9)

사회복지실천은 첫째, 사람들의 문제해결능력 및 대처능력을 강화시키는 것, 둘째, 사람들에게 자원, 서비스, 기회들을 제공하는 체계와 그들을 연결시키는 것, 셋째, 이러한 체계들의 효과적이고 인간적인 운용을 증진시키는 것, 넷째, 사회정책의 발달과 증진에 기여하는 것 등이다.

4) 국제사회복지사연맹(International Federation of Social Workers : IFSW, 2000)

사회복지실천은 첫째, 약자의 권익증진을 위해 사회 변화를 촉진하고, 둘째, 인간관계에서 문제해결을 촉진하며, 셋째, 개인의 복지증진을 위해 그의 역량을 강화하고 차별과 억압으로부터 해방하기 위해 노력하는 것이다.

5) 미국사회복지교육협의회(Council of Social Worker Education : CSWE)

사회복지실천은 인간복지의 향상, 빈곤과 억압의 경검 그리고 최상의 삶의 질 향상을 위해 업무를 수행하는 전문직이다(양옥경 외, 2005에서 재인용).

6) 최해경(2009)

사회복지실천은 인간의 사회적 기능을 향상시키기 위해 손상된 능력을 회복시키며, 인적 · 사회적 자원을 제공하여 사회적 역기능을 예방하는 것이다.

7) 양옥경 등(2010)

사회복지실천은 사람의 삶의 질 향상을 위해 개인, 소집단, 가족 또는 지역사회의 문제 및 욕구에 권한부여적(empowering) 문제해결 접근 방법(problem-solving method)으로 개입하는 종합적인 전문활동이다.

지금까지 살펴본 사회복지실천의 다양한 개념 정의에는 다음과 같은 공통된 특징이 있다(김기태 외, 2008). 첫째, 인간의 문제와 욕구에 관심이 있다. 둘째, 인간의 사회적 기능 향상 및 인간과 환경 사이의 상호작용을 중요시한다. 셋째, 개인, 가족, 집단, 지역사회 등이 서비스 대상이다. 넷째, 전문적 지식과 이론은 원조활동의 토대임을 강조한다. 다섯째, 대상자의 변화를 위한 임상적 접근뿐만 아니라 사회 정의를 실현하기 위해 사회에 존재하는 장애물과 불의를 개선하고자 하는 거시적인 노력이 통합적으로 이루어지는 것을 강조한다. 사회복지실천에 대해 정리하자면, 사회복지실천(social work practice)이란 사회복지사가 사회적 안녕상태를 이루기 위해 필요한 구체적 서비스들을 그 서비스가 요구되는 현장에서 실천에 옮기는 작업이라고 할 수 있다.

사회복지실천은 또한 미시적 수준(micro level), 중간 수준(mezzo level) 및 거시적 수준(macro level)으로 구분할 수 있다. 미시적 수준의 실천은 개인의 가장 친밀한 상호작용 과정에 개입하는 사회복지사의 활동이다. 거시적 수준은 대상자의 삶에 영향을 미치는 전체 사회나 국가의 복지체계를 대상으로 한 사회복지사의 실천활동이다. 중간 수준은 말 그대로 미시적 수준과 거시적 수준의 중간 수준에서의 활동을 의미하는데, 지역사회 자원의 발굴 및 연계 활동, 자조집단 및 치료집단의 조직 및 운영 등의 활동을 통한 사회복지실천이다. 사회복지실천은 미시적 수준과 중간 수준에서 이루어지는 사회복지 활동을 의미하는데, 사람들이 필요한 서비스를 받을 수 있도록 돕고 지역사회의 자원을 연계하며 사회복지실천의 가치, 원칙, 기술을 전문적으로 적용한다. 즉, 사회복지서비스 실천을 위해 사회복지사가 대상자와 직접 얼굴을 맞대고 대상자의 복지 향상을 위해 대상자와 함께 하는 활동, 서비스 연계활동 그리고 그와 관련된 준비 및 사후 활동들이 해당된다.

2. 사회복지실천의 가치와 지식

1) 사회복지실천의 가치

가치란 어떤 사물·현상·행위 등이 인간에게 의미 있고 바람직한 것임을 나타내는 개념이다. 따라서 일반적으로 믿음 및 신념으로 사회가 바람직하다고 여기는 것, 사회구성원들이 행동해야 하는 방식, 적절한 삶의 조건에 대한 믿음이다. 사회복지실천은 사람들이 필요한 서비스를 받을 수 있도록 돕고 지역사회의 자원을 연계하며 사회복지실천의 가치와 지식을 전문적으로 적용하는 것이다. Zastrow(1992)는 사회복지실천에서 중시되는 주요 가치들을 다음과 같이 제시하고 있다. 첫째, 인간의 존엄성과 개인의 독특함을 존중함, 둘째, 자기결정권에 대한 클라이언트의 권리를 존중함, 셋째, 비밀보장, 넷째, 잔여적 대책이 아닌 제도적 대책을 지향함, 클라이언트와 전문적 관계를 맺음, 사회적·경제적 정의를 추구함, 서비스 단위로 가족에게 초점을 둠, 서비스의 사회적 책임성을 지향함 등이다.

2) 사회복지실천의 지식

지식이란 사물에 관한 의식과 그것에 대한 판단이다. Compton과 Galaway(1999: 97-98)는 사회복지실천에서 중요한 지식을 다음과 같이 소개하였다.

- 인간행동과 발달에 관한 지식
- 의사소통에 관한 지식
- 집단과정에 관한 지식
- 개인, 집단, 지역사회에 영향을 미치는 문화적 요인에 관한 지식
- 인간관계에 관한 지식
- 지역사회에 관한 지식
- 자신에 관한 객관적인 통찰
- 개입 과정에 관한 지식
- 조직행위와 기관의 행정적 과정에 관한 지식
- 일반적인 방법 및 프로그램 평가에 관한 지식

3. 사회복지실천의 목적

1979년 미국의 시카고에서 열린 실질적인 사회복지실천의 목적을 위한 전국회의에서 저명한 사회복지 관련 인사들은 사회복지실천의 목적에 대해 『사회복지실천 목적에 관한 실질 성명(Working Statement the Purpose of Social Work)』을 발표하였다. 그 성명은 두 부분으로 되어 있다. 한 부분은 사회복지실천의 목적에 대한 정의와 그것의 달성을 위해 사회복지사들이 일반적으로 갖고 있는 세 가지 믿음체계로 구성되어 있고, 다른 한 부분은 이러한 목적을 달성하기 위해 성취해야 할 여섯 개의 주요 목표로 구성되어 있다(강선경, 2012에서 재인용). 실질 성명에서는 사회복지실천의 목적을 "모든 사람의 삶의 질 향상을 위해 개인과 사회 간 서로 유익한 상호작용을 촉진 또는 회복시키는 것"으로 정의하고 있다(서병진, 2010에서 재인용). 이 성명 안에 내포된 사회복지사들이 일반적으로 갖고 있는 세 가지 믿음체계는 모든 사람의 삶의 질을 향상시킨다는 것에 사회복지실천의 목적을 두고 있다. 여기서 모든 사람

이라 함은 사회구성원 모두를 말한다. 모든 개인이 사회의 가용자원 및 기회에 공정하게 접근할 수 있도록 보장되어야 한다는 것이다. 또한 사회복지실천은 사회구성원과 사회체계 사이의 유익한 상호작용을 회복 또는 촉진시키기 위해 노력한다. 개인의 사회적 기능을 향상시키기 위해서는 개인의 요소와 환경 요소 사이의 상호작용과정에 적절한 균형이 이루어져야 한다.

사회복지의 목적을 실천하기 위해 사회복지사들은 다음과 같은 믿음을 가지고 있다. 첫째, 개인을 둘러싼 사회환경은 개인의 모든 잠재력과 소망의 최대 실현에 필요한 기회와 자원을 제공해야 하며, 개인의 곤궁과 고통을 감소시키기 위해 기본적으로 필요한 것들을 공급해야 한다. 둘째, 각 개인은 자기 자신의 행복(well-being), 자기 주변의 타인의 복지 그리고 전체 사회의 복지를 위해 최대한 효과적으로 기여해야 한다. 셋째, 개인과 개인 주변의 타인과의 교류는 모든 당사자들의 존엄, 개성 및 자기결정을 향상시키는 방향으로 진행되어야 한다. 즉, 인간은 인간적으로 정당하게 대접받아야 한다. 사회복지실천 활동의 목적은 사회가 개인에게 일방적이고 무조건적인 원조를 제공하도록 하는 것이 아니라 개인이 자신의 역량을 최대한 발휘하면서 살아가도록 촉진하는 것이다. 이 과정에서 사회복지사는 모든 개인의 인격과 존엄성이 손상되지 않도록 주의해야 한다.

사회복지실천의 목적은 모든 사람의 삶의 질 향상을 위해서는 사회구성원 누구나가 소외받지 않고 공평하게 보장받을 수 있는 것이다(엄명용, 2005). 사회에서 제공되는 가용자원이나 기회가 일부 계층이나 특수 계층에 국한되는 것이 아니라 공정하게 제공될 수 있도록 사회복지사는 대상자 개개인을 지지 또는 옹호하고 보장받을 권리를 찾아 주는 역할을 해야 한다. 그로 인해 개인의 사회적 기능을 향상시킴과 동시에 집단의 사회적 기능을 향상시키고, 나아가 개인과 사회 간의 상호작용이 원활하게 이루어지도록 해야 한다.

미국사회복지교육협의회(CSWE, 1994)는 다음과 같이 사회복지실천의 목표와 목적을 설명하고 있다. 첫째, 사회복지실천은 개인과 가족, 진단, 조직,

지역사회가 목적을 달성하고 고통을 완화하도록 도우며, 개인의 사회적 기능을 촉진하고 회복시키고 향상시키는 데 목적이 있다. 둘째, 사회복지실천은 인간의 기본적인 욕구를 충족시키고 인간이 갖고 있는 잠재력을 개발하도록 돕기 위해 필요한 정책과 서비스 자원, 프로그램을 계획하고 공식화하고 시행하도록 하는 데 목적이 있다. 셋째, 사회복지실천은 취약계층의 역량강화 및 사회적·경제적 정의의 실현을 목표로 한다. 사회복지는 이 사회에서 영향력을 빼앗긴 사람들의 이야기에 귀를 기울이고 그들의 욕구와 문제를 해결하도록 도움으로써 배분적 정의를 실천하는 전문적인 활동이다. 넷째, 사회복지실천의 목적과 관련된 지식과 기술의 발전 및 검증을 목표로 한다. 따라서 사회복지사는 급변하는 환경 속에서 발생하는 새로운 사회적 현상을 이해하고, 개인과 환경 간의 상호작용에서 발생하는 문제에 대한 새로운 지식과 기술을 습득하여야 한다.

Pincus와 Minahan(1973)은 사회복지실천의 목적을 다음과 제시하였다. 첫째, 개인의 문제해결 및 대처 능력을 향상시킨다. 둘째, 개인과 자원 그리고 서비스 간의 연계 및 정보를 제공해 주는 체계와 연결한다. 셋째, 그 체계들이 효과적이고 인도적인 운영을 하도록 촉진한다. 넷째, 사회정책의 개발과 발전에 기여한다.

4. 사회복지실천의 기능

Hepworth와 Larson(2006)에 의하면 사회복지실천의 기능은 다음과 같다. 첫째, 개인의 사회적 기능의 향상(enhancing social functioning), 둘째, 개인의 역기능의 회복 및 치료(remedying personal dysfunction), 셋째, 사회정의의 촉진(promoting social justice)이다. 이는 사람들의 삶의 질을 향상시키기 위해 사회복지 전문가가 수행하는 기능으로, 사회복지실천이란 개인의 사회기능

존중뿐 아니라 사회적 · 경제적 정의를 실현하기 위해 조직적 · 행정적 옹호와 사회운동까지 행하여야 함을 의미한다고 하겠다.

미국사회복지사협회(American Association of Social Workers: AASW)는 사회복지사는 인간과 환경 간의 상호작용에 초점을 두고 사회복지기능을 달성하기 위해 활동하는 전문가라고 규정하였으며, 사회복지실천의 기능을 다음의 여섯 가지로 소개하였다. 첫째, 사람들의 역량을 확대하고, 문제해결능력과 대처능력을 향상시키도록 돕는다. 둘째, 사람들이 자원을 획득하도록 돕는다. 셋째, 조직이 사람들에게 반응하도록 한다. 넷째, 개인과 환경 내의 다른 사람들과 상호작용을 촉진한다. 다섯째, 조직과 제도 간의 상호관계에 영향을 미친다. 여섯째, 사회정책 및 환경정책에 영향을 미친다.

Pincus와 Minahan(1990)은 사회복지사의 개입활동과 과업은 그 기능에 맞춰져 있어야 한다고 소개하면서, 사회복지실천의 기능을 다음과 같이 세분화하였다. 첫째, 개인의 문제해결과 대처 능력을 향상시키며 더 효과적으로 이용할 수 있도록 돕는다. 둘째, 개인과 자원체계 간의 기본 연결을 성립시킨다. 셋째, 사람들과 사회자원체계 간의 상호작용을 촉진시키고 관계를 수정하여 새로운 관계를 형성한다. 넷째, 자원체계 내의 개인들 사이의 상호작용을 촉진시키고 관계를 수정하여 형성한다. 다섯째, 사회정책의 개발과 수정에 기여한다. 여섯째, 물질자원을 분배한다. 일곱째, 사회통제의 개입역할을 한다.

5. 사회복지실천의 이념과 철학적 배경

사회복지실천의 이념은 매우 다양하다. 사회복지실천이 사회통제적 성격을 띠기도 하고 사회 변화를 목적으로 하기 때문에 이념적 배경이 서로 대립되기도 하다. 또한 역사적 흐름으로 볼 때 사회복지실천의 전문직이 발달함에 따라 이념과 철학이 추가되거나 변화되어 왔다. 그리고 사회복지실천은 다양한 철학적 배경에 따라 역사적으로 기본적 가치를 지향하고 있지만 시대에 따라 약간씩 다른 이념과 철학을 바탕으로 두기도 한다(홍선미, 2011). 사회복지실천에 영향을 준 이념과 철학적 배경들을 살펴보도록 하자.

1) 상부상조 및 종교적 윤리

빈곤 문제에 대처하는 가장 원초적인 제도인 품앗이, 두레 등이 상부상조의 정신을 바탕으로 하고 있고, 자선은 기독교의 실천에, 박애는 그리스·로마 전통에 뿌리를 두고 있다(방미진, 황현희, 2011). 기독교에서는 빈민과 무능력자를 돌보는 의무가 강조되어 왔고, 특히 교회와 수도원을 중심으로 한 구빈활동의 역사가 매우 오래되었으며 중요시되어 왔다. 이러한 배경이 사회복지실천에 영향을 주게 됨으로써 사회복지실천이 전문화되기 이전에 사회복지적 활동은 종교적 윤리를 토대로 시혜를 베풀거나 남을 돕는 일이었다. 따라서 상부상조, 자선, 사랑 등의 종교적 윤리 등도 사회복지실천의 이념 또는 철학의 배경이 된다.

2) 온정주의 및 박애사상

사회복지의 초기 이념은 인도주의를 바탕으로 한 온정주의와 박애사상이다. 인도주의는 개인의 존엄성과 자유라는 가치를 도덕 판단의 최고 기준으로 삼으면서 개인의 존엄성과 자유가 실현되는 사회를 이상향으로 삼고 있다. 또한 온정주의란 사회복지직이 문제나 욕구를 가진 사회적 약자나 빈자를 도와야 하며 도덕적 결함을 가진 이들의 삶에 개입하여 보다 나은 삶을 살 수 있도록 이끌어야 하는 관점에 기초하고 있다(홍선미, 2011). 박애사상은 18세기 계몽주의 사상을 배경으로 하여 나타난 사상이다. 신의 사랑이라는 전통을 바탕으로 인간은 이성을 부여받은 존재여서 자유로우며 평등하다는 것이다. 인도주의는 사회복지실천의 최고 이념인 박애사상으로 나타났으며 이것은 자선조직협회의 우애방문자의 철학으로 이어졌다. 다시 말해서, 우애방문자가 대상자에게 보여 준 무조건적인 봉사정신은 사회복지실천의 기본정신인 인도주의이며 곧 이타주의이다. 이러한 이타주의는 사회복지실천의 기본정신으로 자리 잡았으나, 시대의 변화에 따라 클라이언트에게 무조건 서비스를 제공해 주는 것이 아니라 선택적 서비스 실천을 하는 것으로 변화하였다.

3) 민주주의와 사회정의

민주주의는 모든 인간은 평등하다는 것을 인정하여 대상자도 평등한 대우를 받을 권리가 있다는 것을 주장한다. 또한 대상자에게 스스로 결정하는 자기결정권에 대한 가치를 인정해 준다. 사회정의와 평등을 추구하는 사회복지실천은 인보관운동의 활동에서 볼 수 있다. 빈곤계층도 나름대로의 가치관이 있으며 이를 동등하게 인정해 주는 것에서부터 시작하는 인보관운동의 이념은 전체 사회가 이를 인정해 주도록 사회개혁으로 이어졌다. 이들은 빈곤이나 장애를 사회책임으로 돌리고 모든 인간이 평등하듯 대상자들도 동등한 처우를 받을 권리, 빈곤에서 탈출할 기회를 동등하게 제공받을 권리를 갖고 있다고 보았다. 그러므로 빈곤에 대한 책임은 이러한 권리를 보장해 주지 못하는 사회에 있으며 사회변화를 통해 이를 가능하게 해야 한다는 것이다 (방미진, 황현희, 2011). 사회행동가인 Jane Addams는 인보관운동을 중심으로 정치적 개혁을 통한 사회변화를 주창하였다. 자신이 만든 헐 하우스를 중심으로 빈민활동을 한 Addams는 여성의 사회적 발전을 위한 기여를 강조하였으며, 이타주의적이며 평화주의자 성향을 가진 여성들이 사회를 변화시켜야 한다고 주장하였다(홍선미, 2011).

4) 실증주의 및 경험주의

실증주의(positivism)란 19세기 후반 서유럽에서 나타난 철학적 경향으로 형이상학적 사변을 배격하고 사실 그 자체에 대한 과학적 탐구를 강조하는 이론이다. 즉, 실증주의는 어떤 사실이나 현상의 배후에 초월적인 존재나 형이상학적인 원인을 상정하는 것에 반대하고, 경험적으로 주어진 사실을 강조한다. 사실들 간에 성립하는 관계들을 있는 그대로 관찰하여 그 자체로 해명하려는 것이다. 곧 실증주의는 근대 자연과학의 방법과 성과에 기초해 물리적 세계만이 아니라 사회적 정신적 현상들까지 통일적으로 설명하려는 지적 태도로서 나타났다.

사회복지실천에서의 실증주의는 사회복지실천의 전문성이 강화되면서 자선조직의 전성기인 19세기 후반에 처음 활용되었다. 이 시기의 많은 우애방문자는 과학적 우애가 빈민을 이해하는 가장 좋은 가능성을 제공하고 과학적 방법은 개별 사례를 체계적으로 연구하는 데 사용된다고 믿었다. 특히 Richmond의 『사회진단(Social Diagnosis)』(1917) 발간으로 사회복지실천은 전환기를 맞이하였으며, 사회진단이 과학적 문제해결의 과정으로 묘사되었다. 또한 사회문제에 대한 과학적 방법의 영향으로 사회조사운동이 일어났다.

5) 다양화

사회복지실천에서 다양한 계층에 대한 수용, 다양한 문제 및 접근 방식에 대한 허용, 개개인의 독특성을 인정하는 개별화를 추구하는 다양화의 경향이 나타났다. 이러한 측면에서 대상자에게 스스로 발전할 수 있는 기회를 제공하여 자기변화를 도모하는 역량강화(empowerment)에 대해 논의하게 되었다. 사회복지실천의 새로운 모델로 소개되고 있는 역량강화 모델은 클라이언트와의 협력을 통해서만 이루어질 수 있다. 클라이언트는 자신의 사회적 존재성을 이해하고 개인의 삶의 문제를 사회적 맥락 속에서 이해함으로써 개인과 환경의 이중적 관념을 관통하는 개념적 틀을 제공한다(Payne, 1991). 따라서 모델은 제공자-수혜자의 관계 개념에서 제공자-소비자의 개념으로 변화되었다(류상열, 2012). 즉, 역량강화 모델은 사회복지사와 클라이언트의 동등한 관계를 인정하는 것으로, 실천의 장에서 대상자에 대한 무조건적 봉사가 아닌 제공자와 소비자의 관계로 대상자가 스스로 선택하여 사회복지사를 찾아 도움을 요청하는 형태로 나타나게 된다.

6) 개인주의

개인주의(個人主義, individualism)는 개인의 존엄, 가치, 권리 등을 중시하는 사상으로 국가나 집단보다 개인을 우선시한다. 이러한 개인주의는 사회복지를 자유시장에 맡길 때 자유방임주의로 나타나기도 한다. 빈곤의 책임은 빈곤한 자의 책임이라는 개인의 권리와 의무가 강조되었으며, '개인권의 존중'은 '수혜자 자격 축소'로 나타나게 되었다. 즉, 최저임금보다 더 낮은 보조를 받도록 하는 정책이다. 개인주의는 대상자의 개인적 특성을 고려하는 개별화를 중시하는 데 기여하였다.

정리해__봅시다

• 사회복지실천의 개념 및 정의

사회복지실천의 정의는 개인, 기관, 조직마다 다양하지만, 일반적으로 개인 · 집단 · 지역사회로 하여금 그들 각자의 사회적 기능을 증진 · 복구시키며 그러한 목적에 합당한 사회적 조건들을 스스로 만들어 갈 수 있도록 돕는 전문적 활동이라고 할 수 있다.

• 사회복지실천의 가치와 지식

사회복지실천의 가치로 Zastrow는 ① 인간의 존엄성과 개인의 독특함을 존중함, ② 자기결정권에 대한 클라이언트의 권리를 존중함, ③ 비밀보장, ④ 잔여적 대책이 아닌 제도적 대책을 지향함 등이 사회복지실천에서 중시되는 주요 가치들이라고 설명하였다. Compton과 Galaway(1999: 97-98)은 ① 인간행동과 발달에 관한 지식, ② 의사소통에 관한 지식, ③ 집단과정에 관한 지식, ④ 개인, 집단, 지역사회에 영향을 미치는 문화적 요인에 관한 지식, ⑤ 인간관계에 관한 지식, ⑥ 지역사회에 관한 지식, ⑦ 자신에 관한 객관적인 통찰, ⑧ 개입 과정에 관한 지식, ⑨ 조직행위와 기관의 행정적 과정에 관한 지식, ⑩ 일반적인 방법 및 프로그램 평가에 관한 지식 등을 사회복지실천의 중요 지식이라고 지적하였다.

• 사회복지실천의 목적

사회복지실천의 목적을 "모든 사람의 삶의 질 향상을 위해 개인과 사회 간 서로 유익한 상호작용을 촉진 또는 회복시키는 것"으로 규정하고 있다. 사회복지실천의 목적은 모든 사람의 삶의 질 향상을 위해서는 사회구성원 누구나가 소외받지 않고 공평하게 보장받을 수 있는 것이다. 사회에서 제공되는 가용자원이나 기회가 일부 계층이나 특수 계층에 국한되는 것이 아니라 공정하게 제공될 수 있도록 사회복지사는 대상자 개개인을 지지 또는 옹호하고 보장받을 권리를 찾아 주는 역할을 해야 한다.

• 사회복지실천의 기능

• 사회복지실천의 이념과 철학적 배경

사회복지실천의 이념과 철학적 배경은 ① 상부상조 및 종교적 윤리, ② 온정주의 및 박애사상, ③ 민주주의와 사회정의, ④ 실증주의 및 경험주의, ⑤ 다양화, ⑥ 개인주의 등이다.

생각해__봅시다

1. 사회복지실천의 정의를 살펴보았을 때 시대적인 변화에 따라 좀 더 보완되어야 할 부분이 있는지 토론해 봅시다.

2. 사회복지실천의 가치와 지식이 상충되는 부분은 없는지 의견을 제시해 봅시다.

3. 사회복지실천의 이념 중 가장 중요시해야 할 부분이 있다면 무엇인지 생각해 봅시다.

참고문헌

강선경(2012). 사회복지실천론의 이해. 경기: 양서원.

김기태, 김수환, 김영호, 박지영(2008). 사회복지실천론. 경기: 공동체.

김융일, 조흥식, 김연옥(1995). 사회사업 실천론. 서울: 나남출판.

류상열(2012). 사회복지실천의 새로운 이해. 서울: 보문각.

방미진, 황현희(2011). 사회복지실천론. 서울: 나눔의집.

서병진(2010). 사회복지현장실습. 서울: 솔바람.

양옥경, 김미원, 김정자, 남경희, 박인선, 신혜령, 안혜영, 윤현숙, 이은주, 한혜경
　　(2005). 사회복지 윤리와 철학. 서울: 나눔의집.

양옥경, 김정진, 서미경, 김미옥, 김소희(2010). 사회복지실천론(개정 4판). 경기: 나남.

양정남(2012). 사회복지실천론. 경기: 양서원.

엄명용(2005). 사회복지실천의 이해. 서울: 학지사.

이원숙(2008). 사회복지실천론. 서울: 학지사.

최해경(2009). 사회복지실천론. 서울: 학지사.

홍선미(2011). 사회복지실천의 가치지향 분석: 미국의 사회복지역사를 중심으로. 비
　　판사회정책, 31(31), 193-223.

Comton, B. R., & Galaway, B. (1994). *Social Work Processes* (5th ed.). Belmont,
　　CA: Wadsworth.

Compton, B. R., & Galaway, B. (1999). *Social Work Processes* (6th ed.). Pacific
Grove, CA: Brooks/Cole.

Council on Social Work Education. (1994). *Social Work Case Management*.
Washington, D.C.: CSWE.

Hepworth, D. H., & Larsen, J. A. (2006). *Direct Social Work Practice: Theory and
Skills* (7th ed.). Pacific Grove, CA: Brooks/Cole.

International Federation of Social Workers. (2000). Definition of social work.
https://www.ifsw.org

National Association of Social Workers. (1982). *Encyclopedia of Social Work*. New
York: NASW.

National Association of Social Workers. (1995). *Encyclopedia of Social Work* (21th
ed.). Oxford, UK: NASW and Oxford University Press.

Patne, M. (1991). *Modern Social Work Theory*. New York: Macmillan Press.

Pincus, A., & Minahan, A. (1973). *Social Work Practice: Model and Method*. Itasca,
IL: Peacock.

Pincus, A., & Minahan, A. (1990). *Social Work Practice: Model and Method*.
Madison, WI: F. E. Peacock Publishers, Inc.

Richmond, M. E. (1917). *Social Diagnosis*. New York: Russel Sage Foundation.

Richmond, M. E. (1922). *What is Social Case Work?* New York: Russell Sage
Foundation.

Zastrow, C. (1992). *Introduction to Social Work and Social Welfare*. Pacific Grove.
CA: Brooks/Cole Publishing.

제2장

사회복지실천의 가치와 윤리

●학습개요●

　사회복지실천에서 가치는 사회복지실천의 근간이자 사회복지 사명의 토대를 이룬다. 또한 사회복지사의 실천을 인도하는 역할을 담당한다. 따라서 사회복지실천의 가치란 사회복지사가 추구해야 할 가치이다. 가치기준은 사회복지에 한정된 것이 아니라 할지라도 사회복지사가 활동할 가치영역을 규정한다. 사회복지실천에 적절하게 참여하기 위해서 사회복지사의 가치기준에 대한 구체화가 필요하다. 사회복지실천에서 전문직 가치는 사회복지실천 현장에서 필요한 윤리적 원칙을 세우는 지침을 제공한다.

사회복지실천 윤리는 사회복지실천 과정에서 직면할 수 있는 다양한 윤리적 쟁점에 대하여 올바른 판단을 내릴 수 있도록 하는 체계적 준거틀이다. 시대의 변화에 따라 사회적 가치관과 개인의 가치관 그리고 윤리관이 급격하게 변하면서 이전에는 나타나지 않았던 다양한 갈등이 사회복지실천 현장에서 발생하게 되었고, 이를 해결하기 위해 윤리강령이 등장하게 되었다. 윤리강령은 전문직 보호와 클라이언트 보호의 두 가지 기능을 한다.

이에 이 장에서는 사회복지실천의 철학적 기반이 되는 주요 가치들, 사회복지사로서 지켜야 할 윤리강령의 내용 그리고 사회복지실천 현장에서 발생할 수 있는 윤리적 갈등 상황에 대해 살펴보고자 한다.

1. 사회복지실천의 가치

사회복지실천의 가치는 사회복지실천의 근간이자 사회복지 사명의 토대를 이룬다. 또한 사회복지사의 실천을 인도하는 역할을 담당한다. 따라서 사회복지사는 사회복지의 핵심가치를 충분히 숙지하고 그것을 의미 있는 실천행위로 전환할 수 있도록 노력해야 한다(김용석, 고은정, 2014; Reamer, 2013).

1) 가치

(1) 가치의 개념

Gordon(1965)에 따르면, 가치(value)란 '선호되는 것'을 의미한다. Levy (1973)는 "가치는 사람에 대해 그리고 사람을 다루는 적절한 방법에 대하여 전문직이 갖고 있는 신념"으로 정의하고 있다.

가치는 믿음 또는 신념, 사회구성원들이 좋거나 바람직하다고 여기는 것이다. 가치는 인간이 적절한 행동을 선택하는 데 지침이나 기준이 된다. 또한 가치는 좋거나 싫거나 혹은 바람직하거나 바람직하지 못하다는 도덕적 판단의 기준이 된다. 따라서 가치는 인간행동의 방향과 동기를 제공한다.

가치는 지식, 기술과 더불어 사회복지실천의 3대 중심축의 하나로, 사회복지실천이 추구하는 방향성을 제시한다. 사회복지실천은 가치를 기반으로 동기화나 기능화가 이루어지기 때문에 가치 개념을 중요하게 여긴다.

> **〈Tip〉가치의 정의**
>
> • 믿음, 신념
> • 주관적 선호, 도덕적 판단기준
> • 좋다/싫다, 바람직하다/바람직하지 않다
> • 인간행동 선택의 지침이나 기준

(2) 가치의 분류

Pumphrey(1959)는 상대적 중요성에 따른 가치체계로, 사회복지 가치를 추상적인 목적과 관련된 궁극적 가치, 이러한 목적을 달성하기 위해서 사용할 수 있는 수단인 도구적 가치 그리고 이 두 가지 사이에 추상적 가치를 좀 더 구체화한 차등적(혹은 근사적) 가치의 세 가지로 범주화하였다.

① 궁극적 가치

궁극적 가치(ultimate values)는 가장 추상적이고 다수에 의해 쉽게 동의를 얻을 수 있는 내용들이다. 궁극적 가치는 절대적 가치로 사회나 시대상황에 관계없이 불변하는 가치, 즉 인간의 존엄성, 사회정의, 자유, 평등, 평등한 대우 및 차별금지 등을 말한다.

② 차등적(근사적) 가치 혹은 중간단계의 가치

차등적 가치(proximate values)는 추상적인 궁극적 가치와 구체적 행위나 상황과 관련된 도구적 가치 사이에 있으며, 추상적 가치를 좀 더 구체화한 가치이다. 차등적 가치는 상대적 가치로, 사회 문화적 영향이나 개인의 경험에 따라 찬성과 반대가 가능한 가치이다. 즉, 낙태나 동성애, 안락사 등 특수하고 단기적인 목표를 제시하는 중간 수준의 가치(intermediary values)이다. 그리고 시대 환경에 따라 변화 가능한 가치이다.

③ 수단적(도구적) 가치

수단적 가치(instrumental values)는 궁극적 가치를 달성하기 위한 수단이나 방법에 대한 가치이다. 목적 달성에 필요한 수단들을 명확히 하는 것이며, 궁극적 가치를 달성하기 위한 수단이다. 수단적(도구적) 가치는 기술적 가치로, 행동 지침이나 윤리로 나타나는데, 무심판적 태도, 무조건적 수용, 자기결정, 비밀보장, 사전 동의 등이 이에 속한다.

> **〈Tip〉 사전 동의/고지된 동의**
>
> 사전 동의/고지된 동의(informed consent)란 현재의 사회복지 대상자 혹은 앞으로 사회복지 대상자가 될 가능성이 있는 사람으로부터 정보를 수집하거나 서비스를 제공하고자 할 때 클라이언트에게 충분히 정보를 제공하고 반드시 사전 동의를 받아야 하는 것을 말한다.

한편, 차원에 따른 가치 분류도 가능한데, 개인적 가치, 사회적 가치, 기관의 가치, 전문직 가치 등이 이에 속한다. 개인적 가치는 가족, 문화, 사회의 가치에서 비롯된다. 개인적 가치는 종교적 · 문화적 가치의 영향을 많이 받으므로, 각 개인의 환경에 따라 개인적 가치가 다르게 형성될 수 있다. 사회적 가치는 개인적 가치에 영향을 미치며 시대의 변화에 따라 변하는 특성이 있다. 사회의 일반화된 정서적 공감대를 반영하는 것으로 역사적으로 형성되었으며 경험에서 비롯된다. 기관의 가치는 각 사회복지기관의 역할, 기능, 책임에 따라 지니는 고유한 가치를 말한다. 기관의 가치가 클라이언트의 가치와 갈등을 빚는 경우도 종종 발생한다. 전문직 가치는 특정 직업이 사회에서 전문직(profession)으로 인정되는 과정에서 그 전문직의 독특한 실천활동과 관련하여 필요한 가치이다.

전문가로서의 가치와 무관하게 사회복지사는 한 인간으로서 자신만의 개인적 가치를 가질 수 있는데, 개인적 가치와 전문가로서의 가치가 충돌하여 전문가로서의 업무수행에 윤리적 긴장을 가져오는 경우 문제가 된다. 전문직 가치와 개인적 가치의 충돌을 해결하는 방법 역시 다양하게 제시되고 있다. 전문직 가치와 개인적 가치 혹은 클라이언트의 가치 등이 일치하지 않음으로 해서 나타나는 다양한 문제를 효과적으로 해결하기 위한 노력 중의 하나가 윤리적 의사결정론이다.

2) 사회복지실천의 가치

사회복지실천에서 가치(value)는 감정적 · 정서적 측면, 지식(knowledge)은 인지적 측면, 그리고 기술(skill)은 실천행동과 연관이 있다. Bartlett(1970)은 사회복지실천에서의 본질적 3대 요소인 가치, 지식, 기술 중 가치적 요소를 중요하게 여겼다. 이는 사회복지실천이 특정 지식이나 개입 방법만으로는 충족될 수 없으며, 뚜렷한 가치나 신념이 선행되어야 함을 의미한다.

(1) 사회복지실천의 본질적 가치

사회복지실천의 본질적 가치는 '인간의 존엄성 존중'과 '사회정의'로, 이를 사회복지실천의 이중(double) 가치체계라고도 한다.

① 인간의 존엄성 존중

인간의 존엄성은 인간이라는 이유만으로 사람은 그 존재 가치가 있으며, 그 인격은 존중받아야 한다는 이념을 말한다. 인간의 존엄성은 인간이 출생으로부터 권리를 갖고 태어난다는 천부인권사상의 표현으로, 인간이라는 이유만으로도 존엄한 가치를 보장받고 존중받아야 한다는 원칙이다(한림학사,

2007). 인간의 존엄성 존중은 인간을 존엄한 존재로 여기는 것으로, 사회복지실천에서 클라이언트의 자기결정권, 개별화, 무조건적 수용, 비밀보장을 존중하는 수단적 가치와 직업적인 윤리의 토대가 된다. 인간의 존엄성은 모든 인간에 존재하는 고유한 가치이므로, 정신질환자, 장애인, 외국인 등을 포함한 모든 사람에게 보장되어야 한다. 모든 인간을 가치 있는 존재로 인정함으로써 인간이 가치 있는 삶을 영위할 수 있도록 사회복지서비스가 제공되어야 한다.

② 사회정의

정의(正義)는 개인의 정당한 몫을 배분해 주는 것으로, 이해가 상충되는 당사자들을 일방적으로 부당하게 희생시키지 않고, 모든 당사자의 이익을 공정하게 고려하여야 한다는 원칙이다. 이때 무엇이 정당한 것인가에 대해서는 절차를 중시하는 입장과 실질(결과)을 중시하는 입장이 있다. 전자를 절차적 정의 또는 형식적 정의라고 하고, 후자를 실질적 정의라고 한다. 절차적 정의는 문제나 갈등의 해결과정에서 적절한 규칙을 준수하는 것이다. 대화와 협상을 해 나가는 과정에서 지켜야 할 원칙으로는 협상과 대화를 하는 상대방을 존중하고, 자유로운 분위기 속에서 합의를 이끌어 내고, 합의된 내용을 성실히 이행하는 것 등이 있다. 실질적 정의는 문제나 갈등 해결의 결과 및 분배가 형평성 있게 이루어지는 것, 즉 공정하게 이익이 조정되는 수준을 말한다(이상수, 2006).

사회정의(social justice)란 개인에게 정당한 몫을 부여하고 그 몫에 대한 권리, 책임의식, 이익을 정당하게 부여하는 것, 그리고 기회의 균등한 분배와 투명한 사회를 지향하는 것을 함축시킨 사회-철학 용어이다. 사회정의에 대해 처음 정립한 미국의 진보주의자이자 철학자인 John Rawls는 그의 저서 『정의론(A Theory of Justice)』(1971)에서 "모든 이에게 자유를 완벽하게 누리게 할 수 있어야 한다는 것이 정의의 첫째 원칙이고, 빈곤한 사람들의 복지를 우선으로 배려해야 한다는 것이 정의의 둘째 원칙이고, 결과의 불평등은 존재하되 모든 사람에게 기회는 균등하게 주어져야 하는 것이 정의의 세 번째 원칙이다."라고 사회정의를 정의하였다(위키백과, 2020).

Platon에서 Aristoteles까지 인간에 대한 도덕성의 관점으로부터 '사회정의'가 정립되어 왔다. John Rawls가 사회정의를 구체화시키면서 오늘날의 사회정의에 대한 의미가 알려지게 되었다. 사회정의는 고대부터 현재까지 의미가 추가되고 개조되어 왔으며, 인간의 긍정적인 면을 포함하여 점진적인 사회 혁신을 위한 철학적 가치로 여겨져 왔다.

모든 사회구성원은 서로 협력을 통해 산출된 선의 분배 방식에 깊은 관심을 가지고 있다. 왜냐하면 개인은 자신이 설정한 목적을 추구하기 위해서 많은 몫을 원하고 있으며, 그 분배 방식에 따라 자신에게 할당될 몫이 달라질 것이기 때문이다. 또한 어떤 사회체제를 선택하느냐에 따라 이득의 분배 방식이 달라질 것이기 때문에, 그 사회의 구성원들은 먼저 어떤 사회체제를 선정할 것인지 결정해야 한다. 그리고 그 사회체제 안에서 적절한 분배의 몫을 결정할 수 있는 어떤 특정한 원칙을 채택해야 한다. 이러한 원칙들은 자연스럽게 구성원의 권리와 의무, 이득과 부담을 어떻게 배분해야 하는지를 결정해 준다. 바로 이런 원칙이 사회정의의 원칙이다(장동익, 2005).

사회복지사는 옹호활동을 하면서 사회정의를 향상시킬 수 있다. 사회복지사들이 사회정의를 실현하는 방법은 사회제도가 제공하는 기회와 자원(건강, 교육, 경제적 안정, 정치참여 등)을 확대하는 데 기여하는 것이다.

(2) 사회복지실천의 기본 가치

사회복지의 기본 가치로 Friedlander(1976)가 제시하는 가치는 인간의 존엄성, 인간의 자율성, 기회의 균등성, 사회적 책임성 등이다. 전미사회복지사협회(National Association of Social Workers: NASW, 2019)가 제시하는 기본 가치는 개인의 가치와 존엄성, 개인에 대한 존경, 개인의 변화가능성에 대한 가치, 클라이언트의 자기결정권, 비밀보장, 사생활보장, 적절한 자원과 서비스제공, 역량강화, 동등한 기회보장, 비차별성, 다양성 존중 등이다.

이 외에도 사회복지실천의 가치로는 인간의 잠재적 능력을 인정받고 개발할 수 있는 기회를 가질 가치, 자기결정권, 기회균등, 인간의 사회적 책임, 연대성, 인도주의 등이 있다.

3) 사회복지 전문직의 가치

사회복지실천의 가치란 사회복지사가 추구해야 할 가치이다. 가치기준은 사회복지에 한정된 것이 아니라 할지라도 사회복지사가 활동할 가치영역을 규정한다. 사회복지실천에 적절하게 참여하기 위해서는 사회복지사의 가치기준에 대한 구체화가 필요하다. 국제사회복지사연맹(International Federation of Social Workers: IFSW)에서는 모든 국가의 사회복지사들이 공통적으로 지향해야 하는 핵심가치로 인간의 권리와 존엄성, 사회정의를 제시하고 있다.

Levy(1973)는 사회복지 가치들이 갖는 기능적 측면을 기준으로, 사회복지 전문직의 가치를 3개 범주, 즉 사람우선가치, 결과우선가치, 수단우선가치로 구분하여 설명하였다.

(1) 사람우선가치(인간의 존엄성에 대한 가치)

사람우선가치는 인간을 대상으로 하는 전문직이 갖추고 있어야 할 기본적 가치로, 인간의 본성을 제시해 줄 수 있는 가치이다. 인간의 타고난 가치와 인간 존엄성에 대한 믿음, 개별성에 대한 인정, 독특성, 일반적인 인간적 욕구 등을 인정하는 가치이다. 클라이언트를 하나의 개별화된 인간으로 보고 그의 능력과 권한을 인정해 주는 가치이다.

(2) 결과우선가치(결과가 좋아야 한다는 것에 대한 가치)

결과우선가치는 클라이언트에게 서비스를 제공했을 때 나타나는 결과에 대한 가치로, 바람직한 결과 성취를 위해 가져야 하는 가치이다. 사회가 인간의 기본 욕구를 충족시키고, 부적절한 교육이나 주택문제 등의 사회문제를 제거하며, 개인의 발전을 위해 사회참여 기회를 동등하게 제공해야 한다는 사회적 책임에 대한 믿음이다.

(3) 수단우선가치(결과를 이끌어 내는 과정에 대한 가치)

수단우선가치는 서비스를 수행하는 방법과 수단, 도구에 대한 가치이다. 수단우선가치는 인간을 존엄한 존재로 인식하고, 인간 스스로 자기결정의 권리를 가져야 하며, 사회변화에 참여하도록 독려하고, 하나의 독특한 개인으로 인정해야 한다는 믿음이다. 클라이언트에 대한 비심판적 태도, 무조건적인 수용, 자기결정권 존중 등이 수단우선가치에 해당한다.

미국사회복지교육협의회(Council of Social Worker Education: CSWE)에서는 사회복지 전문직의 가치를 다음과 같이 제시하고 있다(사회복지교육연구센터 편저, 2014).

- 개인의 가치와 인간의 존엄성, 수용, 비밀보장, 정직, 책임성
- 클라이언트의 자기결정권, 원조과정에의 적극적 참여권리 존중
- 클라이언트체계가 필요한 자원을 획득할 수 있도록 원조할 책임성
- 사회제도 개선의 책임: 사회제도가 인도적으로 운영되고 인간의 욕구에 부응하도록 만드는 노력
- 다양한 집단의 고유한 특성을 존중하고 수용하여 이를 이해할 수 있는 교육내용(문화, 계층, 성별, 성적 취향, 종교, 장애, 연령 등)의 필요성 인정
- 전문 직업적 특성 개발을 위한 노력: 자신이 행한 윤리적 행위와 실천 내용에 대한 책임, 전문적인 지식과 기술을 발전시키려는 노력

사회복지실천 현장에서 사회복지 전문가는 개인적 가치, 사회적 가치, 클라이언트의 가치, 기관의 가치, 전문직의 가치 등 다양한 차원의 가치를 고려해야 한다. 이 중 사회복지 전문직 가치는 사회복지실천 대상에 직접적인 영향을 미치기 때문에 매우 중요하다. 사회복지 전문직 가치에 대해 살펴보면 다음과 같다(김용석, 고은정, 2014).

　　첫째, 전문직 가치는 그 사회에서 사회복지 전문직의 임무와 역할을 제시한다. 지속적으로 변화하는 사회 속에서 사회복지사가 실천에서 어떠한 역할을 수행하는가는 곧 가치의 문제이며, 그 사회에서 사회복지사가 담당하는 역할을 통해서 그들이 전문직으로서 공유하는 가치가 드러난다. 이는 윤리강령으로 성문화되어 전문가의 행동을 통제하며 사회복지사가 자신의 권력을 남용하지 않도록 한다.

　　둘째, 전문직 가치는 사회복지 전문가로서 정체성을 가지고 일하는 근간이 된다. 사회복지실천의 정체성은 가치기반을 명료화하는 것에서 비롯되며, 사회복지 전문직의 가치는 다른 전문직과 구별 짓게 해 주는 기준이자 그 사회에서 전문직으로 인정받는 기본 조건이 된다.

　　셋째, 사회복지 전문직 가치는 사회복지실천에서 대립되는 가치들 사이에서 윤리적 딜레마 또는 갈등을 해결하기 위한 방안이 된다. 사회복지사는 실천 현장에서 적절하고 공정하게 결정하고 행동해야 하는 상황에 직면하게 되는데, 사회복지 전문직 가치는 이러한 결정을 견인하는 역할을 한다. 실천에서 윤리적 의사결정을 위해서 가장 우선적으로 검토되어야 하는 부분이 바로 사회복지 전문직 가치인 것이다. 즉, 사회복지실천에서 전문직 가치는 사회복지실천의 역할과 사회복지사가 직면하는 다양한 실천상황에서 구체적인 방향을 제시함으로써 사회복지실천을 조명하는 핵심적인 기준이라고 할 수 있다.

4) 사회복지실천과 가치갈등

사회복지사는 사회복지실천 과정에서 개인적 가치, 전문직 가치, 클라이언트 가치, 사회의 가치 등의 영향을 받는데, 다양한 가치 간의 갈등으로 어려움을 겪게 된다. 가치갈등이나 모순에서 벗어나기 위해서 사회복지사는 끊임없는 자기훈련과 경험을 쌓아야 한다. 사회복지사는 사회복지업무를 수행함에 있어 기본적으로 바람직한 가치는 무엇이며, 자신의 개인적 가치관은 무엇인지 분별할 수 있어야 한다. 또한 사회의 법이나 도덕, 사회규범 등을 염두에 두고 갈등이나 모순에 대한 올바른 가치판단을 내릴 수 있어야 할 것이다. 즉, 사회복지실천가들은 자신의 가치는 무엇이며, 그것이 자신의 행동을 어떻게 규제하여 대인관계에 영향을 미치는가를 항상 유념해야 한다.

Brill(1985: 32)은 가치갈등에서 벗어나기 위해 사회복지사로서 자신의 가치관에 대한 인식을 명확히 함이 바람직하다는 것을 다음과 같이 요약하고 있다(조흥식, 김연옥, 황숙연, 김융일, 2009).

- 자신의 가치관에는 자신의 감정적 요소가 다분히 개입되어 있음을 인식해야 한다.
- 자신의 가치관 속에 개입된 편견을 의식하는 데 최선을 다해야 한다.
- 자기 자신과 스스로의 가치관을 객관적 · 현실적으로 평가하도록 노력해야 한다. 자기 가치관의 원천과 그것이 목적하는 바를 검토하고, 그 가치관이 타인에게도 동일한 목적을 달성하도록 하는가를 고려해야 한다.
- 이러한 평가에 근거하여 변화가 필요한 가치관은 변화하도록 노력하며, 클라이언트의 욕구를 충족시킬 수 있다면 클라이언트 자신의 자유로운 생활양식을 허용하고, 그것이 사회복지사 자신의 생활양식과는 서로 다르다는 사실을 분별해야 한다.

사회복지사는 사회복지를 실천하는 과정에서 다양한 가치적 쟁점에 직면하며, 신중한 가치판단을 내려야 하는 상황에 직면한다. 사회복지실천 현장에서 사회복지사가 겪게 되는 다양한 가치갈등의 유형을 제시하면 다음과 같다(권중돈 외, 2019; 서미경, 김영란, 박미은 공역, 2002).

첫째, 가치상충이다. 가치상충은 윤리적 갈등이 가장 빈번히 야기될 수 있는 상황으로, 사회복지사가 두 가지 또는 그 이상의 경쟁적 가치와 직면했을 때 갈등이 발생하는 것을 말한다. 예를 들어, 셋째 아이를 임신한 직장여성인 클라이언트가 남편에게 알리지 않고 낙태하기를 원하는 경우, 사회복지사는 비밀보장과 생명보호의 가치 사이에서 윤리적 갈등을 경험한다.

둘째, 클라이언트체계의 다중성이다. 부적응 아동, 아내 학대 등 복합적인 문제를 다룰 때 사회복지사는 누가 클라이언트인지를 결정하는 데 어려움을 겪는다. 누구의 이익을 최우선으로 고려하고 어떠한 문제에 먼저 개입해야 하는지를 결정하기란 쉽지 않다. 예를 들어, 치매를 앓고 있는 노인에 대한 방임문제, 부양자인 아들 부부의 수발로 인한 갈등문제, 치매 노인과 한 방을 써야 하는 손자녀의 반항문제가 가정 내에 복합적으로 있을 때 노인의 관점, 부양자의 관점, 손자녀의 관점, 부모 부양에 관한 사회규범 등 다양한 가치의 영향으로 윤리적 딜레마가 발생하게 된다.

셋째, 의무상충이다. 사회복지사는 기관에 대한 의무와 클라이언트에 대한 의무 사이에서 갈등하게 된다. 사회복지사는 자신이 속한 기관의 정책을 따라야 하지만 기관의 목표가 클라이언트 이익 우선의 원칙에 위배되면 윤리적인 갈등에 직면하게 된다. 클라이언트의 이익이 최선이라는 가치를 지켜야 하지만 기관의 한정된 자원으로 인해 클라이언트에게 최선의 서비스를 제공하지 못하는 사례는 어렵지 않게 찾아볼 수 있다. 예를 들어, 경미한 정신적 어려움을 갖고 있지만 노숙자 쉼터에서 생활하면서 공공근로를 계속하기 원하는 클라이언트가 있을 때, 사회복지사도 계속 도와주고는 싶지만 다른 클라이언트와 공동생활의 어려움으로 인해 정신요양시설로 보내야 한다는 기관의 결정이 내려지면 의무상충의 갈등 상황이 발생할 수 있다.

넷째, 결과의 모호성이다. 사회복지사는 자신이 내리게 될 윤리적 결정의 결과가 최선인지, 어떤 결정이 올바른 결정인지 판단하기 어려운 모호한 상황에 직면하게 된다. 예를 들어, 해외입양이 아동을 위한 최선의 결정인지 아니면 다른 보호서비스를 대안으로 선택하는 것이 옳은 결정인지 확신할 수 없기 때문에, 해외입양 담당 사회복지사는 갈등을 자주 겪는다.

다섯째, 전문가와 클라이언트 간의 힘 또는 권력의 불균형이다. 클라이언트는 도움을 요청하는 입장이므로 전문가에게 의존하는 관계가 형성되기 쉽다. 클라이언트의 자기결정권, 클라이언트 이익의 최우선성, 의사결정에서 클라이언트의 참여 우선성 등의 요인에 높은 가치를 두고 있지만, 사회복지 실천 과정에서 이를 충분히 반영하지 못하는 경우가 생길 수 있다. 특히 나이가 어리거나 지적장애로 인한 능력의 제한으로 클라이언트가 현실적으로 결정이나 선택을 스스로 할 수 없는 경우, 전문가에게 의존하는 상황이 된다.

이처럼 사회복지사는 다양한 가치갈등 상황을 경험하게 되므로, 문학, 역사, 철학 등의 인문학적 소양과 함께 생활경험을 통해 다양한 사람을 접하면서 다양한 생활양식, 다양한 가치관에 대한 이해가 필요하다. 또한 사회복지사는 자신의 가치관 점검을 통해 편견을 없애려는 노력을 끊임없이 해야 한다.

2. 사회복지실천의 윤리

사회복지실천 윤리는 사회복지실천 과정에서 직면할 수 있는 다양한 윤리적 쟁점에 대하여 올바른 판단을 내릴 수 있도록 하는 체계적 준거틀이다. 사회복지실천의 윤리에서는 먼저 윤리란 무엇인가를 알아보고, 사회복지실천 윤리의 필요성과 사회복지 전문직의 윤리강령에 대해 살펴보겠다.

1) 윤리

어원적으로 윤리와 도덕은 다 같이 사회적 관습이나 습관을 뜻하는 고대 그리스어 에토스(ethos)와 라틴어 모랄리스(moralis)에서 유래한다. 그러나 두 낱말 사이에는 미묘한 용법의 차이가 있어서 서로 바꾸어 사용할 수 없는 경우가 있다. 윤리라는 낱말이 한 사회를 지배하는 행동규범, 즉 외부적 행동 양식의 중요성을 강조하는 데 반해, 도덕은 실존적인 개인이 갖고 있는 인간의 내면적 심성·의미·목적, 즉 물질적 차원의 우주 너머 인간의 존재와 인생을 비롯한 모든 것의 궁극적 의미(meaning)·가치(value)·영성(spirituality)을 지향한다. 다시 말해, '윤리'가 사회제도적 규범을 강조한 말이라면, '도덕'은 그것이 내포된 정신을 강조한다(박이문, 2014: 78-79). 윤리는 인간 사회의 질서유지를 위해 인간으로서 마땅히 지켜야 할 행위규범으로, 도덕적 의무와 책임에 관한 실제적 도덕규범의 총체를 의미한다. 따라서 윤리는 도덕이 객관화된 사회정신이며 사회규범이다.

가치는 '무엇이 좋고 바람직한가'와 관계되는 반면, 윤리는 '무엇이 옳고 그른가'를 다룬다. 윤리는 가치에서 나오기 때문에 가치와 조화를 이루어야 한다. 가치(value)는 사회적으로 합의되어 윤리가 된다. 윤리(ethics)란 사회적 관계에서 사람으로서 마땅히 행하거나 지켜야 할 도리이다. 개인이 그 사회의 도덕률과 가치에 기초해서 행하고 지켜야 할 의무를 규정한 것이다. 가치는 하나의 가정적 개념이어서 인간의 생각 속에서 그치지만, 윤리는 행동으로 나타나는 것으로, 윤리적 판단에 따른 행동수행에서 규범적 기준이 필요하게 된다. 따라서 윤리는 인간의 행동을 통제하거나 규제하는 기준이나 원칙까지 포함하는 개념으로, 일반적으로 타인에 대한 책임감에서 우러나오는 인간에 대한 기대를 말한다(권중돈 외, 2019; 양옥경, 김정진, 서미경, 김미옥, 김소희, 2010).

일반인의 윤리는 인간관계에서 개인이 그 사회의 도덕률과 가치에 기초해서 행하고 지켜야 할 의무를 규정한 것인 반면에, 전문가 윤리는 특수한 역할의 입장, 즉 전문가가 역할을 수행하면서 고려해야 할 특수한 의무를 성문화한 것이다(김성천 외, 2009). 사회복지 전문가 윤리는 사회복지사의 실천이 도덕적으로 바른 방법이어야 함을 인식하도록 돕기 위한 것이며, 윤리적 결정이 요구될 때 어떻게 결정하며 어떻게 바르게 행동하는지를 배우도록 돕는 기준이다. 사회복지서비스를 계획하고 제공하는 사회복지 전문직의 윤리는 전문가로서 행하거나 지켜야 할 도리이며, 이것이 바로 전문적 행동의 기준이 되고 원칙이 되는 것이다(권중돈 외, 2019).

〈Tip〉 가치와 윤리의 비교

가치	윤리
• 믿음, 신념 • 무엇이 좋고 바람직한가와 관련 • 방향 제시 • 구체적인 실천을 지시하기보다는 일반적으로 선호하는 더 폭넓은 사회의 가치 반영	• 어떤 행동의 옳고 그름에 대한 판단 • 가치의 기반 위에 구현된 행동 지침 • 가치에서 나오기 때문에 가치와 조화를 이루어야 함 • 판단

사회복지실천의 윤리에서 가치문제를 중요하게 다루는 이유는 사회복지의 가치에서 윤리적 원칙들이 나오기 때문이다. 사회복지실천에서 전문직 가치는 실천 현장에서 필요한 윤리적 원칙을 세우는 데 지침을 제공한다.

2) 사회복지실천 윤리의 필요성

사회복지실천 윤리의 중요성이 대두된 것은 1920년대 미국 사회에서 사회복지직이 그 당시 전문직으로 인정을 받았던 의사집단과 업무영역을 두고 갈등을 빚기 시작하면서부터이다. 그 원인이 전문지식의 미개발과 윤리강령의 부재에 있음을 인식하게 되면서, 사회복지사협회에서는 윤리강령의 필요성을 제기하였다. 또한 1970년대 과학과 기술이 급격하게 발달됨에 따라 사회복지현장에서도 그 전에 겪지 못했던 윤리적 딜레마가 대두되었다.

사회복지실천은 클라이언트 중심, 이타주의의 가치를 중요한 요소로 삼는 전문직이기 때문에 윤리성이 크게 강조된다. 사회복지실천 전문직의 윤리는 전문인으로서 행하거나 지켜야 할 도리이며, 행동의 기준이 되고 원칙이 된다.

Levy(1976)에 따르면, 사회복지실천 윤리는 다양한 배경을 지닌 사회복지사들이 복잡한 실천분야에서 직면할 수 있는 다양한 윤리적 쟁점에 대하여 올바른 판단을 내릴 수 있도록 하는 체계적인 준거틀이다. Loewenberg와 Dolgoff(1996)에 의하면, 사회복지실천 윤리란 사회복지 실무자가 무엇이 윤리적으로 올바른 실천방법인지 인식할 수 있게 도와주며, 전문적인 사회복지실천 상황에서 초래되는 윤리적 측면과 관련된 올바른 실천행위를 결정하고 행동에 옮길 수 있는 방법이다.

사회복지사는 사회복지 전문가로서 클라이언트를 원조하는 일에서 윤리적 결정을 내려야 하는 다양한 상황에 직면하게 된다. 전문가로서 전문적 견해와 기술을 바탕으로 내린 결정도 윤리와 무관할 수 없다. 사회복지실천 과정에서는 '주어진 상황에서 도덕적으로 어떻게 해야 옳은 일인가?' '이 상황에서 사회복지사는 비윤리적인 행동을 어떻게 모면할 수 있는가?' 등의 다양한 문제에 직면한다. 이처럼 사회복지실천 과정에서 올바른 도덕적 판단기준을 제시하는 것이 바로 사회복지실천 윤리이다.

사회복지실천은 사회적으로 취약한 사람을 대상으로 하기 때문에 클라이언트의 인격과 인권(사람으로서 누구나 마땅히 누려야 할 권리, 인간이 태어나면서부터 갖는 천부적인 권리)을 존중하는 윤리성이 매우 중요하다. 사회복지실천 윤리의 필요성을 살펴보면 다음과 같다.

- 사회복지 전문가의 가치관과 클라이언트, 동료 전문가 등 다른 사람들의 가치관 사이에 존재하는 공통점과 차이점을 체계적으로 확인하기 위해 사회복지실천 윤리가 필요하다.
- 윤리적 갈등을 이해하고, 이에 대한 대처능력을 갖추기 위해 필요하다.
- 사회복지실천에 대한 서로 다른 가치관들 사이의 관계정립 또는 위계설정을 위해 필요하다.
- 시대적 변화에 적합한 가치정립과 현재 사회복지 가치의 정당성 제고를 위해 필요하다.
- 사회복지실천 방법을 개발하거나 전문가의 전문경력을 발전시키기 위해서도 필요하다.

사회복지윤리의 세 가지 핵심요소는 개인 존중과 개별적 서비스의 제공, 전문가의 온정적 개입주의, 공적 책임성이다(김기덕 외, 2012). 각각의 의미와 그것이 토대로 하는 핵심가치는 다음과 같다(김용석, 고은정, 2014).

첫째, 개인 존중과 개별적 서비스 제공은 개개인 혹은 개별 집단이 가진 특성과 소질을 존중하고, 행복을 구현할 수 있도록 적절한 서비스를 제공하는 것을 의미한다(김기덕, 최소연, 권자영, 2012). 이러한 윤리의 근거가 되는 핵심가치는 자유(freedom)와 자율(autonomy)이며, 가치와 존엄성을 지닌 개별 인간이 자신과 관련된 문제를 스스로 결정할 수 있어야 하고, 이러한 결정이 존중되어야 함을 의미한다. 이는 국제사회복지사연맹(IFSW), 한국, 미국, 영국, 스웨덴, 캐나다 등의 사회복지사 윤리강령에서도 주요하게 제시되고 있는 핵심가치이다.

둘째, 전문가의 온정적 개입주의는 19세기 종교적 자선·구호와 같은 초기 사회복지실천부터 강조되어 온 내용이다(최경원, 황숙연, 고미영 공역, 2002). 이는 개인의 삶에 대한 외부의 간섭과 이타주의적 온정 표현의 두 가지 개념을 포함한다. 이에 해당하는 핵심가치는 서비스(service)와 역량

(competence)이다. 서비스에서는 도움을 필요로 하는 사람을 돕고 사회문제에 대응하는 것을 사회복지의 궁극적 목표로 삼는다. 역량은 사회복지사의 전문성이 클라이언트에 비하여 상대적 우위에 있음을 의미하고 전문가 개입의 윤리적 근거를 제공한다(김기덕 외, 2012).

셋째, 공적 책임성은 사회복지사가 클라이언트 개인을 비롯하여 제3자, 지역사회, 가족 등에 대한 복합적 책임성을 가지고 있음을 의미한다(김기덕 외, 2012). 이는 평등(equality), 사회정의(social justice) 등의 핵심적 가치와 연결된다. 이때 평등은 모든 클라이언트는 서비스에 대한 동등한 권리를 갖는다는 것을 전제로(Varley, 1963), 사회복지사는 전문가로서 개인, 그룹 등의 다양성을 인식하고 차별하지 않으며, 자원과 기회가 동등하게 배분되도록 하는 것을 의미한다. 또한 사회정의는 사회복지사가 전문가로서 빈곤, 박탈, 차별, 학대, 착취 등과 같은 사회적 불의를 용인하지 않고 그것을 변화시키는 것을 지향함을 의미한다(김용석, 고은정, 2014).

사회복지윤리의 핵심가치는 실천 현장에서 사회복지실천 윤리에 내재되고 반영된다. 사회복지실천 윤리는 곧 사회복지실천의 가치를 실현하기 위한 것이다. 또한 사회복지실천 윤리는 협의의 개념으로는 사회복지 전문직인 사회복지사의 직업윤리를 의미하고, 광의적으로는 사회복지 전문직뿐만 아니라 사회복지적인 행위규범으로서 사회윤리에 속하는 개념이다.

3) 사회복지 전문직의 윤리강령

윤리강령은 전문가들이 지켜야 할 전문직 행동기준과 원칙을 기술해 놓은 것이다. 윤리강령은 전문가들이 자신의 전문직 가치기준에 맞게 실천할 수 있는 판단기준을 제시한다. 다음에는 사회복지 전문직인 사회복지사와 관련하여 사회복지사 윤리강령의 등장배경과 사회복지사 윤리강령을 살펴보겠다.

(1) 사회복지사 윤리강령의 등장배경

사회적 가치관과 개인의 가치관 및 윤리관이 급격하게 변하면서 사회복지실천 현장에서 이전에는 나타나지 않았던 다양한 갈등이 발생하게 되었고, 이를 해결하기 위해 윤리강령이 등장하게 되었다. 미국에서 사회복지사는 윤리의 필요성을 느끼고 전문직 윤리강령을 만들고자 하였으나, 1960년에 비로소 사회복지사 윤리강령이 NASW에 의해 채택되었다. 그 이후 사회복지의 가치와 윤리에 관한 많은 연구가 이루어지게 되었고(양옥경 외, 2010), 1970년대에 들어서야 윤리가 각광을 받게 되었다. 그 이유를 살펴보면 다음과 같다(권중돈 외, 2019).

첫째, 사회의 급격한 변화로 인해 사회복지사는 다양한 형태의 윤리적 결정을 해야 하는 상황에 놓이게 되었다. 법률, 의학, 상담, 공학 등 광범위한 영역에서 윤리적 관심이 증가하면서, 어려운 문제영역에서의 객관적·과학적 접근은 윤리적 결정을 내려야 하는 사회복지 전문가에게 도움이 되지 못하였다. 그리하여 이에 대처하기 위해 새로운 윤리원칙이 필요하게 되었다.

둘째, 사회복지 대상자의 권리를 인정하는 사회분위기의 영향이다. 사회가 성숙함에 따라 환자의 권리, 피의자의 권리, 사회복지 수급자의 권리를 인정하는 사회분위기가 조성되었다. 클라이언트의 요구와 욕구도 다양해지면서 사회복지사가 소송의 대상이 되는 등 여러 가지 다양한 형태의 윤리적 갈등이 발생하고, 이를 해결하기 위한 윤리적 토론이 진행되면서 윤리적 지침의 필요성이 대두되었다.

전문가 윤리에 관한 교과목도 사회복지 교육과정에서 소홀히 다루어져 왔으나, 최근에는 많은 사회복지사가 사회복지실천에서 윤리문제를 해결하지 않고는 성공적인 성과를 얻을 수 없음을 인식하게 되면서 전문가 윤리가 교육과정에서도 점차 부각되기 시작했다. 사회복지 전문가가 윤리문제를 좀 더 효율적으로 다룰 수 있는 기술개발의 필요성에 대한 관심이 높아지면서 사회복지사는 윤리적 행동에 대한 지침을 요구하게 되었다.

(2) 사회복지사 윤리강령

사회복지사 윤리강령은 사회복지사가 행동하는 데 지침이 되도록 고안한 것이다. 사회복지실천의 고유한 윤리를 추구하는 작업은 전문직 단체의 확립이 다른 나라보다 일찍 행해졌던 미국에서 가장 먼저 이루어졌다. 윤리강령(code of ethics)은 전문가가 지켜야 할 전문적 행동기준과 원칙을 기술해 놓은 것으로 전문가들이 공통으로 합의한 내용을 담고 있다(양옥경 외, 2010). 따라서 법적 제재의 힘을 갖지는 못하지만 사회윤리적 제재의 힘을 갖는다(권중돈 외, 2019).

① NASW의 윤리강령

미국의 사회복지 가치 및 윤리 출현과 발달과정을 살펴보면, 1920년대 전문직 윤리강령을 만들고자 하였으나 잘 되지 않았고, Mary Richmond 여사가 최초로 개별 사회사업가의 실험적 윤리강령을 확립하였다. 1951년에 미국사회복지사협회(American Association of Social Workers: AASW) 대표자 회의에서 윤리강령을 채택하였으나 공식 윤리강령으로는 인정받지 못하였다. 1960년에 NASW는 첫 윤리강령을 공식적으로 채택하였고, 1970년대 사회복지실천의 윤리에 대한 본격적인 논의가 시작되었다. 1976년 Levy의 『사회복지실천 윤리(Social Worker Ethics)』가 출간되면서 사회복지 가치와 윤리에 대한 관심이 확산되었다.

미국에서 1960년에 최초로 공포된 사회복지사 윤리강령은 1996년 NASW 대표집회(Delegate Assembly)에 의해 공인되었고, 2008년에 수정되었다. NASW 윤리강령 내용은 다음과 같다(권중돈 외, 2019).

첫째, 클라이언트에 대한 사회복지사의 윤리적 책임으로 클라이언트에 대한 헌신, 자기결정 증진, 고지된 동의(informed consent, 사전고지) 획득, 적임 능력의 발휘, 문화적 능력과 사회적 다양성의 존중, 이해관계 갈등의 해결, 사생활보장과 비밀보장, 기록에 대한 접근보장, 성적 관계 및 신체적 접촉의

금지, 성희롱 금지 등이 있다.

둘째, 동료에 대한 사회복지사의 윤리적 책임으로 존경, 비밀보장, 다학문적 협력, 자문, 서비스 의뢰, 성적 관계 금지 등이 있다.

셋째, 실천 현장(practice setting)에 대한 사회복지사의 윤리적 책임으로 슈퍼비전과 자문, 교육과 훈련, 직무평가, 클라이언트 기록, 클라이언트 의뢰, 행정, 교육과 직원의 능력개발, 고용주에 대한 헌신, 노동분쟁 등이 있다.

넷째, 전문가로서 사회복지사의 윤리적 책임으로 능력 및 차별금지, 사적 행위금지, 부정직이나 기만 금지 등이 있다.

다섯째, 사회복지 전문직에 대한 사회복지사의 윤리적 책임으로 전문직의 정직과 성실성, 평가와 조사 등이 있다.

여섯째, 일반사회에 대한 사회복지사의 윤리적 책임으로 사회복지의 증진, 대중 참여 촉진, 정치사회적 행동참여 등이 있다.

사회복지 전문직의 윤리는 사회복지의 핵심에 놓여 있다. 사회복지 전문직은 기본 가치, 윤리원칙, 윤리기준을 명확히 해야 할 책무를 지닌다. NASW 윤리강령은 사회복지사의 행위를 안내하는 가치원칙 기준을 설명한다. 이 강령은 모든 사회복지사와 사회복지 전공 학생들에게 적용된다. NASW 윤리강령의 여섯 가지 목적은 다음과 같다(NASW, 2019).

① 사회복지의 임무는 핵심가치를 기반으로 한다.
② 사회복지 전문직의 핵심가치를 반영하며, 사회복지실천의 윤리기준 확립에 있어서 총괄적인 윤리원칙을 요약한다.
③ 전문직 임무에서 갈등이나 윤리적 불확실성이 발생할 때, 적절한 고려사항을 규정하여 사회복지사를 돕기 위한 목적으로 제정되었다.
④ 일반 대중이 사회복지 전문직의 책임으로 간주할 수 있는 윤리기준을 제공한다.
⑤ 사회복지에 대한 임무, 가치, 윤리기준, 윤리원칙에 생소한 사회복지사

에게 지침을 제공한다.

⑥ NASW 소송 절차: 사회복지 전문직 자체에서 사회복지사가 비윤리적인 행위를 했는지에 대한 여부를 사정하는 데 사용되는 기준을 규정한다. NASW는 NASW 구성원이 제기한 윤리적 불만을 평가하는 공식 절차를 두고 있다. 사회복지사는 이 강령을 실행할 때 서로 협조해야 하고, NASW 소송 절차에 참여해야 하며, NASW의 규율상에 있는 모든 규제 혹은 그에 수반된 제재를 준수해야 한다.

NASW 윤리강령은 어떤 가치, 원칙, 기준이 상충될 때 이들 가운데 어떠한 것이 가장 중요하며 또한 다른 것에 우선하는지에 관해서는 규정하지 않는다. 윤리강령으로 윤리적 행위가 보장되는 것은 아니다. 더욱이 윤리강령은 모든 윤리적 쟁점이나 논쟁을 해결할 수 없으며, 지역사회의 윤리 안에서 책임 있는 선택을 하려는 노력과 관련된 풍부함과 복합성을 파악할 수도 없다. 대신 윤리강령은 사회복지 전문직이 열망하며 이들의 행위를 판단하는 가치, 윤리기준, 윤리원칙을 규정한다. 사회복지사의 윤리적 행위는 윤리적 실천을 약속하는 이들의 개인적 책임으로부터 나온다. NASW 윤리강령은 전문직의 가치를 지탱하며 윤리적인 행동을 하기 위한 모든 사회복지사의 책임을 반영한다. 윤리 기준 및 원칙은 선의로 도덕적인 질문들을 구별하고 신뢰할 만한 윤리적 판단을 추구하는 정직한 인격자에 의해 적용되어야 한다(NASW, 2019).

NASW 윤리강령의 윤리원칙은 서비스(service), 사회정의(social justice), 개인의 존엄성과 가치(dignity and worth of the person), 인간관계의 중요성(importance of human relationships), 성실성(integrity), 능력(competence)을 바탕으로 한다. 사회복지의 핵심가치를 정립하는 과정은 실로 복잡하고 어려운 과정이다. NASW의 윤리강령(Codes of Ethics)은 전문직으로서 사회복지사가 지향하는 여섯 가지의 핵심가치를 명확하게 제시하고 있으며, 이 핵심

가치에서 도출되는 윤리원칙이 함께 수록되어 있다. 이러한 원칙들은 모든 사회복지사가 열망하는 이상(ideal)을 규정한다(NASW, 2019). 그 내용은 〈표 2-1〉과 같다.

〈표 2-1〉 NASW 윤리강령의 핵심가치와 윤리원칙

구분	핵심가치	윤리원칙
가치 1	서비스 (service)	사회복지사의 최우선 목표는 도움이 필요한 사람들을 돕고 사회적 문제점들이 무엇인지를 밝혀내는 것이다. (Social workers' primary goal is to help people in need and to address social problems.)
가치 2	사회정의 (social justice)	사회복지사는 사회적 불의에 도전한다. (Social workers challenge social injustice.)
가치 3	개인의 존엄성과 가치 (dignity and worth of the person)	사회복지사는 개인의 타고난 존엄성과 가치를 존중한다. (Social workers respect the inherent dignity and worth of the person.)
가치 4	인간관계의 중요성 (importance of human relationship)	사회복지사는 인간관계의 중요성을 인식한다. (Social workers recognize the central importance of human relationships.)
가치 5	성실성 (integrity)	사회복지사는 신뢰할 수 있는 방식으로 행동한다. (Social workers behave in a trustworthy manner.)
가치 6	능력 (competence)	사회복지사는 자신의 능력 범위 내에서 실천하고, 자신의 전문지식을 발전시키고 향상시킨다. (Social workers practice within their areas of competence and develop and enhance their professional expertise.)

출처: NASW (2019).

② 한국의 사회복지사 윤리강령

한국의 사회복지사 윤리강령은 만들어지는 과정에서 미국의 영향을 크게 받았다. 1982년 윤리강령이 제정된 후 1988년에 1차 개정되었고, 1992년에 2차 개정이 있었다. 2001년 3차 개정이 이루어졌는데, 이것이 현재 사용하는 사회복지사 윤리강령이다.

〈표 2-2〉 우리나라 사회복지사 윤리강령 제정 연혁

- 1973년 2월: 윤리강령 초안제정 결의
- 1982년 1월 15일: 사회복지사 윤리강령 제정
- 1988년 3월 26일: 제1차 사회복지사 윤리강령 개정
- 1992년 10월 22일: 제2차 사회복지사 윤리강령 개정
- 2001년 12월 15일: 제3차 사회복지사 윤리강령 개정

출처: 한국사회복지사협회(2020).

사회복지사 윤리강령의 주요 내용은 사회복지사의 기본적 윤리기준(전문가로서의 자세, 전문성 개발을 위한 노력, 경제적 이득에 대한 태도), 사회복지사의 클라이언트에 대한 윤리기준(클라이언트와의 관계, 동료의 클라이언트와의 관계), 사회복지사의 동료에 대한 윤리기준(동료, 슈퍼바이저), 사회복지사의 사회에 대한 윤리기준, 사회복지사의 기관에 대한 윤리기준, 그리고 사회복지윤리위원회의 구성과 운영 등을 규정하는 총 6개 장으로 이루어져 있다. 한국의 사회복지사 윤리강령은 많은 부분에서 국제사회복지사연맹(International Federation of Social Workers: ISFW)의 윤리강령을 따르고 있고 윤리강령의 대부분이 사회복지사의 의무와 책무에 대한 내용을 포함하고 있다. 그러나 사회복지사가 실천 현장에서 업무를 수행할 때 발생하는 다양한 윤리적 갈등 상황에서 기준이 될 수 있는 실천 규정을 모두 제시하지 못하고 있다(김성천 외, 2009). 사회복지사에게 윤리강령은 전문직 성립의 조건으로 스스로 나아가야 할 자아상, 자기의 책무, 최소한의 행동준칙 등을 통해

자기규제의 기준을 제시한다. 한국의 사회복지사 윤리강령을 살펴보면 〈표 2-3〉과 같다(한국사회복지사협회, 2020).

〈표 2-3〉 한국의 사회복지사 윤리강령

〈전문〉

사회복지사는 인본주의 · 평등주의 사상에 기초하여, 모든 인간의 존엄성과 가치를 존중하고 천부의 자유권과 생존권의 보장활동에 헌신한다. 특히 사회적 · 경제적 약자들의 편에 서서 사회정의와 평등 · 자유와 민주주의 가치를 실현하는 데 앞장선다. 또한 도움을 필요로 하는 사람들의 사회적 지위와 기능을 향상시키기 위해 저들과 함께 일하며, 사회제도 개선과 관련된 제반 활동에 주도적으로 참여한다. 사회복지사는 개인의 주체성과 자기결정권을 보장하는 데 최선을 다하고, 어떠한 여건에서도 개인이 부당하게 희생되는 일이 없도록 한다. 이러한 사명을 실천하기 위하여 전문적 지식과 기술을 개발하고, 사회적 가치를 실현하는 전문가로서의 능력과 품위를 유지하기 위해 노력한다.

이에 우리는 클라이언트 · 동료 · 기관 그리고 지역사회 및 전체 사회와 관련된 사회복지사의 행위와 활동을 판단 · 평가하며 인도하는 윤리기준을 다음과 같이 선언하고 이를 준수할 것을 다짐한다.

I. 사회복지사의 기본적 윤리기준

1. 전문가로서의 자세
   1) 사회복지사는 전문가로서의 품위와 자질을 유지하고, 자신이 맡고 있는 업무에 대해 책임을 진다.
   2) 사회복지사는 클라이언트의 종교 · 인종 · 성 · 연령 · 국적 · 결혼 상태 · 성 취향 · 경제적 지위 · 정치적 신념 · 정신 신체적 장애 · 기타 개인적 선호, 특징, 조건, 지위를 이유로 차별대우를 하지 않는다.
   3) 사회복지사는 전문가로서 성실하고 공정하게 업무를 수행하며, 이 과정에서 어떠한 부당한 압력에도 타협하지 않는다.
   4) 사회복지사는 사회정의 실현과 클라이언트의 복지증진에 헌신하며, 이를 위한 환경조성을 국가와 사회에 요구해야 한다.
   5) 사회복지사는 전문적 가치와 판단에 따라 업무를 수행함에 있어 기관 내외로부터 부당한 간섭이나 압력을 받지 않는다.

6) 사회복지사는 자신의 이익을 위해 사회복지 전문직의 가치와 권위를 훼손해서
   는 안 된다.
7) 사회복지사는 한국사회복지사협회 등 전문가 단체활동에 적극 참여하여 사회정
   의 실현과 사회복지사의 권익옹호를 위해 노력해야 한다.

2. 전문성 개발을 위한 노력
   1) 사회복지사는 클라이언트에게 최상의 서비스를 제공하기 위해 지식과 기술을
      개발하는 데 최선을 다하며 이를 활용하고 전파할 책임이 있다.
   2) 클라이언트를 대상으로 연구하는 사회복지사는 저들의 권리를 보장하기 위해
      자발적이고 고지된 동의를 얻어야 한다.
   3) 연구과정에서 얻은 정보는 비밀보장의 원칙에서 다루어져야 하고, 이 과정에서 클
      라이언트는 신체적·정신적 불편이나 위험·위해 등으로부터 보호되어야 한다.
   4) 사회복지사는 전문성을 개발하기 위해 노력하되, 이를 이유로 서비스의 제공을
      소홀히 해서는 안 된다.
   5) 사회복지사는 한국사회복지사협회 등이 실시하는 제반 교육에 적극 참여하여
      야 한다.

3. 경제적 이득에 대한 태도
   1) 사회복지사는 클라이언트의 지불능력에 상관없이 서비스를 제공해야 하며, 이
      를 이유로 차별대우를 해서는 안 된다.
   2) 사회복지사는 필요한 경우에 제공된 서비스에 대해 공정하고 합리적으로 이용
      료를 책정해야 한다.
   3) 사회복지사는 업무와 관련하여 정당하지 않은 방법으로 경제적 이득을 취하여
      서는 안 된다.

II. 사회복지사의 클라이언트에 대한 윤리기준

1. 클라이언트와의 관계
   1) 사회복지사는 클라이언트의 권익옹호를 최우선의 가치로 삼고 행동한다.
   2) 사회복지사는 클라이언트에 대하여 인간으로서의 존엄성을 존중해야 하며, 전
      문적 기술과 능력을 최대한 발휘한다.
   3) 사회복지사는 클라이언트가 자기결정권을 최대한 행사할 수 있도록 도와야 하
      며, 저들의 이익을 최대한 대변해야 한다.

4) 사회복지사는 클라이언트의 사생활을 존중하고 보호하며, 직무수행 과정에서 얻은 정보에 대해 철저하게 비밀을 유지해야 한다.

5) 사회복지사는 클라이언트가 받는 서비스의 범위와 내용에 대해 정확하고 충분한 정보를 제공함으로써 알 권리를 인정하고 존중해야 한다.

6) 사회복지사는 문서 · 사진 · 컴퓨터 파일 등의 형태로 된 클라이언트의 정보에 대해 비밀보장의 한계 · 정보를 얻어야 하는 목적 및 활동을 구체적으로 알려야 하며, 정보공개 시에는 동의를 얻어야 한다.

7) 사회복지사는 개인적 이익을 위해 클라이언트와의 전문적 관계를 이용하여서는 안 된다.

8) 사회복지사는 어떠한 상황에서도 클라이언트와 부적절한 성적 관계를 가져서는 안 된다.

9) 사회복지사는 사회복지증진을 위한 환경조성에 클라이언트를 동반자로 인정하고 함께 일해야 한다.

2. 동료의 클라이언트와의 관계
   1) 사회복지사는 적법하고도 적절한 논의 없이 동료 혹은 다른 기관의 클라이언트와 전문적 관계를 맺어서는 안 된다.
   2) 사회복지사는 긴급한 사정으로 인해 동료의 클라이언트를 맡게 된 경우, 자신의 의뢰인처럼 관심을 갖고 서비스를 제공한다.

Ⅲ. 사회복지사의 동료에 대한 윤리기준

1. 동료
   1) 사회복지사는 존중과 신뢰로써 동료를 대하며, 전문가로서의 지위와 인격을 훼손하는 언행을 하지 않는다.
   2) 사회복지사는 사회복지 전문직의 이익과 권익을 증진시키기 위해 동료와 협력해야 한다.
   3) 사회복지사는 동료의 윤리적이고 전문적인 행위를 촉진시켜야 하며, 이에 반하는 경우에는 제반 법률 규정이나 윤리기준에 따라 대처해야 한다.
   4) 사회복지사가 전문적인 판단과 실천이 미흡하여 문제를 야기했을 때에는 적절한 조치를 취하여 클라이언트의 이익을 보호해야 한다.
   5) 사회복지사는 전문직 내 다른 구성원이 행한 비윤리적 행위에 대해 제반 법률 규정이나 윤리기준에 따라 조치를 취해야 한다.

6) 사회복지사는 동료 및 타 전문직 동료의 직무가치와 내용을 인정·이해하며, 상호 간에 민주적인 직무 관계를 이루도록 노력해야 한다.

2. 슈퍼바이저

　1) 슈퍼바이저는 개인적인 이익의 추구를 위해 자신의 지위를 이용해서는 안 된다.

　2) 슈퍼바이저는 전문적 기준에 의해 공정하게 책임을 수행하며, 사회복지사·수련생 및 실습생에 대한 평가는 저들과 공유해야 한다.

　3) 사회복지사는 슈퍼바이저의 전문적 지도와 조언을 존중해야 하며, 슈퍼바이저는 사회복지사의 전문적 업무수행을 도와야 한다.

　4) 슈퍼바이저는 사회복지사·수련생 및 실습생에 대해 인격적·성적으로 수치심을 주는 행위를 해서는 안 된다.

Ⅳ. 사회복지사의 사회에 대한 윤리기준

1) 사회복지사는 인권존중과 인간평등을 위해 헌신해야 하며, 사회적 약자를 옹호하고 대변하는 일을 주도해야 한다.

2) 사회복지사는 필요한 사회서비스를 개발하기 위한 사회정책의 수립·발전·입법·집행에 적극적으로 참여하고 지원해야 한다.

3) 사회복지사는 사회환경을 개선하고 사회정의를 증진시키기 위한 사회정책의 수립·발전·입법·진행을 요구하고 옹호해야 한다.

4) 사회복지사는 자신이 일하는 지역사회의 문제를 이해하고, 그것을 해결하는 일에 적극적으로 참여해야 한다.

Ⅴ. 사회복지사의 기관에 대한 윤리기준

1) 사회복지사는 기관의 정책과 사업목표의 달성, 서비스의 효율성과 효과성의 증진을 위해 노력함으로써 클라이언트에게 이익이 되도록 해야 한다.

2) 사회복지사는 기관의 부당한 정책이나 요구에 대하여 전문직의 가치와 지식을 근거로 이에 대응하고 즉시 사회복지윤리위원회에 보고해야 한다.

3) 사회복지사는 소속 기관 활동에 적극 참여함으로써 기관의 성장·발전을 위해 노력해야 한다.

3. 사회복지실천 현장의 윤리적 갈등과 조정

가치의 상충, 윤리기준, 윤리원칙을 서열화하는 방식은 사회복지사들마다
의견 차이가 있을 수 있다. 윤리적 의사결정은 하나의 과정이다. 단순한 해결
책만으로는 복잡한 윤리적 쟁점을 해결할 수 없는 많은 사회복지실천 사례가
존재한다. 사회복지사는 윤리적 판단이 보장되도록 가치, 윤리원칙, 윤리기
준을 모든 상황에 적합하게 고려해야 한다. 사회복지사의 판단과 조치는 윤
리강령의 규정뿐만 아니라 마음 자세나 태도와도 일관적이어야 한다.

1) 윤리적 갈등

윤리적 갈등(ethical dilemmas)이란 사회복지사가 전문가로서 지켜야 하는
윤리적 의무와 책무가 서로 충돌하여 특정 실천행동을 선택하는 것이 윤리적
으로 올바른 것인지 판단하기 어려운 상태를 말한다. 사회복지사는 두 가지
이상의 윤리적 원칙이나 의무가 동등하게 중요하다고 여겨질지라도 이 원칙
들이 서로 모순되거나 상충하는 상황, 즉 윤리적 갈등 상황에서는 '최선의 선
택'을 해야 한다.

(1) 사회복지실천과 윤리적 갈등

사회복지실천 활동과 관련해서 발생할 수 있는 윤리적 갈등은 직접적인 실천과 관련된 윤리적 갈등, 사회복지정책 및 프로그램 차원의 갈등, 사회복지 조직체 및 동료 사회복지사와 관련된 윤리적 갈등의 세 가지 범주로 구분할 수 있다.

① 직접적인 실천과 관련된 윤리적 갈등

사회복지사는 개인, 가족 혹은 집단을 대상으로 직접적인 실천을 수행해 나가는 과정에서 여러 가지 윤리적 갈등에 직면한다. 사회복지사가 지켜야 하는 윤리적 의무나 원칙 가운데 대표적인 것은 비밀보장, 클라이언트의 자기결정, 진실의 의무 등이 있다. 예를 들어, 사회복지시설에서 오랜 기간 동안 만성질환으로 극심한 고통을 받아 온 클라이언트가 사회복지사에게 비밀리에 연명치료 중단을 요청한 경우, 사회복지사는 클라이언트의 자기결정권을 무조건 존중해야 하는가라는 문제에 직면한다. 사회복지사는 가족이나 제3자에게 클라이언트의 결정을 알려야 하는지 혹은 생명연장을 위해 클라이언트의 의사에 반하여 강제적으로 의료적 처치를 지속해야 하는지 등의 여러 가지 윤리적 갈등 상황에 빠지게 된다.

② 사회복지정책 및 프로그램 차원의 갈등

사회복지정책 및 프로그램을 기획하고 실행해 나가는 과정에서 발생하는 것으로 간접적인 사회복지실천 활동으로 분류되는 영역에서 제기된다. 예를 들어, 예산배분 문제를 들 수 있는데, 제한된 경제적 자원으로 어떤 복지정책에 얼마만큼 배분하는 것이 가장 정당한 것인가를 결정하는 것은 쉽지 않은 결정사항이다.

③ 사회복지 조직체 및 동료 사회복지사와 관련된 윤리적 갈등

사회복지 조직체 및 동료 사회복지사와 관련된 것으로 한 조직체의 일원, 즉 고용된 사람으로서 사회복지사가 겪을 수 있는 갈등이다. 예를 들어, 어떤 사회복지사가 우연히 직장 동료에게 전염성 질환이 있음을 알게 된 경우, 그 사실을 기관에 알려야 하는가의 문제에 봉착할 수 있다. 해당 동료의 실직 위험과 관련된 사생활 보호 및 비밀보장의 원칙과 기관 동료들에게 전염병 전파위험성과 관련된 생명보호의 원칙 사이에서 사회복지사는 갈등할 수 있다.

(2) 사회복지실천의 윤리적 쟁점

사회복지실천 상황에서는 두 가지 이상의 윤리적 의무가 있지만 한 가지를 위반하지 않고서는 다른 것을 지킬 수 없는 상황이 필연적으로 발생한다. 이런 경우 사회복지사는 자신의 개인적 가치, 사회적 가치 그리고 사회복지실천 전문직의 가치 사이에서 갈등한다. 이러한 가치갈등으로 인해 사회복지사는 다양한 윤리적 딜레마에 빠지게 된다. 사회복지실천 과정에서 경험하게 되는 대표적인 윤리적 쟁점으로는 다음과 같은 것들이 있다.

① 클라이언트의 자기결정권

자기결정권은 클라이언트가 스스로 선택하고 결정할 수 있도록 클라이언트의 권리와 욕구를 인정하는 사회복지 윤리원칙이다. 사회복지사는 자신의 전문적 지식과 경험, 기술에 근거하여 자신의 생각이나 이념을 클라이언트에게 강요할 수 없고, 클라이언트가 스스로 최선이라고 생각하는 것을 선택하도록 하는 권리이다.

클라이언트가 너무 어리거나 정신 연령이 낮아서 스스로 결정할 수 있는 능력이 없을 때, 클라이언트의 결정이 타인 혹은 기관이나 사회에 해를 끼칠 가능성이 높다고 판단될 때, 사회복지사는 어느 범위까지 클라이언트의 자기결정권을 제한해야 할지에 대한 윤리적 딜레마에 빠지게 된다.

② 클라이언트의 비밀보장

비밀보장은 사회복지사가 클라이언트의 동의 없이 클라이언트에 대한 정보를 누설하지 않는다는 윤리원칙이다. 이러한 정보에는 클라이언트의 신상 관련 자료, 상담 내용, 클라이언트에 대한 전문가 의견 등이 있다. 한편, 사회복지 전문직 훈련 교육과정에서, 슈퍼비전이나 전문가회의 등의 전문적인 이유로 클라이언트의 정보를 공개할 수 있는데, 이때에는 클라이언트를 반드시 익명으로 처리하고 개인의 권리를 최대한 존중하면서 클라이언트에게 사전 동의를 받아야 한다.

대부분의 경우 클라이언트의 비밀보장이 지켜져야 한다. 그러나 사회복지사는 클라이언트가 자신 또는 타인을 해칠 위험이 있을 경우, 가정폭력으로 아동 학대나 노인 학대가 일어났을 경우, 법원이 클라이언트의 정보공개에 대한 요구가 있을 경우와 같이 클라이언트의 비밀을 지킬 수 없다고 판단되는 상황에 직면하여 윤리적 갈등을 겪을 수 있다.

③ 진실을 말할 의무

사회복지사는 사회복지실천 과정에서 알게 된 내용을 클라이언트에게 정직하게 알려 줄 책임이 있다. 이를 진실을 말할 의무라고 한다. 제공되는 서비스의 특징, 발생 가능한 혜택과 위험, 클라이언트 자신이나 가족에게 미칠 가능성이 있는 영향, 가능한 대안과 예상되는 비용 등은 클라이언트가 충분히 인지하고 있어야 한다.

사회복지사는 클라이언트에게 진실을 말하지 않거나 잘못된 정보를 제공하는 일이 없도록 해야 한다. 사회복지사는 때로 진실한 정보가 클라이언트에게 해가 된다고 판단될 때 윤리적 갈등을 경험할 수 있다.

④ 그 외 윤리적 쟁점

제한된 자원의 공정한 분배, 상충되는 의무와 기대, 클라이언트의 이익과 사회복지사의 이익, 전문적 동료관계, 규칙과 정책 준수, 개인적 가치와 전문적 가치, 전문적 관계유지 등과 관련된 윤리적 쟁점이 발생하여 사회복지실천 상황에서 윤리적 갈등이 초래될 수 있다.

2) 윤리적 결정의 준거틀

사회복지실천 과정에서 발생하는 윤리적 갈등 상황을 해결하기 위해 사회복지사는 늘 노력해야 한다. 두 가지의 정당한 가치나 윤리 사이에 갈등이 존재할 때, 사회복지사는 하나의 가치나 윤리를 우선적으로 결정해야 하는 윤리적 갈등을 경험하게 된다. 사회복지사는 다양한 윤리적 갈등 상황에서 결정을 내려야 하는데, 이때 사회복지사가 도움을 받을 수 있는 의사결정과정(혹은 의사결정모델)과 윤리원칙 준거틀이 있다. 그 내용을 살펴보면 다음과 같다.

(1) 윤리적 의사결정과정(의사결정모델)

Reamer(2013)에 따르면, 사회복지사는 윤리적 판단을 할 때 일련의 단계를 거쳐 체계적으로 검토해야 한다. 그가 제시하고 있는 윤리적인 의사결정과정은 다음과 같다(권중돈 외, 2019; 김상균, 오정수, 유채영, 2002). 1단계에서는 갈등을 일으키는 사회복지실천 가치와 의무를 포함하여 윤리적인 쟁점을 규명한다. 2단계에서는 윤리적 결정에 영향을 받을 가능성이 있는 개인, 집단 및 조직을 확인한다. 3단계에서는 가능한 행동방침과 각각의 방침에 포함되는 관계자 및 잠재적 이익과 위험을 시험적으로 확인한다. 4단계에서는 다음의 관련 사항을 고려하여 각각의 행동방침을 찬성 또는 반대하는 이유와 근거를 철저하게 검토한다. ① 윤리 이론, 원칙, 지침, ② 윤리강령과 법률적인 규정, ③ 사회복지실천 이론과 원칙, ④ 종교적·문화적·민족적 가치와 정치적 이념을 포함한 개인적 가치, 특히 자신의 가치와 상충되는 가치이다.

5단계에서는 동료나 해당 전문가(동료직원, 슈퍼바이저, 기관의 행정가, 변호사, 윤리학자, 의료진 등)에게서 자문을 구한다. 6단계에서는 결정을 하고 결정 내용을 문서화한다. 7단계에서는 결정을 하고 점검하고 평가하며 문서화한다.

　의사결정모델은 의사결정과정의 형식에 해당되는 것으로, 어떤 절차를 거치면서 의사결정을 하는 것이 윤리적으로 의사결정에 도움이 되는지를 제시해 준다. Loewenberg와 Dolgoff가 제시하는 의사결정모델은 일반적인 의사결정단계의 한 모델이긴 하지만 사회복지실천에서 윤리적 의사결정을 내리는 데 훌륭한 지침이 된다(김기덕, 2002). 그 내용은 〈표 2-4〉와 같다.

〈표 2-4〉 윤리적 의사결정모델

단계	내용
1단계	문제가 무엇인지, 문제를 야기하는 요인은 무엇인지를 확인한다.
2단계	누가 클라이언트이고 피해자인지, 지지체계와 다른 전문가 등 해당 문제와 관련된 사람과 단체는 누구인지 확인한다.
3단계	사회적 가치, 전문가로서의 가치, 클라이언트와 사회복지사의 개인적 가치 등 두 번째 단계에서 확인된 다양한 주체가 주어진 문제와 관련해서 어떤 가치가 있는지 확인한다.
4단계	주어진 문제를 해결하거나 혹은 최소한 문제의 정도를 경감시킬 수 있는 개입 목표를 명확히 한다.
5단계	개입 수단과 개입대상을 확인한다.
6단계	확정된 목표에 따라 설정된 각각의 개입 방법의 효과성과 효율성을 평가한다.
7단계	누가 의사결정에 참여할 것인가 결정한다.
8단계	개입 방법을 선택한다.
9단계	선택된 개입 방법을 수행한다.
10단계	선택된 개입 방법이 수행되는 것을 검토하여 예상하지 않았던 결과가 나타나는지 주의를 기울인다.
11단계	결과를 평가하고 추가적인 문제들이 무엇인지 확인한다.

출처: 김기덕(2002: 286).

(2) 윤리원칙 준거틀

Loewenberg와 Dolgoff(1996)는 윤리적 의무들이 서로 갈등을 빚는 상황에서 어떤 원칙이나 법적 의무를 우선시해야 하는지에 대한 결정을 돕기 위해 '윤리원칙 준거틀'을 제시하였다(〈표 2-5〉참조). 여러 가지 원칙이 충돌하는 경우, 상위의 원칙이 우선적으로 적용된다. 즉, 생명보호의 원칙(1번 원칙)과 비밀보장의 원칙(6번 원칙) 사이에서 윤리적으로 갈등하는 경우에 생명보호의 원칙이 우선한다. 어떤 실천상황에서든지 관련된 윤리적 원칙과 법적 의무를 확인해야 한다. 갈등이 발생하면 '윤리적 준거틀'에 근거하여 의사결정을 한다.

〈표 2-5〉 윤리원칙 준거틀

윤리원칙	준거틀
윤리원칙 1 생명보호의 원칙	인간의 생명보호가 모든 다른 것에 우선한다.
윤리원칙 2 평등과 불평등의 원칙	능력이나 권력이 같은 사람들은 '똑같이 취급받을 권리'가 있고, 능력이나 권력이 다른 사람들은 '다르게 취급받을 권리'가 있다.
윤리원칙 3 자율과 자유의 원칙	클라이언트의 자율성과 독립성 그리고 자유는 중시되나 무제한적으로 허용되지는 않으며, 자신이나 타인의 생명을 위협하거나 학대할 권리 등은 없다.
윤리원칙 4 최소 해악의 원칙 (혹은 최소 손실의 원칙)	선택 가능한 대안이 모두 유해할 때 가장 최소한으로 유해한 것을 선택해야 한다.
윤리원칙 5 삶의 질 원칙	지역사회는 물론이고 개인과 모든 사람의 삶의 질을 좀 더 증진시킬 수 있는 것을 선택해야 한다.
윤리원칙 6 사생활 보호와 비밀보장의 원칙	사회복지사가 클라이언트에 대해서 알게 된 사실을 다른 사람에게 공개해서는 안 된다.
윤리원칙 7 성실의 원칙 (혹은 진실성과 정보개방의 원칙)	클라이언트와 여타의 관련된 당사자에게 오직 진실만을 이야기하며 모든 관련 정보를 완전히 공개해야 한다.

사회복지사가 실제 경험한 윤리적 갈등과 윤리적 의사결정의 의미 재구성에 대한 유연숙과 이효선(2016)의 연구에서는 전문직 가치와 지식이 준비되지 않아 윤리적 기준 없는 실천이 일어나고 있으며, 전문가라는 의식과는 달리 전문적 역량과 그에 대한 성찰이 뒷받침되지 않는 것으로 나타났다. 또한 실적과 결과를 중시하는 사회복지조직 체계의 영향은 전문직 자율성이 부재한 실천을 하도록 하는 것으로 나타났다. 따라서 사회복지사의 윤리적 의사결정을 돕기 위해서는 사회복지실천에서 윤리적 문제를 제대로 이해하고 철저히 규명하기 위한 점검과정이 필요하고, 교육과정에서 윤리적 문제를 해결하기 위한 연습과 훈련의 적용, 비판적 사고와 성찰적 태도 강화, 조직의 윤리풍토 조성 그리고 이를 위한 관리자들의 변화가 필요하다(유연숙, 이효선, 2016).

　　사회복지사는 클라이언트의 윤리적 의사결정, 개인적 가치, 문화적·종교적 믿음과 관례에 미치는 영향도 인식하고 있어야 한다. 사회복지사는 개인적 가치와 전문직의 가치 사이에서 발생하는 모든 갈등을 인식해야 하며, 이러한 갈등을 확실하게 해소해야 한다. 또한 사회복지사는 사회복지 전문직의 윤리 및 윤리적 의사결정에 관한 문헌을 조사하여 윤리적 딜레마에 빠졌을 때 적절한 참고가 되도록 해야 한다. 여기에는 기관 중심의 윤리위원회 또는 사회복지기관의 윤리위원회, 규제기관, 윤리적 문제에 정통한 동료, 지도감독자 또는 법률 자문을 통한 상담이 포함될 수 있다.

　　사회복지사의 윤리적 책임과 의무가 기관의 정책이나 관련 법률 또는 규제와 상충될 때는 갈등이 발생하게 된다. 이러한 갈등이 발생하면 사회복지사는 윤리강령에 명시된 가치, 원칙, 기준에 부합되는 선에서 이러한 문제를 해결하려는 책임 있는 노력을 기울여야 한다. 사회복지사는 늘 깨어 있는 자세와 배우는 자세로 자기개발을 위한 노력을 멈추지 말아야 한다.

정리해__봅시다

- 사회복지실천의 가치

사회복지실천에서 가치는 사회복지실천의 근간이자 사회복지 사명의 토대이고, 사회복지사의 실천을 인도하는 역할을 담당하며, 사회복지사가 추구해야 할 가치이다. 사회복지실천에서 전문직 가치는 사회복지실천 현장에서 필요한 윤리적 원칙을 세우는 지침을 제공한다.

- 사회복지실천의 본질적 가치: 인간의 존엄성 존중과 사회정의
- 사회복지실천의 기본 가치: Friedlander(1976)는 인간의 존엄성, 인간의 자율성, 기회의 균등성, 사회적 책임성 등을 사회복지실천의 기본 가치로 보았고, NASW(2019)는 개인의 가치와 존엄성, 개인에 대한 존경, 개인의 변화가능성에 대한 가치, 클라이언트의 자기결정권, 비밀보장, 사생활보장, 적절한 자원과 서비스 제공, 역량강화, 동등한 기회보장, 비차별성, 다양성 존중 등을 사회복지실천의 기본 가치로 보았다.
- 사회복지 전문직의 가치(Levy, 1973): ① 사람우선가치(인간의 존엄성에 대한 가치), ② 결과우선가치(결과가 좋아야 한다는 것에 대한 가치), ③ 수단우선가치(결과를 이끌어 내는 과정에 대한 가치)
- 사회복지실천에서 가치갈등: 가치상충, 클라이언트체계의 다중성, 의무상충, 결과의 모호성

- 사회복지실천의 윤리

- 사회복지윤리의 세 가지 핵심요소: 개인 존중과 개별적 서비스의 제공, 전문가의 온정적 개입주의, 공적 책임성
- NASW 윤리강령의 핵심가치: 서비스, 사회정의, 개인의 존엄성과 가치, 인간관계의 중요성, 성실성, 능력
- 한국사회복지사 윤리강령
  Ⅰ. 사회복지사의 기본적 윤리기준: 전문가로서의 자세, 전문성 개발을 위한 노력, 경제적 이득에 대한 태도
  Ⅱ. 사회복지사의 클라이언트에 대한 윤리기준: 클라이언트와의 관계, 동료의 클라이언트와의 관계
  Ⅲ. 사회복지사의 동료에 대한 윤리기준: 동료, 슈퍼바이저
  Ⅳ. 사회복지사의 사회에 대한 윤리기준

V. 사회복지사의 기관에 대한 윤리기준

VI. 사회복지윤리위원회의 구성과 운영

• 사회복지실천 현장의 윤리적 갈등과 조정

 –윤리적 갈등: 사회복지사가 전문가로서 지켜야 하는 윤리적 의무와 책무가 서로 충돌하여 특정 실천행동을 선택하는 것이 윤리적으로 올바른 것인지 판단하기 어려운 상태

 –Loewenberg와 Dolgoff(1996)의 윤리원칙 준거틀: ① 생명보호의 원칙, ② 평등과 불평등의 원칙, ③ 자율과 자유의 원칙, ④ 최소 해악의 원칙(혹은 최소 손실의 원칙), ⑤ 삶의 질 원칙, ⑥ 사생활 보호와 비밀보장의 원칙, ⑦ 성실의 원칙(혹은 진실성과 정보개방의 원칙)

생각해__봅시다

1. 사회복지사로서 사회복지실천을 통해 자신이 추구하고자 하는 가치에 대해 생각해 봅시다.

2. 사회복지실천 현장에서 사회복지실천 윤리의 필요성과 중요성에 대해 생각해 봅시다.

3. 사회복지실천에서 자신의 개인적 가치와 윤리 또는 사회복지(기관)의 가치와 윤리 사이에서 갈등 상황이 발생할 경우 어떻게 대처하고 해결할 것인지 생각해 봅시다.

참고문헌

권중돈, 조학래, 윤경아, 이윤화, 이영미, 손의성, 오인근, 김동기(2019). **사회복지학개론**(4판). 서울: 학지사.

김기덕(2002). **사회복지윤리학**. 서울: 나눔의집.

김기덕, 최소연, 권자영(2012). **사회복지 윤리와 철학**. 경기: 양서원.

김상균, 오정수, 유채영(2002). **사회복지 윤리와 철학**. 서울: 나남출판.

김성천, 강욱모, 김혜성, 박경숙, 박능후, 박수경, 송미영, 안치민, 엄명용, 윤혜미, 이성기, 최경구, 최현숙, 한동우(2009). **사회복지학의 원리와 실제**. 서울: 학지사.

김용석, 고은정(2014). 사회복지 가치 척도의 개발. 한국사회복지학, 66(1), 277-306.

박이문(2014). 왜 인간은 남을 도우며 살아야 하는가. 경기: 소나무.

사회복지교육연구센터 편저(2014). 사회복지실천론. 서울: 나눔의집.

서미경, 김영란, 박미은 공역(2000). **사회복지실천윤리**. Dolgoff, R., & Loewenberg, F. M. 공저. *Ethical Decisions for Social Work Practice*. 경기: 양서원. (원저는 1982년에 출간)

서울대학교 철학사상연구소(2020. 1. 26.). http://philinst.snu.ac.kr/html/main/main.php

양옥경, 김정진, 서미경, 김미옥, 김소희(2010). **사회복지실천론**(개정 4판). 경기: 나남.

위키백과(2020. 1. 29.). https://ko.wikipedia.org/wiki/사회정의

유연숙, 이효선(2016). 사회복지사가 경험한 윤리적 갈등과 윤리적 의사결정의 의미 재구성. **사회복지실천과 연구**, 13(1), 73-114.

이상수(2006). Basic 고교생을 위한 사회 용어사전. 서울: 신원문화사.

장동익(2005). 롤즈의 정의론. 서울: 서울대학교 철학사상연구소.

조흥식, 김연옥, 황숙연, 김융일(2009). **사회복지실천론**(개정 3판). 경기: 나남.

최경원, 황숙연, 고미영 공역(2002). **사회복지실천의 가치와 윤리**. Reamer. F. G. 저. *Social Work Value and Ethics*. 경기: 사회복지실천연구소. (원저는 2000년에 출간)

한국사회복지사협회(2020. 1. 28.). http://www.welfare.net

한림학사(2007). **통합논술 개념어 사전**. 경기: 청서출판.

Bartlett, H. M. (1970). *The Common Base of Social Work Practice*. New York: National Association of Social Workers Inc.

Brill, N. I. (1985). *Working with people: The helping process* (3rd ed.). New York: Longman.

Friedlander, W. A. (1976). *Concepts and Methods of Social Work* (2nd ed.). Englewood Cliffs, NJ: Prentice-Hall, Inc.

Gordon, W. E. (1965). Knowledge and value: Their distinction and relationship in clarifying social work practice. *Social Work*, 10(3), 32-39.

Levy, C. S. (1973). The value base of social work. *Journal of Education for Social Work*, 9, 34-42.

Levy, C. S. (1976). *Social Work Ethics*. New York: Human Sciences Press.

Loewenberg, F. M., & Dolgoff, R. (1996). *Ethical Decisions for Social Work Practice* (5th ed.). Itasca, IL: FE Peacock.

NASW. (2019. 7. 30.). https://www.socialworkers.org/newhomepage

Pumphrey, M. (1959). *The Teaching of Values and Ethics in Social Work Education*. New York: Council on Social Work Education.

Reamer, F. G. (2013). *Social Work Values and Ethics* (4th ed.). New York: Columbia University Press.

Varley, B. K. (1963). Socialization in social work education. *Social Work, 8*(3), 102–109.

제3장

사회복지실천의 역사

●학습개요●

이 장에서는 서구의 사회복지실천의 역사는 어떠했는지 그 특징과 역사적 상황 속에서의 의미

를 이해한다. 한국의 사회복지실천의 역사에서는 개화기부터 그 역사를 살펴보고 근현대기의

사회복지실천의 발달과정을 살펴본다.

●학습목표●

1. 서구사회 사회복지실천의 발달과정을 살펴본다.
2. 한국 사회복지실천의 발달과정을 이해한다.

1. 서구사회 사회복지실천의 발달과정

사회사업실천은 19세기 말 빈곤문제를 해결하고 빈곤층에게 보다 나은 서비스를 제공하기 위하여 발전하였다. 즉, 1834년 영국에서 「신구빈법」이 개정되었지만 빈민은 계속적으로 늘어나고 런던의 빈민가가 확대되어 「빈민법」만으로는 빈민에 대한 대처가 불가능해지는 상황에 이르렀다. 이에 새롭게 등장한 시도는, 첫째, 자선을 조직화하는 것이고, 둘째, 빈민 속으로 들어가 살면서 그들의 의식을 개선하려는 것이고, 셋째, 얼마나 많은 사람이 어느 정도까지 왜 빈곤한가를 과학적으로 조사하여 대책을 수립하는 것이었다. 이렇듯 현대의 사회사업 실천의 효시는 미시적 사회사업 실천 접근인 자선조직협회와 거시적 사회사업 실천 접근인 인보관운동이라 하겠다.

1) 자선조직협회

18세기 중엽 영국에서 산업화·도시화가 진행되면서 많은 인구가 도시로 유입되었고 그에 따라 도시빈민들이 발생하기 시작하였다. 이러한 도시빈민들의 문제를 해결하기 위한 목적으로 1800년대 초부터 영국에서 사회복지기관들이 하나둘씩 출현하였다. 당시 사회복지기관들은 대개 개인이나 민간 단체들에 의해서 운영되었다. 주로 성직자들이 운영 및 활동을 주도했고, 거기에 종교단체들이 참여했다. 그 후 1900년대 초반까지 빈민을 위한 서비스는 이들 성직자와 거기에 가세한 부유한 자선가들에 의해 제공되었다. 그런데 이들은 서비스 제공에 필요한 정규적인 훈련을 받지 않았고, 인간행동에 대한 이해도 부족했기 때문에 어려움을 경험하고 있거나 문제를 표출하고 있는 개인들을 어떻게 도와야 할지 잘 몰랐다. 이들 민간조직 및 거기에 소속된 인력들에 의해 제공된 서비스는 주로 음식이나 주거시설 등과 같은 물리적인 원조였으며, 정서적 문제나 대인관계상의 문제들에 대해서는 종교적 훈계 차원의 개입만이 이루어졌다. 이러한 초기 활동들이 사회복지실천 영역에 포함된다고 보기는 어렵다.

사회복지실천 영역은 전통적인 박애활동 및 자선의 형태에서 벗어나 보다 현실적이고 체계적인 방법으로 사회문제 또는 사회적 고통에 대처하기 위한 방안을 찾아내고자 하는 노력에서 비롯되었다. 1800년대 중후반에 들어서면서 대도시를 중심으로 많은 민간 구제기관이 출현하기 시작했는데,

이들의 활동 목적은 실업자, 빈민, 환자, 신체·정신장애인, 고아 등을 돕는 것이었다. 민간 구제기관들은 빈민들의 행동습관이나 환경을 조사했고, 가정을 방문하여 그들이 자립할 수 있는 자립계획을 제시하고 경제활동을 지도하였다. 이들의 활동은 서로 조정이 되지 않은 채 제각기 행해졌기 때문에 중복되기도 했다. 따라서 이러한 민간 사회복지기관들의 활동을 조절하기 위한 목적으로 영국에서 1800년대 중후반에 자선조직협회(Charity Organization Society: COS)가 결성된다. 이 활동이 미국으로 건너가 미국에서도 비슷한 양상을 보이던 활동들이 자선조직협회의 조직원리를 받아들이기 시작하였다.

영국 최초의 자선조직협회는 1869년 런던에서 설립되었고, 미국 최초의 자선조직협회는 1877년 뉴욕주의 버펄로에 세워졌다. 그 후 미국에는 많은 자선조직협회가 생겨나기 시작했다. 자선조직협회의 주요 목적은 자선과 구빈법, 자선단체 간의 협력, 모든 케이스에 대한 조사와 타당한 활동, 걸식의 억제였다.

자선조직협회의 직원들은 주로 자원봉사자들이었으며 이른바 '우애방문단(friendly visitors)'이라 불렸다. 우애방문단은 주로 중산층의 부인들로 구성된 자원봉사자들로서 빈곤가족을 방문하여 가정생활, 아동 교육, 가계경제 등에 대한 조언을 제공하였다. 경우에 따라서 이들은 가족구성원들에게 용기를 불어넣어 주기도 하고 가족들을 도덕적으로 꾸짖기도 하였다. 우애는 문화, 지식, 교양, 가치 등이 동등한 수준의 우애라기보다 중산층의 도덕적 우월을 전제하고 취약계층에 제공되는 친절이었다. 자선조직협회에 소속된 우애방문단의 활동은 오늘날 사회복지사들의 활동과는 많은 차이가 있었다. 적절한 지원을 제공하기 전에 조사, 등록, 협력, 조정 등을 거치는 절차에서는 오늘날 사회복지사의 활동과 유사했으나, 구조를 받을 만한 가치가 있는 빈곤자(the deserving poor)에게는 도움을 제공한 반면 일할 능력이 있는 걸인, 알코올 중독자, 성매매 여성 등에게는 도움을 제공하지 않음으로써 도덕적 의무를 강조하였다는 점에서 차이가 있었다. 이렇게 구제할 가치가 없는 빈민(the undeserving poor)이란 돕는 것이 불가능한 자, 즉 게으른 자, 타락한 자, 주벽이 있는 자 등을 말하는데, 이들에 대해서는 민간에서의 제공을 거부하고 「구빈법」의 구제 억제적인 열등처우의 원칙(less eligibility)에 맡겨야 한다고 하였다(김동국, 1994: 236-237).

자선조직협회의 직원들은 일할 능력이 있는 모든 사람은 일할 수 있도록 하기 위한 취업 및 법률구조 서비스를 개발·실시하였다. 이러한 활동은 이후 가족 사회사업 담당 복지사들에 의해 계승되었다. 자선조직협회는 종교적 가치에 기초한 사랑을 강조하면서도 빈곤의 성격과 인간성에 대해서는 도덕이라는 잣대로 판단하는 경향을 보였다. 자선조직협회에 소속해 있던 우애방문단은 1900년대부터 점차 보수를 받는 정식 직원으로 변하기 시작하였다.

최초로 사회복지실천 활동 유급 종사자를 고용하기 시작한 것은 19세기 말의 자선조직협회이다. 1890년대 말 자선조직협회는 시 당국과 계약을 맺고 시 당국의 구조기금을 집행하였는데, 이 프로그램을 운영하는 과정에서 자원봉사자들(우애방문단)을 조직하고 훈련시키기 위해 오늘날 사회복지관의 총무와 비견되는 전문인을 채용하였다. 총무역의 전문인들은 이 일 외에 시 행정 당국으로부터 받은 기금을 책임 있게 집행하는 회계일도 맡았다. 이들이 점차 전문화되면서 나중에 사회복지사(social worker)로 불리기 시작하였다. 사회 취약계층을 보호하고 지원하는 일을 사회로부터 위탁받아 사회복지현장에서 활동하는 사람들이라는 의미에서 사회의 일을 하는 사람인 'social worker'로 불리기 시작한 것이다.

자선조직협회는 지구위원회에 의한 지역사회조직 활동, 조사에 의거한 처우방침의 결정, 공사역할의 분담, 유급 사회복지사의 배치 등 근대적인 사회복지의 기틀을 마련하는 데 중요한 역할을 담당했다. 그러나 빈곤은 개인적 노력을 통해 제거될 수 있으며, 또한 빈곤은 대규모의 국가개입이 아닌 민간부문의 노력을 통해 해결될 수 있다는 사고방식, 즉 빈곤이 발생하는 사회적 기반을 경시한 점이 자선조직협회의 한계점이라 할 수 있다(김동국, 1994: 240).

2) 인보관운동

자선조직협회가 개별중심, 개인중심의 사회복지 시초였다고 한다면 인보관운동(Settlement House Movement: SHM)은 빈곤문제를 해결하려는 일종의 사회운동으로 시작되었다. 이들은 빈곤의 문제를 개인의 차원보다는 사회의 차원으로 인식하였다. 즉, 빈민 지역의 주택 개선, 공중보건 향상, 빈민 착취 방지 및 해결 등 사회문제에 대한 개혁적인 해결을 강조하였다. 주로 대학생이나 젊은 지식인이 빈민가에 함께 거주하면서 생활하였다. 인보관운동의 기본적 배경에는 기독교 사회주의, 온정주의적 인도주의 등이 큰 영향을 미치게 된다. 기독교 사회주의는 종전의 구빈사업을 비판하고 기독교정신을 기초로 한 사회개량을 주장하였고, 교육을 통한 노동자계급의 사회적 조건들의 개선을 주장하는 것을 통해 인보관운동의 기본 이념을 제공하였다. 온정주의적 인도주의는 중산층 지식인들을 중심으로 하여금 대학생들이 빈민구역으로 들어가 소외된 빈민들과 함께 거주함으로써 계급단절을 완화하는 데 기여했다.

구체적으로 영국에서의 인보관운동으로는 1884년 런던 동부 빈민 지역에 토인비 홀이 설립되었는데, 이것이 세계 최초의 지역사회복지관(community welfare center)으로 평가되고 있다. 1875년 Toynbee는 인보관운동에 대해 일반인들의 관심을 유도하는 데 큰 역할을 하였으며 사회개혁운동에 힘썼는데, 결국 그의 노력이

[그림 3-1] Arnold Toynbee

병을 불러 1883년에 요절하게 된다. 그의 이러한 일련의 노력을 기리기 위해 토인비 홀을 건립하였는데, 이곳이 인보관운동의 거점이 된다. 인보관운동의 가장 큰 특징은 '토인비 홀'을 거점으로 삼아 사회개혁운동을 전개했다는 것이다. 세계 최초의 지역사회복지관이라는 평가를 받는 것도 이 같은 이유이기 때문이다.

　미국의 경우, 인보관 중에서 가장 잘 알려진 헐 하우스가 의과대학생이었던 Jane Addams에 의해서 1889년 미국의 시카고에 세워졌다. Addams가 1884년에 세워진 영국 최초의 인보관인 토인비 홀을 방문하여 그 운영 상황을 살펴본 후 이 제도를 미국에 도입한 것이다. 미국의 인보관운동의 주요 활동무대는 미국 사회에 갓 도착한 빈민 이민자들이 모여 사는 곳이었다. 인보관운동 참여자들은 빈민 지역의 주택 개선, 공중보건 향상, 사용자에 의한 빈민 착취의 방지 및 해결 등 제반 사회문제에 대한 집합적이고 개혁적인 해결을 강조하였고 그것을 위한 구체적인 행동을 하였다. 그 외에도 직업기술훈련, 언어(영어)훈련, 환경개선운동 등을 전개함으로써 빈민들이 자립할 수 있는 여건을 형성하기 위한 집단적 노력을 실천하였으며 지역사회 거주자들의 자생력을 강화하기 위해 성인교육도 실시하였다. 개인의 변화보다는 사회환경의 변화에 무게를 더 두었던 Addams의 사회복지실천 활동은 후에 사회복지실천 인력들이 문제의 원인과 관련하여 사회환경에 관심을 갖게 되는데 영향을 주었다. 이 때문에 인보관운동은 집단사회사업, 사회행동 및 지역사회조직 활동의 원조라 할 수 있다. 이들은 지역사회행동을 통해 지역사회 문제를 해결하고자 했을 뿐만 아니라 입법사항을 마련하는 등 사회정책 형성 및 입법 과정에 영향력을 행사하기도 하였다. 이러한 활동은 나중에 사회복지정책과 관련한 사회복지실천 활동에 영향을 주었다. 영국에서 초기 인보관 근무자들은 대개 젊은 대학생들이었으며, 주로 신부수업 중인 학생이거나 목사의 자제들이었다. 반면, 미국의 인보관 근무자들은 이상적이고 자유분방한 젊은 대학졸업생들이었다. 이들 가운데 일부는 자원봉사자들이었고,

일부는 유급 근무자들이었다.

〈표 3-1〉 **자선조직협회와 인보관운동의 비교**

유형	자선조직협회	인보관운동
문제의 원인	개인적인 속성을 강조	환경적인 요소를 강조
이념	사회진화론적인 이념에 동조	자유주의와 당시의 급진주의 사상에 동조
참여 유형	지도자들이 상류층에 가까운 유형	교육을 받은 중류 출신
접근 방법과 해결방향	사회문제의 접근 방법에 있어 개인을 개조하거나 그들이 처한 역기능적인 면을 수정하는 실용적인 방향으로 접근	인보관활동가들은 빈민과 거주하면서 기존의 사회체계를 비판하는 서비스에 역점을 두었음. 인보관운동은 집단사회의 기원으로도 볼 수 있음

3) 전문적 교육의 등장

(1) 사회복지실천의 전문직 확립기

자선조직협회에 유급 근무자들이었던 협회의 전문인력(총무)들은 자원봉사자들을 교육하고 조직 · 관리하는 과정에서 일정한 기준과 지침서를 필요로 하게 되었다. 이러한 기준 및 지침의 필요성은 곧 사회복지실천 교육의 필요성으로 연결되었다. 당시 볼티모어 자선조직협회에서 근무하던 Mary Richmond는 1897년에 열린 자선 및 교정학회에 참석하여 전문교육을 담당할 기관의 필요성을 역설하였다. 1898년 뉴욕 자선조직협회에서 매년 6주간의 프로그램을 실시한 것이 사회사업의 시발점이 되었고, 6년 후에 1년 기간의 교육프로그램인 뉴욕 자선학교(New York School of Philanthropy)가 세워졌다. 1910년 가을 학기부터 뉴욕 사회사업학교(New York School of Social Work)라는 명칭으로 정식 사회사업 교육이 시작되었는데, 이곳은 나중에 컬럼비아 사회사업대학원이라는 학교명으로 바뀌었다. Richmond는 뉴욕 자선학교에 겸임 교수로 출강하면서 실무에서의 경험을 정형화된 교육으로 변환시키는 과정에 참여하였다. Richmond는 『사회진단(Social Diagnosis)』과 『개별사회사업이란 무엇인가(What is Social Case Work?)』라는 저서를 통하여 직접적인 사회사업 실천을 강조하였다. 1907년에는 시카고 대학교에 사회복지교육 프로그램이 개설되었다 1919년 당시 미국에는 17개의 사회복지대학(school of social work)이 생겨났는데, 당시의 학생들은 대부분 사회복지 실천 현장에 근무하면서 공부하는 시간제 등록 학생들이었다. 일하는 분야별로 각기 다른 교과과정에 따라 공부하였으며 현장 중심적 교육이 대부분이었다. 1920년대에 들어서면서 현장 중심적인 교육과 시간제 등록 교육에 대한 문제점이 제기되면서 연중 전일제 수업을 규정한 석사과정이 생겨나기 시작했다.

당시 교육과정의 핵심은 개별사회사업(casework)이었다. 이 개별사회사업 방법은 자선조직협회의 활동 원리 및 과정에 그 뿌리를 두고 있다고 볼 수 있다. 1900년에 필라델피아 자선조직협회의 총 책임자가 된 Richmond는 그간 자신 및 동료들의 사회복지실천 활동 내용 및 과정을 종합하여 1917년에 『사회진단』을 출판하였다. 이것은 사회복지실천에 관한 이론과 방법을 최초로 체계화한 책이다. 특히 이 책을 통해 Richmond는 빈민이 처한 상황을 체계적으로 진단하는 기술을 제시하였다. 정보수집을 통해 사례를 연구하는 단계, 수집된 정보를 갖고 어디에 문제가 있는지를 찾아내는 진단단계, 문제 상황이 어떻게 진행되어 나갈 것인가를 예측해 보는 단계, 문제 상황을 변화시키기 위해 어떻게 개입할 것인가를 생각해 보는 개입 계획단계 그리고 실행단계 등, Richmond가 이 책을 통해 제시한 사회복지실천 과정은 지금도 사회복지실천 과정에서 그대로 이용되고 있다. 이러한 내용에 바탕을 두고 한 걸음 더 나아가 Richmond는 1922년에 『개별사회사업이란 무엇인가』를 통해서 개별사회사업이란 개인과 개인, 인간과 환경 간의 적절한 조화와 조절을 통해 인격의 발달 및 성장을 가져오게 하는 과정이라고 정의한 바 있는데 현재 사회복지실천의 기본 개념틀인 '환경 속의 인간(person-in-environment)' 은 이때의 Richmond의 저술에서 비롯되었다고 볼 수 있다.

초기의 사회복지실천 그리고 실천에 바탕을 둔 현장 중심적인 교육(in-service training)은 주로 세 가지 분야에서 이루어졌는데, 의료사회사업, 정신의료사회사업 그리고 아동복지 분야가 그것이다. 의료사회사업과 정신의료사회사업은 의사들의 영향력하에서 이루어졌으며, 사회복지사들이 주도적으로 행한 것은 아동복지 분야뿐이었다. 따라서 초기 사회복지실천의 방법이 정신과 의사들의 방법을 따라갈 수밖에 없었던 배경이 형성된 셈이었다.

(2) 사회복지실천의 전문직 분화기(1920~1950년대)

1920년대에 들어서 Freud의 정신역동이론이 유럽을 비롯한 서양의 학문세계로 전파되기 시작하였다. 인간의 성격발달과 문제 행동에 관한 Freud 이론은 특히 사회복지실천 활동에 큰 영향을 주었다. 정신과 의사들과 함께 활동하던 사회복지사들은 의사들이 사용하는 정신분석적 개념과 설명에 매력을 느끼기 시작했고 이것을 클라이언트를 일대일로 만나 문제를 해결해 가는 실천양식에 부합되는 것으로 생각했다. 정신과적인 접근은 관찰 가능한 행동과 주변 환경에 대한 관심보다는 정신 내부의 역동과정에 중심을 두고 개인으로 하여금 주변 환경에 적응하도록 개인을, 특히 개인의 내부 정신상태를 변화시키는 것만을 강조하였다. 이러한 흐름 속에서 '환경 속의 인간'이라는 틀 속에 환경에 대한 이해와 환경의 변화를 통한 인간의 성장·발달 및 변화와 적응을 강조했던 초기 사회복지실천의 중심은 개인의 내부 문제에 대한 초점으로 차츰 옮겨 가기 시작했다.

따라서 1920년대의 사회사업은 클라이언트의 초기 아동기에 발견되지 않은 문제와 이해를 기초로 하는 치료와 클라이언트의 성장과정을 탐구하는 것을 기반으로 하는 진단을 강조하는 정신분석적 결정론을 포함하는 Freud 학파의 개념들을 기초로 하고 있었다. 이러한 사상을 진단적 학파라고 불렀다.

그러나 많은 사회사업가는 부모의 지령으로 초기에 내면화한 가혹하고 한정적인 영향과 인간을 무의식의 보이지 않는 힘들의 희생으로 묘사하는 기계론적이고 결정론적인 전통적인 Freud 학파의 접근에 불만을 갖게 되었다 (Smalley, 1970). 이들을 기능주의 학파라고 불렀는데, 이들은 Mead, Dewey, Lewin 그리고 Otto Rank의 영향을 크게 받았다. 기능주의 학파는 사람들은 그들 과거의 생산물이 아니고 그들 스스로 계속적으로 창조하고 재창조할 수 있다는 인간에 대한 낙관적인 견해를 채택했다. 기능주의 학파에 있어서 초점은 사회복지사와 클라이언트 간의 관계에 있었다. 이론화된 그 관계는 성장과 선택은 촉진될 수 있고 해방되기 위한 클라이언트에게 있음을 의미하였다. 기능주의 학파에서는 치료하는 용어 대신에 원조과정(help process)이라는 용어를 사용하였다.

1930년대에 Freud의 정신분석이론을 중심으로 사회복지실천을 행하는 진단주의 학파와 Rank의 이론을 중심으로 사회복지실천을 행하는 기능주의 학파 사이에 논쟁이 일어났다. 이 논쟁은 과거에 대한 분석을 통한 진단을 중심으로 하는 전통적 정신분석이론에 대한 비판이 제기되면서 시작되었는데 1950년대까지 지속되었다. 기능주의(functionalism)를 대표하는 인물들로는 Jessie Taft, Virginia Robinson, Ruth Smalley 등을 들 수 있다.

사회복지실천 방법을 둘러싼 진단주의와 기능주의의 논쟁은 사회복지실천에 많은 영향을 주었다. 즉, 양극으로 나뉘어 진행된 진단주의와 기능주의의 대결과정에서 기능주의의 많은 요소가 종래의 진단주의 실천양식 속에 스며들었다. Rank의 이론에서는 개인의 '의지(will)'를 강조하였는데, 개인은 그 자신 내부에 건설적인 방향을 향해 나가고자 하는 힘을 가지고 있고, 이 힘은 건전한 성장을 위한 의지를 형성한다고 하였다. 또한 개인은 더 이상 과거의 노예가 아니며, 현재의 경험과 그 주변 여건에 대한 이해가 개인문제를 이해하는 데 중요한 역할을 한다고 하였다. 기능주의에서는 전문가와 클라이언트 사이의 원조관계가 강조되었다. 원조관계는 곧 원조과정과 밀접한 관련이 있었다. 따라서 원조과정이 전개되는 기관의 기능과 원조관계는 긴밀히 연결되어 있었다. 클라이언트는 도움을 받는 기관의 제한된 기능 내에서 스스로 선택하고, 자신의 내부의 힘(self-will)을 활용하여 자신의 성장을 위한 과제를 수행하되, 시간적으로도 제한된 범위 내에서 자신의 긴박한 문제해결 과정에만 참여하였다. 즉, 클라이언트와 사회복지사는 클라이언트의 과거에 대한 설명이나 해석보다는 클라이언트가 제한된 시간 내에 기관의 기능과 서비스를 최대한 활용하여 당면한 현실의 문제해결에 열중하도록 하였다. 이때 기관의 기능은 사회복지사와 클라이언트의 원조과정의 초점, 방향, 내용 등에 영향을 주기 때문에 매우 중요하였다. 과거에 얽매이지 않은 개인의 성장가능성과 개인의 동기 및 의지에 초점을 두는 점, 치료에서 치료자의 권위적 위치 또는 권위적인 태도를 달갑지 않게 생각하는 기능주의 특성은 진단주의에 영향을 주어 진단주의가 개인의 내적 진단을 중시한 Freud의 영향에서 약간 벗어나 환경 속의 인간을 이해하는 쪽으로 나아가게 하였다.

(3) 사회복지실천의 전문직 통합기(1950~1970년대)

진단주의 접근과 기능주의 접근의 논쟁이 지속되다가 1950년대에 들어와 이론적 통합이 이루어지게 된다. Perlman은 1957년 『개별사회사업: 문제해결과정(Social Casework: A Problem-Solving Process)』이라는 저서에서 기본적으로 진단주의적 입장을 취하면서 기능주의 견해를 수용하면서 절충주의적 방식을 제시함으로써 진단주의와 진단주의 논쟁에 종지부를 찍게 된다.

Perlman은 진단이라는 용어를 오늘날 사정(assessment)의 개념과 유사하게 사용하였다. 진단은 역동적인 것으로 클라이언트의 문제 상황에 상호작용하는 요인들의 영향력을 파악하는 것이라고 보았다. Perlman은 문제를 병리적인 것이라기보다는 일상생활의 한 부분으로 보고, 클라이언트의 사회기능을 창조하였다(김혜영, 석말숙, 최정숙, 김성경, 2016).

이 시기의 또 다른 경향은 세 가지 전통적인 방법론의 공통적 기본 원리

를 찾기 위한 노력이다. 그 결과, 개별사회사업은 물론 진단사회사업, 지역
사회조직에서도 실천의 과정을 중시하고, 개별사회사업에서는 클라이언트
뿐 아니라 그와 관련된 다른 사람들과의 상호관계를 고려하기 시작하였다
(Johnson & Yanca, 2004).

또한 제2차 세계대전이 끝나면서 지역사회로 돌아온 참전용사들을 대상
으로 정신의학적 집단사회사업이 실시되었다. 집단을 형성할 경우에는 주로
유사한 문제를 가진 참전용사들을 한 집단 속에 포함시켰다. 1945년 이후 정
신병원들에서 집단사회사업을 실시하는 경우가 급격히 증가하기 시작하였
고, 아동상담소에서도 집단사회사업이 많이 활용되기 시작하였다. 1960년대
에 이르러 개별사회사업가가 가족에 개입하여 가족구성원들의 의사소통기
술, 의사결정과정, 사회기술 등을 향상시키기 위해 노력하는 과정에서 가족
에 대한 개입을 집단 형태로 하기 시작하였다. 이러한 활동이 계속되면서 개
별사회사업과 집단사회사업이 통합되기 시작하였다. 사회복지사들이 클라
이언트를 개별적으로 만나 개입하기도 하고 집단으로 개입하기도 하면서 양
자의 결합이 자연스럽게 이루어지기 시작한 것이다.

(4) 사회복지실천의 전문직 확장기(1970년대~현재)

1970년부터는 사회복지실천 모델에 대한 탐구가 일어나면서 많은 실천
모델들이 출현하기 시작하였다. 즉, 1979년과 1980년에는 임상사회사업의
실체를 규정하는 작업이 전미사회복지사협회(National Association of Social
Workers: NASW)를 중심으로 이루어짐으로써 공통적인 지식기반, 실천방법,
실천 현장, 가치와 기술 등에 대한 합치된 정의를 도출해 내기 위한 노력이
있었다.

'환경 속의 인간(person in environment)'과 클라이언트와 사회복지사의 상
호작용 개념이 확장되면서 모든 사회복지실천에 대한 통합적인 기반이 되었
던 사고는 사실상 1920년대의 밀포드 회의에서 등장한 것이다. 이후 사회복

지실천의 통합화를 꾸준히 갈구해 왔다고 볼 수 있다. 즉, 클라이언트 집단이 다양해지고 새로운 문제가 발생함에 따라 보다 구체적인 초점을 가진 접근이 필요해졌다. 통합적 관점에서 빈곤, 비행, 장애, 보건, 정신건강 등 다양한 문제를 다루고 과제중심모델, 강점관점, 역량강화, 임파워먼트, 체계이론 등에서는 병리적인 관점보다 개인의 개발 또는 강점에 초점을 두게 되었다.

오늘날 사회복지실천은 사회개혁과 인간 개인의 변화 모두에 초점을 둔 접근을 하고 있다. 그러나 사회 · 경제 여건의 변화에 따라 실천의 초점에 약간씩의 변화가 있었다고 볼 수 있다. 경제가 호황인 시기에는 개인에 대한 초점이 보다 강조되다가 경제상황이 나빠지면서 주변 환경의 구조적 문제에 보다 많은 초점이 주어지는 식으로 변해 왔다. 미국 사회에서도 경제가 호황일 때는 임상사회사업이 확산되고 사설개업(private practice)이 증가하는 현상이 나타나고 있다.

요약하면, 세 방향으로 각각 발전한 사회복지실천은 두 가지의 보다 일반적인 범주로 나누어졌다. 개별, 가족, 집단은 미시(micro) 또는 임상(clinical)으로 분류되고, 지역사회조직은 행정, 정책과 함께 거시(macro)로 편입되었다. 또 전문화에 대한 강조가 약화되면서 일반적 실천이라는 것이 나타났다. 일반적 실천하에서는 사회복지사가 갖고 있는 지식과 기술이 광범위한 영역에 걸쳐 사용될 수 있으며 문제의 사정과 해결모색이 보다 포괄적으로 이루어진다. 결국 오늘날의 사회복지실천은 개혁 성향의 사회변화를 주창한 인보관운동의 영향과 개인 변화를 주창한 자선조직협회의 영향, 근린지역사회 자원의 조직 및 동원을 강조하는 지역사회조직 운동 등의 영향이 통합되어 이루어진 것이라 볼 수 있다.

2. 한국 사회복지실천의 발달과정

우리나라의 사회복지제도나 사회복지사업 또는 현대적 사회사업의 발달은 그 역사가 오래되지 못하여 사회복지의 발달과정을 일관성 있게 체계화한다는 것은 쉬운 일이 아니다. 그러나 실제 내용 면에서 사회사업 또는 사회복지사업의 성격을 띤 각종 제도와 활동이 전혀 없었던 것은 아니다.

서구의 사회복지의 발달은 제도적 관점에서 보면 단계적으로 전개되어 왔으나 우리나라의 경우는 서구와 같은 단계와 질서적인 발전과정이 있었던 것은 아니다. 즉, 일종의 독특한 발달과정이 이루어진 것이다. 따라서 우리나라의 사회복지 발달은 개화기 이후로 살펴보기로 한다.

1) 개화기의 사회사업

근대적 사회복지사업이 우리나라에 전래된 것은 개화 이후의 일로서 일제강점기를 거쳐 현저한 발전을 보게 되었다. 근대적 사회복지사업이 우리나라에서 시작된 것은 조선 말엽인 1888년에 프랑스 주교가 설립한 천주교회에 의해 고아원이 개설된 것이 최초이며, 갑오개혁 후 인천에서도 교회부속 고아원이 설립되었고, 1907년에는 평양 맹아학교가 개교되었다. 이와 같이 갑오개혁 이후로는 종교단체들이 포교를 겸하여 서울, 평양, 인천 등지에 육아, 구료(求療) 등의 사업을 시작하였고, 경술국치 이후 그 수의 증가와 구미 선교단체뿐만 아니라 민간독지가 또는 국내 종교인들이 이러한 사업에 관심을 보였다.

이와 같이 우리나라에서 사회사업 내지 사회복지사업의 발달은 개화기와 일제강점기에 와서 본격화되었다고 볼 수 있다. 경술국치 당시는 조선총독부 내무국 내의 지방과에서 구휼 및 자선 사업을 관장하였으나, 1921년에 내무국에 사회과를 신설하여 이 업무를 관장함과 동시에 경성부청에 조선사회사업협회로 개칭되었는데, 이 협회의 주요 사업으로는 사회사업 상호연락, 통일조정, 사회사업의 조사연구, 강습회, 강연회 개최 등이며, 연이어 지방조직을 확대시켜 나갔다.

일제강점기에는 오늘날과 같은 사회복지에 관한 독립된 법규는 없었지만 사회복지에 관한 대표적인 법령으로 조선구호령(朝鮮救護令)이 있다. 이 조선구호령은 일반적인 구호에 관한 것으로서 1944년 3월 1일에 공포되었는데 일본의「구호법」을 기본으로 하여「모자보호법」과「의료보험법」을 부분적으로 첨부한 것으로서 그 주된 내용은 65세 이상의 노쇠자, 13세 이하의 유아, 임산부, 불구, 폐질, 질병, 상이, 기타 정신 또는 신체의 장애에 의하여 노동할 수 없는 경우 생활부조, 의료조산 및 생업부조에 관한 구조를 한다는 것이다.

그리고 구호시설로서는 보육원이 있고, 구호는 거택구호가 원칙으로 되어 있으나 거택구호가 불가능하다고 인정될 경우에는 시설수용을 할 수 있도록 하였다. 구호의 비용은 국가가 2분의 1 이내, 도(道)가 4분의 1을 부담하게 되어 있다. 또한 조선구호령은 구호대상에 대해 한정주의를 택하여 구제를 요하는 대상이 누락되는 경우도 생겨났다. 일제강점기 말엽에 공포된 이 구호령은 1961년「생활보호법」이 제정될 때까지 우리나라 공공부조의 기본법이 되어 왔다는 역사적 의의를 갖고 있다.

2) 미군정시대의 사회사업

미군정시대의 사회복지사업은 일제강점기의 제반 법규와 시설이 형식상으로 계승되었으나 실질적으로는 많은 제약하에 놓이게 되었다. 1945년 10월 27일에 공포된 미군정 법령 제18호에 의하여 정부조직으로서 보건후생부를 두어 사변재해의 구제, 일반 빈곤한 자의 공공구제, 아동의 후생 및 기타 필요한 보호, 노무자의 후생 및 은급제, 주택문제 등과 같은 업무를 관장하였다.

이 시기의 사회복지시책은 기아의 방지, 최저생계 유지, 보건 및 의료보호, 응급주택 보급 등에 중점을 두고 있으나 적극적이고 계획적인 사업추진이나 장기계획은 거의 이루어지지 않았다. 그러나 군정 3년은 자선활동에 의한 사회복지사업이 신장되어 월남동포, 귀환동포, 요보호 대상아동에 대한 수용보호의 필요성이 생겼으며 미군정의 선진적 사회복지사업 이념에 영향을 받아 내외 독지가들에 의한 자선활동이 활발하였으나 이에 대한 정부의 지원이 미약하여 임시 구빈적인 성격을 벗어나지 못했다. 미군정은 이 외에도 「아동노동법규」를 공포하여 아동의 노동을 보호하기도 했다. 이 법규는 「근로기준법」이 제도화됨에 따라 폐지되었으나 아동복지에 공헌한 제도로 볼 수 있다.

3) 현대 사회사업의 성립과 발달

(1) 정부 수립과 6.25전쟁

1948년 정부가 수립되었으나 약 1년간은 원칙적인 변화 없이 미군정의 제도와 방법을 그대로 답습하여 왔다. 사회복지 분야의 업무는 보건후생부와 노동부를 통합한 사회부가 생겨 관장하였고, 1949년에는 보건부가 독립되어 나갔다가 1955년 「정부조직법」의 개정으로 다시 보건사회부로 통합되어 오늘에 이르고 있다.

정부는 사회복지 분야에 제도적 기반을 마련하기도 전에 6.25전쟁을 맞아 국가적 위기에 직면하게 되었다. 6.25전쟁은 정치, 경제, 군사 면에서 여러 가지 변혁을 가져왔지만 사회복지 분야에 있었어도 일대 전기를 마련하게 되었다. 즉, 6.25전쟁은 수많은 전쟁고아와 전쟁피해여성, 상이자(傷痍者)를 낳아 요보호대상자를 양산하게 되었다. 그중에서도 요보호아동의 구호와 보호 문제는 당시의 여러 가지 사회문제와 더불어 긴급히 해결해야 할 문제로 제기되었다.

이러한 문제에 봉착한 정부는 1952년에는 전쟁고아 수용보호시설을 비롯해 전란으로 인하여 혼란에 빠진 기존 각종 사회복지시설을 합리적으로 지도감독할 행정적 필요에 따라 보건사회부훈령으로 후생시설운영요령을 시달하여 후생시설 운영과 그 지도감독의 준칙으로 삼았다.

이에 앞서 1952년 4월 21일에는 보건사회부 통첩(通牒) '사회사업을 목적으로 하는 법인설립 허가신고에 관한 건'으로 시설을 운영할 재단법인의 설립기준을 정하기도 했다.

사회복지사업의 부문별 내용을 보면, 1961년 제2공화국 때까지는 극빈자에 대한 구호사업과 무의탁한 사람에 대한 수용보호방법을 조선구호령에 근거하여 그대로 답습해 왔으며 사회복지정책은 구호사업이 중심을 이루고 있었다.

(2) 한국의 외원민간 단체의 활동

6.25전쟁으로 인한 사회적 혼란과 인간생활의 황폐 현상에 개입하고자 많은 외국 민간 원조단체가 들어오기 시작하였다. 외원이라 함은 외국으로부터의 정신적 · 물질적인 도움을 뜻하는데 개화기 전부터 우리나라 근대화에 힘입은 바 크다. 특히 6.25전쟁을 겪으면서 사회 전반에 걸쳐 많은 도움을 받게 되었다. 이들 단체 중 7개 외국원조기관이 모여 6.25전쟁이 한창이던 1952년 3월 피난지 임시 수도였던 부산에서 외원 단체협의회를 결성하고 1950년대 중반 이래 1970년대 초반까지 15년간 활발한 활동을 하였다. 이들 간체의 본래 목적은 대개의 경우 전문적 사회복지실천보다는 종교적인 선교활동에 있었기 때문에 그 활동이 사회복지 전문성을 갖춘 것이라고는 볼 수 없었다. 1960년대 후반부터는 이러한 외원단체들이 한국을 떠나기 시작하였다. 이로써 우리나라에 전문적 실천이 자리 잡힐 수 있는 여건이 형성되지 않은 상태에서 우리 자체의 사회복지실천이 모색되기 시작하였다. 각 외원기관의 실태는 다음과 같다.

① 한미재단(American-Korea Foundation)

1952년에 Eisenhower 대통령의 요청으로 한국인들과 미국 시민에 의하여 설립되었으며 전쟁으로 인한 긴급사태가 감소하여 갈 때 사업을 차츰 확장하여 오늘에 있어서는 비영리, 비정치성에 의한 자조를 목표로 보건, 교육, 복지사업, 농업, 지역사회개발, 예술, 문화사업을 통하여 한국인과 미국인의 우정을 도모하고 있다. 구체적으로 미국에 유학 중인 한국 학생들에 대한 교육적인 상담, 귀국 학생에 대한 직업조력, 법 조항에 의한 고용인들의 특수훈련과 숙련에 대한 안정조력, 보사부와 WHO의 협력으로 결핵치료사업과 영등포에 위치한 반신불구 신체장애 아동들의 조력에 힘쓴다.

② CARE(Cooperative for American Relief Everywhere)

CARE는 그 명칭이 의미하듯이 세계에 펼쳐 있는 미국의 구호연맹으로서 미국 내 26개나 되는 사회단체와 자선단체로 구성된 사립기관이다. 1948년부터 활동을 시작하여 제2차 세계대전 이후 세계의 수많은 사람이 스스로 돕고자 물자의 궁핍을 느끼고 있는 사람들에게 연장과 장비를 제공하여 자립정신과 효율적인 식량문제를 통하여 건강증진에 지대한 도움을 주며, 자조(self-help)의 유용에 대하여 협조해 주는 것을 목적으로 한다. 우리나라에 도움을 주기 시작한 때는 1952년도부터이며 현재 33개국의 3,700만 명이 이 기관의 도움을 받고 있다.

③ 홀트 양자회(Holt Adoption Program)

혼혈아의 해외입양에 관계하며 1955년 6.25전쟁 후에 최초로 설치했고 본부는 미국 오리건주에 있으며 한국의 지부는 단 하나뿐이다. 설립 이래 4,000여 명의 아동을 입양시켰으며 나이가 많은(4세 이상) 아이일수록 입양이 어렵다. 국제적으로 8~13세가 평균 입양 연령인데도 기금은 미국원조 기금에 의존하고 있으며 입양을 확대하여 더 많은 버림받은 아이들을 돕겠다는 것이 목적이다.

④ 기독교 세계봉사회(Korean Church World Service: KCWS)

기독교 세계봉사회는 그리스도의 사랑을 실천하는 데 목적이 있고 가족계획, 결핵사업, 가정복지, CO, 불구자 재활사업, 긴급 재해구호 등 광범위한 사업을 하고 있다. 1948년에 최초로 한국에서 시작했고, 현재 한국에는 6개 지부가 있다. 극빈자의 구호에서 원조 대상자의 자조정신을 앙양하는 방향으로 나아가고 있다. 또한 결핵사업과 가정복지사업 등이 교육을 위한 면에도 중점을 두고 있다.

⑤ 양친회(Foster Parents Plan)

양친회는 도움이 필요한 가족에게 현금과 물질적 원조를 통해 경제적 자립을 가능하게 하는 것을 목적으로 하여 가족들을 도우려는 복지사업을 하고 있다. 최초로 1952년에 발족하여 서울과 부산에 각 1개씩 있으며, 이는 종파와는 관계없이 민간 기금에 의존하고 본부는 미국 뉴욕에 있다. 현재 도움을 받고 있는 가족 수는 6,800명이나 되고 아동은 1,100여 명이나 된다. 에이전시의 기준은 서울과 부산 같은 대도시에서 일반적으로 3명 이상의 자녀를 가진 가정으로 아버지가 없고 가족의 수입이 시급한 가정을 대상으로 주로 교육비에 도움을 준다.

⑥ 가톨릭 구제회(United States Catholic Conference)

가톨릭 구제회는 구호, 사회복지, 의료, 사회경제적 발전 분야에 대한 물질적·재정적 보조와 인종, 신조, 정치적 신념에 상관없이 빈궁한 사람들을 도와주는 것을 목적으로 하며 한국 이외에도 세계각처 69개국에 있다. 우리나라에 대한 세부계획을 보면, 빈민에 대한 모든 다른 나라의 물자 무상공급과 공공단체, 위생계획, 망명자의 재정착, 토지개간계획, 식량분배, 센터를 통한 빈민에 대한 봉사활동과 이민, 고아들의 미국 양자, 결연에 대한 협조 등이었다.

⑦ 세계구호 위원회(World Relief Comission: WRC)

세계구호 위원회의 목적은 그리스도 구호사업과 재활계획에 있다. 이 단체가 설립된 지역은 한국 외에도 이집트, 대만, 남미, 독일 등이 있다. 이들의 한국에 대한 계획은 「미공법(Public Law)」 제480조에 의거하며 식량공급이 진행되었다.

⑧ 제7일 안식일 예수 재림교 한국연합회 구호봉사회(Korean Union Mission of 7th day Adventist)

세계 모든 인류에게 영원한 복음을 전도하는 것과 환자 치료 및 극빈자에 대한 재활, 문명자들에 대한 그리스도 교육 등에 그 목적이 있다. 한국 이외에도 세계 280개 지역에서 대규모적인 전도 · 교화 · 치유사업의 계획하에 운영되고 있다.

⑨ 구라선교회(The Leprosy Mission)

구라선교회는 나병 환자 구제와 정신적 도움을 목표로 의료구호를 함으로써 그들이 생계를 유지할 수단으로 몸을 움직이게 하고 또한 환자가 사회로 되돌아가도록 돕는 단체이다. 1907년부터는 주로 재정적인 도움만을 주고 있다.

이 외에도 주한외국민간원조단체연합회(Korean Association Voluntary Agency: KAVA)의 활동이 진행되었다. 이 단체는 한국인에 대한 기여와 봉사를 증대하고 강화하며 협조할 목적으로 주한외원단체 회원 간에 상호협의하고 연구, 계획, 연합행동을 취하며 정보를 교환하여 보다 효과적인 구호를 하기 위한 외원의 연합체이다.

KAVA는 1952년 3월, 부산에 처음 7개의 민간 원조단체가 모여 그 당시 상당하였던 미군들의 도움을 조직적으로 받게 하려는 데서 출발하였다. KAVA는 1954년에 재정적인 기반이 확고하게 되었고, 1955년에 사무국이 첫 기능을 발휘하게 되었다. 1964년 8월에 이르러서야 70여 외원단체가 KAVA에 가입하였고 그중 28개 단체가 분과위원회별로 활동을 하고 있다.

KAVA는 연합체이기 때문에 그들의 독자적인 활동이 있다고 할 수는 없다. 그러나 KAVA 중심의 사업을 고찰해 보면, 보건 면에서 의원의 의료사업은 과거 80여 년에 걸쳐 정부와 국민에게 의학의 혜택을 주는 의료사업, 나병환자사업, 결핵요양소, 혈액은행, 의수족자 재활사업 등에 새로운 전망을 주는 데 공헌했다고 할 수 있다.

또한 KAVA는 지역사회개발에 공헌하였는데, 현 지역사회개발의 원리가 제시하는 방향에 근거하여 주민들을 상대로 다방면으로 일하여 왔다. 몇 가지 예를 든다면, 크리스천 지도자를 훈련하여 C.O의 프로그램을 보조하게 하였는데, 4-H 클럽의 활동, 염가주택 건립과 제공 등을 통해 C.O는 가정, 농업, 청년들을 주 대상으로 발전시켜 식량, 의류, 가옥, 교육, 건강과 정신적 성장을 도모했다. 그리고 사회복지 방면에서는 아동복지, 모자보호사업, 놀이터, 탁아소, 직업 상담안내소 등과 변화하는 문화에 따른 새로운 프로그램을 개설·실행한다.

외원의 장점으로는 ① 개화 초기의 업적은 한국이 근대적 국가로 발달하는 기틀을 이루었고, ② 6.25전쟁 이후 초기에 정치·경제 등 사회적 전반 분야에 혼란이 크고 특히 재정상으로 궁핍하였던 실정에 비추어 그들은 기아구제 면에서 큰 공헌을 하였으며, ③ 한국인에게 인류애와 형제애를 계몽하였고, ④ 원조를 주고받는 국가 간의 유대를 강화하였으며, ⑤ 한국의 전통적인 유교사상에서 벗어나 기독교의 원리는 종교 면에서 국민들에게 새로운 길을 터 주었고, ⑥ 자조를 목적으로 하여 지원하였으며, ⑦ KAVA라는 체계적이고 조직적 활동으로 각 기관이 상호협력하였고, ⑧ 외원에 대한 우리 정부의 조정을 수용하였으며, ⑨ 사회사업 연구생의 훈련실습 기회 제공으로 교육적 원조를 하였고, ⑩ 여러 면으로 개척자적인 새로운 프로그램을 모색하였다는 점을 들 수 있다.

외원의 단점으로는 ① 초기부터 외원의 대다수가 미션계인 위원은 포교를 위주로 하여 자체 조직을 통하여 실시했기 때문에 이중 구호, 편견적인 구호의 폐단을 초래하였고, ② 장기적 연속적 구호는 국민의 정신적 개선보다는 만성적 의타심을 조장하였으며, ③ 각 단체가 종교적 자체 설립을 목적으로 한 경향으로 세력에 대한 배타적 태도를 갖고 복지사업에 임하였고, ④ 일부 층에서 훈련 부족자인 사회복지사를 고용하는데 그들이 복지사업 정신을 망각하고 탈선행위를 하여 사회사업에 좋지 않은 여론을 형성하였으며, ⑤ 외원 본부에 전문직 사회사업 전공이 아닌 사람들이 기관장으로 일하고 있는 점을 들 수 있다.

4) 사회복지제도의 생성과 정비

우리나라 사회복지 발달과정을 시기별로 구분해 보면 1960년대는 사회복지의 제도적 형성기, 1970년대는 사회복지의 실험적 실천기, 1980년대는 제도적 정비기로 볼 수 있다. 1960년대 들어와서 「공무원연금법」(1960), 「생활보호법」(1961), 「아동복리법」(1961), 「고아입양특례법」(1961), 「윤락행위등방지법」(1961), 「군사원호법」(1961), 「재해구호법」(1961), 「사회보장에 관한 법률」(1963), 「산업재해보상보험법」(1963) 등의 제정으로 사회보험과 공공부조, 사회복지서비스의 제도적 기반을 구축하기 시작했다. 그러나 각종 입법의 취지대로 건강하고 문화적인 수준의 보호에는 이르지 못했으며, 사회복지정책은 자활지도(自活指導) 위주로 이루어졌고 시설보호사업은 외국의 민간 원조기관의 후원 아래 유지되고 있었다.

사회복지실천과 관련된 제도 면에서 꾸준한 발전이 있어 왔는데, 특히 사회복지 전문인력을 양성하는 교육적인 측면에서는 많은 변화가 있었다. 1947년 최초의 사회사업학과가 이화여자대학교에 설치되었고, 이 당시부터 시작된 전문 사회사업교육에서는 미국식 전문교육모형을 받아들여 치료중심의 사회사업방법들을 교육하였다.

1970년대 들어서는「사회복지사업법」(1970),「의료보호법」(1977) 등이 제정되고 1960년대에 입법화된 각종 제도들이 본격적으로 시행되고 있었으나 경제개발 우선 정책에 밀려 사회복지정책은 괄목할 만한 발전을 보지 못했다. 구체적으로, 1970년에는「사회복지사업법」이 최초로 명시되었으며 1983년에 사회복지사 자격제도의 시행과 더불어 최초의 사회복지관인 '태화여자관'이 1921년에 세워졌다. 그 후 본격적으로 정부의 개입으로 1983년 개정된「사회복지사업법」을 토대로 사회복지관의 설립 및 운영을 지원하는 근거가 마련되었고, 1989년 사회복지관 설치·운영 규정이 만들어지면서 정부는 지방자치단체와 협력하여 저소득층 밀집지역에 사회복지관의 설치를 확대하는 정책을 추진하였다.

이처럼 1980년대에 들어서서「아동복리법」이 확대·개정되고(1981, 1984),「노인복지법」(1981, 1989),「장애인복지법」(1981, 1989) 등이 제정 및 개정되었으며, 국민연금의 실시(1988), 최저임금제의 도입(1988), 의료보험의 국민개호보험화(1989) 등 일련의 입법조치와 복지행정의 확대가 이루어지기 시작했다. 사회복지관의 확대와 함께 1987년 7월 1일부터는 도시 저소득층 밀집지역 동사무소에 사회복지 전문요원이 배치되기 시작하였고, 1996년부터는 사회복지사의 전문성을 제고하고자 1998년부터 그 명칭이 '전문 사회복지사' 제도로 바뀌어 시행되고 있다. 또한 1966년부터「정신보건법」이 시행되면서 한국정신보건 사회복지사업학회가 보건복지부의 위탁을 받아 '정신보건 사회복지사'를 배출하고 있다. 1997년 7월에는「사회복지사업법」이 전면 개정되었고, 1988년에는 사회복지사 자격 국가시험이 신설되었다.

또한 1990년대에 들어와「고용보험법」(1993),「성폭력범죄의 처벌 및 피해자보호 등에 관한 법률」(1994), 「사회보장기본법」(1995), 「윤락행위등방지법」(1995), 「여성발전기본법」(1996), 「가정폭력의 방지 및 피해자보호 등에 관한 법률」(1997), 「장애인 · 노인 · 임산부 등의 편의증진보장에 관한 법률」(1997), 「국민의료보험법」(1997), 「사회복지공동모금회법」(1999), 「모자복지법」(1998), 「국민연금법」(1998), 「국민건강보험법」(1998) 등의 제 · 개정으로 사회복지의 대상영역이 확대되고 4대 사회보험이 구축되는 등의 변화를 통해 21세기를 향한 복지국가의 기반을 다져 나갔다.

이러한 제도적인 측면에서의 정비와 함께 우리 사회는 사회복지실천의 전문적 지식과 기술을 발휘할 만한 현장이 아직은 미흡하지만 서서히 형성되어 가고 있다. 「정신보건법」 시행의 결과로 종합병원의 정신보건 관련 현장, 지역사회정신보건센터 등에서 개별실천 및 집단실천의 장이 점차 확대되고 있고, 지역사회복지관에서도 아동 및 청소년 등을 대상으로 개인 및 집단 실천이 확대되고 있다. 최근에는 학교사회사업의 제도화를 위한 움직임들이 나타나고 있기도 하다. 국민기초생활수급자들에 대한 생활보호 업무수행의 전문화와 함께 타 전문적 실천의 장이 확대되어 감에 따라 사회복지실천 전문기술에 대한 요구는 더욱 증가하고 있다.

정리해__봅시다

• 서구사회 사회복지실천의 발달과정

1834년 영국에서 「신구빈법」이 개정되었지만 빈민은 계속적으로 늘어나고 런던의 빈민가가 확대되어 「빈민법」만으로는 빈민에 대한 대처가 불가능해지는 상황에 이르러 새롭게 등장한 시도는 자선을 조직화하여 빈민 속으로 들어가 살면서 그들의 의식을 개선하며 얼마나 많은 사람이 어느 정도까지 왜 빈곤한가를 과학적으로 조사하여 대책을 수립하는 것이었다. 이렇듯 현대의 사회사업 실천의 효시는 미시적 사회사업 실천 접근인 자선조직협회(COS)와 거시적 사회사업 실천 접근인 인보관운동(SSM)이라 하겠다. 사회사업에서 전문적 교육의 등장으로 사회복지실천의 전문직 확립기, 사회복지실천의 전문직 분화기(1920~1950년대), 사회복지실천의 전문직 통합기(1950~1970년대), 사회복지실천의 전문직 확장기(1970년대~현재)를 거쳐 오늘에 이르게 되었다. 개별, 가족, 집단은 미시(micro) 또는 임상(clinical)으로 분류되고, 지역사회조직은 행정, 정책과 함께 거시(macro)로 편입되었다. 또 전문화에 대한 강조가 약화되면서 일반적 실천이라는 것이 나타났다. 일반적 실천하에서는 사회복지사가 갖고 있는 지식과 기술이 광범위한 영역에 걸쳐 사용될 수 있으며 문제의 사정과 해결모색이 보다 포괄적으로 이루어진다. 결국 오늘날의 사회복지실천은 개혁 성향의 사회변화를 주창한 인보관운동의 영향과 개인 변화를 주창한 자선조직협회의 영향, 근린지역사회 자원의 조직 및 동원을 강조하는 지역사회조직 운동 등의 영향이 통합되어 이루어진 것이라 볼 수 있다.

• 한국 사회복지실천의 발달과정
우리나라의 사회복지제도나 사회복지사업 또는 현대적 사회사업의 발달은 그 역사가 오래되지 않았다는 특징이 있다. 서구의 사회복지의 발달은 제도적 관점에서 보면 단계적으로 전개되어 왔으나 우리나라의 경우는 서구와 같은 단계와 질서적인 발전과정이 있었던 것은 아니다. 즉, 일종의 독특한 발달과정이 이루어진 것이다. 6.25전쟁으로 인한 사회적 혼란과 인간생활의 황폐 현상에 개입하고자 많은 외국 민간 원조단체가 들어오기 시작하였다. 이들 단체 중 7개 외국원조기관(일명 외원기관)이 모여 6.25전쟁이 한창이던 1952년 3월 피난지 임시 수도였던 부산에서 외원 단체협의회를 결성하고 1950년대 중반 이래 1970년대 초반까지 15년간 활발한 활동을 하였다.
이들 단체의 본래 목적은 대개의 경우 전문적 사회복지실천에 있었다기보다는 종교적인 선교활동에 있었기 때문에 그 활동이 사회복지 전문성을 갖춘 것이라고는 볼 수 없었다. 1960년대 후반부터는 이러한 외원단체들이 한국을 떠나기 시작하였다. 이로써 우리나라에 전문적 실천이 자리 잡힐 수 있는 여건이 형성되지 않은 상태에서 우리 자체의 사회복지실천이 모색되기 시작하였다.
사회복지실천과 관련한 제도 면에서 꾸준한 발전이 있어 왔는데, 특히 사회복지 전문인력을 양성하는 교육적인 측면에서는 많은 변화가 있었다. 1947년 최초의 사회사업학과가 이화여자대학교에 설치되었고, 이 당시부터 시작된 전문 사회사업교육에서는 미국식 전문교육모형을 받아들여 치료중심의 사회사업방법들을 교육하였다. 1970년대에는 「사회복지사업법」이 최초로 제정되었으며 1983년에 사회복지사 자격제도의 시행과 더불어 최초의 사회복지관인 '태화여자관'이 1921년에 세워졌다. 그 후 정부의 본격적 개입으로 1983년 개정된 「사회복지사업법」을 토대로 사회복지관의 설립 및 운영을 지원하는 근거가 마련되었고, 1989년 사회복지관 설치 · 운영 규정이 만들어지면서 정부는 지방자치단체와 협력하여 저소득층 밀집지역에 사회복지관의 설치를 확대하는 정책을 추진하였다.

사회복지관의 확대와 함께 1987년 7월 1일부터는 도시 저소득층 밀집지역의 동사무소에 사회복지 전문요원이 배치되기 시작하였고, 1996년부터는 사회복지사의 전문성을 제고하고자 1988년부터 그 명칭이 '전문 사회복지사' 제도로 바뀌어 시행되고 있다. 또한 1966년부터 「정신보건법」이 시행되면서 한국정신보건 사회복지사업학회가 보건복지부의 위탁을 받아 '정신보건 사회복지사'를 배출하고 있다. 1997년 7월에는 「사회복지사업법」이 전면 개정되었고, 1988년에는 사회복지사 자격 국가시험이 신설되었다. 「정신보건법」 시행의 결과로 종합병원의 정신보건 관련 현장, 지역사회정신보건센터 등에서 개별실천 및 집단실천의 장이 점차 확대되고 있고, 지역사회복지관에서도 아동 및 청소년 등을 대상으로 개인 및 집단 실천이 확대되고 있다. 그리고 국민기초생활수급자들에 대한 생활보호 업무수행의 전문화와 함께 타 전문적 실천의 장이 확대되어 감에 따라 사회복지실천 전문기술에 대한 요구는 더욱 증가하고 있다.

생각해__봅시다

1. 자선조직협회의 의의와 한계에 대해 생각해 봅시다.
2. 자선조직협회와 인보관운동의 특징 및 차이점에 대해 생각해 봅시다.
3. 서구와 우리나라의 사회사업 발전의 공통점과 차이점에 대해 생각해 봅시다.
4. 우리나라 사회사업이 앞으로 더 발전하기 위해 필요한 여건은 무엇인지 생각해 봅시다.

참고문헌

김동국(1994). **사회복지사**. 부산: 에바다출판사.

김혜영, 석말숙, 최정숙, 김성경(2016). **사회복지실천론**. 경기: 공동체.

임상사회사업연구회 역(1999). 임상사회사업기술론. Dorfman, R. A. 편저. *Paradigms of Clinical Social Work*. 서울: 홍익제. (원저는 1988년에 출간)

임현승(2005). 미국 사회사업교육 현황. **임상사회사업연구**, 2(1), 23-40.

정무성(2004). 한국 사회복지 실천현장의 정체성위기와 과제. 한국사회복지학회 춘계 학술대회 기획발표문.

Dorfam, R. (1991). *Paradigms of Clinical Social Work*. New York: Bruner/Mazel.

Johnson, L. C., & Yanca, S. J. (2004). *Social Work Practice: A Generalist Approach* (7th ed.). Boston, MA: Pearson Allyn & Bacon.

Richmond, M. (1917). *Social Diagnosis*. New York: Russell Sage Foundation.

Richmond, M. (1922). *What is Social Case Work?: An Introductory Description?* New York: Russell Sage Foundation.

Smalley, R. E. (1970). *Theory for Social Work Practice*. New York: Columbia University Press.

Smalley, R. E. (1978). The functional approach to casework practice. In R. W. Roberts & R. H. Nee (Eds.), *Theories of Social Casework* (pp. 77-128). Chicago, IL: University of Chicago Press.

제4장

사회복지실천 현장

● 학습개요 ●

사회복지실천 현장의 경우, 과거에는 대상, 방법 및 범위에 따라 개별사회사업, 집단사회사업, 지역사회조직의 세 가지 전통적인 방법으로 접근해 왔다. 그러나 최근 사회복지실천 현장에서 사회복지사의 활동은 개별, 집단, 지역사회 중 어느 한 방법에 따라 개별적으로 이루어지기보다는 세 가지 방법을 통합적인 관점에서 실천하는 것으로 변화하고 있다. 이 장에서는 사회복지실천의 대상, 사회복지실천 현장의 개념과 분류방법을 살펴본다. 마지막으로 최근 사회복지실천 현장의 다양한 사회복지시설의 종류를 살펴보고자 한다.

● 학습목표 ●

1. 사회복지실천의 대상을 이해한다.
2. 사회복지실천 현장의 개념을 이해한다.
3. 사회복지실천 현장의 분류방법을 이해한다.
4. 다양한 사회복지시설의 종류를 이해한다.

1. 사회복지실천 대상

사회복지실천의 영역은 지금까지 대상, 방법 및 범위에 따라 개별사회사업, 집단사회사업, 지역사회조직의 세 가지 전통적인 방법으로 접근해 왔다. 그러나 최근 사회복지실천 현장에서 사회복지사의 활동은 개별, 집단, 지역사회 중 어느 한 방법에 따라 개별적으로 이루어지기보다는 세 가지 방법을 통합적인 관점에서 실천하는 것으로 변화하고 있다. 이 절에서는 사회복지실천 대상을 개인, 집단, 가족 및 지역사회로 구분하여 살펴보고자 한다.

1) 개인대상 사회복지실천

(1) 개념

개인을 대상으로 하는 사회복지실천은 사회복지사가 개인적 또는 사회적 문제에 직면해 있는 개인을 일대일로 만나 문제해결을 원조하는 활동이다. 따라서 개인대상 사회복지실천은 클라이언트와의 일대일 관계 속에서 이루어지는 직접실천으로, 클라이언트로 하여금 주변 환경에 적응하도록 도움을 제공하거나 개인에 영향을 미치는 사회 · 경제적 결핍상태를 완화시켜 주기 위한 활동이다(권중돈 외, 2019). 개인대상 사회복지실천은 전통적으로 사회복지실천 현장에서 주로 접근하던 방식이라 할 수 있다. 예를 들면, 약물 오남용, 폭력의 문제, 빈곤이나 장애 등으로 인해 사회적 기능을 수행하기에 어려움이 있는 클라이언트를 대상으로 하였다.

우리나라 사회복지실천 현장의 경우, 주민자치센터 사회복지 전담공무원, 종합사회복지관의 사회복지사, 정신건강복지센터의 정신건강사회복지사, 각종 사회단체와 사회복지시설에서 근무하는 사회복지사 등이 개인을 대상으로 하는 사회복지실천의 형태라고 볼 수 있다.

개인을 대상으로 하는 사회복지실천은 사회복지사와 클라이언트가 일대일 관계 속에서 들어주기와 비심판적 태도 등을 통한 정서적 지지는 물론 다양한 상담기법을 활용하여 대처능력과 문제해결능력을 키워 주기도 하며, 기관을 통해 클라이언트에게 실질적 지원을 제공하게 된다(이윤로, 2008: 64). 개인을 대상으로 하는 사회복지실천은 개인 내부 측면에서 생물물리학적 기능, 정서, 인식 및 지각, 감정, 행동에 대한 전문적인 욕구사정, 이러한 욕구사정에 근거한 서비스 계획 및 실행 등의 개입에 의해서 사회복지사의 역할을 수행하게 된다(허남순 외 공역, 2004: 157; 김용민, 2009: 81: 최덕경 외, 2012에서 재인용).

개인을 대상으로 하는 사회복지실천은 그 발전과정에서 문제의 원인이나 책임을 개인에게만 한정시킬 수 있다는 비판에 직면하기도 했지만, 오늘날 사회·환경적 차원의 요소들을 함께 고려하는 가운데 여전히 사회복지실천에서 상당한 부분을 차지하고 있다. 대부분의 지역사회복지관에서 지역 내 만성적·복합적 문제를 지닌 개인을 대상으로 사례관리를 시행하고 있다는 점은 개인대상 실천의 중요성을 말해 준다(박지영 외, 2010: 221: 최덕경 외, 2012에서 재인용).

(2) 실천기술

개인을 대상으로 하는 실천은 클라이언트와 사회복지사 간 일대일 관계 속에서 사회복지사의 직접적인 개입을 필요로 한다. 따라서 개인대상의 실천기술로는 주로 면담이나 상담 기술을 활용한다. 이와 관련하여 Johnson(2001) 등은 개인대상 실천기술로 사회복지사가 면접에서 효과적인 실천을 위해 사용하는 기술로 관찰기술, 반영적 경청기술, 질문기술, 초점·안내·해석기술, 분위기 조성 기술 등을 강조하였다. 또한 Seden(2004)은 다양한 사회복지실천 현장에서 활동하고 있는 사회복지사들이 활용하는 상담기술로 주의를 기울이기, 경청 등의 기술을 제시하였으며 사회복지사들이 경청기술을 가장 많이 활용하는 경향이 있다고 하였다(김용민, 이무영 공역, 2010에서 재인용; 〈표 4-1〉 참조).

〈표 4-1〉 일상적인 실천에서 사회복지사가 사용하는 상담기술

구분	사용하는 기술의 비율(%)			
기술(skill)의 종류	항상	종종	약간	없음
주의를 기울이기	71	29	0	0
경청하기	93	7	0	0
적극적 경청하기	57	43	0	0
공감을 사용하기	28	64	8	0
수용하기	57	28	15	0
진솔성 사용하기	28	57	15	0
부연설명하기	30	35	35	0
되돌려 반응하기	30	34	36	0
요약하기	38	38	24	0
질문/탐색하기	20	60	20	0
짧은 즉각적 반응하기(~음, 에, 그래서 등)	21	54	25	0
도전하기	7	43	50	0
직면하기	0	56	44	0
연계하기	7	50	43	0
즉시성 사용하기	7	53	40	0
방어하기	7	40	53	0
목표 설정하기	28	36	36	0
문제 해결하기	36	64	0	0

출처: Seden (2004): 홍성례, 양정빈, 이무영, 김소진, 정연정(2014)에서 재인용.

2) 가족대상 사회복지실천

(1) 개념

가족을 대상으로 하는 사회복지실천은 가족을 단위로 한 사회복지실천 활동으로 가족구성원 간의 관계나 가족 단위의 문제를 해결 또는 경감시키기 위한 노력을 말한다. 이러한 가족대상 사회복지실천은 주로 부부갈등, 부모

와 자녀 간의 문제, 아동문제, 다세대 간의 갈등 등을 중재·해결하기 위해 사용된다. 즉, 개인을 단위로 하기보다는 가족을 단위로 개입하는 경우 개입효과가 더 크다고 판단될 때 또는 클라이언트의 문제해결을 위해서는 가족 모두의 협조와 노력이 필요하다고 판단될 때 가족과의 실천을 택한다. 우리나라 사회복지실천 현장에서 가족을 대상으로 한 실천은 지역사회복지관, 건강가정지원센터, 다문화가족지원센터, 교회, 병원, 가족치료센터, 가족치료연구소 등을 통해 이루어지고 있다.

또한 가족사회복지실천(family social work)은 가족의 일상생활과 선천적 환경 속에서 일어나는 가정 기반(home-based) 그리고 지역사회 기반(community-based) 모두에 중점을 둔다. 따라서 가족사회복지사는 일차적으로 가정 또는 지역사회 내에서 일하기 때문에 문제가 있는 가족의 선천적인 환경 내에서 그들의 생활 속에 즉각적으로 변화를 만들 수 있다. 이러한 가족사회복지실천의 일차적 목적은 모든 가족구성원이 각자의 발달적·정서적 욕구를 충족하면서, 가족들이 보다 유능하게 기능하는 것을 배울 수 있도록 돕는 것이다(김용민, 2009: 234).

가족을 대상으로 한 사회복지실천은 사회복지실천의 초창기인 자선조직협회(Charity Organization Society: COS) 시기 때부터 가족을 대상으로 그리고 개별사회복지실천 속에서 가족구성원이 도움이 필요로 했을 때 개인을 기초로 하여 체계로서 가족을 원조해 온 전통을 갖고 있다.

따라서 사회복지사는 체계이론의 준거틀을 가족에 적용함으로써 가족구성원들이 모두 참여하지 않더라도 전체 가족에 대한 이해를 도모할 수 있으며, 때로는 '가족치료'적 접근으로 개입을 진행시키기도 한다. 그러나 가족사회복지실천은 가족치료와 여러 방법에서 다르다. 가족사회복지실천의 초점은 개인의 인성과 사회체계의 복잡한 상호관계성을 강조한다. 그리고 한 가족의 일상생활에서 명확히 정의된 구체적인 사건들과 상호작용에 초점을 둔다. 반면에 가족치료는 더 공식적이며 사무실에서 행해지고 관계와 가족기능 수행의 추상적 패턴과 구조에 관심을 갖는다.

가족사회복지실천은 '가족의 역기능적 영역이 변화될 수 있다면 가족성원은 이후 욕구를 충족시키는 데 필요한 충분한 능력을 가지게 될 것이다'라는 가정에 근거한다. 이러한 측면에서 가족복지실천은 더 강한 가족, 더 건강한 개별 가족성원이 될 수 있도록 한다. 능력이 향상되면, 가족은 자신이 처해 있는 직접적인 환경을 개선할 수 있고, 이러한 환경 속에서 자녀들은 효과적인 부모의 역할을 배우게 되고, 성장하여 보다 효과적인 부모가 될 수 있다. 그러므로 효과적인 가족복지실천은 여러 세대 간에 영향을 미칠 수 있다(이화여자대학교 사회복지연구회 역, 2001: 28-30: 최덕경 외, 2012에서 재인용).

(2) 가족대상 사회복지실천

최근의 가족은 가족규모의 축소, 가족관계의 변화 등으로 인해 지금까지 직면해 온 문제와는 다른 특성을 가진 문제를 양산하고 있으며 그 해결책도 새로운 접근을 원하고 있다. 이는 가족문제를 다루기 위해서는 개인에 초점을 두기보다는 가족구성원 모두가 서로에게 영향을 미친다는 인식하에 상호관계에 초점을 두며 가족을 둘러싼 구조나 체계라는 관점에서 문제를 파악함을 의미한다(최선화, 2006: 168).

체계론적 관점에서 보면 가족은 모든 체계 중에 성원들 사이의 상호작용이 가장 복잡하고 상호관계가 가장 뚜렷한 체계이다. 개인은 가족체계에 밀접히 상호 의존적으로 그리고 공생적으로 존재하는 하나의 하위체계이기 때문에 가족은 개인에게 막중한 영향을 미치게 되고 또한 가족성원 중 누군가에게 문제가 발생했을 때에도 가족 전체가 영향을 받는다. 이와 같이 가족 내의 한 성원의 문제가 모든 가족성원에게 영향을 줄 수 있고, 가족의 모든 성원이 가족 내의 문제에 영향을 주고받을 수 있다는 사실을 인식할 때, 사회복지사가 문제해결을 위해 가족체계를 다루어야 한다(이윤로 역, 2005: 150).

가족을 대상으로 하는 사회복지실천에서는 가족을 체계로 보고 가족체계에 대한 개입이 이루어지고 있으며, 이를 위해서 다양한 가족치료 이론과 모델을 활용하고 있다. 일반적으로 가족치료 모델은 가족의 세대 간 관계 혹은 가족 내부의 문제에 개입하기 위한 다양한 기술과 기법을 적용하는데, 실천과정별로 관련된 개입기술은 별도로 제11장 '개입단계'에서 다루도록 한다.

3) 집단과 사회복지실천

집단은 집단의식과 공통 목적을 갖는 2인 이상의 집합체를 말한다. 또한 집단성원들 간 상호 의존과 의사소통을 통해 상호작용이 있는 상태를 말한다 (김종옥, 권중돈, 1993: 19-20).

집단사회복지실천은 의도적인 집단의 경험을 통해 개인의 욕구를 충족시키고 사회심리적 기능을 향상하도록 하며, 개인이나 집단의 당면문제를 해결할 수 있도록 하는 사회복지실천 방법 중의 하나이다. 또한 집단사회복지실천은 집단을 대상으로 하는 사회복지실천으로 집단지도라고도 불린다(이영호, 2008: 191).

집단사회복지실천의 정의는 역사적 발달과정에 따라 변화되어 왔고 다양한 정의가 이루어졌지만 공통적인 것은 '집단의 영향력'을 활용한 서비스 활동이며, 사회복지사가 담당해야 하는 개입역할의 유형에 대한 공통된 개념을 가지고 있다(Schopler & Galmsky, 1995: 이영호, 2008: 192에서 재인용).

사회복지 개입으로써의 집단활동은 일상적인 활동의 형태로 나타나는 집단과는 차이가 있다. 즉, 사회복지 개입으로써의 집단활동은 의도적인 상호작용을 나누며 개입이 지향하는 바가 있다(최선화, 2006: 143). 따라서 집단사회사업은 구조화된 집단 상호작용을 통해 개인들로 하여금 좀 더 적응적인 사회적 기술과 기능을 수행하도록 지지하고 자극하는 활동이며 과정이다(김동배, 이윤로, 2004: 13). 이와 같은 장점들 때문에 사회복지 개입 방법으로 자주 활용되고 있다(최덕경 외, 2012에서 재인용).

4) 지역사회와 사회복지실천

지역사회실천은 지역사회를 실천의 단위로 한다는 점에서 다른 실천영역과 구분된다. 실천단위인 지역사회에 대해서는 학자마다 다양한 정의를 내리는데 크게 두 가지로 구분된다. 하나는 지리적 조건에 의해 형성된 지역사회를 의미하고 다른 하나는 공통된 이해와 관심으로 형성된 교회, 조합, 시민단체 등의 이익집단을 의미한다.

사회복지실천에서의 지역사회복지를 포괄적으로 정의하면 전문 혹은 비전문 인력이 지역사회 수준에 개입하여 지역사회에 존재하는 각종 제도에 영향을 주고 지역사회의 문제를 예방하고 해결하고자 하는 일체의 사회적 노력을 의미한다. 따라서 지역사회복지는 개인복지나 가족복지보다 넓은 차원의 개념이며, 아동복지, 청소년복지, 노인복지라는 대상층 중심의 복지활동보다 지역성이 뚜렷하다는 점에서 그 차이를 발견할 수 있다(최일섭, 류진석, 1997: 35; 양옥경 외, 2005: 263). 또한 지역사회를 대상으로 한 사회복지실천은 지역에 속한 주민들이 자신들의 사회적 기능 향상을 위해 필요한 의식개혁, 환경개선, 지역사회 조직화 등을 자발적 · 주체적 · 협력적으로 해 나갈 수 있도록 사회복지사가 안내자, 조력자, 조정자, 운동가, 전문가 등의 역할을 수행하는 것을 말한다. 현재 우리나라에서 지역사회에 위치한 종합사회복지관을 중심으로 실제로 이루어지고 있는 지역사회실천 개념에는 지역사회 보호 활동과 지역사회조직 활동이 혼합되어 있다고 볼 수 있다(엄명용 외, 2011: 27).

지역사회복지 증진을 위한 지역사회 변화의 실천방법 중 포괄적이며 전통적으로 강조되고 있는 것은 Rothman이 1964년 처음으로 제시한 후 계속해서 수정 · 보완해 오고 있는 ① 지역사회개발, ② 사회계획, ③ 사회행동의 세 가지 유형이다(박경일 외, 2010: 159-161: 최덕경 외, 2012에서 재인용).

(1) 지역사회개발

지역사회개발(locality development)은 지역사회의 변화를 위해 목표설정과 실천행동 등에 주민이 참여할 것을 강조하는 방법으로써, 인구구성이 동질적이고 목표에 대한 합의를 쉽게 달성할 수 있는 지역사회에서 적절한 기능을 수행한다. 이 유형은 자조와 지역사회 내 여러 집단 간의 전체적인 조화를 목표로 한다.

(2) 사회계획

사회계획(social planning)은 지역사회의 문제해결을 위한 기술적이고 계획적인 과정이 강조되는 유형으로써 문제해결을 위한 합리적 계획수립과 통제된 변화가 중시된다. 이 유형은 일정한 사회자원이 존재하고 있어도 주민 간의 욕구와 이해가 복잡하게 얽혀 있는 상황에 유효하게 적용된다. 사회계획에서는 지역사회개발에서 강조하는 주민참여를 촉진시키는 기법보다는 문제해결방안과 객관적 최선책을 계획하는 전문적 능력이 중시된다.

(3) 사회행동

사회행동(social action)은 지역사회 내에서 불이익을 당하고 있는 주민이 조직화를 도모하여 발언권과 의사결정권을 획득하고 사회자원을 개선·개발하거나 권력기구를 변혁시키는 활동이다. 즉, 사회자원의 불평등 배분 등의 원인으로 주민 간 이해가 대립되어 주민 간 합의도출이 유효하게 대응하지 못하는 경우에 사용된다.

2. 사회복지실천 현장

국내 학자들이 정의하는 사회복지실천 현장의 개념은 좁은 의미와 넓은 의미로 다시 구분해 볼 수 있다. 좁은 의미의 사회복지실천 현장은 사회복지실천이 이루어지는 '구체적인 장소' 혹은 클라이언트에게 사회복지서비스를 제공하는 공공기관 혹은 민간기관 그리고 직간접적으로 제공하는 '사회복지기관'을 의미한다. 넓은 의미로서 사회복지실천 현장은 사회복지실천이 이루어지는 '분야(field)' 혹은 서비스의 초점이 되는 '문제' '대상집단(client)' 등을 모두 포함하는 개념이다. 따라서 넓은 의미의 사회복지실천 현장은 단순히 물리적인 장소나 공간의 개념을 넘어서 사회복지실천이 이루어지고 있는 전문분야를 포함한다. 여기에는 아동, 청소년, 노인, 여성 등과 같은 대상별 실천분야, 학대, 약물남용, 정신건강 등과 같은 문제영역별 실천분야, 교도소, 학교, 군부대 등과 같은 장소별 실천분야 등이 모두 포함된다(엄명용, 김성천, 오해경, 윤혜미, 2016). 종합하면, 사회복지실천 현장은 사회복지서비스를 제공하는 장(setting), 문제(problem), 대상(client)을 모두 포괄하는 개념으로 장소, 도움이 필요한 문제나 사람이 그 현장이 된다(최해경, 2017).

우리나라의 사회복지실천 현장은 우선 「사회복지사업법」에서 제시하고 있는 사회복지사업을 실시하고 있는 사회복지시설을 중심으로 분류하고 있으나, 최근에는 급격한 사회변화와 다양한 사회문제의 대두로 인하여 새로운 영역의 사회복지실천 현장이 출현하고 있다. 예를 들면, 학교사회복지, 건강가정지원센터, 다문화가족지원센터 등장, 성폭력 및 가정폭력 관련 시설 확대, 군사회복지사 출현 등 사회복지실천 현장이 변화하고 있다(오정영, 2006).

따라서 사회복지사로서의 전문성을 갖추기 위해서 이 절에서는 사회복지실천 현장의 특성을 이해하고 현장에서 요구하는 사회복지사의 역할과 기능에 대해 살펴보기로 한다.

1) 주요 사회복지실천 현장

사회복지실천 현장은 주로 Bartlett(1970)이 제시한 네 가지 분류방식에 따른 사회복지실천 현장으로 구분된다(노혁, 2013에서 재인용). 네 가지 기준은 기관의 설립목적, 설립주체 및 재원조달 방식, 서비스 제공방식, 주거서비스 제공 여부로 국내 사회복지실천 현장은 대부분 이 기준으로 분류하고 있다. 이 절에서도 이를 중심으로 살펴본다(김혜영, 석말숙, 최정숙, 김성경, 2014; 우국희 외, 2016; 조학래, 2019).

(1) 기관의 설립목적

사회복지실천 현장은 기관의 설립목적에 따라 1차 현장(primary settings)과 2차 현장(secondary settings)으로 구분할 수 있다. 1차 현장과 2차 현장을 구분하는 주요 기준은 기관의 설립목적과 주된 기능이 사회복지서비스를 제공하는가이다.

① 1차 현장

1차 현장은 사회복지사가 주축이 되어 활동하는 곳으로 사회복지서비스의 제공을 일차적 목적으로 하는 실천 현장이다. 이들 일차적 주요 사회복지실천 현장은 사회복지실천 현장으로서 「사회복지사업법」에 규정되어 있는 사회복지기관을 말한다. 주로 지역사회의 종합사회복지관, 노인복지관, 아동양육시설 등이 이에 속한다.

② 2차 현장

2차 현장은 기관의 일차적인 기능이 따로 있으며, 일차적인 기능을 수행하는 데 있어서 필요한 사회복지서비스를 제공하는 현장을 말한다. 따라서 2차 현장의 경우, 사회복지서비스는 기관의 목표달성과 서비스의 효과성에 긍정적으로 영향을 미치기 때문에 사회복지서비스가 부분적으로 수행되는 현장을 말한다. 주로, 학교, 병원, 교정시설, 기업, 의료기관 등이 2차 현장에 속한다.

(2) 설립주체 및 재원조달 방식

사회복지실천 현장은 기관설립 주체 및 재원조달 방식에 따라 공공기관과 민간기관으로 구분할 수 있다(노혁, 2013; 최덕경 외, 2012).

① 공공기관

공공기관의 경우 정부의 지원으로 운영되며, 사회복지사의 업무는 정부 규정이나 지침에 의해 규정된다. 따라서 공공복지실천 현장은 정부기관이 중심이 되어 법률에 의해서 일정한 요건을 갖춘 사회복지 대상자에게 일정한 급여나 서비스를 제공하는 것을 말한다(김미선, 2005). 현재 우리나라의 공공복지는 국민기초생활보장제도를 비롯한 장애인, 노인 등의 공공부조를 중심으로 이루어지고 있으며, 공공복지실천 현장에서 중요한 전문인력은 사회복지 전담공무원으로서 지방자치단체에서 공공영역의 사회복지서비스를 집행하는 기능을 수행하고 있다.

② 민간기관

민간기관은 사회복지사업과 활동을 목적으로 사회복지법인이나 재단법인, 종교 및 시민사회 단체 등과 같은 민간기관이 설립한 기관이며, 이들 기관은 기부금이나 후원금 또는 서비스 이용료 등을 재원으로 한다. 또한 공공과 협력하여 사회복지활동을 하는 기관들은 정부보조금 등도 주요 재원으로 한다.

(3) 서비스 제공방식

사회복지실천 현장은 서비스 제공방식에 따라 직접적으로 제공하는 서비스기관과 간접적으로 제공하는 행정기관으로 구분된다.

① 서비스기관

서비스기관은 클라이언트에게 직접적으로 서비스를 제공하는 것을 목적으로 하며, 주요 대상이나 문제영역에 따라 서비스기관이 구분된다. 따라서 아동상담소, 보육시설, 지역사회 종합사회복지관 등 클라이언트와의 대면 접촉을 통해서 서비스를 직접 제공하는 기관 등이 이에 속한다.

② 행정기관

행정기관은 사회복지서비스를 간접적으로 제공하는 기관으로 클라이언트와 직접 대면하지는 않는다. 행정기관은 사회복지실천을 위한 지원기관으로서 전달 체계상의 문제점을 개선하고 기획, 감독, 조정 등을 통해 사회복지서비스 전달 체계를 효율적으로 운영하기 위한 행정 업무를 수행하고 기관 간 연계 및 협의 업무를 담당하는 기관이다. 예를 들면, 중앙정부의 사회복지행정기관으로 보건복지부, 여성가족부 등이 이에 해당하며, 민간 행정조직의 경우 한국사회복지사협회, 사회복지공동모금회 등과 같은 협의체 조직 등이 이에 속한다.

(4) 주거서비스 제공 여부

사회복지실천 현장은 주거서비스 제공 여부에 따라 사회복지 생활시설과 이용시설로 구분된다.

① 사회복지 생활시설

사회복지 생활시설(residential facilities)은 주거서비스를 포함한 사회복지서비스를 제공하는 시설로서 자신의 집에서 생활할 수 없는 클라이언트에게 거주환경을 제공할 뿐만 아니라 상담, 정서지원, 재활, 법률지원, 생활지도 등 종합적인 서비스를 제공한다. 예를 들면, 장애인거주시설, 양로시설, 공동생활가정, 아동양육시설 등이 이에 속한다.

② 사회복지 이용시설

사회복지 이용시설(using facilities)은 주거서비스를 제공하지 않으며, 자신의 집에서 거주하는 클라이언트를 대상으로 주로 지역사회를 중심으로 관련된 사회복지서비스를 제공하는 기관이다. 예를 들면, 청소년수련관, 건강가정지원센터, 장애인복지관, 노인복지관, 영유아보육시설 등이 이에 속한다.

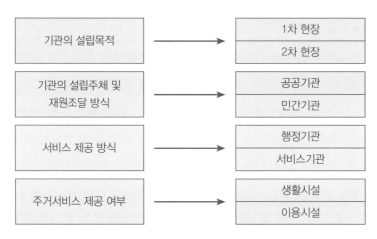

[그림 4-1] 사회복지실천 현장의 분류

2) 주요 사회복지실천 현장과 사회복지사의 역할

이 절에서는 주요 사회복지실천 현장으로서 아동복지 분야, 노인복지 분야, 장애인복지 분야, 여성 및 가족복지 분야, 정신건강 및 의료복지 분야 등으로 구분하여 살펴보고자 한다.

(1) 아동복지

아동복지는 아동의 건강한 삶을 보장하기 위한 국가와 사회 그리고 민간단체의 다양한 노력, 즉 법과 정책 그리고 행정뿐 아니라 전문가에 의한 구체적인 서비스를 총칭한다(도미향, 남연희, 이무영, 변미희, 2019). 「아동복지법」 제

3조 제2항에 의하면, 우리나라의 아동복지는 "아동이 행복한 삶을 누릴 수 있는 기본적인 여건을 조성하고 조화롭게 성장·발달할 수 있도록 하기 위한 경제적·사회적·정서적 지원"을 말한다.

현대사회의 아동복지는 과거 요보호 중심의 서비스에서 모든 아동을 대상으로 한 서비스로 패러다임의 전환이 이루어지고 있다. 그러나 현대사회의 산업화·도시화로 인해 아동을 돌볼 수 있는 부모의 기능은 과거보다 약화되었으며, 가족해체, 가정폭력, 위해한 사회환경 등이 아동에게 미치는 악영향 등을 고려해 볼 때 아동이 가족과 사회의 일원으로서 신체적·정신적·정서적으로 건강하게 성장하고 발달할 수 있도록 지원하는 것이 필요하다.

우리나라의 아동복지실천 현장과 관련하여 「아동복지법」(제52조)에서 명기하고 있는 아동복지시설을 중심으로 살펴보면, 생활시설로는 아동양육시설, 아동일시보호시설, 아동보호치료시설, 공동생활가정, 자립지원시설이 있으며 이용시설로는 아동상담소, 아동전용시설, 지역아동센터, 아동보호전문기관, 가정위탁지원센터가 있다(〈표 4-2〉 참조).

우리나라의 아동복지실천 현장은 초기의 요보호 아동 중심의 시설보호서비스에 중점을 두었으나 최근 아동 학대 문제, 아동권리 보장에 대한 욕구 등 아동의 욕구를 충족시킬 수 있는 질적인 서비스를 필요로 하고 있다.

아동복지실천 현장에서 활동하는 사회복지사의 역할은 「아동복지법」상 명기된 시설을 중심으로 볼 때, 아동복지시설의 고유한 업무 외에도 지역사회 아동의 건전한 발달을 위하여 아동, 가정, 지역주민에게 상담, 조언 및 정보를 제공하거나 부득이한 사유로 가정에서 보호받을 수 없는 아동을 대상으로 개별적인 보호와 교육 등을 지원한다. 따라서 아동복지실천 현장에서 활동하는 사회복지사는 실천 대상인 아동뿐만 아니라 아동의 부모, 지역사회 주민 등을 대상으로 한 교육, 치료 등의 역할을 수행한다.

〈표 4-2〉 아동복지시설의 종류

시설유형	내용	
아동양육시설	보호대상아동을 입소시켜 보호, 양육 및 취업훈련, 자립지원서비스 등을 제공하는 것을 목적으로 하는 시설	
아동일시보호 시설	보호대상아동을 일시보호하고 아동에 대한 향후의 양육대책 수립 및 보호조치를 행하는 것을 목적으로 하는 시설	
아동보호치료 시설	아동에게 보호 및 치료 서비스를 제공하는 다음 각 목의 시설 가. 불량행위를 하거나 불량행위를 할 우려가 있는 아동으로서 보호자가 없거나 친권자나 후견인이 입소를 신청한 아동 또는 가정법원, 지방법원소년부지원에서 보호 위탁된 19세 미만인 사람을 입소시켜 치료와 선도를 통하여 건전한 사회인으로 육성하는 것을 목적으로 하는 시설 나. 정서적 · 행동적 장애로 인하여 어려움을 겪고 있는 아동 또는 학대로 인하여 부모로부터 일시 격리되어 치료받을 필요가 있는 아동을 보호 · 치료하는 시설	
공동생활가정	보호대상아동에게 가정과 같은 주거 여건과 보호, 양육, 자립지원서비스를 제공하는 것을 목적으로 하는 시설	
자립지원시설	아동복지시설에서 퇴소한 사람에게 취업준비기간 또는 취업 후 일정기간 동안 보호함으로써 자립을 지원하는 것을 목적으로 하는 시설	
아동상담소	아동과 그 가족의 문제에 관한 상담, 치료, 예방 및 연구 등을 목적으로 하는 시설	
아동 전용시설	어린이공원, 어린이놀이터, 아동회관, 체육 · 연극 · 영화 · 과학실험전시시설, 아동 휴게숙박시설, 야영장 등 아동에게 건전한 놀이 · 오락, 그 밖의 각종 편의를 제공하여 심신의 건강유지와 복지증진에 필요한 서비스를 제공하는 것을 목적으로 하는 시설	
지역아동센터	지역사회 아동의 보호 · 교육, 건전한 놀이와 오락의 제공, 보호자와 지역사회의 연계 등 아동의 건전육성을 위하여 종합적인 아동복지서비스를 제공하는 시설	
아동보호 전문기관	제45조에 따른 아동보호전문기관	개정 2016. 3. 22. 시행일 2016. 9. 23.
가정위탁 지원센터	제48조에 따른 가정위탁지원센터	

출처: 「아동복지법」 (법률 제14887호, 공포일 2017. 9. 19., 시행일 2017. 12. 20., 일부 개정).

(2) 노인복지

우리나라는 최근 고령화의 속도가 급속도로 진행되고, 수명 연장에 따른 다양한 노인문제의 등장으로 노인복지서비스를 제공하는 노인복지실천 현장도 다양해지고 있다. 우리나라 노인복지의 경우 「노인복지법」에 근거하여 사회적 보호를 필요로 하는 노인뿐만 아니라 일정 연령 이상의 모든 노인을 대상으로 다양한 노인복지 급여와 서비스를 시행하고 있다. 2000년대 초반부터는 노인의 인권보호에 대한 요구, 저출산 및 고령화 사회 진입에 따라 '저출산·고령사회 기본계획'을 통해 소득보장, 고용보장, 주거보장, 의료보장, 사회서비스 등 노인복지정책과 실천의 질이 다양하게 변화하고 있다.

노인복지실천 현장은 고령화의 속도가 급진전함에 따라 노인복지서비스를 제공하는 실천 현장이 다양해지고 기관 수가 증가하며, 전문직으로서의 노인복지 관련 분야의 전망 또한 밝은 것으로 예상된다(권중돈 외, 2019).

우리나라의 노인복지실천 현장과 관련하여 「노인복지법」 제31조에 명기된 노인복지시설을 중심으로 살펴보면 노인주거복지시설, 노인의료복지시설, 노인여가복지시설, 재가노인복지시설, 노인보호전문기관, 노인일자리지원기관, 학대피해노인 전용쉼터 등이 있다(〈표 4-3〉 참조). 이러한 시설에서 요구하는 사회복지사의 역할은 시설입소상담, 욕구사정과 서비스 계획수립, 사례관리, 프로그램 개발과 실행, 직접서비스 제공인력인 요양보호사의 지도감독과 지원, 가족상담, 지역사회 홍보 및 자원개발 등의 역할을 수행한다(권중돈 외, 2019).

Miranda, Morales와 Sheafor(2006)는 노인복지실천 현장에서 사회복지사의 역할과 관련하여 노인을 대상으로 서비스를 실시하는 데 있어 다음과 같이 개입 전략 목표를 제시하고 있다(김성천 외, 2013에서 재인용).

• 최대한 자립할 수 있도록 장려한다.
• 높은 삶의 질을 유지할 수 있도록 자원 획득을 돕는다.

- 노인이 다른 사람들과의 관계를 효과적으로 맺을 수 있도록 한다.
- 노인의 삶을 개선할 수 있는 사회복지정책 발전을 가져오도록 영향력을 발휘한다.

〈표 4-3〉 노인복지시설의 종류

시설유형		내용
노인주거 복지시설 (제32조)	양로시설	노인을 입소시켜 급식과 그 밖에 일상생활에 필요한 편의를 제공함을 목적으로 하는 시설
	노인공동 생활가정	노인들에게 가정과 같은 주거여건과 급식, 그 밖에 일상생활에 필요한 편의를 제공함을 목적으로 하는 시설
	노인복지 주택	노인에게 주거시설을 임대하여 주거의 편의 · 생활지도 · 상담 및 안전관리 등 일상생활에 필요한 편의를 제공함을 목적으로 하는 시설
노인의료 복지시설 (제34조)	노인요양 시설	치매 · 중풍 등 노인성질환 등으로 심신에 상당한 장애가 발생하여 도움을 필요로 하는 노인을 입소시켜 급식 · 요양과 그 밖에 일상생활에 필요한 편의를 제공함을 목적으로 하는 시설
	노인요양 공동생활가정	치매 · 중풍 등 노인성질환 등으로 심신에 상당한 장애가 발생하여 도움을 필요로 하는 노인에게 가정과 같은 주거여건과 급식 · 요양, 그 밖에 일상생활에 필요한 편의를 제공함을 목적으로 하는 시설
노인여가 복지시설 (제36조)	노인복지관	노인의 교양 · 취미생활 및 사회참여활동 등에 대한 각종 정보와 서비스를 제공하고, 건강증진 및 질병예방과 소득보장 · 재가복지, 그 밖에 노인의 복지증진에 필요한 서비스를 제공함을 목적으로 하는 시설
	경로당	지역노인들이 자율적으로 친목도모 · 취미활동 · 공동작업장 운영 및 각종 정보교환과 기타 여가활동을 할 수 있도록 하는 장소를 제공함을 목적으로 하는 시설
	노인교실	노인들에 대하여 사회활동 참여욕구를 충족시키기 위하여 건전한 취미생활 · 건강유지 · 소득보장 기타 일상생활과 관련한 학습프로그램을 제공함을 목적으로 하는 시설

	방문요양 서비스	가정에서 일상생활을 영위하고 있는 노인(이하 '재가노인'이라 한다)으로서 신체적 · 정신적 장애로 어려움을 겪고 있는 노인에게 필요한 각종 편의를 제공하여 지역사회 안에서 건전하고 안정된 노후를 영위하도록 하는 서비스
재가노인 복지시설 (제38조)	주 · 야간 보호서비스	부득이한 사유로 가족의 보호를 받을 수 없는 심신이 허약한 노인과 장애노인을 주간 또는 야간 동안 보호시설에 입소시켜 필요한 각종 편의를 제공하여 이들의 생활안정과 심신기능의 유지 · 향상을 도모하고, 그 가족의 신체적 · 정신적 부담을 덜어 주기 위한 서비스
	단기보호 서비스	부득이한 사유로 가족의 보호를 받을 수 없어 일시적으로 보호가 필요한 심신이 허약한 노인과 장애노인을 보호시설에 단기간 입소시켜 보호함으로써 노인 및 노인가정의 복지증진을 도모하기 위한 서비스
	방문목욕 서비스	목욕 장비를 갖추고 재가노인을 방문하여 목욕을 제공하는 서비스
	기타 서비스	그 밖에 재가노인에게 제공하는 서비스로서 보건복지부령이 정하는 서비스
노인 일자리 전담기관 (제23조2)	노인인력 개발기관	노인일자리 개발 · 보급사업, 조사사업, 교육 · 홍보 및 협력사업, 프로그램인증 · 평가사업 등을 지원하는 기관
	노인 일자리 지원기관	지역사회 등에서 노인일자리의 개발 · 지원, 창업 · 육성 및 노인에 의한 재화의 생산 · 판매 등을 직접 담당하는 기관
	노인 취업 알선기관	노인에게 취업 상담 및 정보를 제공하거나 노인일자리를 알선하는 기관
학대피해노인 전용쉼터 (제39조19)		국가와 지방자치단체는 노인 학대로 인하여 피해를 입은 노인(이하 이 조에서 '학대피해노인'이라 한다)을 일정기간 보호하고 심신 치유 프로그램을 제공하기 위한 학대피해노인 전용쉼터

출처: 「노인복지법」(법률 제14922호, 공포일 2017. 10. 24., 시행일 2018. 1. 25., 일부 개정).

(3) 장애인복지

장애인복지는 심신의 결함으로 인하여 가정생활, 사회생활에 곤란을 느끼게 되는 것을 국가나 민간 사회복지기관에서 장애인이 모든 생활에서 곤란을 느끼지 않도록 의료적 · 교육적 · 직업적 · 심리적 · 사회적으로 모든 문제에 걸쳐 원조하는 제도적 · 정책적 서비스의 조직적 활동과 노력을 말한다(정무성, 나임순, 유용식, 2018).

우리나라의 장애인 실태를 살펴보면, 2017년 장애인 실태조사 기준으로 볼 때 총 267만 명 중 재가장애인은 약 258만 명이며, 시설장애인은 약 9만여 명에 이르고 있다. 장애인들의 욕구는 소득보장, 의료보장, 고용보장, 장애인 건강관리 등 다양하며, 이에 따른 장애인복지실천도 다양해지고 있다(권중돈 외, 2019).

우리나라는 장애인복지실천과 관련하여 모법(母法)으로「장애인복지법」이 있으며, 그 외「장애인고용촉진 및 직업재활법」「장애인 차별금지 및 권리구제에 관한 법률」「장애인 등에 대한 특수교육법」「장애인기업활동촉진법」「중증장애인 생산품 우선구매 특별법」 등을 따르고 있다.

장애인복지실천 현장과 관련하여「장애인복지법」제58조에 명시된 장애인복지시설을 살펴보면 장애인 거주시설, 장애인 지역사회재활시설, 장애인 직업재활시설, 장애인 의료재활시설 등으로 구분된다(〈표 4-4〉 참조). 장애인복지실천 현장에서 사회복지사는 장애인에 대한 재활서비스의 제공과 재활에 필요한 제반 여건을 제공하는 업무를 담당한다. 구체적으로 살펴보면, 장애인 및 장애인의 가족을 대상으로 한 교육, 직업재활서비스, 사회 · 심리 재활서비스, 지역사회 재가복지 프로그램의 재활서비스, 장애인식 개선 홍보 및 교육 등의 역할을 담당한다.

〈표 4-4〉 장애인복지시설의 종류

시설유형	내용
장애인 거주시설	거주공간을 활용하여 일반가정에서 생활하기 어려운 장애인에게 일정 기간 동안 거주 · 요양 · 지원 등의 서비스를 제공하는 동시에 지역사회생활을 지원하는 시설
장애인 지역사회 재활시설	장애인을 전문적으로 상담 · 치료 · 훈련하거나 장애인의 일상생활, 여가활동 및 사회참여활동 등을 지원하는 시설
장애인 직업재활 시설	일반 작업환경에서는 일하기 어려운 장애인이 특별히 준비된 작업환경에서 직업훈련을 받거나 직업 생활을 할 수 있도록 하는 시설
장애인 의료재활 시설	장애인을 입원 또는 통원하게 하여 상담, 진단 · 판정, 치료 등 의료재활서비스를 제공하는 시설
장애인 생산품 판매시설	장애인 생산품의 판매활동 및 유통을 대행하고 장애인 생산품이나 서비스 용역에 관한 상담, 홍보, 판로개척 및 정보제공 등 마케팅을 지원하는 시설
그 밖에 대통령령으로 정하는 시설	

출처: 「장애인복지법」(법률 제13663호, 공포일 2015. 12. 29., 시행일 2017. 12. 30., 일부 개정).

(4) 여성 및 가족복지

여성복지는 여성을 주 대상으로 하는 사회복지로 근로여성을 포함한 일반 여성부터 저소득층 한부모 가정, 성매매 여성, 가정폭력 및 성폭력 피해 여성, 장애인 여성 그리고 결혼이주여성까지 포함된다. 여성복지는 크게 세 유형으로 정책과 실천이 이루어지고 있다. 첫째, 노동시장 부문으로 근로여성을 위한 사회복지, 둘째, 여성인권 부문으로 가정폭력, 성폭력 피해 여성 및 성매매 피해 여성을 위한 서비스, 셋째, 가족부문으로 저소득층 한부모 가정 및 결혼이주여성 등 취약계층 여성을 위한 사회복지 등으로 구분된다(김성천 외, 2013에서 재인용).

여성복지실천 현장과 관련하여 「성매매방지 및 피해자보호 등에 관한 법률」 「가정폭력방지 및 피해자보호 등에 관한 법률」 등에 명시된 여성복지시설을 중심으로 살펴보면, 생활시설로는 성매매피해 지원시설(일반 지원시설,

청소년 지원시설, 외국인 지원시설, 자립지원 공동생활시설), 성폭력피해자 보호시설(일반 보호시설, 장애인 보호시설, 특별지원 보호시설, 외국인 보호시설, 자립지원 공동생활시설, 장애인 자립지원 공동생활시설), 가정폭력피해자 보호시설(단기보호시설, 장기보호시설, 외국인 보호시설, 장애인 보호시설) 등이 있다(〈표 4-5〉〈표 4-6〉〈표 4-7〉 참조). 이용시설로는 성매매피해 지원시설(자활지원센터, 성매매피해상담소), 성폭력피해자 보호시설(성폭력피해상담소, 성폭력피해자 통합지원센터), 가정폭력피해자 보호시설(가정폭력상담소) 등이 있다(조학래, 2019).

〈표 4-5〉 **성매매피해 지원시설**

시설유형	내용
일반 지원시설	성매매피해자 등을 대상으로 1년의 범위에서 숙식을 제공하고 자립을 지원하는 시설
청소년 지원시설	19세 미만의 성매매피해자 등을 대상으로 19세가 될 때까지 숙식을 제공하고, 취학·교육 등을 통하여 자립을 지원하는 시설
외국인 지원시설	외국인 성매매피해자 등을 대상으로 3개월(「성매매알선 등 행위의 처벌에 관한 법률」 제11조에 해당하는 경우에는 그 해당 기간)의 범위에서 숙식을 제공하고, 귀국을 지원하는 시설
자립지원 공동생활시설	성매매피해자 등을 대상으로 2년의 범위에서 숙박 등의 편의를 제공하고, 자립을 지원하는 시설

출처: 「성매매방지 및 피해자보호 등에 관한 법률」(법률 제14442호, 공포일 2016. 12. 20., 시행일 2017. 6. 21., 일부 개정).

〈표 4-6〉 **성폭력피해자 보호시설**

시설유형	내용
일반 보호시설	피해자에게 보호 및 숙식 제공, 심리적 안정과 사회 적응을 위한 상담 및 치료, 자립·자활 교육의 실시와 취업정보의 제공(제13조 제1항 각 호) 등 피해자를 보호하기 위하여 필요한 업무를 제공하는 시설

장애인 보호시설	「장애인차별금지 및 권리구제 등에 관한 법률」 제2조 제2항에 따른 장애인인 피해자에게 일반보호시설과 동일한 서비스를 제공하는 시설
특별지원 보호시설	「성폭력범죄의 처벌 등에 관한 특례법」 제5조에 따른 피해자로서 19세 미만의 피해자에게 일반보호시설과 동일한 서비스를 제공하는 시설
외국인 보호시설	외국인 피해자에게 일반보호시설과 동일한 서비스를 제공하는 시설
자립지원 공동생활시설	일반보호시설, 장애인 보호시설, 특별지원 보호시설, 외국인 보호시설을 퇴소한 사람에게 자립·자활 교육의 실시와 취업정보의 제공(제13조 제1항 제3호) 및 그 밖에 필요한 사항을 제공하는 시설
장애인 자립지원 공동생활시설	장애인 보호시설을 퇴소한 사람에게 자립·자활 교육의 실시와 취업정보의 제공(제13조 제1항 제3호) 및 그 밖에 필요한 사항을 제공하는 시설

출처: 「성폭력방지 및 피해자보호 등에 관한 법률」(법률 제14704호, 공포일 2017. 3. 21., 시행일 2017. 6. 22., 일부 개정).

〈표 4-7〉 **가정폭력피해자 지원시설**

시설유형	내용
단기보호시설	피해자 등을 6개월의 범위에서 보호하는 시설
장기보호시설	피해자 등에 대하여 2년의 범위에서 자립을 위한 주거편의(住居便宜) 등을 제공하는 시설
외국인 보호시설	배우자가 대한민국 국민인 외국인 피해자 등을 2년의 범위에서 보호하는 시설
장애인 보호시설	「장애인복지법」의 적용을 받는 장애인인 피해자 등을 2년의 범위에서 보호하는 시설

출처: 「가정폭력방지 및 피해자보호 등에 관한 법률」(법률 제14058호, 공포일 2016. 3. 2., 시행일 2016. 9. 3., 일부 개정).

가족복지는 가족의 발달과정에서 요구되는 과제의 원활한 수행과 문제해결을 돕고, 변화하는 환경과 위기적 상황에서 가족구성원 개개인과 가족이 회복탄력성을 유지하고 유연한 적응력을 갖도록 지원하는 지역사회와 국가의 노력이라 할 수 있다(이윤정, 강기정, 박수선, 이무영, 2018).

최근 우리 사회는 혼인율과 출산율의 감소, 맞벌이 가족, 한부모 가족, 다문화 가족, 1인 가구 등과 같은 가족유형이 다양해짐에 따라 가족의 욕구도 다양해지고 복잡해지고 있다. 이로 인해 우리나라의 가족복지실천 현장은 가족복지사업의 중요성이 증가하고 있으며 이에 따라 건강가정지원센터를 통한 다양한 가족유형별 맞춤형 서비스, 아이돌보미서비스, 다문화가족지원사업, 한부모가족지원사업 등이 이루어지고 있으며, 상담기술에 기반한 프로그램 등이 등장하고 있는 추세이다.

(5) 정신건강 및 의료복지[1]

① 정신건강 사회복지실천 현장과 사회복지사의 역할

정신건강 사회복지실천은 정신의학 영역에서 이루어지는 전문적인 사회복지실천이라고 할 수 있다. 또한 정신건강 사회복지실천은 정신적 장애를 가진 개인과 가족 등 그 환경을 포함하여 정신병원 혹은 진료소, 지역사회 정신건강기관과 사회복귀시설 등에서 행해지는 전문적인 사회복지실천이라 할 수 있다.

정신건강 사회복지실천 현장과 관련하여 「정신건강증진 및 정신질환자 복지서비스 지원에 관한 법률」 제3조(정의)2에 명시된 정신건강증진시설을 중심으로 살펴보면, '정신건강증진시설'이란 정신의료기관, 정신요양시설 및 정신재활시설을 말한다. 〈표 4-8〉에 제시된 바와 같이 '정신의료기관'이란 주로 정신질환자를 치료할 목적으로 설치된 다음 각 목의 어느 하나에 해당하는 기관을 말한다. '정신요양시설'이란 제22조에 따라 설치된 시설로서 정신질환자를 입소시켜 요양서비스를 제공하는 시설을 말한다. '정신재활시설'

---

1) 최덕경 외(2012)에서 재인용.

이란 제26조에 따라 설치된 시설로서 정신질환자 또는 정신건강상 문제가 있는 사람 중 대통령령으로 정하는 사람(이하 '정신질환자 등'이라 한다)의 사회적응을 위한 각종훈련과 생활지도를 하는 시설을 말한다(〈표 4-8〉 참조).

정신건강사회복지사가 활동할 수 있는 정신건강증진시설은 종합병원과 대학병원의 정신과, 정신과 전문병원, 정신과 의원, 정신장애인 사회복귀시설(생활시설, 지역사회 재활시설, 직업재활시설, 보건복지부령이 정하는 시설), 정신요양시설, 정신건강복지센터, 알코올상담센터 등이다.

〈표 4-8〉 정신건강증진시설

시설유형	내용
정신의료기관 (제19조)	주로 정신질환자를 치료할 목적으로 설치된 다음 각 목의 어느 하나에 해당하는 기관 가. 「의료법」에 따른 의료기관 중 제19조 제1항 후단에 따른 기준에 적합하게 설치된 병원(이하 '정신병원'이라 한다) 또는 의원 나. 「의료법」에 따른 병원급 의료기관에 설치된 정신건강의학과로서 제19조 제1항 후단에 따른 기준에 적합한 기관
정신요양시설 (제22조)	정신질환자를 입소시켜 요양서비스를 제공하는 시설
정신재활시설 (제26조)	정신질환자 또는 정신건강상 문제가 있는 사람 중 대통령령으로 정하는 사람(이하 '정신질환자 등'이라 한다)의 사회적응을 위한 각종 훈련과 생활지도를 하는 시설 1. 생활시설: 정신질환자 등이 생활할 수 있도록 주로 의식주 서비스를 제공하는 시설 2. 재활훈련시설: 정신질환자 등이 지역사회에서 직업 활동과 사회생활을 할 수 있도록 주로 상담·교육·취업·여가·문화·사회참여 등 각종 재활활동을 지원하는 시설 3. 그 밖에 대통령령으로 정하는 시설

출처: 「정신건강증진 및 정신질환자 복지서비스 지원에 관한 법률」(법률 제14224호, 공포일 2016. 5. 29., 시행일 2017. 5. 30., 전부 개정).

② 의료기관

의료사회복지사업은 질병에 대한 다각적인 접근을 바탕으로 질병을 가진 개인과 환경 간의 상호관계에 초점을 두고 의료팀의 일원으로 환자 및 가족의 사회기능 향상을 위해 전문적 실천방법을 활용하여 질병의 예방, 치료 및 재활에 이르기까지 다양한 활동을 수행하는 사회복지의 한 분야이다. 의료사회복지사는 보건의료 영역의 전문 사회복지사로서 질병을 가진 환자와 그 가족, 지역사회를 대상으로 의료진과 함께 협의하여 클라이언트의 심리적·사회적·정서적·환경적 문제를 해결하도록 돕는다. 또한 입원 시뿐만 아니라 입원 전과 퇴원 후에도 사회적 기능을 원활히 수행할 수 있도록 질병의 예방과 회복, 사후관리에 이르는 연속적 과정에서 개인에 대한 접근 및 의료제도와 정책 차원의 접근을 통하여 의료사회복지실천의 목적을 달성하도록 돕는 역할을 한다(대한의료사회복지사협회, 2020). 의료사회복지사업의 실천 현장은 크게 지역사회중심 보건의료사회복지사업, 호스피스 사회복지사업, 재활사회복지사업 그리고 병원사회복지사업으로 구분된다.

❶ 지역사회중심 보건의료사회복지사업

지역사회 건강관리자의 일원으로서, 지역사회와 주민의 건강 및 복지를 대상으로 지역사회 유관기관 및 지역주민들과 함께 그들의 치료, 재활 및 사회복귀 그리고 예방 등의 포괄적 보건의료를 달성하기 위하여 지역사회에서 행해지는 모든 전문적 의료사회복지사업 활동을 총칭한다.

❷ 호스피스 사회복지사업

호스피스 사회복지사업은 사회복지사가 의료팀의 일원으로서 죽음을 자연스러운 삶의 한 과정으로 이해하고 수용하며, 말기 환자, 개인과 그의 가족 및 호스피스 요원은 물론 의료제도 등을 대상으로 하는 의료사회복지사업의 한 분야이다.

❸ 재활사회복지사업

재활사회복지사업은 인간의 존엄성 및 생존권 보장과 사회연대성의 이념하에 장애인의 전인적 인격을 존중하며, 장애인의 의료적·사회적·교육적·정신적·직업적 장애로부터 그의 잠재능력을 최대한 개발할 수 있도록 돕기 위하여 재활기관에서 재활팀의 일원으로서 모든 재활과정에서 주로 심리·사회적 진단과 치료, 사회자원의 동원과 조정, 사회운동, 직업보도 등의 서비스를 제공하는 의료사회복지사업의 한 분야이다.

❹ 병원사회복지사업

병원사회복지사업은 의료사회복지사업의 한 분야로, 의료기관인 병원에서 사회복지사가 치료팀의 일원으로서 사회복지사업의 전문적인 방법을 활용하여 질병치료와 회복 및 사회복귀 기능을 목적으로 한다. 이를 위하여 사회복지사는 질병으로 인하여 파생되는 클라이언트의 심리적·사회적 및 정책적 문제 그리고 질병치료와 그 회복에 악영향을 주지 않도록 문제를 해결해 주거나 조정함으로써 환자와 그 가족을 돕는 역할을 수행한다.

정리해__봅시다

• 사회복지실천의 대상

최근 사회복지실천 현장에서 사회복지사의 활동은 개별, 집단, 지역사회 중 어느 한 방법에 따라 개별적으로 이루어지기보다는 세 가지 방법을 통합적인 관점에서 실천하는 것으로 변화하고 있다.

• 대상별 사회복지실천의 개념

개인대상 사회복지실천은 사회복지사가 개인적 또는 사회적 문제에 직면해 있는 개인을 일대일로 만나 문제해결을 원조하는 활동이다. 가족을 대상으로 하는 사회복지실천은 가족을 단위로 한 사회복지실천 활동으로 가족구성원 간의 관계나 가족단위의 문제를 해결 또는 경감시키기 위한 노력을 말한다. 집단사회복지실천은 의도적인 집단의 경험을 통해 개인의 욕구를 충족시키고 사회심리적 기능을 향상하도록 하며 개인이나 집단이 당면한 문제를 해결할 수 있도록 하는 사회복지실천방법 중의 하나이다. 지역사회실천은 지역사회를 실천의 단위로 한다.

• 사회복지실천 현장의 개념
좁은 의미의 사회복지실천 현장은 사회복지실천이 이루어지는 '구체적인 장소' 혹은 클라이언트에게 사회복지서비스를 제공하는 공공기관 혹은 민간기관 그리고 직간접적으로 제공하는 '사회복지기관'을 의미한다. 넓은 의미의 사회복지실천 현장은 사회복지실천이 이루어지는 '분야(field)' 혹은 서비스의 초점이 되는 '문제' '대상집단(client)' 등을 모두 포함하는 개념이다.

• 사회복지실천 현장의 분류
사회복지실천 현장은 주로 Bartlett(1970)이 제시한 네 가지 분류방식, 즉 구분기관의 설립목적, 설립주체 및 재원조달 방식, 서비스 제공방식, 주거서비스 제공 여부로 구분된다. 국내 사회복지실천 현장은 대부분 이 기준으로 분류하고 있다.

생각해__봅시다

다음 사례에 제시된 클라이언트의 문제해결을 위한 사회복지실천 현장에 대해 논의해 봅시다.

〈사례 1〉
학교를 중퇴한 은수는 18세의 청소년이다. 어려서 부모님은 이혼했으며, 은수 또한 중학교 때 가출한 상태이다. 얼마 전 선배를 통해 알게 된 남자 선배와 교제를 하던 중 임신 사실을 알게 되었고, 남자 친구는 아이를 낙태하라며 절교를 선언하였다.

〈사례 2〉
올해 76세가 되는 김 씨 할머니는 최근 깜박거리는 증세로 자주 냄비를 태우고, 며느리에게 폭언과 욕설을 퍼붓는 성격변화로 인해 가족들과의 갈등이 잦다.

참고문헌

권중돈, 조학래, 윤경아, 이윤화, 이영미, 손의성, 오인근, 김동기(2019). 사회복지학개론(4판). 서울: 학지사.

김동배, 이윤로(2004). 집단사회사업의 실천과 평가. 서울: 21세기사.

김미선(2005). 공공복지전달체계 개편방안에 관한 연구. 이화여자대학교 사회복지대학원 석사학위논문.

김성천, 강욱모, 김영란, 김혜성, 박경숙, 박능후, 박수경, 송미영, 안치민, 엄명용, 윤혜미, 이성기, 최경구, 최현숙, 한동우(2013). 사회복지학개론 원리와 실제. 서울: 학지사.

김용민(2009). 사회복지실천기술론. 서울: 청목출판사.

김용민, 이무영 공역(2010). 사회복지상담기술. Seden, J. 저. *Counseling Skills in Social Work Practice* (2nd ed.). 서울: 청목출판사. (원저는 2004년에 출간)

김종옥, 권중돈(1993). 집단사회사업방법론. 서울: 홍익재.

김혜영, 석말숙, 최정숙, 김성경(2014). 사회복지실천론. 경기: 공동체.

노혁(2013). 사회복지실천론. 서울: 학지사.

대한의료사회복지사협회(2020). 의료사회복지사 정의. http://www.kamsw.or.kr/

도미향, 남연희, 이무영, 변미희(2019). 아동권리와 복지. 경기: 공동체.

양옥경, 이정진, 서미경, 김미옥, 김소희(2005). 사회복지실천론(개정 3판). 경기: 나남.

엄명용, 김성천, 오혜경, 윤혜미(2011). 사회복지실천의 이해(3판). 서울: 학지사.

엄명용, 김성천, 오혜경, 윤혜미(2016). 사회복지실천의 이해. 서울: 학지사.

오정영(2006). 사회복지현장의 변화에 따른 상담실천의 중요성. 복지상담학연구, 1(1), 49-62.

우국희, 성정현, 좌현숙, 장연진, 최승희(2016). 사회복지실천론(2판). 서울: 신정.

이영호(2008). 사회복지실천기술론. 경기: 공동체.

이윤로(2008). 최신사회복지실천론. 서울: 학지사.

이윤로 역(2005). 사회사업실천기술론. Poindexter, C. C., Valentine, D., & Conway, P. 공저. *Essential Skills for Human Services*. 서울: 현학사. (원저는 1999년에 출간)

이윤정, 강기정, 박수선, 이무영(2018). 가족복지론. 경기: 공동체.

정무성, 나임순, 유용식(2018). 현대사회복지개론(제2판). 서울: 신정.

조학래(2019). 사회복지실천론. 서울: 신정.

최덕경, 이혜자, 이무영, 정혜선, 박경애, 김민경(2012). 사회복지실천론. 경기: 공동체.

최선화(2006). 풀어쓴 사회복지실천기술. 경기: 공동체.

최일섭, 류진석(1997). 지역사회복지론. 서울: 서울대학교출판부.

최해경(2017). 사회복지실천론(2판). 서울: 학지사.

한인영, 최현미, 장수미(2006). 의료사회복지 실천론. 서울: 학지사.

홍성례, 양정빈, 이무영, 김소진, 정연정(2014). 사회복지실천기술론. 경기: 교문사.

Johnson, L. C., & Yanca, S. J. (2001). *Social Work Practice: A Generalist Approach* (7th ed.). Boston, MA: Pearson Education, Inc..

제5장

사회복지사의
전문성과 성찰적 실천

● 학습개요 ●

사회복지사란 아동·청소년·노인·여성·가족·장애인 등 다양한 사회적·개인적 문제를 겪는 사람들에게 사회복지학과 사회과학의 전문지식을 이용하여 문제를 진단하고 평가함으로써 문제해결을 돕고 지원하는 업무를 담당하는 자를 말한다. 사회복지사는 사회복지실천에서 바람직한 변화가 가능하도록 자신의 전문적인 지식, 기술, 태도 등을 활용하여 클라이언트에게 전달함으로써 클라이언트의 문제해결을 도모한다. 따라서 사회복지사는 사회복지 전문직에 대한 이해와 함께 자신에 대한 이해를 바탕으로 도움을 필요로 하는 사람들에게 전문적인 서비스를 제공해야 한다. 이 장에서는 사회복지 전문직의 정체성, 사회복지사의 역할과 자격 그리고 전문 사회복지사에게 필요한 자기인식 등을 살펴보고자 한다.

● 학습목표 ●

1. 사회복지 전문직의 정체성을 이해한다.
2. 사회복지사의 역할을 파악한다.
3. 사회복지사의 자격을 살펴본다.
4. 사회복지사로서 자기인식의 중요성을 인지하고 자기성찰적 사고를 한다.

출처: 한국사회복지사협회(2020).

1. 사회복지 전문직의 정체성

1) 사회복지사의 전문성

Greenwood(1957)는 전문직의 속성으로 다음의 다섯 가지를 제시하였다. 첫째는 체계적인 이론으로, 전문직과 비전문직을 구별하는 기준 중의 하나는 우월성을 갖춘 전문기술의 사용 여부이다. 전문직이 되기 위한 보다 중요한 요소는 효과적인 기술을 사용하는 것뿐만 아니라 기술의 근원이 되는 체계적인 이론을 갖춰야 한다는 것이다. 둘째는 전문적인 권위로, 사회복지사(혹은 사회복지직 종사자)는 클라이언트와의 관계에서 사회복지사로서 전문적인 권위가 있어야 하고, 클라이언트에게 신뢰를 주어야 한다. 셋째는 사회적인 승인(재가)으로, 일반적으로 사회복지사를 배출할 자격이 있는 학교를 선정하여 권한을 주거나 자격시험을 관장하는 등 독립적인 권한을 부여해야 한다.

넷째는 윤리강령으로, 사회적 인가 혹은 승인으로부터 얻어지는 전문직의 특권을 잘못 사용하는 것을 방지하고 규제하기 위해 체계화된 윤리강령이 있어야 한다. 전문직의 행위에 대한 옳고 그름의 판단기준이 되는 윤리강령은 전적으로 전문직 종사자 내부에 의존할 수밖에 없기 때문에 전문직의 윤리강령은 구속력을 가진다. 다섯째는 전문직 문화로, 전문직은 자체의 고유한 가치나 규범, 상징을 만들어서 공유하고 이를 보존한다. 전문직은 다른 목적을 위한 수단이 되어서는 안 되며, 사명감과 직업의식을 가지고 전문직 활동을 수행해야 한다.

Flexner는 1915년 미국의 전국자선단체 및 교정대회(National Conference of Charities and Correction)에서 「사회복지는 전문직인가?(Is Social Work a Profession?)」라는 논문을 통해 사회복지는 전문직으로 갖추어야 할 특성들이 결여되어 있다고 주장하면서 다음과 같은 내용을 제시하였다. 첫째, 사회복지는 사회과학적 기초가 결여되어 있다. 둘째, 독자적이고 명확한 지식체계 및 전수할 만한 전문기술이 결여되어 있다. 셋째, 정부의 책임 아래 실시되는 교육 및 전문적 자격제도가 없다. 넷째, 전문적 조직체계가 없다. 다섯째, 전문적 실천에 대한 강령이 없다.

사회복지직은 전문직이 아니며 사회복지사도 전문가가 아니라는 Flexner의 주장으로, 사회복지 전문직은 그 성장에 위기를 맞게 되었다. Flexner의 비판 이후, 미국 사회복지계는 전문직으로 인정받기 위하여 사회복지의 초점을 좁히고 교육적으로 소통 가능한 기법을 개발하는 데 노력해 왔다. 보수체계를 정립하고 교육 · 훈련제도를 도입하였으며, 이론을 구축하고 미국병원사회사업협회(1918년), 미국사회복지사협회(1921년), 미국정신의학사회복지사협회(1924년) 등의 전문직협회를 구성하였다. 이론을 구축하는 과정에서 정신분석이론에 크게 의존함으로써 심리학 중심의 의료모델로 치우치게 되었고, 개별사회사업 중심으로 발달하게 되었다. 이러한 경향은 오늘날의 임상사회사업으로 이어지고 미국 사회복지 주류를 형성하고 있으며, 개별

치료가 큰 부분을 차지하고 있다. 미국 사회복지의 영향을 많이 받은 우리나라에서도 1980년대 이후 사회복지사의 사회적 위상과 전문성의 문제가 대두되었다.

2) 우리나라 사회복지사의 의의와 정체성

우리나라에서 사회복지사는 1970년대 사회복지사업종사자로 시작하였으며, 1983년 5월 「사회복지사업법」이 개정되면서 사회사업가 또는 사회사업종사자의 명칭이 '사회복지사'로 규정되어 사회복지사 자격증이 발급되기 시작하였다. 이후 사회사업은 사회사업학의 학문적 체계에서 사용하고, 사회복지사의 영문 표기로는 'social worker'를 사용하고 있다. 사회복지사는 「사회복지사업법」 제11조 제1항에 의하여 '사회복지에 관한 전문지식과 기술을 가진 자'로 규정되고 있다. 또한 사회복지사의 정체성은 '봉사정신과 전문적 지식 및 기술 습득·적용'과 '사회복지사 윤리강령 준수'에 있다(한국사회복지사협회, 2020).

2. 사회복지사의 역할

사회복지사란 현대사회에서 발생하고 있는 청소년·노인·여성·가족·장애인 등 다양한 사회적·개인적 문제를 겪는 사람들에게 사회복지학 및 사회과학의 전문지식을 이용하여 문제를 진단·평가함으로써 문제해결을 돕고 지원하는 업무를 담당하는 자를 말한다. 한국사회복지사협회 자격관리센터(2020)에서 제시하는 사회복지사의 주요 업무를 살펴보면 다음과 같다.

- 사회적·개인적 문제로 어려움에 처한 의뢰인을 만나 그들이 처한 상황

과 문제를 파악하고 그들이 필요로 하는 서비스의 유형을 판단한다.

- 문제를 처리·해결하는 데 필요한 방안을 찾기 위해 관련 자료를 수집하고 분석하여 대안을 제시한다.
- 재정적 보조, 법률적 조언 등 의뢰인이 필요로 하는 각종 사회복지프로그램을 기획, 시행, 평가한다.
- 공공복지서비스의 전달을 위한 대상자 선정 작업, 복지조치, 급여, 생활지도 등을 한다.
- 사회복지 자원봉사자를 모집하여 교육시키고 배치 및 지도감독을 한다.
- 사회복지정책의 형성과정에 참여하여 정책 분석과 평가를 하며 정책대안을 제시한다.
- 정신건강사회복지사는 정신질환자에 대한 개인력 조사 및 사회조사 작업을 진행하며 정신질환자의 사회복귀 촉진을 위한 생활훈련 및 작업훈련, 그 가족에 대한 교육, 지도 및 상담 업무를 수행한다.

사회복지사에게 기대되는 역할과 직무기능은 사회규범과 역사적 전통, 활동을 인가하는 법령과 행정적 규정 그리고 기관의 정책과 절차 등에 의해 규정된다(Sheafor & Horejsi, 2012). 일반적으로 사회복지사는 클라이언트와 대면하여 서비스를 제공하는 직접실천뿐만 아니라 필요한 서비스나 프로그램을 개발하거나 자원을 확보하는 등의 간접실천을 수행한다. 이처럼 사회복지실천 현장에서 사회복지사는 개입하는 사례의 필요에 따라 동시적으로 여러 가지 역할을 수행하기도 한다. 또한 조직에서 사회복지사가 맡은 직무나 직위에 따라 중점적으로 수행하는 역할이 달라지기도 한다(조학래, 2019). 사회복지사의 역할을 살펴보면 다음과 같다.

1) 기능에 따른 사회복지사의 역할

사회복지실천 현장에서 사회복지사는 다양한 역할을 수행한다. Hepworth 등(2017)은 사회복지사가 수행하는 역할을 Lister(1987)의 분류를 참조하여 ① 직접서비스 제공, ② 체계 연결, ③ 체계 유지 및 강화, ④ 체계개발, ⑤ 연구 및 조사의 다섯 가지로 구분하고 있다. 기능에 따라 사회복지사의 역할 내용을 구분하여 살펴보면 다음과 같다.

(1) 직접서비스 제공

사회복지사는 클라이언트의 욕구와 문제를 해결하기 위해 클라이언트를 직접 대면하여 서비스를 제공한다. 개인상담이나 부부치료 혹은 가족치료를 실시하고, 집단사회복지실천에서 지지집단, 치료집단 등을 운영하며, 클라이언트에게 필요한 정보를 제공하거나 교육한다. 사회복지사는 개인상담가, 부부치료사/가족치료사, 집단지도자, 정보제공자, 교육자 등의 역할을 수행한다.

(2) 체계 연결

사회복지실천 현장에서는 기존의 복지기관이 클라이언트에게 필요한 유용한 정보나 자원을 제공할 수 없거나 제공할 능력이 부족한 경우가 종종 발생한다. 이때 사회복지사는 다른 서비스체계와 연결하여, 클라이언트에게 필요한 정보나 자원들을 제공하고, 그것을 잘 이용할 수 있도록 도와주는 역할을 수행한다. 다른 체계와 연결하는 사회복지사의 역할을 살펴보면 다음과 같다.

① 중개자

중개자(broker)로서 사회복지사는 클라이언트에게 필요한 자원 및 서비스를 연결하는 역할을 담당하며, 사례관리의 핵심적 기능을 수행한다. 사회복지사는 클라이언트의 욕구를 확인하고, 다양한 자원을 활용하여 클라이언트의 동기와 능력을 사정(assessment)하며, 그러한 자원에 클라이언트가 접근하도록 돕는다. 이를 위해 사회복지사는 다양한 서비스, 이용 가능한 프로그램 및 자원체계에 관한 절차 등을 파악해야 한다(Sheafor & Horejsi, 2012). 예를 들어, 거동이 불편한 노인에게 활동보조인 서비스를 연계하는 것이다. 사회복지사가 중개자 역할을 잘하기 위해서는 지역사회의 자원(임시보호시설, 상담기관, 쉼터 등)이나 지역 기관의 특성에 대해 충분한 지식과 정보를 갖고 있어야 한다.

② 사례관리자/조정자

사례관리자(case manager) 혹은 조정자(coordinator)로서 사회복지사는 클라이언트의 욕구나 문제가 무엇인지를 파악한 후 필요한 자원이나 서비스를 개발하고 연계하며, 이러한 서비스가 서비스의 목표에 따라 지속적으로 잘 제공되고 있는지를 관리하고 도와준다. 기관의 제한된 자원만으로는 클라이언트의 문제를 효과적으로 해결할 수 없거나 문제해결의 능력, 기술, 지식 혹은 자원 등이 부족하여 다른 서비스체계에 클라이언트를 의뢰하는 상황이 발생할 수 있다. 이때 사회복지사는 클라이언트의 욕구를 사정하고 다른 체계에서 제공되는 자원과 서비스의 전달을 맡아 조정하는 사례관리자 역할을 담당하게 된다.

③ 중재자

중재자(mediator)로서 사회복지사는 견해가 다른 개인이나 집단 사이의 의사소통을 향상시키고 상호 만족스러운 해결책을 모색하여 타협하도록 돕는다. 집단이나 조직 사이의 네트워크를 형성하거나, 기관 내 의사소통이나 갈등을 조절한다. 중재자는 문제해결을 위해 어느 한편에 기울지 않고 중립적 입장을 유지하면서 갈등조정기술을 적절하게 활용할 수 있어야 한다.

④ 클라이언트 옹호자

클라이언트 옹호자(client advocate)로서 사회복지사는 클라이언트를 위하여 일을 하고 클라이언트의 입장을 대변한다. 특히 클라이언트가 필요한 것을 스스로 얻을 힘이 거의 없을 때, 사회복지사는 클라이언트에게 필요한 서비스와 자원을 제공하기 위해 클라이언트와 함께 혹은 클라이언트를 대신하여 자원과 서비스를 획득하는 활동을 수행한다. 예를 들어, 클라이언트 옹호자로서 사회복지사는 지적장애를 가진 성폭력 피해 여성의 법률 조력자로서, 수사와 재판의 모든 과정에서 장애여성의 권익을 옹호하기 위한 활동에 적극 관여할 수 있다(김혜란, 공계순, 박현선, 2013). 중재자의 역할이 양측의 이해를 절충하고 타협하여 공동의 이해영역을 도출하는 것이라면, 옹호자의 역할은 클라이언트의 이해와 권리만을 대변하는 것이다. 단, 사회복지사는 클라이언트의 권리나 이익을 법적인 범위 내에서만 옹호할 수 있다(김융일, 조흥식, 김연옥, 2000).

(3) 체계 유지 및 강화

사회복지사는 사회복지서비스기관의 직원으로서 서비스 전달의 효율성을 떨어뜨리는 기관 내의 구조·정책·기능적 관계를 평가할 책임이 있다. 체계 유지 및 강화를 위해 사회복지사가 수행하는 역할을 살펴보면 다음과 같다.

① 조직분석가

조직분석가(organizational analyst)로서 사회복지사는 사회복지기관의 구조·정책·절차 등에서 서비스 전달에 부정적인 영향을 미치는 문제 요인을 정확히 파악하고 분석하여, 기관이나 조직이 보다 효율적으로 운영될 수 있도록 돕는다. 이 역할을 잘 수행하기 위해서는 조직이론, 행정이론, 정책이론 등에 관한 지식을 활용하는 것이 필요하다.

② 촉진자

촉진자(facilitator)로서 사회복지사는 사회복지서비스 전달을 방해하는 요인을 정확하게 파악하여, 서비스 전달 체계 강화방안을 계획하고 실행할 책임이 있다. 기관 행정가들에게 관련 정보를 제공하고, 안일한 태도로 일관하는 행정가에게 압력을 행사하기 위해 동료들과 협력하며, 사회복지사에게 필수적인 연수나 교육에 적극 참여하는 활동 등을 포함한다.

③ 팀 구성원

팀 구성원(team member)으로서 사회복지사는 클라이언트의 문제나 서비스 전달 체계를 사정할 때 협동하는 치료팀이나 임상팀의 일원으로 활동한다. 클라이언트의 복합적 · 다차원적 문제를 해결하기 위해 공공기관이나 여러 단체의 전문가들로 구성된 팀에서 문제해결방안을 모색하고 사회복지현장에서 실천하는 독특한 역할이다.

④ 자문가

자문이란 어떤 일을 좀 더 효율적이고 바르게 처리하려고 그 방면의 전문가나 또는 전문가들로 이루어진 기구에 의견을 묻는 것을 말한다. 사회복지 실천 현장에서 자문은 사회복지사나 서비스 제공자가 다른 직종의 전문가에게 클라이언트의 문제해결을 위한 자문을 제공하는 것으로, 사회복지사가 클라이언트에 대한 지식, 기술, 태도를 발전시키고 수정해서 클라이언트에게 더욱 효과적으로 서비스를 전달하는 과정이다. 자문가(consultant)로서 사회복지사는 다른 직종의 전문가에게 클라이언트의 문제해결과 관련하여 자문을 제공하는 역할을 수행한다. 사회복지사도 전문지식이 필요한 문제에 대해서는 전문 사회복지사나 전문가로부터 자문을 받아야 한다.

⑤ 슈퍼바이저

슈퍼바이저(supervisor)로서 사회복지사는 다른 사회복지사가 실행하는 직접적인 서비스 활동의 질을 향상시키는 데 핵심적인 역할을 담당한다. 일반적으로 사회복지현장에서는 사회복지사의 사례발표가 자주 활용된다. 슈퍼바이저의 책임은 슈퍼비전 대상인 사회복지사가 제공하는 다양한 서비스가 클라이언트에게 적절하게 잘 전달되고 있는가를 점검하는 데 있다.

(4) 체계개발

사회복지사는 기관의 서비스를 확대하거나 개선하기 위해 체계개발(system development)과 관련된 역할들을 담당한다. 체계개발을 위해 사회복지사가 수행하는 역할을 살펴보면 다음과 같다.

① 프로그램 개발자

프로그램 개발자(program developer)로서 사회복지사는 클라이언트의 새로운 욕구를 반영하여 서비스를 개발한다. 결혼이민자를 위한 한국어 교육 프로그램, 자기주장 훈련 프로그램, 부모–자녀 관계 향상 프로그램 등은 프로그램 개발의 예이다.

② 기획가/계획가

기획가, 계획가(planner)로서 사회복지사는 공식적 · 비공식적으로 영향력 있는 사람들과 함께 클라이언트의 새로운 욕구를 반영하여 프로그램을 기획하고 계획한다. 예를 들어, 사회복지사는 지역사회에 거주하는 치매노인과 그 가족의 의료복지서비스 향상을 위해 지역사회 지도자들과 함께 노인전문치매센터 건립을 기획하고 계획을 수립한다.

③ 정책과 절차 개발자

정책 및 절차 개발자(policy and procedure developer)로서 사회복지사는 클라이언트의 욕구를 평가하고 특정한 정책과 절차들이 클라이언트에게 최선인지 혹은 부적합한지 평가한다. 사회복지사는 클라이언트와 관련된 기관의 정책 및 절차의 제정을 위한 의사결정과정에 적극 참여해야 한다.

④ 옹호자

옹호란 사회정의를 지키고 유지하려는 목적으로 클라이언트의 입장에서 직접 대변·개입·지지하는 행동을 말한다. 옹호자(advocate)로서 사회복지사는 불이익을 받는 클라이언트 개인, 집단, 지역사회를 위해 사회정책과 법령 등을 수정하거나 필요한 자원이나 서비스를 제공받을 수 있도록 새로운 법률이나 정책 형성을 위해 활동한다. 사회정의 증진을 목적으로, 사회복지사는 법률과 사회정책 개선을 위해 클라이언트 집단, 사회복지사 집단, 관련 전문가집단에 참여할 수 있다.

(5) 연구 및 조사

사회복지사는 연구자(researcher)나 조사자(research consumer)로서 기관 혹은 자신이 클라이언트에게 제공한 서비스나 개입 방법의 효과성을 평가하고, 클라이언트의 향상과 발전을 위해 체계적·과학적으로 조사하고 연구할 책임이 있다. 사회복지사는 더 나은 서비스 제공을 위해 그리고 지식개발을 위해 관련 프로그램과 지역사회 욕구를 조사하고 연구 자료를 발간하며, 이를 사회복지현장에서 적극적으로 활용할 필요가 있다.

2) 개입대상의 수준에 따른 사회복지사의 역할

Compton과 Galaway(1999)는 개입단계의 사회복지사 역할로 중개자, 조력자, 교사, 중재자, 옹호자의 다섯 가지 역할이 있다고 하였다. Zastrow(1999)는 사회복지사가 개인, 집단, 가족 조직, 지역사회와 작업하는 데 있어서 다양한 역할을 수행해야 한다고 하면서, 조력자(enabler), 중개자(broker), 권한부여자(empowerer), 행동가(activist), 중재자(mediator), 협상가(negotiator), 교육자(educator), 유발자(initiator), 조정자(cordinator), 조사자(researcher), 집단촉진자(group facilitator), 대중연설가(public speaker) 등의 역할을 수행해야 한다고 제시하고 있다.

Miley, O'Melia와 DuBois(2001)는 사회복지사가 개입하는 대상의 수준이나 차원에 따라 미시 차원, 중범위 차원, 거시 차원, 전문가 차원으로 구분하였으며, 이에 따라 사회복지사의 역할이 다르다고 하였다. 사회복지사가 개입하는 대상이 개인과 가족인 경우는 미시 차원, 조직이나 공식적인 집단인 경우에는 중범위 차원, 지역사회와 사회문제는 거시 차원, 사회복지 전문가 집단은 전문가 차원으로 구분하였다. 개입대상의 수준에 따른 사회복지사의 역할을 살펴보면 다음과 같다.

(1) 미시 차원에서의 사회복지사 역할

미시 차원의 개입대상은 개인이나 가족, 소집단으로, 사회복지사는 클라이언트와 일대일로 직접적인 지원이나 서비스를 제공한다. 사회복지사는 상담자(consultor), 조력자(enabler), 중개자(broker), 옹호자(advocator), 교사(teacher) 등의 역할을 수행한다.

(2) 중범위 차원에서의 사회복지사 역할

중범위 차원의 개입대상은 기관이나 조직, 공식적 집단 차원으로, 사회복지사는 클라이언트에게 직접적 영향을 미치는 가족, 집단, 조직과 같은 체계를 변화시킨다. 사회복지사는 촉진자(facilitator), 중재자(mediator), 훈련가(trainer), 행정가(administrator), 협상가(negotiator) 등의 역할을 수행한다.

(3) 거시 차원에서의 사회복지사 역할

거시 차원에서의 개입대상은 지역사회, 사회적 상황(사회적 불평등, 차별)을 포함한 사회문제 등으로, 사회복지사는 사회문제 해결을 위해 개인, 집단, 조직으로 구성된 지역사회체계에 대한 전문적 개입, 정책분석, 집단옹호, 사회정책과 사회서비스 및 사회자원 개발활동을 한다. 사회복지사는 계획가(planner), 행동가(activist), 제안자(proposer), 현장개입자(outreach worker) 등의 역할을 수행한다.

(4) 전문가집단 차원에서의 사회복지사 역할

전문가집단 차원에서 사회복지사는 동료와 함께 전문가로서의 윤리적 행동을 준수하고 전문가 조직 참여를 통해 동료 간 상호지지를 제공한다. 또한 사회복지서비스 전달 체계가 효과적으로 기능할 수 있도록 활동하며, 효과적인 서비스 전달을 위해서, 그리고 올바른 정책변화를 위해서 국제적 상호원조를 맺기도 하고 때로는 타 전문직과 협조하기도 한다. 사회복지 전문직을 발전시키기 위해 이론적·실천적 활동을 수행하고, 지식개발을 위해 실증적 조사연구를 수행하며, 동료들과 그 결과를 공유한다. 사회복지사는 동료(colleague), 촉매자(catalyst), 연구자(researcher)나 학자(scholar), 분석가(analyst) 등의 역할을 수행한다.

3) 사회복지실천 현장별 사회복지사의 역할

(1) 공공기관에서의 역할

공공기관에서 미시적 수준의 개입역할로서, 직접적인 서비스의 제공과 자원개발 및 연계 업무를 하는 조력자와 중개자의 역할이 있다. 기관이나 조직 중심의 중범위 차원에서, 사회복지 전담공무원은 공공복지 전달 체계상에서의 행정 업무나 서비스 업무수행상의 문제점을 개선하고, 조직 내의 기능이나 조직 간의 연결망을 강화하는 촉진자로서의 역할을 담당한다. 거시적 차원에서, 사회복지 전담공무원은 국민기초생활보장 관련 업무나 기타 복지서비스에 관한 홍보와 지역주민들에 대한 교육활동, 주민의 욕구를 기초로 한 프로그램의 개발과 같은 계획가나 현장 개입가로서의 역할이 부분적으로 가능하다. 사회복지 전담공무원이 담당하는 지역 내의 아동, 노인, 장애인, 한부모 가정의 욕구와 실태, 서비스 만족도에 관한 조사업무는 효과적인 서비스 개발이나 전달을 위해 전문가 차원에서 이루어지는 연구자/학자의 역할이라고 볼 수 있다.

(2) 민간 사회복지서비스기관에서의 역할

민간 사회복지서비스기관에서의 역할은 두 가지 측면에서 살펴볼 수 있다. 생활시설에서의 역할을 살펴보면, 생활시설에 거주하고 있는 클라이언트는 시설보호가 필요한 특별한 욕구를 가진 경우가 많기 때문에 생활시설의 사회복지사는 단순한 시설 내 보호 수준에서 벗어나 클라이언트의 치료, 재활, 사회복귀 과정에 필요한 개별화된 서비스를 제공하는 전문가 역할을 수행해야 한다. 이용시설에서의 역할을 살펴보면, 지역사회복지관에서 일하는 사회복지사는 지역사회에서의 통합적인 개입을 위해 개인 클라이언트로부터 집단, 지역사회, 전문가집단까지 개입 수준을 확대하며 다양한 역할을 수행한다.

개입대상의 수준에 따라 민간 사회복지서비스기관에서의 사회복지사 역할을 살펴보면 다음과 같다. 미시적 수준의 개입역할로 사회복지사는 지역사회 내 개인이나 가족을 대상으로 직접적인 서비스를 제공하거나 서비스를 연결하고 교육하는 역할을 한다. 중범위 수준의 개입역할로 사회복지사는 프로그램의 효율적 운영과 관리를 위한 방안이나 운영구조 개선 등을 통해 조직의 기능을 활성화시키는 촉진자의 역할과 지역 내 기관들 간의 연계와 공동사업을 통해 지역복지 네트워크를 발전시키는 중재자의 역할을 수행한다. 거시적 수준의 개입역할로 사회복지사는 지역사회개발이나 지역문제 해결을 위한 주민참여와 공동체의식을 증대시키기 위한 계획가와 현장개입가로서의 역할을 수행한다. 전문가 차원에서의 개입역할로 사회복지사는 복지관협회나 사회복지사협회와 같은 전문가 조직의 활동을 통해 정보를 공유하고 전문직의 발전을 위한 다양한 활동에 참여한다.

지금까지 사회복지사의 다양한 역할을 살펴보았는데, 이러한 분류는 고정적이거나 불변하는 것이 아니다. 사회적 변화에 따라 역할이 부여되기 때문에 사회복지사의 활동과 역할은 그들이 속한 사회의 기대에 따라 형성되며, 사회복지사의 생각과 행동은 사회적 기대 형성에 기여할 수 있다.

3. 사회복지사의 자격

우리나라의 사회복지사 자격제도를 살펴보면, 「사회복지사업법」 제11조에 "사회복지에 관한 소정의 전문 지식과 기술을 가진 자에게 사회복지사 자격을 부여하고 이들에게 복지업무를 담당토록 함으로써 아동·청소년·노인·장애인 등 보호가 필요한 사람들에게 전문적이고 체계적인 복지서비스를 제공한다."라고 규정되어 있다(한국사회복지사협회 자격관리센터, 2020). 또한 「사회복지사업법 시행령」 제6조 제1항에는 '사회복지프로그램의 개발 및 운영' '시설거주자의 생활지도 업무' '사회복지를 필요로 하는 사람에 대한 상담 업무'를 수행하는 자를 사회복지사로 채용하도록 규정하고 있다. 사회복지사의 활동분야를 살펴보면 다음과 같다(한국사회복지사협회, 2020).

1) 사회복지사 활동분야

(1) 일반영역

사회복지사 활동분야의 일반영역은 공적사회복지 영역, 사회복지기관 및 시설 영역, 보건의료 영역으로 구분할 수 있다(〈표 5-1〉 참조).

〈표 5-1〉 사회복지사 활동분야의 일반영역

일반영역	활동분야	
공적사회복지 영역	「사회복지사업법」 제14조에서는 사회복지사업에 관한 업무를 담당하게 하기 위하여 시·도, 시·군·구 및 읍·면·동 또는 복지사무 전담기구에 사회복지사 자격증을 가진 사회복지 전담공무원을 두도록 규정하고 있다.	
사회복지기관 및 시설 영역	지역복지사업, 아동복지, 노인복지, 장애인복지, 모자복지 등의 민간 사회복지기관 영역	
보건의료 영역 (「의료법」과 「정신보건법」에서 규정)	의료사회복지사 (Medical Social Worker)	병원이나 진료소에서 임상치료팀의 일원으로 질병의 직간접적인 원인이 되고 치료에 장애가 되는 환자의 심리·사회적인 문제들을 해결하도록 도와주며, 환자가 퇴원한 후에도 정상적인 사회기능을 발휘할 수 있도록 환자와 그의 가족에게 전문적인 사회복지서비스를 제공하는 사회복지사
	정신건강 사회복지사 (Mental Health Social Worker)	사회복지사 1급 자격증 소지자 중에서 정신건강 분야의 전문적인 지식과 기술을 가지고 정신질환자의 개인력 및 사회조사, 정신질환자에 대한 사회사업지도 및 방문지도, 사회복귀 촉진을 위한 생활훈련 및 직업훈련, 정신질환자와 그 가족에 대한 교육·지도 및 상담 업무, 정신질환 예방활동 및 정신건강에 관한 조사연구를 하는 사회복지사

출처: 한국사회복지사협회(2020).

(2) 확장영역

사회복지사 활동분야에서 확장영역에는 학교사회복지사, 자원봉사활동 관리 전문가, 교정사회복지사, 군사회복지사, 산업사회복지사 등이 있다(〈표 5-2〉 참조).

〈표 5-2〉 **사회복지사 활동분야의 확장영역**

확장 영역	활동분야
학교사회복지사 (School Social Worker)	학생 개개인의 지적·사회적·정서적 욕구와 문제해결에 관심을 갖도록 도와주며, 이를 통하여 모든 학생이 학교에서 공평한 교육기회와 성취감을 제공받을 수 있도록 사회복지의 다양한 실천방법을 활용하는 사회복지사
자원봉사활동관리 전문가 (Voluntary Activities Coordinator)	자원봉사자들을 모집, 배치, 상담, 훈련하고 자원봉사자 활용 프로그램의 개발과 시행, 평가를 하는 사회복지사
교정사회복지사 (Correctional Social Worker)	현행 법무부 산하의 교정시설에서 범죄인의 재활과 범죄예방에 개입하고 있는 사회복지 전문직은 교정사회복지사로 통칭되고 있다.
군사회복지사 (Military Social Worker)	군대 내의 의무직에 속하여 환자의 상담과 복귀를 위한 복지업무를 담당하는 사회복지사로, 병과분류 764/의무병과·의무행정·사회사업으로 분류한다.
산업사회복지사 (Industrial Social Worker)	기업체에서 노동자들의 비복지적 문제의 개선을 위해 사회복지학의 전문지식을 활용하여 문제해결을 수행하는 사회복지사

출처: 한국사회복지사협회(2020).

2) 한국 사회복지사 자격제도의 발전

한국의 사회복지사 자격제도의 발전과정을 살펴보면 다음과 같다(한국사회복지사협회 자격관리센터, 2020).

(1) 사회복지시설 종사자 무자격 시대(1970년대 이전)

6.25전쟁 이후 고아원을 중심으로 한 사회복지시설이 급속히 생겨났으나 1970년까지 사회복지시설종사자에 관한 자격제도는 없었으며, 통상적으로 자선사업가라고 불렀다.

(2) 사회복지사업종사자 자격증 시대(1970~1983년)

1970년에 제정된 「사회복지사업법」 제5조 및 「사회복지사업법 시행령」 제9조에서 '사회복지사업종사자자격증' 제도가 처음으로 도입되었다. '사회복지사업종사자 자격기준'은 등급의 차이가 없었으며, 대학에서 사회복지학 전공자가 배출되면서 자격제도의 개정 필요성이 논의되었다. 1982년에는 사회복지사업종사자 자격을 사회복지사 자격제도로 개정하는 논의가 시작되었다.

(3) 사회복지사 자격증 시대(1984년~현재)

1983년 「사회복지사업법」 개정으로 '사회복지사' 제도가 신설되었으며, 3등급체제로 변경되었다. '사회복지사'는 클라이언트를 상담, 대변 및 옹호한다는 의미에서 변호사(辯護士) 직종의 '士(선비 사)'로 반영하여 '社會福祉士'를 사용하기로 하였다. 1985년에는 사회복지사 자격증 교부업무를 한국사회복지협의회에서 위탁받아 시행하였고, 1999년부터 한국사회복지사협회가 자격증 교부업무를 위탁받아 시행하고 있다.

(4) 사회복지사 국가시험 시대(2003년~현재)

사회복지사의 전문성 향상을 위해 2003년부터 사회복지사 1급 국가시험이 시행되고 있다.

〈표 5-3〉 사회복지사 자격제도의 역사적 발달과정

시기	발달과정
1970년	「사회복지사업법」에서 사회복지사업종사자 자격제도로 시작
1983년	사회복지사 자격제도로 변경
1987년	사회복지 전문요원 공공영역 배치
1996년	「정신보건법」이 시행되면서 정신보건사회복지사가 정신보건전문요원으로 포함됨
1997년	한국학교사회복지학회 창립
1999년	기존 사회복지 전문요원(별정직)을 사회복지 전담공무원(일반직)으로 전직 시행(2000년 신규자부터 사회복지 전담공무원으로 임용됨)
2000년	한국학교사회사업실천가협회 창립
2003년	제1회 사회복지사 1급 자격시험 제도 시행
2005년	제1회 학교사회복지사 자격시험 실시
2018년 11월	개정(안) 통과에 따라 학교사회복지사, 의료사회복지사, 정신건강사회복지사 등이 「사회복지사업법」에 따라 법정 자격이 됨(2020년 11월 시행 예정)

3) 사회복지사 자격구분

사회복지사에 대한 자격제도 법령개정의 주요 사항은 〈표 5-4〉와 같다.

〈표 5-4〉 법령개정 주요 사항

구분	응시자격
1998년	• 국가시험 실시(2003년부터) • 학과중심에서 이수교과목 중심으로 조정 • 자격등급 상향조정(3급 → 2급) • 실무경험기간 축소(5년 → 3년)
2002년	• 평생학습과정의 이수자에게도 사회복지사 자격을 부여 • 국가시험의 응시수수료를 현실화 및 자격증 발급 시 제출하는 서류 간소화

2004년	• 대학원의 경우, 현장실습을 포함하여 필수과목 6과목 이상으로 개정 • 국가시험과목 변경
2005년	• 대통령령에 규정되어 있는 사회복지사의 결격사유를 국민의 직업선택의 자유 또는 경제활동의 자유 등 기본권을 제한하는 사항이므로 법률에 직 접 규정
2007년	• 사회복지사 결격사유 개정
2008년	• 과목당 3학점 이상, 교과목 학점 기준(2010년 입학생부터) 신설 • 필수과목 중 사회복지현장실습에 관한 기준(2010년 입학생부터) 신설

출처: 한국사회복지사협회 자격관리센터(2020).

(1) 사회복지사 1급

「사회복지사업법」 제1조 제3항의 규정에 의한 국가시험에 합격한 자에게 사회복지사 1급 자격을 수여한다. 국가시험은 매년 1회, 필기시험의 방법으로 실시된다. 시험 응시자격은 4년제 정규대학 및 대학원 졸업생으로 사회복지학 교육을 받고 졸업한 자, 전문대학 졸업 후 사회복지사 2급 자격을 가지고 사회복지실천 현장에서 1년 이상의 실무경력을 가진 자이다.

(2) 사회복지사 2급

「고등교육법」에 의한 대학원에서 사회복지학 또는 사회사업학을 전공하고 석사 또는 박사 학위를 취득한 자에게 자격을 수여한다. 다만 대학에서 사회복지학 또는 사회사업학을 전공하지 아니하고 동 석사학위를 취득한 자는 보건복지부령이 정하는 사회복지학 전공 교과목 중 필수과목 6과목 이상(대학에서 이수한 교과목을 포함하되, 대학원에서 4과목 이상을 이수), 선택과목 2과목 이상을 각각 이수한 때에 한하여 사회복지사 자격을 인정한다.

「고등교육법」에 의한 대학에서 보건복지부령이 정하는 사회복지학 전공 교과목을 이수하고 학사학위를 취득한 자, 「고등교육법」에 의한 대학과 동등 이상의 학력이 있다고 교육부 장관이 인정하는 학교에서 보건복지부령이

정하는 사회복지학 전공 교과목과 사회복지 관련 교과목을 이수하고 졸업한 자,「고등교육법」에 의한 전문대학에서 보건복지부령이 정하는 사회복지학 또는 전공교과목과 사회복지 관련 교과목을 이수하고 졸업한 자,「고등교육법」에 의한 대학을 졸업하거나 이와 동등 이상의 학력이 있는 자로서 보건복지부 장관이 지정하는 교육훈련기관에서 12주 이상 사회복지사업에 관한 교육훈련을 이수한 자, 사회복지사 3급 자격증 소지자로서 3년 이상 사회복지사업의 실무경험이 있는 자 등에게 사회복지사 2급 자격이 주어진다.

〈Tip〉 사회복지사의 진로

- 9급 사회복지직 공무원, 7급 행정직, 5급 행정직
- 복지관(종합, 노인, 장애인 등), 생활시설, 지역아동센터 등 각종 기관의 사회복지사
- 병원의 의료사회복지사, 정신병원과 요양원의 정신건강사회복지사
- 학교의 지역사회교육전문가로 학교사회복지사
- 대학에서 석사와 박사를 취득하여 대학교 교수
- 연구기관의 연구원
- 지역아동센터, 공동생활가정, 노인복지센터, 노인장기요양보험 지정기관 등 창업
- 영유아/아동/청소년/노인/장애인/여성/가족/지역사회 대상영역에서 사회복지실천 활동

---

4. 사회복지사의 자기인식

사회복지사는 사회복지실천에서 바람직한 변화가 가능하도록 자신의 전문적인 지식, 기술, 태도 등을 활용하여 클라이언트에게 전달함으로써 클라이언트의 문제해결을 도모한다. 사회복지사는 정확하고 깊이 있는 자기인식(self-awareness)을 하고 있어야 한다. 자기인식이 부족한 사회복지사는 클라

이언트의 문제해결이나 변화촉진에 제한적일 수 있으며, 자신의 문제를 클라이언트에게 투사할 가능성도 있다. 사회복지사의 자기인식은 클라이언트에 대한 지나친 개입을 예방하며, 자신의 개인적 욕구와 클라이언트의 욕구가 다름을 인식하고 차이를 구분할 수 있다. 그러므로 사회복지실천에 있어 사회복지사의 자기인식은 신뢰를 바탕으로 하는 클라이언트와의 전문적인 관계 구축에 필수적이다.

사회복지사는 자신의 개인적 관심사와 태도 그리고 가치를 의식적 사고의 영역으로 끌어올리려는 일련의 자기관찰적·성찰적 입장이 필요하다. Brill(1997)은 휴먼서비스에 종사하는 전문가들의 신체적·정신적·사회적·영적·지적 욕구를 강조하면서 〈표 5-5〉와 같은 질문에 답해 보도록 권하고 있다. 사회복지사는 이 표에 제시된 질문들에 스스로 응답하는 자기분석 및 성찰 과정을 통해 자신의 장단점, 한계점, 앞으로 극복해야 할 과제 등을 점검해 볼 수 있을 것이다(엄명용, 노충래, 김용석, 2015).

〈표 5-5〉 사회복지사의 자세 향상을 위한 질문

1. 나는 나 자신에 대해 어떻게 생각하고 느끼고 있는가?
2. 나는 나 자신의 기본적인 욕구(예: 신체적·정신적·사회적·영적·지적 욕구)를 어떻게 다루고 있는가?
3. 나의 가치관은 어떤 것이 있으며, 그것이 나의 행동 및 타인과의 관계를 어떻게 규정하고 있는가?
4. 나는 내가 살고 있는 사회와 직장과 어떻게 관계하고 있는가?
5. 나의 생활양식은 어떠한가?
6. 나의 기본적인 철학관은 무엇인가?
7. 나는 내가 상대하는 사람들에게 나 자신을 어떻게 보여 주고 있는가?

출처: Brill (1997: 19-20).

Cournoyer(2000)는 사회복지사가 자신을 이해할 수 있는 방법으로서 자신을 둘러싼 상황 평가, 자아존중감 점검, 타인의 수용 정도, 책임 있는 자기주장, 자기조절의 정도, 자신의 원가족 분석 등을 점검해 볼 것을 제안하였다. 사회복지사의 자기인식은 자신의 선입견과 편견, 자신의 경험을 이해하고, 그것이 사회복지서비스 과정에 미치는 영향을 이해하는 것을 포함한다. 이러한 과정은 또한 사회복지실천 현장에서 전문적 관계형성과 문제해결과정에 영향을 미칠 수 있는 사회복지사의 개인적 요인을 제거하는 데 도움이 된다. 클라이언트에게 객관적으로 반응하기 위해서 사회복지사는 자기인식을 증진하도록 노력해야 한다. 자기인식은 평생 지속되는 과정으로 사회복지사가 자기인식을 증진하는 방법은 여러 가지가 있다(김혜영, 석말숙, 최정숙, 김성경, 2014; Johnson & Yanca, 2007). 사회복지사가 자기인식을 위해 점검해야할 요인들을 살펴보면 다음과 같다.

1) 자신의 욕구 · 감정 · 사고 · 행동 · 가치 체계 이해하기: 자신을 객관화하기

인간은 누구나 충족시키고 싶은 욕구를 갖고 있다. 사회복지사도 기본적으로 의식주를 포함하는 생리적 욕구, 안전의 욕구, 소속과 애정의 욕구, 존중의 욕구, 자아실현의 욕구를 지니고 있다. 사회복지사의 충족되지 못한 욕구들이 긍정적이고 건전한 방법으로 충족되지 않는다면 전문적인 원조과정에서 바람직하지 않은 결과가 나타날 수 있다. 즉, 사회복지사가 자신의 욕구에 대한 자기인식이 부족하면, 클라이언트와 함께 클라이언트의 문제해결을 위해 노력하는 과정에서 클라이언트의 욕구보다는 사회복지사의 충족되지 못한 욕구를 충족시키는 방향으로 문제를 해결하려는 경향이 나타날 수 있다. 따라서 사회복지사는 클라이언트와의 관계를 통해 무의식적으로 자신의 미충족된 욕구를 충족시키고 있지는 않은지 항상 경계해야 하며, 궁극적으로는 이러한 미충족된 욕구를 충족시킬 수 있는 건설적인 방법들을 모색해야한다.

사회복지사 자신이 어떻게 느끼고, 생각하고, 행동하는지를 사회복지사가 스스로 인식하는 것은 자기인식의 중요한 측면인 동시에 클라이언트를 이해하는 기초가 된다. 만일 사회복지사가 자신의 감정을 정확히 파악하지 못한다면 다른 사람의 감정을 이해하기 어렵기 때문이다.

사회복지사의 가치체계는 사회복지실천에 영향을 주는 중요한 변수이므로 사회복지사의 개인적 가치에 대한 자기인식은 절대적으로 필요하다. 이것은 사회복지사가 클라이언트의 행동에 대한 편견을 관리하는 첫 단계이다. 또한 사회복지사의 문화적 가치에 대한 자기인식은 다른 문화의 다양성을 인정하고 존중하도록 하는 역할을 한다. 따라서 사회복지사가 자신을 이해하기 위해서는 자신의 욕구 · 감정 · 사고 · 행동 · 가치체계 등의 상호작용을 정확히 파악할 필요가 있다.

2) 자아존중감 점검

자아존중감(self-esteem)은 자기 자신을 가치 있고 긍정적인 존재로 평가하는 개념으로, 자기 자신에 대한 보다 광범위하고 포괄적인 긍정적 또는 부정적인 평가를 의미한다. 자아존중감의 형성에는 가족구조와 부모와의 관계가 중요하게 부각되는 인생 초기에 자신이 어떠한 관계를 경험했는가가 중요하다(홍성례, 양정빈, 이무영, 김소진, 정연정, 2014). 자아존중감이 높은 사람은 도전상황이나 역경에서 쉽게 포기하지 않고 잘 참아 내는 경향이 있지만, 낮은 자아존중감을 가진 사람은 어려운 상황에 직면했을 때 쉽게 좌절하고 포기할 가능성이 있다. 자아존중감이 높은 사람은 자신의 장점과 자원을 발견하고 활용함으로써 문제 상황에 잘 대처할 수 있다.

사회복지사가 자신의 자아존중감을 점검해 보아야 하는 이유는 사회복지실천 과정에서 클라이언트의 자아존중감 향상, 사회적 기능 향상, 권한부여 등을 위해 노력하기 때문이다. 홍성례(2012)의 연구에서는 자아존중감이 높을수록 자기효능감도 높았고, 자아존중감이 높을수록 이타성도 높아지는 것으로 나타났다. 또한 이타성에 가장 영향력이 있는 변인은 자아존중감 변인인 것으로 나타났다. 사회복지사의 자아존중감이 낮은 경우, 이것이 자신도 모르게 클라이언트에게 전해져 문제해결을 위한 클라이언트의 동기, 의지, 능력 등을 약화시킬 수 있다. 따라서 만일 사회복지사가 낮은 자아존중감을 갖고 있다면 이것이 무엇에서 비롯되었으며, 이것을 향상시키기 위해서는 어떤 노력을 해야 할 것인가를 곰곰이 생각하고 실천해야 한다.

3) 타인의 수용 정도

자신과는 다른 사람을 이해한다는 것은 어려운 일이다. 모든 클라이언트를 수용(acceptance)하고 존중하는 것이 사회복지사의 중요한 전문직 가치이기 때문에 사회복지사 자신이 클라이언트를 항상 수용하고 존중하고 있다고 착각하기 쉽다. 그러나 사회복지사도 여러 가지 면에서 자신과는 너무 다른 클라이언트를 수용하고 있는 그대로 받아들이는 것이 쉽지 않다. 그러므로 사회복지사도 특정 집단이나 문제, 인종, 종교, 민족 배경, 성별, 성정체성, 사회계층, 기타 다양한 특성을 가진 클라이언트에 대해 고정관념이나 선입견을 가질 수 있다. 따라서 사회복지사는 다른 사람과 다름을 인정하고, 그 다름을 수용하려고 노력해야 한다. 자신에게 그러한 선입견이 있다는 것을 부정하기보다는 자신의 고정관념과 부정적 태도를 인식하고 극복하려는 의지가 필요하다. 사회복지사가 스스로 자신의 한계를 깨닫고 인정할 때 클라이언트를 돕는 과정에서 자신을 잘 조절할 수 있으며, 클라이언트와 함께 다른 점을 다루고 클라이언트의 문제해결에 도움을 줄 수 있다.

4) 비차별적 · 비심판적 행동과 태도

사회복지사는 자신과는 다른 차이로 인해 클라이언트를 차별하거나 비판적인 행동과 태도를 취해서는 안 된다. 예를 들어, 클라이언트 가운데는 도박꾼, 사기꾼, 알코올중독자, 노숙자, 가정폭력(배우자 폭력, 아동 학대, 노인 학대) 가해자, 비행 및 범죄자 등과 같이 사회적으로 도덕적으로 자랑스럽지 못한 집단에 속해 있는 사람들이 있을 수 있다. 반면, 대부분의 사회복지사는 전문가로서 교육받고 훈련받았기 때문에 클라이언트와는 다른 사회 문화적 배경을 갖고 있을 가능성이 크다. 사회복지사는 클라이언트와의 이러한 차이로 인해 클라이언트의 상황을 이해하는 데 한계를 가질 수 있다. 그러나 주류 사회의 가치관과 다르다고 해서, 그리고 클라이언트의 행동이나 문제, 감정이 정상적인 범위를 일탈하였다고 해서 이들을 차별하거나 심판적인 태도로 바라보면 안 된다. 클라이언트는 대체로 사회복지사의 차별적 · 비판적 행동과 태도를 두려워한다. 특히 죄책감이나 열등감이 있는 클라이언트는 극도로 민감하므로 사회복지사의 차별적 · 심판적 행동과 태도는 원활한 관계수립을 방해한다. 편견이나 선입견, 성급한 확신, 다른 사람과의 비교나 유형화하려는 태도, 담당 사회복지사에 대한 적개심과 같은 클라이언트의 부정적 감정 등이 사회복지사의 비차별적 · 비심판적 행동과 태도의 장애 요인이 될 수 있다.

사회복지사의 비차별적 · 비심판적 행동과 태도는 클라이언트로 하여금 억압된 감정을 해소하고 클라이언트 자신에게 충실해지는 건강한 힘을 강화시킨다. 비차별적 · 비심판적 태도는 인간에 대한 기본적인 존엄성의 가치를 인정하고 클라이언트를 한 인격체로서 존중하는 것에서 비롯된다. 즉, 평등한 한 인간으로 클라이언트를 대함으로써 클라이언트가 자신의 존재가 인정받고 수용된다는 느낌을 가질 때 사회복지사와 클라이언트는 문제해결을 위한 진정한 원조관계를 형성할 수 있게 된다.

사회복지사는 자신이 다른 사람의 독특한 행동, 생각, 태도 및 가치들에 상관없이 그들을 있는 그대로 받아들일 수 있는지 살펴볼 필요가 있다. 타인을 쉽게 수용할 수 없을 때, 이는 타인에 대한 편견이나 차별행동으로 이어질 수 있기 때문이다(엄명용 외, 2015; Cournoyer, 2000). 사회복지사는 편견과 차별에 대한 자신의 태도나 행동을 살펴보아야 한다. 사회복지사 스스로 자신이 어느 정도의 편견을 갖고 있는가를 세심하게 살펴본 후 필요한 부분이 있다면 수정하도록 노력해야 할 것이다. Zastrow(1995)는 클라이언트에게 부정적인 영향을 줄 수 있는 사회복지사의 편견을 줄이기 위한 방법을 다음과 같이 제시하고 있다(엄명용, 김성천, 오혜경, 윤혜미, 2016).

- 사회복지사는 자신의 편견이 무엇인가를 의식하는 데 최선을 다해야 한다.
- 자신의 가치관을 객관적이고 현실적으로 평가하도록 노력한다.
- 변화가 필요한 가치관을 변화시키기 위해 사회복지사는 다음과 같은 프로그램에 참여하여 자기인식을 높이도록 노력해야 한다.
  - 생체자기제어(biofeedback)
  - 초월명상(transcendental meditation)
  - 근육이완법(muscle relaxation)
  - 게슈탈트치료(gestalt therapy)
  - 자아정체감 형성(identity formation)
  - 감수성 훈련(sensitivity training)
  - 참만남집단(encounter groups)
  - 자기인식훈련(self awareness training)
  - 반성적 기록(성찰일지)을 통한 영성훈련(neglective practice)

5) 자기주장

자기주장은 자신의 권리와 타인의 권리를 모두 존중하면서 자신이 갖고 있는 지식, 의견, 감정 등을 표현하는 것을 말한다. 이는 공격적인 것과 차이가 있는데, 공격적인 것은 자신의 권리를 위해 타인의 권리를 침해하는 경우를 의미하는 반면, 자기주장은 타인의 권리를 침해하지 않으면서 자신의 권리를 당당히 직접적으로 주장하는 것이다.

자기주장은 사회복지사에게 있어 매우 중요한 자질이지만, 실생활에서 자신의 입장을 분명하게 표현한다는 것이 쉬운 일은 아니다. 자신의 입장을 지나치게 공격적으로 표현하여 상대방에게 상처를 주는 경우가 발생할 수도 있기 때문이다. 적절하게 자기 자신을 표현할 수 있는 능력은 많은 훈련을 통해 이루어질 수 있다.

자기주장훈련(assertiveness training)은 대인관계에서 자신과 상대방을 존중하면서 자기표현이나 주장을 할 수 있는 방법을 훈련하는 것이다. 자기주장훈련은 다른 사람의 권리를 침해하지 않으면서 자신의 권리와 느낌을 표현하는 방법을 학습함으로써 우울, 분노, 후회, 대인관계에 대한 불만 및 그로 인한 스트레스를 감소시키기 위해 고안되었다(김춘경, 이수연, 이윤주, 정종진, 최웅용, 2016). 자기주장훈련의 핵심은 타인과 다를 수 있는 권리, 상대방과는 다른 생각과 관점을 표현하고 그것을 방어할 수 있는 권리, 자신의 이야기가 경청될 권리 등에 대한 인식이다. 사회복지사가 클라이언트의 복지를 위협하는 사회 제도나 규정 등에 대해 클라이언트를 대신해서 옹호, 원조, 지도, 격려 등을 수행하기 위해서는 분명하고 단호하게 자신의 주장을 펼 수 있어야 한다.

6) 자기통제

자기통제(self-control)는 바람직하지 못한 행동을 자기 스스로 조절, 억제 및 수정하는 것으로, 때로는 자기조절(self-regulation)이라고 한다. 자기통제는 자신의 말, 행동, 감정 등을 적절하게 조절하는 것을 의미한다. 다양한 장소에서 다양한 사람을 만나는 사회복지사는 자신의 욕구·감정·사고·행동을 조심스럽게 통제할 필요가 있다. 자기통제는 휴먼서비스를 제공하는 전문가들이 갖추어야 할 가장 중요한 자질 중 하나이다. 사회복지사는 자신이 자기통제를 비교적 잘 하는 경우와 그렇지 못한 경우를 각각 생각하여 확인해 보고, 잘못하는 경우 무엇이 자기통제를 방해하는지 그 요인들을 확인해 보아야 한다. 과거에 자기통제에 실패했던 경험들을 돌이켜 봄으로써 평소 자신을 통제할 수 없게 만드는 자신만의 특성, 기질, 습관 등이 있는지 살펴보고, 자신이 충동적이거나 스스로 제어하지 못하는 잘못된 습관들을 갖고 있다면 이러한 것들을 앞으로 어떻게 조절하거나 고쳐 나갈지 생각하고, 그 방법을 실행에 옮겨야 한다. 자기통제력을 향상시키는 방법은 다음과 같다(김춘경 외, 2016). 첫째, 현재 문제의 구체적 정의와 목표를 정한다. 둘째, 바람직하지 않은 행동은 줄이고 바람직한 행동을 할 수 있는 기회는 늘린다. 셋째, 자기기록을 점검하여 자기평가를 실시한다. 넷째, 자기강화와 자기처벌을 할 수 있도록 한다.

7) 적절한 자기노출

자기노출(self-disclosure)이란 자신의 생각이나 감정, 경험 등을 다른 사람에게 표현하는 것을 말한다. 자기노출을 제대로 하지 못하는 사람은 효율적인 의사소통을 할 수 없다(유영주, 이인수, 김순기, 홍성례, 최희진, 2009). 사회복지실천 현장에서 자기노출은 사회복지사가 원조과정에서 적절하다고 생각되는 자신의 경험을 클라이언트와 함께 나누는 것이다. 자기노출을 할 때 주의할 사항은 그것이 사회복지사 자신이 아닌 클라이언트에게 도움이 되어야 한다는 것이다. 자기노출은 많은 위험을 수반하기 때문에 민감하게 다루어야 한다. 사회복지사의 적절한 자기노출은 클라이언트와의 관계형성을 증진시키는 반면, 지나치게 자신에 대해 이야기하면 클라이언트와의 신뢰감 형성에 실패할 수도 있다.

자기노출 기술은 사회복지사가 자신의 생각과 감정, 삶의 경험을 밝히는 것으로, 자신의 감정과 경험들을 적절하게 노출할 때 클라이언트들은 사회복지사를 진실하고 솔직한 사람으로 인식할 것이다. 사회복지사의 개인적인 감정들과 경험들을 클라이언트와 함께 나눌 때 신뢰감과 상호이해를 증진할 수 있다. 그러나 사회복지사는 너무 많은 감정이나 경험을 이야기하지 않도록 주의해야 하며, 대화의 목적과 주제에 적합한 자기노출을 해야 한다.

8) 전문적인 경계선 유지

사회복지사는 클라이언트와 전문적 관계 형성 및 유지를 위해 라포(rapport) 형성을 잘하고, 진솔한 인간관계, 공감, 감정이입, 따뜻함, 진실성을 기반으로 하여 생산적인 관계를 수립하며, 적절한 경계선을 유지해야 한다. 클라이언트는 문제해결을 위한 변화 과정 참여에서 사회복지사를 자신이 처한 환경과 능력을 가장 잘 알고 있는 사람으로 여기게 된다. 이는 사회복지사와 클라이언트 간의 전문적인 파트너십을 형성하게 한다. 이 과정에서 클라이언트가 장기간의 개입 과정에서 의존심이 증가하고 전문적 관계를 통해 얻는 이득에 만족하는 경우 종결은 어려워지기도 한다. 그러므로 사회복지사의 기본적 윤리기준에 따라 사회복지사는 전문가로서의 품위와 태도를 유지하고, 클라이언트를 차별대우하지 않으며, 전문성 개발을 위해 노력하고 전문적 관계를 이용하여 부당한 영리를 취하지 않는 전문적인 경계선을 유지해야 한다.

9) 자신의 원가족 분석

인간이 태어나면서부터 개인의 믿음, 가치, 행동에 가장 직접적인 영향을 주는 것은 가족이다. 가족관계 양상, 가족 내 역할, 자녀 양육 방식, 가족구성원들의 가치관 등은 사회복지사 개인의 사고, 행동, 가치, 태도 등에 영향을 미친다.

가계도(genogram)는 가족을 이해하기 위해 유용한 도구가 된다. 가계도를 연구함으로써 가족원들의 사망과 가족규모, 가족 내에서의 위치, 이름의 의미, 가족원들의 행동 패턴과 같은 몇 가지 이슈를 규명할 수 있다. 이런 과정을 통해 자신에 대한 가족의 영향과 가족의 의미를 이해할 수 있다. 자신의 원가족 구성원들과 함께 과거 가족생활에서 의미 있는 사건들을 되돌아보는 것도 가족과 가족이 기능하는 방식에 대한 더 깊은 이해를 얻기 위한 유용한 방법이 된다.

10) 자기 주변 상황 평가

개인이 생활하면서 주로 상호작용하는 주변 환경은 사람의 행동, 가치, 믿음의 형성에 많은 영향을 준다. 개인의 주변 생활환경이 어떠한가를 파악할 수 있는 도구가 바로 생태도(eco-map)이다. 생태도는 클라이언트의 상황에서 의미 있는 체계들과의 관계를 그림으로 표현함으로써 특정 문제에 대한 개입 계획을 세우는 데 매우 유용한 도구이다. 가족의 기본적인 사회정보를 그림으로 제시하여 연령, 성별, 가족구성, 결혼, 직업상황, 지역사회 자원 이용, 비공식적·자연적 사회관계망, 상호작용에서의 지지와 스트레스 등을 표현한다.

이처럼 생태도는 자신이 속한 가족 및 가족구성원과 환경 간의 상호작용을 그림으로 나타냄으로써 개인 혹은 가족이 상호작용하는 외부 환경들을 명료하게 해 줄 뿐 아니라 그 환경들 간의 상호작용의 성격과 질, 지지와 자원의 흐름까지 파악할 수 있도록 해 준다. 또한 개인과 그가 속한 가족에게 유용한 자원과 스트레스가 되는 자원, 부족한 자원과 보충해야 할 자원, 상호작용의 성격 등에 대한 정보를 제공해 주기 때문에 외부 환경으로부터 스트레스를 경험하고 있는 가족의 문제를 사정할 때 유용하다.

생태도는 주로 사회복지실천 현장에서 클라이언트의 사회적 환경, 주변 환경체계에 대한 사정에 유용하게 쓰이는 도구이긴 하지만, 사회복지사 스스로 자기인식 강화 차원에서 자신이 속한 가족이 그 가족을 둘러싸고 있는 주변 사회환경체계들과 어떠한 상호작용을 하고 있는지를 객관적으로 적용하고 분석하며 평가해 볼 필요가 있다. 사회복지사 자신에게 영향을 준 사회환경을 파악하기 위한 구체적인 방법은 다음과 같다.

- 자신의 생각, 가치관, 행동에 영향을 준 주변 사회환경체계는 무엇인가?
- 주변 사회환경 중 사회복지사가 되고자 하는 생각에 영향을 준 요인은 무엇인가?
- 주변 체계들과의 상호작용 양상(상호작용의 밀도 및 내용)은 어떠한가?
- 자신의 삶을 힘겹게 혹은 수월하게 만든 주변 사회환경체계는 무엇인가?
- 자신의 도움, 지지, 에너지를 필요로 하는 환경체계는 무엇인가?

11) 슈퍼비전

사회복지사가 자기인식을 촉진하는 방법은 슈퍼비전이나 동료와 실천 상황과 문제를 논의하는 것이다. 슈퍼비전 또는 사례회의가 가장 중요한 경로이다. 동료들과 사회복지실천 상황과 문제들에 대해 논의하는 동료 슈퍼비전(peer supervision) 과정은 자기인식의 중요한 수단이 된다. 슈퍼바이저나 동료들은 사회복지사의 개인적 가치관, 태도, 관심 등이 클라이언트와의 관계 형성에 어떠한 영향을 미치는지, 원조능력에 어떻게 영향을 미치는지에 대한 피드백을 줄 수 있다. 이를 위해서 사회복지사는 슈퍼바이저나 동료들의 피드백에 대해 개방적이어야 한다. 사회복지사가 스스로 인식하지 못하는 자신의 관심, 태도, 가치 등이 클라이언트와의 상호작용이나 원조 과정에 어떤 영향을 주는지를 슈퍼바이저나 동료들이 더 잘 파악할 수도 있기 때문이다. 사회복지사가 슈퍼바이저나 동료로부터의 도움에 개방적일 때 자기인식을 증진시킬 수 있다.

〈Tip〉 슈퍼바이저(supervisor)와 슈퍼바이지(supervisee, 지도감독을 받는 자)

• 슈퍼바이저와 슈퍼바이지의 관계는 전이와 역전이의 관계가 되기 쉬우므로, 대화를 통해 직업적인 문제와 사적인 문제를 분리시켜야 함
• 슈퍼바이지는 상황에 대한 자신의 개인적 인식방법에 대해 통찰력이 생긴 후에야 비로소 자신의 경험을 관찰하고 슈퍼바이저의 해석을 객관적으로 받아들일 수 있음
• 슈퍼바이저의 가치와 규범이 슈퍼비전에서 중요한 역할을 할 수 있음
• 슈퍼바이지는 가치태도를 명백히 하고 슈퍼바이저와 지적이고 정서적인 상호작용이 가능하도록 해야 함

사회복지사에게 있어 자기인식의 강점은 사회복지실천 현장에서 긴장·압박의 감소, 스트레스나 긴장의 완화를 통해 문제에 대한 보다 객관적인 인식을 가능하게 하고, 클라이언트와 문제인식에 대한 정확한 조사, 사정, 개입을 가능하게 한다는 점이다. 사회복지사는 자기인식과정을 통해 자신을 좀 더 깊게 이해할 수 있다. 사회복지사의 자기인식은 다양한 방식으로 촉진될 수 있다. 사회복지사가 클라이언트의 성장과 변화를 촉진하려고 한다면 사회복지사 스스로도 항상 자신의 성장을 추구해야 한다. 사회복지사에게 있어 전문가로서의 자신에 대한 이해, 즉 자기인식은 아무리 강조해도 지나치지 않는다. 자기 자신에 대한 이해는 단 한 번에 끝날 수 있는 것이 아니라 개인적으로 또 전문인으로서 끊임없이 평생을 두고 계속되는 과정이다. 따라

서 잠시 동안 자신을 돌아본다고 해서 자기 자신에 대한 이해가 바로 이루어지는 것이 아님을 명심해야 한다.

정리해__봅시다

- 사회복지 전문직의 정체성
체계적인 이론, 전문적인 권위, 사회적 승인(재가), 윤리강령, 전문직 문화

- 사회복지사의 역할
  - 기능에 따른 사회복지사의 역할

기능	주요 역할	사회복지사 역할
직접 서비스 제공	• 클라이언트에게 직접 대면 서비스 제공 • 개별사회사업(social casework), 부부치료, 가족치료, 집단사회사업(social groupwork)	• 상담가, 부부치료사, 가족치료사, 집단지도자, 정보제공자, 교육자
체계 연결	• 클라이언트에게 필요한 자원과 서비스를 위해 다른 체계와 연결	• 중개자, 사례관리자/조정자, 중재자, 클라이언트 옹호자
체계 유지 및 강화	• 서비스 전달의 효율성을 떨어뜨리는 기관의 구조, 정책, 기능적 관계를 평가	• 조직분석가/조직평가자, 촉진자, 팀 구성원, 자문가, 슈퍼바이저
체계개발	• 기관의 서비스를 확대 · 개선하기 위해 체계개발에 관련된 역할 수행	• 프로그램 개발자, 기획가/계획가, 정책과 절차 개발자, 옹호자
연구 및 조사	• 서비스의 개입 방법을 선택하고, 그 효과성을 평가하기 위해 연구 및 조사를 수행하는 역할	• 프로그램 평가자, 연구자/조사자

  - 개입대상의 수준에 따른 사회복지사의 역할

개입 수준	미시 차원	중범위 차원	거시 차원	전문가 차원
개입대상	개인, 가족	조직, 공식적 집단	지역사회, 사회문제	사회복지 전문가 집단
사회복지사 역할	상담자, 조력자, 중개자, 옹호자, 교사	촉진자, 중재자, 훈련가, 행정가, 협상가	계획가, 행동가, 제안자, 현장개입자	동료, 촉매자, 연구자, 분석가, 학자

특징	클라이언트와 일대일로 직접적인 서비스 전달	클라이언트에게 직접적 영향을 미치는 가족, 집단, 조직과 같은 체계를 변화시킴	사회문제 해결을 위해 개인, 집단, 조직으로 구성된 지역사회체계에 대한 전문적 개입, 정책분석, 집단옹호, 사회자원 개발 행동	다른 분야 전문가에게 자문 제공, 프로그램 분석, 지역조사 등의 활동, 서비스 확대

• 사회복지사의 자격

사회복지에 관한 소정의 전문 지식과 기술을 가진 자에게 사회복지사 자격을 부여하고 이들에게 복지업무를 담당토록 함으로써 아동 · 청소년 · 노인 · 장애인 등 보호가 필요한 사람들에게 전문적이고 체계적인 복지서비스를 제공한다. 또한 사회복지프로그램의 개발 및 운영, 시설거주자의 생활지도 업무, 사회복지를 필요로 하는 사람에 대한 상담업무 등을 수행한다.

• 사회복지사의 자기인식

 − 자신의 욕구 · 감정 · 사고 · 행동 · 가치체계 이해하기: 자신을 객관화하기

 − 자아존중감 점검

 − 타인의 수용 정도

 − 비차별적 · 비심판적 행동과 태도

 − 자기주장

 − 자기통제

 − 적절한 자기노출

 − 전문적인 경계선 유지

 − 자신의 원가족 분석

 − 자기 주변 상황 평가

 − 슈퍼비전

참고문헌

김융일, 조흥식, 김연옥(2000). **사회복지실천론**(제2판). 서울: 나남출판.

김춘경, 이수연, 이윤주, 정종진, 최웅용(2016). **상담학 사전**. 서울: 학지사.

김혜란, 공계순, 박현선(2013). **사회복지실천론**. 경기: 나남.

김혜영, 석말숙, 최정숙, 김성경(2014). **사회복지실천론**(2판). 경기: 공동체.

엄명용, 김성천, 오혜경, 윤혜미(2016). **사회복지실천의 이해**(4판). 서울: 학지사.

엄명용, 노충래, 김용석(2015). **사회복지실천기술의 이해**(4판). 서울: 학지사.

유영주, 이인수, 김순기, 홍성례, 최희진(2009). **건강가족의 이해**. 경기: 교문사.

조학래(2019). **사회복지실천론**(2판). 서울: 신정.

한국사회복지사협회 자격관리센터(2020. 1. 28.). http://lic.welfare.net

한국사회복지사협회(2020. 1. 28.). http://www.welfare.net

홍성례(2012). 자아존중감과 자아효능감이 이타성에 미치는 영향: 대학생을 중심으로. 청소년복지연구, 14(4), 71-92.

홍성례, 양정빈, 이무영, 김소진, 정연정(2014). **사회복지실천기술론**. 경기: 교문사.

Brill, N. I. (1997). *Working with People: The Helping Process* (6th ed.). New York: Longman.

Compton, B. R., & Galaway, B. (1999). *Social Work Processes* (6th ed.). Pacific Grove, CA: Brooks/Cole.

Cournoyer, B. R. (2000). *The Social Work Skills Workbook* (3rd ed.). Belmont, CA:

Wadsworth Publishing Co.

Flexner, A. (1915). 'Is Social Work a Profession?' in proceedings of the *National Conference of Charities and Corrections* (pp. 576-590). Chicago, IL: National Conference of Charities and Corrections. (Reprinted 2001 in research on *Social Work Practice, 11*(2), 152-165)

Greenwood, E. (1957). Attributes of a profession. *Social Work, 2*(3), 44-55.

Hepworth, D. H., Rooney, R. H., Rooney, G. D., Strom-Gottfried, K., & Larsen, J. A. (2017). *Direct Social Work Practice: Theory and Skills* (10th ed.). Pacific Grove, CA: Brooks/Cole Publishing.

Johnson, L. C., & Yanca, S. J. (2007). *Social Work Practice: A Generalist Approach* (9th ed.). Boston, MA: Pearson.

Lister, L. (1987). Contemporary direct practice roles. *Social Work, 32*, 384-391.

Miley, K. K., O'Melia, M. W., & Dubois, B. L. (2001). *Generalist Social Work Practice: An Empowering Approach* (3rd ed.). Boston, MA: Pearson Education.

Sheafor, B. W., & Horejsi, C. J. (2012). *Techniques and Guidelines for Social Work Practice* (9th ed.). Boston, MA: Pearson Education, Inc.

Zastrow, C. H. (1995). *The Practice of Social Work* (5th ed.). Pacific Grove, CA: Brooks/Cole.

Zastrow, C. H. (1999). *The Practice of Social Work* (6th ed.). Pacific Grove, CA: Brooks/Cole.

제2부

사회복지실천의
접근 방법

제6장

사회복지실천의 관점:
통합적 접근을 중심으로

● 학습개요 ●

사회복지실천은 기존의 개인대상 사회복지실천(casework)에 의존해 왔던 모습에서 벗어나 개인, 가족, 집단, 지역사회를 위한 다양한 형태의 개입을 시도하게 되었다. 그러나 공통된 핵심적인 지식이나 기술은 마련하지 않고 서비스만 분화되고 전문화되면서 결국 사회복지 전문직의 생존기반을 악화시키는 결과를 초래하였다. 따라서 사회복지실천 현장에서 공통적으로 활용할 수 있는 지식이나 기술, 가치 등을 명확히 하는 것에 대한 중요성이 강조되었고, 당시 사회복지학이나 인접학문에서 사용되기 시작했던 체계이론을 활용한 통합적 접근이 시도되었다.

사회복지실천의 관점에서는 통합적 접근이 대두된 배경과 함께 통합적 접근을 탄생시킨 대표적인 관점과 이론으로, 환경 속의 인간 관점, 일반체계이론, 생태체계 관점을 알아보며, 각 관점과 이론의 개념과 특징을 중심으로 살펴보고자 한다. 또한 통합적 접근의 실천모델로 4체계 모델과 6체계 모델, 문제해결 모델, 생활 모델, 단일화 모델, 역량강화 모델 그리고 증거기반실천 모델을 중심으로 살펴보고자 한다.

1. 사회복지실천에서 통합적 접근이 대두된 배경을 이해한다.

2. 통합적 접근의 개념, 주요 이론과 관점인 환경 속의 인간, 일반체계이론, 생태체계 관점 등을 이해하고 각 이론과 관점의 주요 개념을 파악한다.

3. 통합적 접근의 실천모델인 4체계 모델과 6체계 모델, 문제해결 모델, 생활 모델, 단일화 모델, 역량강화 모델, 증거기반실천 모델 등을 이해한다.

사회복지실천은 사회복지실천 현장이나 전문 사회사업기관에서 클라이언트에게 전문적으로 제공되는 사회사업활동·서비스·프로그램 등의 제반 사회적 서비스이다. 사회복지실천의 관점은 클라이언트의 문제를 명료화하고 효과적으로 해결할 수 있는 접근 방법을 조망하고 분석한다. 사회복지사는 사회복지실천 현장에서 클라이언트의 문제를 해결하기 위해 다양한 이론, 관점, 모델, 접근 방법 등에 관한 지식을 알고 있어야 한다. 또한 클라이언트가 처해 있는 여러 상황에 적절히 대응할 수 있는 다양한 지식체계와 적용기법을 숙지하고 있어야 한다.

사회복지실천 초기에 사회복지사들은 클라이언트가 경제적 어려움 또는 정신건강상의 어려움을 가진 경우 이를 개인적인 문제나 결함으로 보는 병리적인 관점을 취했다. 그러나 개별 클라이언트가 겪는 어려움들이 개인적 차원을 초월하여 사회구조적 차원에서 비롯되는 다양한 문제에 기인함도 인식하게 되었다. 이와 함께 사회복지의 대상이 되는 클라이언트들이 복잡한 문제 상황을 경험하고 있지만, 그럼에도 불구하고 긍정적 신뢰를 기반으로 클라이언트 스스로 자신의 삶에 바람직한 변화를 유도할 수 있는 능력과 잠재적 자원도 지니고 있음을 새롭게 인식하는 관점이 부각되기도 하였다.

1970년대에는 사회체계이론이 사회사업의 지식에 신속하게 활용되었고, 사회복지실천 방법(개별, 가족, 집단, 지역사회조직)의 공통적 요소를 찾으려는 노력이 활발하게 전개되면서 통합적 접근(integrated approaches)이 소개되었다. 이러한 관점의 변화는 1970년대에 등장한 체계이론, 생태학이론, 생태체계 관점 및 강점관점을 그 이론적 배경으로 하고 있다. 따라서 이 장에서는 사회복지실천에서 최근 경향을 반영한 일원적 방법, 즉 통합화를 지향하고 있는 통합적 접근을 중심으로 살펴보고자 한다.

1. 통합적 접근의 개요

1) 사회복지실천 패러다임의 변화

패러다임(paradigm)이라는 용어는 영국의 물리학자 Thomas Kuhn이 『과학혁명의 구조(The Structure of Scientific Revolutions)』라는 저서에 처음 소개하였다. 패러다임이란 "어느 특정 시기에 특정한 사회구성원들(주로 과학자들의 공동체)이 특정 문제에 대해 공통적으로 지니는 가치나 기술의 총체"를 이른다(Kuhn, 1962: 175). 어느 한 패러다임은 특정 시기에 부상했다가 그 패러다임을 뒤집을 만한 다른 패러다임이 나타날 때까지 존속하며(Heineman-Pieper, Tyson, & Pieper, 2002), 새로운 패러다임이 구성되면 이전의 패러다임은 소멸하는 특성을 가진다. Kuhn(1970)에 의하면 모든 과학활동은 이러한 패러다임을 토대로 이루어지고, 현상을 바라보는 새로운 패러다임이 구성될 때까지 지속된다. 새로운 패러다임은 특정 문제나 현상들에 대한 이전까지의 개념을 변화시킨다.

사회복지실천에도 다른 과학분야들과 마찬가지로 우리가 세상을 보는 방식인 패러다임이 존재한다. 사회복지실천에서 기본적으로 인간의 문제와 이에 대한 해결방안을 바라보는 관점을 토대로 패러다임의 내용을 살펴보면, 전통적인 패러다임(결정론 및 축소론)에서 역량강화와 강점 패러다임으로의 전환이 이루어졌음을 알 수 있다.

(1) 결정론적 · 축소론적 패러다임

1900년대 초반 사회복지실천은 개인의 문제와 결함에 중점을 둔 의학적 혹은 개인적 결함모델에 의거하여 인간의 문제와 갈등 상황을 이해하였다 (Finn & Jacobson, 2003). 이는 인간의 문제가 개인의 잘못이며, 그러한 개인은 변화되고 치료되어야 할 대상이라는 관점에 따라 원조를 제공하는 사회복지실천이었음을 의미한다(Payne, 1997). 이 패러다임은 개별사회사업 영역 및 관점을 대표하며, 개별상담, 심리치료 등을 통한 클라이언트와 사회복지사 간의 상호작용(전이와 역전이)과정을 그 초점으로 하고 있다. 이러한 패러다임의 이론적 배경은 Freud 정신분석학의 뒤를 이어 발전한 정신역동이론들이다. 정신역동이론들은 클라이언트의 부적절하거나 부족하고, 아예 부재한 어릴 적 경험이 현재의 문제 상황을 초래한다는 기본적 시각을 그 배경으로 하고 있다(최혜지 외, 2013; Berzoff, Flanagan, & Hertz, 1996; Greenberg & Mitchell, 1983). 이러한 패러다임이 결정론적 패러다임과 축소론적 패러다임이다.

결정론에서는 어떠한 현상이 또 다른 어떤 현상 때문에 생긴다고 규정한다 (Robbins, Chatterjee, & Canda, 2006). 인간의 행위를 포함하여 세상의 모든 일은 사회적 · 환경적 맥락이나 상호작용과 상관없이 일정한 인과관계의 법칙에 따라 결정된다는 이론이다. 축소론은 특정한 현상에 대해 다각적인 시각으로 파악하는 것이 아니라 오직 한 가지의 특정한 법칙이나 측면만으로 설명될 수 있다는 믿음이다. 예를 들면, '인간의 의식은 두뇌기능의 생화학적 혹은 자율신경적 측면에 의해서만 분석될 수 있다'는 견해이다. 이러한 견해는 인간이 가진 정서적 · 심리적 · 사회적 기능을 전혀 고려하지 않은 축소된 해석을 내리는 것이다. 결정론적 패러다임은 개인이 속해 있는 더 큰 전체집단 내의 다른 요소나 영향들을 고려하지 않는 한계가 있다. 축소론적 패러다임은 개인이 가지고 있는 모든 내부의 구성요소와 영향 요인들을 총체적으로 고려하지 않고 어느 한 부분만을 전체의 이유로 해석하는 한계가 있다.

이러한 진단중심의 사회복지실천은 시간이 흐름에 따라 원조과정에서 클라이언트의 자기결정, 사회복지사와의 의사결정 참여를 떨어뜨리고, 독립성과 개인적 능력발휘 기회의 축소 등 한계점을 드러냈다(Payne, 1997). 이러한 한계를 극복하려는 노력의 일환으로 사회복지 외부 환경에서 체계이론, 일반체계이론, 생태체계 관점 등 다양한 이론이 소개되었다. 이 이론들을 토대로, 인간은 자신의 어려움에 대한 능동적 해결능력이 있으며, 그가 속한 모든 개인 내·외적 환경을 포괄하는 총체적인 맥락에서 이해되어야 함을 인식하게 되었다. 따라서 사회복지실천의 주류적 패러다임은 병리적 관점을 벗어나 클라이언트의 자기결정권과 문제해결능력에 더욱 힘을 실어 주는 역량강화와 강점관점 패러다임으로의 전환이 이루어진다.

(2) 역량강화와 강점관점 패러다임

사회복지실천에서 역량강화(empowerment)는 상반되는 두 가지 기본적 가정을 전제한다. 첫째는 어떤 인간도 다양한 상황에서 가끔 무능력을 경험할 수밖에 없는 존재라는 것이고, 둘째는 극도로 도전적인 상황에서도 인간은 잠재적으로 자신의 문제를 해결할 수 있는 능력을 가지고 있다는 것이다 (Browne & Mills, 2001; Cox & Parsons, 1994). 이러한 전제를 가진 역량강화는 인간이 자신의 잠재력과 안녕에 위협이나 제한을 주는 개인적 혹은 사회적 영향력에 대해 스스로의 역량과 자원을 인식하고 적극적이고 예방적으로 대처하는 것을 의미한다. 사회복지실천에서 역량강화는 역사적으로 차별, 불평등 그리고 억압을 경험하고 있는 클라이언트를 원조하기 위한 방법들에 특히 관심을 두어 왔다(최혜지 외, 2013).

강점관점(strengths perspective)은 '인간은 자신의 강점이 인식되고 지지된다면 성장하고 발전할 수 있는 능력이 있다'는 것을 전제로 한다(Robbins et al., 2006). 강점관점은 병리적인 관점인 결정론과 축소론에 의한 해석, 즉 인간의 결함, 문제, 질병에의 초점을 철저히 거부한다. 사회복지사는 클라이언트 스스로가 자신의 삶을 잘 영위하고 조정할 수 있는 기본적 능력을 가진 주체자로서의 '전문가'라고 믿으며, 사회복지사는 동반자적 매개체로 기능한다고 본다(Weick & Saleeby, 1995).

역량강화와 강점관점은 개인을 자기 문제를 해결하지 못하는 무기력한 존재로 보고 비난하는 병리학적 이론과 실천방법들에 대해 경고할 뿐 아니라, 클라이언트로부터 자아실현을 통한 삶의 질 향상과 사회정의에 기여하는 존재로서의 통찰력을 이끌어 내는 것을 강조한다(Robbins et al., 2006). 그리하여 클라이언트가 자신의 삶 속에서 가장 중요한 주인공으로서 보다 적극적이고 참여적인 자세로 사회복지사와 함께 일하는 동반자적 주역이 되는 것(Payne, 1997)을 그 궁극적인 목표로 하고 있다(최혜지 외, 2013; Parsons et al., 1994).

2) 통합적 접근의 등장배경

이 절에서는 전통적 방법론의 특성과 한계, 통합적 접근의 등장, 통합적 접근에 대해 살펴보고자 한다.

(1) 전통적 방법론의 특성과 한계
사회복지는 다양한 사회적 어려움과 문제 상황에서 개인, 집단, 지역사회를 포함한 대상들에게 다양한 접근 방법으로 원조를 제공해 왔다. 역사적으로 볼 때, 1920~1930년대는 개별사회사업과 집단지도, 1930년대는 지역사회조직, 1950년대는 사회복지행정과 사회복지조사가 발달하였다. 이러한 방법론을 흔히 전통적 방법론(separate methods approach)이라 한다(전재일, 1981). 이후에 개인, 가족, 집단에 대한 사회치료를 한 범주로 묶은 임상사회사업 혹은 직접적 실천방법과 계획, 행정, 지역사회를 한 범주로 묶은 간접적 실천 혹은 거시적 실천이라는 용어가 등장하였다(조휘일, 이윤로, 2003).

① 전통적 방법론의 특성

전통적 방법론은 일반적으로 개별, 집단, 지역사회의 세 가지 사회복지실천 대상이 차별화되어 나누어지는 원조방법을 의미한다. 각 이론의 적용에 있어서도 단편적이고 특정 이론에 치우친 경향이 있는 실천 이론과 기술을 지니고 있다. 전통적 방법론에 기초한 사회복지실천의 기본적 성격을 살펴보면 다음과 같다(김융일, 조흥식, 김연옥, 2000). 첫째, 전통적 방법론은 Freud의 정신분석이론에 많은 부분 의존해 있다. 둘째, 클라이언트가 고쳐야 할 질병, 장애나 어려움을 가졌다고 보는 병리적 관점을 취한다. 셋째, Freud 이론의 단선론적 설명에 근거한다. 단선론에서는 문제의 원인이 진단에 의해 밝혀지면 그 원인에 대해 특정 방법만이 해결책이 될 수 있다고 간주한다. 넷째, 사회사업 분야가 아닌 타 분야에서 유래한 정신분석학을 중심으로 한 전통적 방법론은 클라이언트의 과거에 초점을 두기 때문에, 현재를 중시해야 하는 사례들에 실천적 개입과 적용을 하는 데 어려움이 있다.

이러한 전통적 방법론 패러다임은 클라이언트의 문제가 심리내적 · 병리적 · 과거 경험의 영향으로 나타난다고 보고, 클라이언트의 현재 상황에 대해 단선적 · 인과론적 관점에서 단편적인 해석을 적용하게 된다.

② 전통적 방법론의 한계

사회복지실천에서 통합적 방법의 등장은 개별사회사업, 집단사회사업, 지역사회조직사업 등 분화된 전통적 방법이 지닌 문제점을 해결하려는 노력의 결과라고 하면서, 김융일 등(2000)은 전통적 방법의 한계를 다음과 같이 정리하였다.

첫째, 전통적 방법론은 특정한 문제에만 제한적으로 적용된다. 즉, 클라이언트를 대상으로 제한된 특정 문제 중심의 개입을 하고 있어, 사회변화에 따른 최근의 복잡한 문제 상황에 적절히 개입하기 어려운 상황이 발생한다.

둘째, 서비스를 이용하는 클라이언트들이 다양한 문제를 가지고 있을 경우에도 전통적 방법론에 따르면 한 기관에서 개별, 집단, 가족 중 한 대상에 대해서만 특정한 이론과 모델로 개입한다. 따라서 복합적인 문제 상황을 가진 클라이언트와 가족들이 여러 곳에 산재한 기관과 서비스를 따로 찾아다녀야 하는 물리적 불편함과 부담, 이에 따른 비효율적 문제가 표출된다.

셋째, 사회복지사의 전문직 입장에서도 전문화를 중심으로 특정 영역에 대한 교육·훈련만 지속하다 보면, 다른 대상이나 분야에 대한 전문성에 한계가 있어 직장 내, 직장 간 타 영역으로의 이동이나 전문적인 훈련이 어려워진다.

넷째, 사회복지실천에 있어서 공통기반을 전제하지 않는 분화와 전문화(예: 분야별 전문화, 즉 정신의료, 지역사회 정신건강, 의료, 학교, 교정, 혹은 대상별 전문화, 즉 장애인, 여성, 노인, 다문화 가정 등)는 각 분야별로 교육하고 훈련하게 되므로, 개별적인 사고와 과정을 보여 줌으로써 사회복지 전문직이라는 통일된 전문직의 정체성 확립에 걸림돌이 되어 왔다.

전통적 방법론에 따른 접근은 주로 클라이언트의 특정 문제를 중심으로 개입한다. 그러므로 복잡한 문제와 욕구를 지닌 클라이언트의 상황에 적절하게 개입하기 어려운 경우가 많다. 따라서 사회복지실천에서 사회의 변화에 따라 발생하는 클라이언트의 다양하고 복잡한 문제에 대해 적절한 서비스를 제공하고 적용할 수 있는 새로운 방법론의 필요성이 대두되었다. 특히 제한적인 접근 방법보다 여러 유형이나 규모의 체계들과 연관된 접근 방법의 필요성이 대두되었다.

(2) 통합적 접근의 등장

사회복지실천 대상이나 문제별로 세분화·전문화되어 있는 전통적 사회복지실천의 3대 방법론(개별사회사업, 집단사회사업, 지역사회조직사업)에서 벗어나 개인과 집단, 지역사회를 구분하지 않고 이들 방법을 총괄하여 클라이언트에 개입할 수 있는 방법론은 1960년대와 1970년대부터 주로 등장하였다. 1920년대에도 사회복지실천에 나타나는 공통된 요소를 발견하는 것이 중요하다는 견해들이 있었다. 1929년 밀포드 회의(Milford Conference)에서는 어떤 특정한 문제나 실천방법에 근거하여 세부영역보다 우선하는 사회복지실천의 공통적 요소들이 존재한다고 발표하였다. 이 회의에서 개별사회복지실천(casework)을 기본으로 8개 영역을 공통 요소로 정리하기로 하였다. 그러나 밀포드 회의는 사회복지실천 역사의 발전과정에서 전문직 분화기(1920년 전후~1950년 전후)에 있었으나 내용상으로는 사회복지실천 통합기(1950년 전후~1970년 전후)에 해당된다.

전통적 방법론이 지닌 여러 가지 문제를 해결하기 위하여 분화 및 전문화되어 있는 사회복지실천 방법을 통합하려는 시도가 나타났는데, 이것이 NASW가 1958년 제출한 「사회복지실천의 작업정의」 보고서이다. 그 후 Bartlett은 1970년 출간한 『사회복지실천의 공통기반(The Common Base of Social Work Practice)』에서 공통된 사회복지실천 방법의 지식과 가치가 다양한 방법을 규정하고 있음을 강조하면서 공통기반을 정리하였다. 또한 Pincus와 Minahan(1973), Goldstein(1973), Compton과 Galaway(1975) 등 많은 학자가 단일방법론의 모델화를 시도하였다. 여러 학자가 전통적 방법에 대응하여 통합적 접근을 구축하는 기본 가정은 사회복지실천의 기본적 개념, 기술, 과업 및 활동에 공통의 핵심이 있다는 것이다(이종복, 전남련, 2012; Cohen, 1958: 12; Pincus & Minahan, 1973: 15). 이후 사회복지실천의 대상들이 경험하는 다양한 문제와 상황에 대응하기 위하여 이전에 행해지던 각각의 전통적 방법론을 융통성 있게 조합해야 할 필요성이 생겼다(Johnson & Yanca, 2007). 이로 인해 통합적 접근이 탄생하였다.

통합적 접근은 사회복지실천을 위한 개입틀로써 보다 포괄적이고 체계적인 방법론을 요구하는 사회복지 전문직 내의 노력이다(양옥경, 김정진, 서미경, 김미옥, 김소희, 2005: 110). 사회복지실천의 외부 환경에서 일반체계이론, 사회체계이론, 생태체계 관점 등 다양한 이론이 연결되면서 사회복지 대상의 복잡한 문제에 접근할 수 있는 기틀이 마련되었으며, 통합적 접근의 발달이 가속화되었다.

한국사회복지교육협의회에서도 이러한 통합적 접근으로의 변화를 받아들여 대학교육과정에서 사회복지실천 방법과 관련된 교과목을 '사회복지실천론'과 '사회복지실천기술론'으로 통합 · 구분하여 교육하고 있다.

3) 통합적 접근

통합적 접근(integrated approach)은 개인, 집단, 지역사회에서 제기되는 사회문제에 활용할 수 있는 공통된 원리나 개념을 제공하는 방법의 통합화를 의미한다. 통합적 관점을 통해 사회복지직은 전문직으로서의 정체성을 확보하게 되는 동시에 개인을 환경 속에서 바라보는 고유한 관점을 확립하게 되었다.

최근 사회복지실천의 목적에 부응하기 위해서 통합적이고 다차원적인 접근이 필요하다. 다음에는 통합적 접근의 개념과 전제, 통합적 접근의 특징, 통합적 접근과 사회복지실천 등에 대해 좀 더 상세히 살펴보기로 한다.

(1) 통합적 접근의 개념과 전제

사회복지실천에서 통합적 접근(integrated or unitary, generalist approach)이란 모든 사회복지사가 개인, 집단, 지역사회에 제기되는 사회문제에 대처해 나가고자 할 때 활용할 수 있는 공통된 하나의 원리나 개념을 제공할 수 있는 방법의 통합화를 말한다(김융일 외, 2000: 60). 개념상으로 통합적 접근은 개인, 집단, 가족, 지역사회조직 방법론의 형태를 동시에 통합(concurrent integration)하는 것이다. 또한 실천적 의미에서 동일한 사회복지사 혹은 협력관계에 있는 사회복지사들이 한 명의 클라이언트에게 적어도 두 가지 이상의 상이한 방법을 활용하여 지속적 · 동시적으로 서비스를 제공하는 것을 의미한다(양옥경 외, 2005; Flanzer, 1973).

학자에 따라서는 통합적 접근을 '일원적(unitary) 접근'으로 표현하기도 한다. 이는 전통적 3대 방법론이나 이분법적 사고, 즉 한 가지 원인만이 한 가지 결과를 가져온다는 단선론적 관점에서 벗어나 사회복지사들이 문제에 접근하고자 할 때 활용할 수 있는 다차원적이면서도 공통된 하나의 원리와 과정을 제공하고자 하는 것에 좀 더 초점을 맞춘 용어이다(최혜지 외, 2013; Specht & Vickery, 1979). 통합적 접근의 주요 전제(Miley, O'Melia, & DuBois, 2004)는 다음과 같다. 첫째, 인간의 행동은 다양한 물리적 · 사회적 환경과 필연적으로 연결되어 발생한다. 둘째, 인간과 환경 간의 유대관계를 기초로 개인의 사회기능을 강화하기 위해서는 특정 체계 자체가 변화하거나, 환경과의 상호작용을 조정하거나, 환경 내에서 다른 체계로의 변화가 필요하다. 셋째, 바람직한 변화를 위하여 어떤 인간체계(개인 차원에서 전체 사회까지를 총망라하는)를 대상으로 일하게 될지라도 유사한 사회복지실천 과정을 활용하게 된다. 넷째, 일반 사회복지실천가들은 직접서비스를 벗어나 조사연구의 실행과 적용 그리고 사회정책에 대해서도 적극적으로 함께 일할 책임이 있다.

(2) 통합적 접근의 특징

통합적 접근의 특징을 살펴보면 다음과 같다. 첫째, 통합적 접근은 사회복지실천 과정에서 개인, 가족, 집단, 지역사회를 대상으로 개입할 때 적용 가능한 원리나 개념 등에 공통된 기반이 있음을 전제로 한다. 둘째, 통합적 접근은 개인중심의 접근 혹은 환경중심의 접근으로 이분화하는 것이 아니라 개인과 환경의 상호작용에 초점을 두기 때문에 두 체계 간의 공유영역에 개입한다. 셋째, 통합적 접근의 사회복지 지식은 특정 이론에 기초하지 않고 개인의 심리내적인 요소를 강조하는 정신분석이론 등의 전통적 접근에서부터 개인과 환경과의 상호작용을 강조하는 일반체계이론에 이르기까지 문제와 대상에 따라 다양한 이론과 개념을 적용할 수 있다. 넷째, 통합적 접근은 클라이언트의 잠재력을 인식하고 클라이언트의 성장가능성과 잠재력에 대해 미래지향적인 관점을 갖는다. 다섯째, 통합적 접근은 클라이언트의 존엄성을 인정한다. 따라서 클라이언트의 참여와 자기결정권 및 개별성을 강조하고, 사회복지실천 과정에서의 지속적인 평가를 중요시한다.

McMahon은 절충적 이론에 기초하여 통합적 접근이 추구하는 일반주의 실천의 주요 내용을 제시하였는데(양옥경, 김정진, 서미경, 김미옥, 김소희, 2010; 장인협, 1999), 그 내용을 요약하면 다음과 같다.

- 생태체계 관점 유지: 체계이론과 생태학적 관점의 개념들은 일반주의 사회복지실천에 유용한 틀을 제공한다.
- 문제 초점: 매우 광범위하고 포괄적인 개념으로 문제를 규정한다. Germain과 Gitterman(1980)은 문제를 개인과 환경 간의 스트레스로 개념화하고 사회복지실천의 중요한 개입의 초점으로 명시하고 있다.
- 다양한 수준에서의 접근: 일반주의 실천은 다양한 수준에서 접근한다. 즉, 개인, 가족, 집단, 지역사회 등 상이한 크기의 체계 혹은 미시(micro) 수준, 중간(mezzo) 수준, 거시(macro) 수준에서 접근 가능하다.
- 이론과 개입의 개방적 선택: 사회복지사는 어느 하나의 이론적 접근에 국한되지 않고, 클라이언트의 문제에 따라 이론과 개입을 개방적으로 선택한다. 통합적 접근은 다각적이고 다양한 방법을 통해 개입의 방향과 내용을 구성해 나간다.
- 문제해결과정: 사회복지실천 과정은 문제해결과정에서 유사성과 중복성이 있다.

(3) 통합적 접근과 사회복지실천

통합적 접근의 등장은 분리되어 각각의 입장만을 강조한 편협한 실천이론과 기술발달의 한계를 인식하고, 이들의 상호작용을 강조하는 통합적 · 체계적 시각으로의 전환과 서비스 전달에의 방법적 변화를 가져왔다는 점에서 큰 의의가 있다. 또한 통합적 접근은 Flexner(1915)의 발언에서 시작된 사회복지사의 전문성 논란과 관련하여 사회복지실천을 구성하는 공통점과 상이점을 명확히 함으로써 사회복지 전문직의 정체성을 확립하는 데 기여하였다. 결국 통합적 접근은 기존의 전통적 방법을 부인하는 것이 아니라 이들 안에서 발견할 수 있는 사회복지실천의 공통점을 결합하고, 생태체계 관점에 근거하여 클라이언트와 환경의 상호작용에 관련된 다양한 체계에 대한 사정과 개입을 통하여 궁극적으로 클라이언트의 삶의 질 향상을 돕는 사회복지실천의 기본틀이자 노력의 과정이다(양옥경 외, 2005).

사회복지실천에 있어서 통합적 접근의 바람직한 방향은 미시·중간·거시적 차원의 사회복지실천을 수행함에 있어 전통적 방법론의 요소들을 유지하면서 산재한 사회복지실천 방법론들을 사회복지 대상에게 가장 적합한 사회복지실천 방법들로 수렴해야 한다. 그리하여 개인·집단·가족·지역사회·정책·제도 등 각 차원에 대해 포괄적인 관점을 가지고 서로 다른 이론에 근거한 모델들을 개방적으로 활용하고 융통성 있게 적용할 수 있도록 통합적 접근의 다양한 시도가 지속적으로 연구되고 실행되며 발전되어야 한다(최혜지 외, 2013).

2. 통합적 접근의 주요 이론과 관점

통합적 접근의 대표적인 이론적 기반은 체계이론과 생태학이론이다(Anderson & Carter, 1984). 이들은 일반체계이론, 사회체계론적 관점, 사회체계이론, 체계이론, 체계론적 시각, 생태체계이론, 생태학적 관점, 생태학이론 등 다양한 용어로 사용되고 있다. 체계이론과 생태학이론은 공통적으로 인간행동에 대한 환경의 영향을 강조한다. 또한 인간의 환경을 하나의 체계로 보고 인간, 환경이라는 각 체계뿐 아니라 이들의 상호작용에도 함께 관심을 갖는다(이종복, 전남련, 2012).

통합적 접근을 탄생시킨 대표적인 관점과 이론은 '환경 속의 인간 관점'을 포함하여 일반체계이론, 체계이론과 생태학이론을 결합한 생태체계 관점이라고 할 수 있다. 여기에서는 각 관점과 이론의 개념과 특징을 중심으로 살펴보고자 한다.

1) '환경 속의 인간' 관점

(1) 개념

'환경 속의 인간' 관점은 인간을 이해하기 위해서 인간의 심리내적인 특성만을 고려할 것이 아니라 개인의 심리적인 특성 외에도 환경 혹은 상황까지 모두 고려해야 한다는 관점이다. 개인과 환경 간 상호작용 증진의 책임을 개인과 환경 양쪽 모두에 두는 것을 의미하며, 인간이 경험하는 각종 사회복지적 문제를 개인적 요소와 환경적 요소의 상호작용으로 인해 나타나는 결과로 보는 관점이다.

(2) 환경 속의 인간과 사회복지실천

Mary Richmond(1922)는 『개별사회사업이란 무엇인가(What is Social Case Work?)』라는 저서에서 개별사회복지실천 혹은 개별사회사업인 casework를 "개인 그리고 개인과 사회환경 사이에서 의식적인 조정을 통해 개인의 인격발달을 이루어 가는 과정"이라고 정의하였다. 현재 사회복지실천의 기본 개념틀인 '환경 속의 인간(Person-In-Environment: PIE)'은 Richmond의 책에서 시작되었다고 보기도 한다. 그러나 '환경 속의 인간' 관점은 Richmond의 저서인 『사회진단(Social Diagnosis)』(1917) 속에 이미 함축되어 있던 개념이기도 하다.

'환경 속의 인간' 관점은 1950년대 이후부터 사회복지실천의 기본 개념틀로 자리매김하면서 많은 사회복지실천 이론가에 의해 강조되어 왔다. Gordon(1969)은 환경 내에 존재하는 것, 즉 환경이 제공하고 있는 자원과 개인이 갖고 있는 욕구나 성장 잠재력의 조합을 이루어 내는 것이 사회복지사 활동의 초점이라고 하면서 '환경 속의 인간' 관점을 사용하였다. 생활 모델을 개발한 Germain과 Gitterman(1980)도 개인과 개인에게 영향을 주는 사회·물리적 환경 간의 역기능적 교환에 대한 개념화를 시도하면서, 사회복지실천은 개인과 환경 사이의 역기능적 교환에 개입해야 함을 강조하였다.

2) 일반체계이론

일반체계이론(general system theory)은 개인과 환경의 상호작용에 초점을 두고, 개인과 외부 환경 간에 적절한 수준에서 상호작용이 이루어지는 개방체계 상태를 가장 바람직한 것으로 여긴다. 생물학자인 Bertalanffy는 1940년대에 일반체계이론을 처음 제시하였는데, 그 이후 1960년대부터 주목받게 되었다.

일반체계이론은 미생물로부터 사회집단에 이르기까지 생존물에 초점을 둔 체계이론(system theories)의 한 부류이며, 체계의 구성요소들과 이들 간의 상호작용을 인지함으로써 사람과 사회집단의 행동을 전체론적(holon)으로 설명하려는 이론이다.

(1) 일반체계이론의 특징

일반체계이론의 특징을 살펴보면 다음과 같다. 첫째, 일반체계이론은 체계를 구성하는 요소들의 속성과 이들 간의 상호작용 속성을 이해하고, 복잡한 체계의 관계 속성 또는 체계 내부에서 이루어지는 상호작용의 특성을 파악하기 위해서 개발된 이론이다. 둘째, 일반체계이론은 주요 개념으로 경계,

개방체계/폐쇄체계, 위계, 항상성, 안정상태, 평형상태, 투입/전환/산출/환류, 등결과성/다중결과성 등을 제시한다. 셋째, 일반체계이론은 인간행동을 이해하는 데 있어 단선론적 인과관계 관점에서 다원론적 관점, 즉 순환적 인과관계로 전환시켰다. 하나의 문제가 발생하는 데는 다양한 요소가 관련되어 있고, 이를 해결하기 위해서는 문제에 대한 다차원적 고려가 있어야 함을 강조함으로써, 사회복지실천의 사정과 개입 영역의 확대에 기여하였다. 넷째, 인간과 환경에 대한 관점에 있어, 일반체계이론은 개인과 환경을 인과적 관점에서 보는 것이 아니라 상호 보완적인 전체로 파악하여 인간과 환경 간의 상호작용, 개인과 체계가 효율적으로 기능할 수 있게 하는 데 관심을 둔다.

(2) 체계의 개념과 속성

체계(system)는 상호작용하는 요소들의 합 혹은 서로 영향을 주고받는 요소의 복합체이다(Bertalanffy, 1968). 체계는 부분의 합보다 크다. 체계를 구성하고 있는 부분들 사이에 상호작용이 발생하므로 부분들의 합보다 큰 하나의 전체를 형성한다. 모든 체계는 서로 상호작용하면서 에너지를 교환한다(홍성례, 양정빈, 이무영, 김소진, 정연정, 2014). 체계는 상호 의존(inter-dependence)적이고 상호작용(interaction)하는 부분으로 구성된 전체로서, 목적이 지향하는 바에 따라서 항상성과 규칙을 유지하면서 끊임없이 변화한다.

체계의 기본적 속성은 조직화, 상호인과성, 불변성(항구성), 공간성 등이다. 조직화(organization)는 체계를 구성하는 부분과 요소들이 서로 연결되어 관계가 있음을 나타내는 속성이다. 상호인과성(mutual causality)은 체계의 한 부분에서 발생한 것이 직간접적으로 다른 부분에 영향을 미친다는 것을 일컫는 속성이다. 불변성(constancy, 항구성)은 체계의 지속적인 속성을 말한다. 또한 공간성(spatiality)은 체계가 물리적인 공간을 차지하고 있으며 관찰 가능한 속성을 지님을 뜻한다.

체계는 대상체계, 상위체계, 하위체계로 구분된다. 대상체계(object-system)

는 분석의 대상이 되는 체계이다. 상위체계(supra-system)는 대상체계 외부에 있고, 그 체계에 기능적으로 영향을 미치는 체계이다. 하위체계(sub-system)는 이차적이고 종속적인 체계로, 큰 체계 속에 있는 더 작은 체계이다.

(3) 일반체계이론의 주요 개념

일반체계이론의 주요 개념으로는 경계, 개방체계/폐쇄체계, 위계, 홀론, 항상성, 안정상태, 역동적 균형상태, 투입/전환/산출/환류, 등결과성/다중결과성 등이 있다(홍성례 외, 2014).

① 경계

경계(boundary)란 한 체계와 다른 체계를 구분하는 보이지 않는 선이다. 경계는 체계 내부와 외부, 한 체계와 다른 체계를 구분할 수 있는 테두리로, 경계를 형성하는 요인은 에너지의 교류, 상호작용, 규칙 등이다. 경계는 명확성(체계 내부와 외부 간 구별이 명확하게 되는 정도), 투과성(체계 내부에서 외부로, 외부에서 내부로 에너지나 정보가 들어가고 나올 수 있는 정도), 유연성(정보 혹은 에너지의 종류에 따라 투과 정도를 조절할 수 있는 정도) 등의 특성을 갖는다.

하위체계들 사이에 허용할 수 있는 접촉의 양과 종류는 경계에 의해 구분된다. 경계는 체계 내에서 하위체계의 독립과 자율성을 보호하며, 경직된 경계에서 혼돈된(밀착된) 경계까지 다양하다. 경계는 지나치게 경직되거나 애매하지 않고 명료할 때 보다 기능적이 된다. 하위체계 간의 상호 역동은 이 경계가 명확한지(명확한 경계), 밀착되어 있는지(밀착된 경계), 분리되어 있는지(경직된 경계) 등에 따라 다르다.

② 개방체계

개방체계(open system)는 어느 정도 투과성(permeability)이 높은 경계를 갖고 있는 체계이다. 개방체계는 성장과 발전에 필요한 정보나 에너지를 외부에서 자유롭게 받아들이기도 하고, 내부의 정보나 에너지를 외부로 내보내기도 한다.

체계가 성장하고 발전하려면 상호작용하는 다른 체계들로부터의 투입에 어느 정도 개방적이어야 한다. 만일 체계가 내부 및 외부 환경과 교환하지 않는다면 폐쇄체계가 되어 엔트로피(entropy, 체계에서 나타나는 무질서의 정도) 상태가 된다. 체계가 개방성이 있어야 한다는 것은 투과성을 갖고 환경과 자료, 에너지 정보 등을 서로 교환해야 함을 의미한다.

개방체계의 특성은 안정상태, 항상성, 네겐트로피(negentropy, 체계 외부에서 에너지를 가져옴으로써 이용 불가능한 에너지가 감소되는 상태), 환경과 활발한 에너지 교환, 목적지향성이다.

③ 폐쇄체계

폐쇄체계(closed system)는 체계의 경계를 넘나드는 에너지 교환이 결핍된 체계이다. 다른 체계에 영향(정보, 에너지 등)을 주거나 받는 일이 없이 외부로부터 완전히 단절되어 있다. 폐쇄체계는 다른 체계와 상호작용하지 않는다.

폐쇄체계는 시간이 지남에 따라 에너지의 유입이 없어지면서 체계들의 분화가 적어지고 조직과 기능이 상실되거나 해체되는 경향이 있다. 이를 엔트로피 상태라고 한다. 엔트로피는 '죽음의 재'로 표현되기도 하는데, 체계가 쇠약해지는 경향성을 말한다. 체계가 엔트로피 상태가 되면, 사용 가능한 에너지가 손실되는 결과가 초래되고, 그 체계는 더욱 무질서해져서 조직된 작업을 할 수 있는 능력이 현저히 줄어든다. 이는 폐쇄체계에서만 일어나는 현상이다. 폐쇄체계의 특성은 무질서와 혼돈상태, 엔트로피, 환경과 적은 에너지 교환, 낮은 목적 지향성이다.

④ 위계

위계(hierarchy)는 상위체계와 하위체계 사이의 관계로, 체계들 간의 계층·등급을 상정하고 각 체계 간, 계층 간 권한과 책임을 배분하며 명령·지휘체계를 확립하는 것이다. 체계의 부분은 여러 방식으로 서로 연결된다. 하위체계는 체계 내에서 특정한 기능이나 과정을 수행하는 전체 체계의 부분들이다. 각 체계는 더 큰 상위체계의 부분으로 존재한다. 상위체계는 자체적으로 하위체계들을 가지며, 하위체계에 방향을 제시한다. 예를 들어, 가족체계에 있어 기본적인 위계는 세대선(generational line)으로 부모는 부모로서, 자녀는 자녀로서, 조부모는 조부모로서의 위치가 있으며, 윗세대는 아랫세대보다 위계적으로 상위에 있다(홍성례 외, 2014).

⑤ 홀론

홀론(holon)은 부분적 전체(holism)를 의미한다. 특정 체계는 그 체계를 구성하는 작은 체계보다는 큰 상위체계이고, 그 체계를 둘러싼 더 큰 체계의 하위체계가 되는 현상을 말한다. 예를 들어, 가족체계는 사회체계의 입장에서 보면 하위체계로 기능하지만, 개별 가족구성원의 입장에서 보면 상위체계로 기능한다.

⑥ 항상성

체계는 구조와 기능에 있어서 균형을 유지하려는 속성이 있는데, 이를 항상성(homeostasis)이라 한다. 체계는 끊임없이 변화와 운동의 과정 속에 있는데, 이러한 운동은 목표 지향적이다. 비교적 안정된 구조를 유지하려는 체계의 속성, 역동적 균형상태를 유지하려는 체계의 경향성을 항상성이라고 한다.

⑦ 안정상태

안정상태(steady state)는 체계가 붕괴되지 않도록 부분들의 관계를 유지하면서 에너지를 계속 사용하는 상태이다. 환경과의 상호작용과정에서 새로운 에너지를 받아들여 체계의 내부구조를 성공적으로 변경시켜 가면서 기존과는 다른 차원에서 얻어지는 체계의 균형상태이다.

체계 내부나 외부의 위기상황에 대처하면서 안정상태를 유지할 경우, 체계는 성장하고 발전하게 된다. 사회복지실천은 네겐트로피 상태를 유지 또는 증가시킴으로써 바람직한 안정상태를 얻도록 지원한다. 네겐트로피는 '부적 엔트로피(negative entropy)'의 줄임말로 역엔트로피라고도 한다. 네겐트로피 상태는 체계 외부에서 에너지를 가져옴으로써 이용 불가능한 에너지가 감소되는 상태이다. 체계가 개방적일 때, 체계는 자기가 쓰는 것보다 많은 에너지를 유입할 수 있다.

⑧ 역동적 균형상태

질서와 구조가 안정되어 있는 상태에서 체계는 내부적으로 끊임없이 변화하고 움직이는데 이러한 체계의 상태를 역동적 균형상태(dynamic equilibrium)라고 한다. 체계의 구조를 변화시키지 않은 채 환경과의 상호작용 속에서 체계의 균형을 회복하려는 내부 성향이라는 점에서 체계의 항상성이라고도 할 수 있다.

⑨ 투입, 전환과정, 산출

체계는 환경으로부터 요구와 자원이 투입되어야 한다. 체계가 환경으로부터 받아들이는 에너지, 사물, 정보 등을 투입(input)이라고 한다. 생물학적·심리사회적 생존과 성장은 투입과정을 통해서 보장받는다. 투입체계는 체계 내부로 입수되고 나면 영향을 받고 변형되며 규제받고 체계의 기능수행을 위해 활용된다. 이렇게 투입체계가 활용되는 단계를 전환과정(transformation, through-put)이라고 한다. 즉, 투입물을 처리하여 체계의 기능 유지에 필요한 형태로 전환하는 작용이다. 전환과정이 시작되면 체계는 적극적으로 환경에 반응하는데 이를 산출(output)이라고 한다. 산출은 환경에 직접적으로 영향을 미친다. 즉, 전환과정을 통해 나타난 결과물이 체계 밖으로 나타난 것이다.

⑩ 환류

환류(feedback)란 체계가 정보와 에너지를 산출하고, 그 정보와 에너지는 환경에 영향을 주고, 다시 체계로 되돌아와 산출의 결과를 알려 주는 과정으로, 체계가 안정상태를 유지하거나 미리 설정된 목표를 향해 나아가기 위해 자기수정에 필요한 정보를 획득하는 과정이다. 체계는 환류를 통해서 새로운 행위를 산출하거나 기존의 행위를 수정하는 자기조절 행위를 통해 자신의 목적을 달성한다(홍성례 외, 2014). 예를 들어, 사회복지기관에서 여러 대상자에게 프로그램을 실시한 후에 클라이언트의 만족도를 평가하여 다음 프로그램의 계획에 그 내용을 반영하는 것은 환류에 해당한다.

환류는 정적 환류(positive feedback)와 부적 환류(negative feedback)로 구분할 수 있다. 새로운 정보가 체계에 들어왔을 때, 체계가 그때까지의 안정을 벗어나 변화를 향해 움직이려는 경향을 증가시키려는 것은 정적 환류이고, 변화를 감소시키려는 것은 부적 환류이며, 어느 것이 더 바람직하다는 의미는 없다. 정적 환류는 적극적 환류, 적극적 피드백이라고도 한다. 정적 환류는 새로운 행동이나 변화가 생겼을 경우 그 행동 또는 변화를 수용하여 그것을 유지하게 하는 역할을 한다. 부적 환류는 부정적 환류, 소극적 환류, 소극적 피드백이라고도 한다. 부적 환류는 어떤 변화나 새로운 행동이 부적절하므로 원래의 상태로 돌아가게 하는 역할을 한다(홍성례 외, 2014).

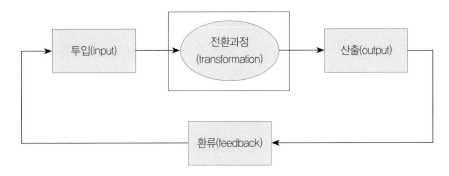

[그림 6-1] 체계의 에너지 전환과정

⑪ 등결과성

등결과성(equifinality, 동귀결성, 동일결과성, 동등종결)은 '다양한 출발에서 시작해서 동일한 결과에 이른다'는 뜻이다. 체계들의 초기 상황이 서로 다를지라도 그 체계들이 개방적이어서 주변의 체계들과 목적 지향적인 교류를 하면 결국 동일한 상태 또는 목적을 이끌어 낼 수 있다. 개방적이고 적응적인 체계는 등결과성을 갖는다. 예를 들어, 행복한 가족생활을 달성하는 데는 한 가지 방법만 있는 것이 아니다. 어떤 가족은 가족원들 간의 심리정서적 지지를 통하여, 어떤 가족은 경제적 지원 증가나 역할분담을 통해 성취 가능하다.

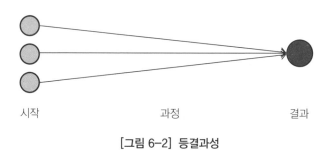

시작　　　　　　　　과정　　　　　　　　결과

[그림 6-2] 등결과성

⑫ 다중결과성

다중결과성(multifinality, 다중종결, 다중귀결성)은 '똑같은 출발에서 다양한 결과에 이른다'는 뜻이다. 유사한 상황에 있는 체계라 할지라도 체계 내의 구성요소들 간의 상호작용 양상 또는 외부 체계와의 상호작용 양상과 특성이 다르면 최종 상태도 서로 달라질 수 있다. 한 가지 원인이 여러 결과를 유발할 수 있다는 개념이다. 따라서 유사한 문제를 갖고 있는 클라이언트라 하더라도 문제의 종결상태가 다양할 수 있다.

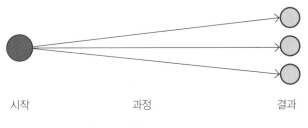

시작   과정   결과

[그림 6-3] 다중결과성

(4) 일반체계이론과 사회복지실천

일반체계이론을 사회복지실천에 적용했을 때의 장점을 살펴보면 다음과 같다(조흥식, 김연옥, 황숙연, 김용일, 2009). 첫째, 전통적 의료모델의 단선적 관점의 한계를 극복할 수 있다. 일반체계이론은 문제와 관련된 모든 요소를 폭넓게 사정·평가할 수 있는 관점을 제공하며, 문제현상을 순환적 상호교류 개념으로 파악하도록 한다. 둘째, 체계론적 사고가 인간과 환경을 하나의 총체적 체계(holism)로 파악하게 해 준다. 인간체계와 환경체계는 생태계라는 보다 큰 체계의 부분체계로서 서로 분리해서 생각할 수 없다. 일반체계이론은 이들 양 체계 간의 상호교류에 주의를 기울이는데, 이 점이 사회복지실천의 과학기술로서 가장 중요한 특성이라고 할 수 있다. 셋째, 클라이언트의 문제가 개인의 병리현상이라기보다는 체계 간의 긴장, 갈등에 따른 체계적 속성임을 강조한다. 넷째, 체계의 목적 지향적 의지 개념을 중시하여 클라이언트의 의도(will)와 자기결정을 존중하는 등 사회복지의 기본 가치를 지지해 주는 장점을 갖고 있다.

반면에 일반체계이론은 사회복지실천 분야의 통합에 어려움과 한계를 지니고 있다. 그 내용을 살펴보면 다음과 같다. 첫째, 이론이 너무 추상적인 차원에서 개념화되었다. 실제적이라기보다는 이념적 경향성이 있다. 일반체계이론에 사용된 용어의 높은 추상성과 난해성, 다양성으로 인해 사회복지실천에의 적용가능성에 어려움이 있다. 둘째, 체계에 대한 설명이 다양한 관점과 해석으로 인해 혼란스럽다. 체계 간의 상호연관성과 상호교류 작용을 매우 중요시하면서도 사회복지실천의 장(場)이 되는 체계 간의 공유영역에 대해서는 충분한 설명이 없다(조흥식 외, 2009). 셋째, 변화에 대한 저항을 역기능이나 병리의 근원으로 보았다. 사회복지실천에서는 변화만을 긍정적인 것으로 받아들일 수 없는 경우도 다수 존재한다.

〈Tip〉 사회체계이론

일반체계이론이 추상적이고 실천적 적용의 어려움이 있기 때문에 인간 사회의 심리사회적 구조와 그들의 관계를 설명하기 위하여, 사회학 분야에서 Parsons와 같은 사회학자에 의해 사회체계이론(social system theory)이 발달하였다. 사회복지실천 분야에서는 Pincus와 Minahan(1973)의 4체계이론(클라이언트체계, 변화매개체계, 표적체계, 행동체계)에 두 체계(전문가체계, 문제인식체계)를 덧붙여 제시한 Compton과 Galaway(1999)의 6체계이론의 개발로 이어진다.

사회체계이론에서 인간은 외부체계와 끊임없이 상호작용하며 상호 의존적인 역동적 사회체계의 일부이다. 인간은 자신의 욕구를 충족하기 위해 환경에 영향을 미치며, 환경의 요구에 자신의 행동을 적절히 수정할 수 있는 능력을 가진 존재이다. 인간과 사회체계들은 상호작용하며 각각의 체계들은 성장을 위해 다른 체계를 필요로 하는 공생적 관계이다.

---

3) 생태체계 관점

(1) 생태체계 관점의 구성

생태체계 관점(eco-system perspective)은 일반체계이론(체계적 관점)과 생태학이론(생태적 관점)이 결합된 것이다. 생태체계 관점은 일반체계이론의 주요 개념들을 그대로 받아들이면서 그 이론이 가지는 한계점을 극복하기 위해 생태학적 관점을 도입하였다. 생태체계 관점은 유기체들이 어떻게 상호적응

상태를 이루고 어떻게 상호 적응해 가는가에 초점을 두며, 인간과 인간의 주변 환경 간의 상호작용, 상호의존성 또는 역동적 교류와 적응을 설명한다.

발달심리학자인 Bronfenbrenner(1979)는 인간발달과정을 분석하면서 체계론적 관점을 확대하여 '생태적 체계(ecological systems)'란 용어를 사용하였는데, 이로 인해 그의 이론을 생태학적 이론 혹은 생태학적 모델이라고 한다. 그 후 생활 모델(life model)이라는 사회복지실천 모델을 제시하면서 Germain과 Gitterman(1980)이 생태체계 모델(eco-system model)이라는 개념을 사용하여 생태체계 관점이 사회복지실천에 적용되었다.

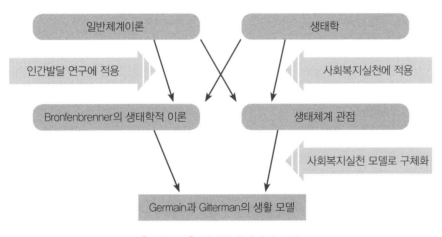

[그림 6-4] 생태체계 관점의 구성

〈Tip〉 생태학, 일반체계이론, 생태학적 이론, 생태체계이론과 생태체계 관점의 비교

- 생태학(ecology)

생태(生態, a mode of life)란 생물과 환경의 관계에 있어서 생활상태 혹은 개인이나 유기체가 경험하거나 또는 개인과 직간접적으로 연결되어 있는 환경적 상황을 말한다. 생태학은 생물학의 한 분과로서 생물과 환경 사이의 상호작용을 연구하는 학문이다.

- 일반체계이론

생물학자인 Bertalanffy가 1940년대에 처음 제시하여 1960년대부터 주목을 받게 된 이론이다. 체계를 구성하는 요소들의 속성과 이들 간 상호작용의 속성을 이해하고, 복잡한 체계의 관계 속성 또는 체계 내부에서 이루어지는 상호작용의 특성을 파악하기 위해서 개발되었다.

- 생태학적 이론

Bronfenbrenner는 아동에 대한 이해가 사회 문화적 맥락에서 이해되어야 함을 강조하면서, 인간에 대한 이해는 인위적인 실험실 연구가 아닌 인간을 둘러싼 실제 삶의 맥락 내에서 연구되어야 한다고 주장하였다. 그는 인간이 환경과 어떻게 관계되어 있는지를 이해하는 방법으로 인간발달의 생태학을 개념화하였는데, 이를 생태학적 이론 혹은 생태학적 모델이라고 한다. 생태학적 이론은 인간발달에 생태학적 접근을 하면서 체계이론을 확대한 이론이다.

- 생태체계이론과 생태체계 관점

생태체계이론과 생태체계적 관점이라는 용어는 같은 맥락에서 혼용되지만, 둘은 하나의 이론이라기보다는 다양한 이론과 결합할 수 있는 '시각' 혹은 '관점'으로 볼 수 있다. 체계적 관점 혹은 체계이론은 일반체계이론을 지칭하지만, 구체적으로 분류하면 일반체계이론, 사회체계이론, 생태체계이론(혹은 관점)으로 구분할 수 있다.

(2) 생태적 체계의 구성

Bronfenbrenner는 인간발달과정을 분석하면서 체계론적 관점을 확대하여 '생태적 체계'라는 용어를 사용하였고, 인간을 둘러싸고 있는 생태학적 환경을 가장 가까운 것에서부터 가장 먼 것에 이르기까지 미시체계, 중간체계, 외부체계, 거시체계의 네 가지 구조체계로 구분하였고, 이후 시간체계를 추가하였다.

① 미시체계

미시체계(microsystem)는 개인 혹은 인간이 속한 가장 직접적인 사회적 · 물리적 환경들이다. 인간은 넓은 의미에서 생리적 · 심리적 · 사회적 체계의 한 형태이며, 이러한 인간이 속해 있는 모든 체계는 상호작용한다. 미시체계는 인간과 직접적이고 대면적인 상호작용을 함으로써 인간에게 영향력을 발휘한다. 미시체계 내에서 아동과 부모, 또래, 교사와 같은 요인들 간에는 직접적인 상호작용이 이루어진다.

미시체계는 개인의 특성과 성장 시기에 따라 달라진다. 어릴 때는 가족이 가장 중요하지만 청소년기에는 또래집단이 더 큰 영향을 미칠 수 있다. 아동의 입장에서 부모, 친구, 학교 등이 미시체계에 속한다.

② 중간체계

중간체계(mezzosystem)는 두 가지 이상의 미시체계들 간의 관계 혹은 특정 시점에서 미시체계들 간의 상호작용을 의미한다. 직장, 사교집단 등의 소집단 혹은 가족과 같은 개인을 둘러싸고 있는 두 가지 이상의 환경에서 일어나는 과정과 연결성을 말한다. 아동의 입장에서 학교(교사)와 가정(부모) 간의 관계, 형제간의 관계, 가정과 또래집단 간의 관계 등이 중간체계에 속한다.

③ 외부체계

외부체계(exosystem)는 개인과 직접 상호작용하지는 않으나 미시체계에 영향을 주는 사회적 환경들을 말한다. 두 가지 이상의 환경 사이에서 발생한다. 개인이 외부체계에 직접 참여하지 않지만 이러한 환경들은 인간의 행동에 여러 가지 영향을 미친다. 예를 들어, 어머니의 취업 여부에 따라 아동이 생활 패턴이 달라지는 것도 외부체계의 영향이라고 할 수 있다. 아동의 입장에서 외부체계는 부모의 직장, 대중매체, 정부기관, 교통통신시설, 문화시설 등이 해당된다.

④ 거시체계

거시체계(macrosystem)는 개인이 속한 사회의 이념이나 제도의 일반적인 형태 혹은 개인에게 영향을 미치는 환경 요소를 말한다. 미시체계, 중간체계, 외부체계에 포함된 모든 요소뿐만 아니라 개인이 살고 있는 문화적 환경까지 포함한다.

개인의 생활에 직접적으로 개입하지는 않지만 간접적으로도 강한 영향력을 발휘하며, 하위체계에 대한 지지기반과 가치준거를 제공해 준다. 개별 미시체계(개인)는 사회환경 속에서 상호작용하는 거시체계의 지속적인 영향을 받는다. 사회복지실천에서 거시적 접근은 사회 전반을 개선하고 바꾸는 일에 참여하는 것이다. 정치, 경제, 사회, 법, 문화, 관습 등이 거시체계에 속한다.

⑤ 시간체계

시간체계(chronosystem)는 개인의 전 생애에 걸쳐 일어나는 변화와 역사적인 환경을 의미한다. 어느 시대에 출생하여 성장했는지에 따라서 개인은 발달과 삶에 큰 영향을 받는다. 부모, 가족, 친구, 학교 등 개인을 둘러싼 미시체계에서부터 문화, 관습, 이념 등의 거시체계에 이르기까지 모든 생태체계는 개인에게 영향을 미치며, 이러한 생태환경은 과거, 현재, 미래의 시간체계 변

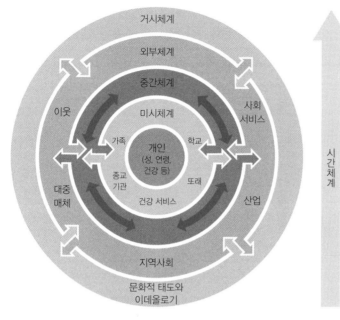

거시체계

외부체계

중간체계

사회
서비스

이웃

미시체계

가족   학교
개인
(성, 연령,
건강 등)
종교
기관   또래

건강 서비스   산업

대중
매체

시
간
체
계

가족제도의 변화,
결혼관의 변화 등

지역사회

문화적 태도와
이데올로기

[그림 6-5] Bronfenbrenner의 생태적 체계

화 속에서 작용한다. 시간체계는 Bronfenbrenner가 처음 발표한 생태학적 모델에는 포함되어 있지 않았으나 생태학적 관점에서 개인을 설명하는 데 필요한 체계로 간주되어 후에 새롭게 포함되었다. 부모의 자녀 양육 태도 변화, 가족제도의 변화, 결혼관의 변화, 직업관의 변화 등이 시간체계에 속한다.

(3) 생태체계 관점의 특징

생태체계 관점의 특징(이필환 외 공역, 2000)을 살펴보면 다음과 같다. 첫째, 생태체계 관점은 인간의 심리적 과정이 생물학적 · 대인관계적 · 문화적 · 경제적 · 조직학적 · 정치적인 요인 사이의 복잡한 상호작용의 발현이며, 이러한 요인들은 상호작용하면서 일생을 통해서 인간행동에 영향을 미치는 것으로 본다. 둘째, 유기체가 환경 속에서 어떻게 역학적인 평형상태를 유지하고 성장해 가는지에 관심을 두는데, 인간과 환경의 상호작용방법에 대한 실천가의 관점을 중시한다. 셋째, 개인과 환경은 특정 상황 속에서 지속적으로 영향을 주고받는 관계의 측면에서 이해되어야 함을 강조하기 때문에, 개인의 가족에서부터 더 넓은 사회적 환경에 이르기까지 환경의 다양한 측면이 어떻게 인간의 발달에 영향을 미치는지 설명한다. 넷째, 개인과 환경 간의 적합성과 상호교류, 적응을 지지하거나 방해하는 요소를 중시한다. 역기능을 적응적이거나 합리적인 것으로 개념화하며, 클라이언트체계의 강점을 강조한다. 다섯째, 개인의 대처능력 강화와 개인에게 영향을 주는 환경 모두를 강조하는 접근법으로 개인과 그를 둘러싸고 있는 다양한 제도, 체계 간의 상호작용을 이해하는 개념적 틀을 제공한다. 여섯째, 병리적 상태가 반영된 것을 '문제(problem)'로 보지 않고, 주위 사람, 사물, 장소, 조직, 정보 등을 포함하는 생태체계의 여러 요인 간의 상호작용의 결과로 문제가 발생한다고 본다. 일곱째, 개인은 개인의 발달 단계에 따른 과업, 지위, 역할의 변화, 위기발생 등 생활상의 전이(life transition), 환경상의 과도한 압력, 클라이언트 행동에 대한 부적절한 반응, 대인관계상의 문제 등으로 어려움을 겪게 된다고 본다.

〈Tip〉 생태체계 관점의 구성

체계이론과 생태학이론을 통합한 것은 Bronfenbrenner의 생태학적 이론과 생태체계 관점이다. 생태학은 유기체와 환경 간의 관계를 연구하는 생물학이고, 일반체계이론은 유기체와 환경 간의 체계적인 상호작용, 상호관련성에 대해서 전체성, 상호성, 개방성의 개념으로 설명하고 분석하려는 이론이다. 이 이론의 장점과 특징을 인간발달 연구에 도입한 것이 Bronfenbrenner의 생태학적 이론이고, 위의 세 가지 개념이 사회복지 실천 모델에 적용된 것이 생활 모델이다.

구분	내용
특징	• 상황 속에서 인간의 다양한 변화 가능성을 제시 • 클라이언트체계의 강점을 강조 • 현재 행동을 '상황 속의 개인'으로 설명 • 인간과 환경은 분리된 것이 아니라 상호 간에 지속적 교류를 하면서 존재함
주요 개념	생활환경(거주환경), 상호작용(상호교류), 적응적합성(적합성), 적응, 유능성, 스트레스, 대처, 공유영역 등
개입의 초점	개인, 환경, 개인과 환경 간의 상호교류 작용
개입 방법	특정한 개입 방법이 없으며 통합적 방법 권장
'환경'의 개념	사회적 · 물리적 · 문화적 환경
문제를 정의하는 시각	'문제(problem)'를 병리적 상태의 반영으로 보지 않고, 생태체계의 여러 요인 간의 상호작용 결과로 봄
클라이언트가 겪는 '어려움의 근원'	생활상의 전이, 발달상의 문제, 지위나 역할의 변화, 위기, 행동에 대한 부적절한 반응, 대인관계상의 문제
사회복지사의 역할	조력자, 교사, 촉진자, 중재자, 옹호자, 역량강화자, 자문가 등

(4) 생태체계 관점의 주요 개념

생태체계 관점의 주요 개념으로는 생활환경/거주환경, 상호작용/상호교류, 적응적합성/적합성, 적응, 유능성, 스트레스, 대처, 공유영역 등이 있다. 이 개념들은 삶이라는 계속된 흐름 속에서 인간과 환경 간의 동적인 상호작용의 실체를 파악하는 데 도움이 되는 틀을 제공한다.

① 생활환경/거주환경

생활환경(habitat)은 생물체가 살고 있는 장소를 가리킨다. 인간의 경우 특정한 문화적 배경 내의 물리적 · 사회적 상황을 의미한다. 생활환경이 성장과 발전에 필요한 자원으로 풍부해질 때 인간은 쉽게 번성한다. 생활환경에 필수자원이 부족하면 물리적 · 사회적 · 정서적 발전이나 기능은 부정적인 영향을 받을 수 있다.

② 상호작용/상호교류

상호작용(transaction)은 인간이 다른 환경의 사람과 의사소통하고 관계 맺는 것을 말한다. 무언가를 전달하고 교환하는 것이기 때문에 활동적이고 역동적이며, 긍정적이거나 부정적일 수 있다.

③ 적응적합성/적합성

적응적합성(goodness of fit)이란 개인의 적응 욕구와 환경 또는 사회적 요구 사이의 조화와 균형 정도 혹은 인간이 환경과의 적응적인 조화를 이루고자 하는 적극적인 노력을 의미한다. 인간과 환경 간의 상호작용은 적응적일 수도 있고 부적응적일 수도 있다. 부적응적 교류가 계속되면 인간발달과 건강, 사회적 기능은 손상되고, 적응적일 때에는 개인이 성장·발달하며 이때 적합성은 높아진다.

④ 적응

적응(adaptation)은 '개인 대 환경의 적절한 결합'을 의미한다. '적응이 잘 된 상태'는 인간과 환경 사이에 적합성(goodness of fit)이 좋은 상태이다. 적응은 환경을 변화시키기 위한 노력, 개인이 자신을 변화시키기 위한 노력, 환경과 개인 모두를 변화시키기 위한 노력, 이러한 노력들의 결과로 발생한 변화에 적응하기 위한 노력 모두를 포함한다. 생태체계 관점에서 적응상 문제는 병리적인 것이 아니며, 개인의 욕구와 대처가 환경의 자원이나 지지와 불일치함으로써 나타나는 것으로 본다.

⑤ 유능성

유능성(competence, 자신감)은 개인이 환경과 효과적으로 상호작용할 수 있는 능력이다. 유능성은 환경과 성공적인 상호작용을 경험할 때 형성되는 것으로, 일생에 걸쳐 확대될 수 있는 능력이다.

⑥ 스트레스
스트레스(stress)는 개인과 환경 사이의 상호교류에서 불균형이 일어나는 현상이다. 사람에 따라 동일한 상황을 스트레스로 경험할 수도 있고, 하나의 도전으로 경험할 수도 있다.

⑦ 대처
대처(coping)는 적응의 한 형태로, 문제를 극복하기 위해 노력하는 것을 말한다. 적응이 긍정적 또는 부정적인 새로운 조건에 모두 반응하는 것이라면, 대처는 부정적인 경험을 다루는 방법이다.

⑧ 공유영역
공유영역(interface)은 2개의 체계가 함께 공존하는 장소이다. 체계 간의 교류가 일어나는 곳으로, 서로 다른 두 체계가 공통의 이익이나 관심을 추구하기 위해 필요하다.

(5) 생태체계 관점과 사회복지실천
1980년대에 사회복지실천에서 사회사업 본래의 관심대상을 충분히 고려할 수 있는 이론적 틀에 대한 요청에 부응하여 사회복지실천에 만족을 주는 것으로 생태체계 관점이 주목받았다. 생태체계 관점은 일반적 체계의 구조와 특성을 설명해 주는 고도로 추상화된 일반체계이론에 생태학의 인간주의적이고 실천적인 차원을 더하여 사회복지실천을 위한 이론틀로서 보다 유용성을 갖는다고 할 수 있다(조흥식 외, 2009).

생태체계 관점은 사회복지실천에서 개인과 환경 간의 적합성, 상호교류,

적응을 돕거나 방해하는 요소 등을 중요하게 여기는 포괄적인 실천지식을 제공한다. 클라이언트와 사회복지사 간의 상호존중 및 클라이언트 스스로 역량을 자각하도록 돕는 전문적인 관계를 도구로 한다. 개인과 문제 상황을 둘러싼 다양한 체계의 영향과 기능을 문화적이고 개인사적이며 미래에 대한 사정을 통하여 파악하고 계획함으로써 바람직한 변화를 가져올 수 있다고 본다. Miley 등(2004)에 의하면, 생태체계 관점을 기반으로 한 실천을 통해 클라이언트의 역량을 강화하고, 긍정적인 환경의 영향력을 활성화하며, 인간과 환경의 연합을 증진하는 동시에 발전적인 기회들을 증대시킬 수 있다.

사회복지실천에서 생태체계 관점이 갖는 유용성으로는 다음의 몇 가지를 들 수 있다(장인협, 1989: 93-95; 조흥식 외, 2009). 첫째, 생태체계 관점은 과거의 어떤 실천모델보다도 폭넓은 관점과 관심영역을 포괄하여 문제에 대한 총체적 이해를 가능하게 해 준다. 둘째, 생태체계 관점은 개인, 집단, 공동체를 망라한 모든 크기의 사회체계에 적용되는 관점으로, 대상집단에 구애되지 않고 적용할 수 있다. 또한 각 수준의 체계에 관한 기존의 연구업적으로부터 축적된 지식을 그대로 원용하여 활용할 수 있다. 셋째, 생태체계 관점은 사정(assessment)의 도구로서도 직접적 유용성을 갖는다. 생태체계 관점은 특정체계의 속성과 체계 간의 상호연관성을 평가함에 있어 각 체계들 간의 일관성과 상호성, 갈등 등의 정도와 상태를 규명할 수 있는 개념기준을 제공하고 있다. 넷째, 생태체계 관점은 문제를 전체 체계의 총체성 속에서 이해하여 개입할 때도 어느 한 부분만이 아니라 전체 관련 체계에 개입하여 체계적 변화를 일으킨다.

이상에서 알 수 있듯이 생태체계 관점은 생태학의 주요 개념을 도입함으로써 이전의 단선적이고 인과론적인 시각에서 통합적이고 전체적이며 역동적인 인간-환경 관계에 대한 시각으로의 전환점을 제공하였다(조흥식 외, 2009: 80-81). 생태체계 관점은 기존의 것을 배척한 새로운 관점이 아니다. 생태체계 관점은 사회복지가 오랫동안 기반으로 해 온 것을 받아들이면서, 그 토대위에 새로운 이론과 개념을 접목시킴으로써 본래의 사회복지 목적을 보다 효과적·효율적으로 추구하고자 한다. 이 관점에서 새로운 것은 ① 문제를 개념화시키는 방식, ② 목표를 공식화하는 방식, ③ 원조활동 영역을 확장시킨 점, ④ 사회복지사의 역할을 확장시킨 점 등에서 찾아볼 수 있다(조홍식 외, 2009: 86; Germain, 1973: 326).

⟨표 6-2⟩ 체계이론·생태학·생태체계 관점의 비교

구분	성격	주요 개념	공통점
체계이론 (일반체계이론, 사회체계이론)	유기체와 환경 간의 체계적인 상호작용, 상호관련성에 대해서 전체성, 상호성, 개방성의 개념으로 설명하고 분석하려는 이론	체계, 경계, 전체성, 상호인과성	인간과 환경 간 상호작용 강조
생태학	개인적 수준에서 처리되거나 집단 내에서 유지	생태	
생태체계 관점	유기체가 환경 속에서 어떻게 역동적인 균형상태를 유지하고 성장해 가는지에 관심	적응, 스트레스, 균형(평형)	

3. 통합적 접근의 실천모델

통합적 접근의 실천모델에서는 4체계 모델과 6체계 모델, 문제해결 모델, 생활 모델, 단일화 모델, 역량강화 모델 그리고 증거기반실천 모델 등을 중심으로 살펴보고자 한다.

1) 4체계 모델과 6체계 모델

일반체계이론이 처음 사회사업에 도입된 것은 1956년 Lutz에 의해서였으나 실천적 분야에 적용된 것은 1960년대 후반부터 Meyer, Goldstein, Pincus과 Minahan, Siberian 등이 체계이론의 풍부한 개념과 기술을 도입·소개하면서 비롯되었다(Meyer, 1983: 52). 특히 Pincus와 Minahan(1973: 54-74)은 일반체계이론을 사회복지실천에 응용하여 사회복지사가 실천과정에서 다루게 되는 대상을 네 가지 체계, 즉 클라이언트체계, 변화매개체계, 표적체계, 행동체계로 분류하였다. Compton과 Galaway(1999)는 기존의 4체계 모델에 전문가체계와 의뢰-응답체계(문제인식체계)를 덧붙여서 6체계 모델을 제시하였다. 이에 대해 자세히 살펴보면 다음과 같다.

(1) 4체계 모델

Pincus와 Minahan(1973)은 일반체계이론을 사회복지실천에 응용하여 4체계 모델을 소개하였다. 4체계 모델은 포괄적인 관점에서 변화매개체계, 클라이언트체계, 표적체계, 행동체계로 구분하고 이 네 가지 체계가 어떻게 상호작용하는지에 관심을 둔다.

① 변화매개체계

변화매개체계(change agent system)는 사회복지사와 사회복지사가 고용된 기관 및 조직을 의미한다. 변화매개인이란 계획적 변화를 목적으로 사회복지실천에 옮기기 위해 고용된 '돕는 사람', 즉 사회복지사이다. 사회복지사가 속해 있는 사회복지관, 상담센터, 치료센터 등이 변화매개체계이다.

② 클라이언트체계

클라이언트체계(client system)는 서비스나 도움을 필요로 하는 사람들이다. 도움을 요청하여 변화매개인인 사회복지사의 서비스를 제공받는 개인, 가족, 집단, 기관이나 지역사회이다. 서비스를 필요로 하는 사람들이 변화매개체계와 계약상태에 있을 때 클라이언트체계가 된다.

③ 표적체계

표적체계(target system)는 변화매개체계가 그 활동목적을 달성하기 위해 변화시킨 대상이다. 표적체계는 변화매개인(사회복지사)이 목표를 성취하기 위하여 영향을 주거나 변화시킬 필요가 있는 사람들이다. 변화되어야 할 대상이 클라이언트이거나 클라이언트의 내부체계일 때 표적체계와 클라이언트체계는 일치한다. 반면, 변화매개인(사회복지사)이 클라이언트를 접수하여 클라이언트의 문제를 돕는 경우, 클라이언트의 문제해결을 위해 다른 사람이나 대상을 변화시킬 때 표적체계와 클라이언트체계는 일치하지 않는다.

④ 행동체계

행동체계(action system)는 변화매개인(사회복지사)이 변화 노력을 달성하기 위해 상호작용하는 사람들이다. 클라이언트에게 도움이 되는 변화를 가져오기 위해 사회복지사가 활동하면서 상호작용하는 이웃, 가족 혹은 타인들

〈Tip〉 클라이언트체계와 표적체계의 관계

• 클라이언트체계=표적체계

클라이언트체계와 표적체계가 일치하는 경우에는 클라이언트 자체가 문제해결을 위한 변화의 대상이 되거나 영향을 받는다. 사회복지사는 클라이언트체계와 협력하여 일한다.

예: 자신의 불면증 문제를 해결하기 위해 상담을 받으러 온 중년여성 클라이언트

• 클라이언트체계≠표적체계

클라이언트체계와 표적체계가 일치하지 않는 경우에는 변화매개인이 클라이언트를 접수하고 그의 문제해결을 돕는다. 클라이언트의 문제해결을 위해 다른 사람이나 대상을 변화시키는 경우이다.

예: 어머니가 등교를 거부하는 아들을 학교 사회복지사에게 의뢰한 경우(어머니는 클라이언트체계, 아들은 표적체계)

이 해당된다. 변화매개인은 변화 노력과정에서 단계에 따라 다른 유형의 행동체계와 작업하기도 한다. 예를 들어, 학교폭력 피해자가 클라이언트(학생)인 경우 가족, 학교, 친구(동료), 다른 사람들 등이 행동체계가 된다.

(2) 6체계 모델

Compton과 Galaway는 사회복지실천을 구성하는 사회적 체계를 여섯 가지로 분류하였는데, 이는 Pincus와 Minahan이 제시한 변화매개체계, 클라이언트체계, 표적체계, 행동체계에 전문가체계와 의뢰-응답체계(문제인식체계)를 부가한 것이다.

① 변화매개체계

변화매개체계는 사회복지사와 사회복지사를 고용하고 있는 기관 및 조직이다.

② 클라이언트체계

클라이언트체계는 서비스의 혜택을 기대하는 사람들, 도움을 요청하여 변화매개인인 사회복지사의 서비스를 제공받는 개인, 가족, 집단, 기관, 지역사회 등이다.

③ 표적체계

표적체계는 변화매개인(사회복지사)이 목표를 성취하기 위하여 영향을 주거나 변화시킬 필요가 있다고 느끼는 사람들이다.

④ 행동체계

행동체계는 변화매개인(사회복지사)이 변화 노력을 달성하기 위해 상호작용하는 사람들로 이웃, 가족, 다른 사람들이다.

⑤ 전문가체계

전문가체계(the professional system)는 전문가 단체, 전문가를 양성하는 교육단체 등으로 구성된다. 전문가체계의 가치와 문화는 변화매개인인 사회복지사의 행동과 사고에 영향을 준다. 사회복지사는 기관변화, 사회변화를 위한 옹호자나 지지자 또는 대변자로서의 역할을 수행할 때 전문가체계를 활용하는 경우가 많다. 전문가체계는 사회복지학회, 사회복지사협회, 사회복지협의회 등을 예로 들 수 있다

⑥ 의뢰-응답체계

의뢰-응답체계(문제인식체계)는 클라이언트가 다른 사람의 요청이나 법원, 경찰 등에 의해 강제로 사회복지기관에 오는 경우, 일반 클라이언트체계와 구별하기 위해 사용된다. 의뢰체계는 서비스를 요청한 사람이다. 응답체계는 법원이나 경찰, 외부 전문가 등의 요청으로 서비스기관으로 오게 된 체계이다.

이와 같이 사회복지실천을 구성하는 사회체계에 대한 다차원적인 분류는 문제나 현상을 바라보는 제반 요소들에 대해 분석적인 시각을 제공하였고, 사회복지실천에서 사회복지사의 개입활동을 보다 조직적으로 안내해 주는 역할을 하였다.

2) 문제해결 모델

(1) 문제해결 모델의 배경

문제해결 모델은 Erikson의 자아심리학, Dewey의 실용주의 철학, 역할이론, 개별사회사업(casework) 이론(동기화, 능력, 기회 등의 활용) 혹은 사회심리학, 문화인류학 등의 영향을 받았다. 또한 문제해결 모델은 사회복지 분야에

서는 진단주의와 기능주의 두 이론의 영향을 동시에 받고 있는 절충주의의 대표 모델이다.

시카고 대학교 교수였던 Perlman(1957)은 클라이언트의 어려움이 문제에 있는 것이 아니라 문제를 해결하는 태도에 있다고 보았다. 인간의 삶 자체가 지속적인 문제해결과정이라고 전제하면서 사회복지실천의 변화 표적을 '문제'로 제시하였다. 문제해결능력은 인간으로 하여금 환경으로부터 정보를 얻게 하고, 이 정보들을 활용하여 생물학적·심리적·문화적·사회적 욕구들을 충족시키도록 한다. Perlman의 문제해결 모델에서는 이러한 인간의 능력에 대한 믿음을 바탕으로 삶 자체를 하나의 지속적 문제해결과정으로 간주한다. 클라이언트가 자신의 문제를 올바르게 평가하고 판단할 수 있도록 문제를 인식하게 하고, 주어진 문제를 해결할 수 있는 능력을 향상시켜 주는 과정을 사회복지실천으로 보고 문제해결 모델을 개발하였다(장인협, 1989).

〈Tip〉 진단주의와 기능주의의 비교

Perlman 자신은 진단주의 학파이지만, 기능주의의 장점을 받아들임으로써 절충적인 입장에서 모델을 구성하였다. 정신분석학의 영향으로 개인의 심리내적인 면에 치중하던 진단주의와 개인의 창조적 자아능력을 강조한 기능주의를 절충하였다.

- 진단주의: 정신분석의 영향을 받았고, 인간에 대한 기계적·결정론적 관점을 가지고 있다.
- 기능주의: 진단주의 학파에 반기를 들어 1930년대 등장한 것으로, Otto Rank의 '의지'를 강조한다. 인간에 대한 낙관적 견해를 가지고, 치료라는 용어를 거부하는 대신 원조과정으로 표현한다.

---

(2) 문제해결 모델의 특징

문제해결 모델의 특징을 살펴보면 다음과 같다(장인협, 1989: 81-88). 첫째, 문제의 원인에 대한 입장을 살펴보면, 개인이 문제해결에 실패하는 것은 개인의 정신적인 결함이나 병리 때문이 아니라 문제를 해결해 나가는 태도가 잘못되었기 때문이다. 문제가 클라이언트의 인성에서 비롯되는 것이 아니라 일상생활에서 경험하는 다양한 것에서 비롯되는 것이라고 본다. 둘째, 개입 목적은 클라이언트의 문제해결능력을 회복시키는 것이다. 셋째, 클라이언트에 대한 입장을 살펴보면, 클라이언트 자신이 문제해결자이며, 클라이언트의 자아가 중요한 역할을 하는 것으로 본다. 넷째, 개입에서 사회복지사의 역할은 변화를 위해 클라이언트의 동기를 개방시키고, 활력을 주며, 방향성을 제시하는 것이다. 문제에 대처하기 위해 클라이언트의 정신 · 정서 · 행동적 능력을 개방시키고 반복적으로 훈련시킨다. 문제의 경감 또는 해결에 필요한 자원을 클라이언트가 이용할 수 있도록 원조한다. 다섯째, 개입 과정은 문제해결의 과정으로, 개인과 환경 간의 상호작용에 초점을 두고 개입을 한다. 개입 과정에서 1단계인 접촉단계는 문제를 규정하고 목표를 설정하는 단계이고, 2단계인 계약단계는 활동계획을 수립하는 단계이며, 3단계인 활동단계는 계획을 실행하고 종결 및 평가하는 단계이다.

〈표 6-3〉 문제해결 모델의 특징

구분	문제해결 모델의 특징
문제 원인	잘못된 문제해결 태도
개입 목적	클라이언트의 문제해결능력 회복
클라이언트에 대한 입장	자신의 문제해결자
개입 과정 (문제해결의 과정)	1단계-접촉단계: 문제 규정 및 목표 설정하기 2단계-계약단계: 활동계획 수립하기 3단계-활동단계: 계획실행, 종결 및 평가하기
사회복지사의 역할	동기부여자, 훈련가

이 모델은 사회복지사가 질병을 치료하듯이 클라이언트의 문제를 해결해 주는 것이 아니라, 클라이언트체계의 성장과정에 참여하여 클라이언트를 돕고 삶을 효과적으로 대처해 나갈 수 있도록 클라이언트의 능력을 강화시킬 것을 강조한다(이종복, 전남련, 2012).

(3) Perlman의 4P/6P

Perlman은 문제해결과정을 4P로 표현하였다. 즉, 문제해결과정은 '문제 (problem)를 가지고 있는 사람(person)이 특정 장소(place)에 자신의 문제를 가지고 도움을 얻기 위해 찾아오게 되며, 이때 사회복지사는 클라이언트의 문제해결기능에 관여하게 되고, 나아가 문제해결에 필요한 자원을 보완해 주는 과정(process)'이다. 이후에 Perlman은 전문가(professional)와 사회적 지지나 재화, 관계 등을 제공하는 제공물(provisions)의 개념을 추가하여 6P로 확대하였다.

〈표 6-4〉 Perlman의 4P/6P

4P/6P	내용
사람(person)	상황 속의 인간
문제(problem)	클라이언트의 문제
장소(place)	사회복지기관
과정(process)	실천과정
전문가(professional)	사회복지사 등
제공물(provisions)	사회적 지지나 재화

3) 생활 모델

생태학은 생물학의 한 영역으로, 살아 있는 유기체와 이를 둘러싼 주변 환경 간의 상호작용을 연구하는 학문이다. 생태학이론에 기반한 사회복지실천

모델로는 Meyer(1988)에 의해 처음 개념화되고 Germain과 Gitterman(1980)에 의해 통합적 실천모델로 체계화된 생활 모델(life model)이 있다(성민선 외, 2009: 239). 이 모델은 클라이언트의 다양성을 존중하고 사회복지사와의 동반자적 관계, 상호작용에 초점을 둔 다양한 양식과 방법 및 기술을 활용하는 통합성, 강점을 강조하며 생활과정에서의 적응 수준 향상을 목표로 하는 이론이다(최혜지 외, 2013).

(1) 생활 모델의 등장배경

1970년대 사회변화의 요구에 직면하면서 사회복지 분야의 책임에 대한 직접실천 분야의 저항문제와 일반전문직 실천분야의 확장문제가 대두되었다. 이에 대한 대응으로 Germain과 Gitterman이 생태체계 관점을 사회복지실천 분야에 도입하여 생활 모델을 개발하였다(이문국 외 공역, 1999: 854-855). 생활 모델은 인간과 환경의 상호작용에 초점을 두고 개인, 가족, 집단, 지역사회 등의 제반 체계에 개입할 수 있는 실천 원칙과 기술을 통합한 모델로, 생활과정 안에서 문제를 해결해 나가도록 하는 실천모델이다. 생활 모델의 개입 목표는 개인과 그 외 환경 특성, 인간의 욕구와 환경자원 간의 적응 수준을 향상시키는 것이다.

(2) 생활 모델의 특징

생활 모델의 특징을 살펴보면 다음과 같다(이문국 외 공역, 1999). 첫째, 클라이언트의 다양성을 존중하여 클라이언트의 사회경제적 지위, 종교, 성, 연령 등을 있는 그대로 수용하고 존중한다. 둘째, 클라이언트와 사회복지사의 동반자적 관계를 강조한다. 클라이언트를 자기 삶의 전문가로 보며, 클라이언트와 사회복지사의 관계는 동반자적 관계로 본다. 셋째, 통합된 양식과 방법 및 기술을 사용하여 인간과 환경의 상호작용에 초점을 두고 개인, 가족, 집단, 지역사회 등 제반 체계에 개입할 수 있도록 실천 원칙과 기술을 통합한다. 넷째, 개인과 집단의 강점을 강조하여 생활 스트레스 같은 문제들은 인간과 환경 사이의 적응적 교류의 균형이 깨어지면서 발생하는 것이기 때문에, 개인과 집단이 잠재능력을 발휘하고 환경의 긴장 요인을 줄여 성장과 촉진적 교류를 회복하고자 한다.

(3) 생활상의 문제

생활 모델은 문제를 생태체계 요소들 간의 상호작용 결과로 본다. 생활 모델에서 문제는 개인의 성격장애가 아니라 스트레스를 만들어 내는 생활상의 문제로 정의된다. 인간과 환경의 복잡한 상호교류에서 적응균형의 혼란이 나타나고, 이러한 혼란은 스트레스(stress)를 발생시킨다. 스트레스는 세 가지 상호 관련된 생활영역에서 일어나는데, 그 내용을 간략히 살펴보면 다음과 같다. 첫째, 생활변천에는 사춘기처럼 발달상의 변화, 부모가 되는 것처럼 지위와 역할의 변화, 사랑하는 사람을 잃은 경우처럼 위기에 따른 변화가 속한다. 둘째, 환경의 압박은 사회적 환경, 물리적 환경이 서로 영향을 주고받는 통합적 체계에서 오는 문제이다. 사회의 기회구조가 성, 인종, 계급 등에 의해 차별적인 경우, 물리적 장소가 인간에게 적합하지 않은 경우 등이 이에 속한다. 셋째, 대인관계 문제에서 가족과 집단이 의사소통과 대인관계에서 비롯된 장애로 인해 갈등에 직면할 수 있다.

4) 단일화 모델

Goldstein이 체계화한 단일화 모델(unitary model)은 통합적 접근의 대표적인 모델로서 세 가지 중요한 준거틀, 즉 ① 사회체계 모델, ② 사회학습 혹은 문제해결 모델, ③ 과정모델을 결합하였으며, 이 중에서도 특히 과정모델의 내용을 강조한다.

단일화 모델은 유기체로서의 개인과 역동적인 사회관계 및 양자 간의 상호

관계에 초점을 둔다. 또한 단일화 모델은 사회학습에 관한 사회복지사의 기능에 더 많이 관심을 갖는다. 사회학습을 매우 광범위한 일반적 의미로 제시하여 중요한 변화목표로써 개인이나 소집단 체계에 국한시키지 않고 사회학습과정을 통해 좀 더 큰 체계(조직, 지역사회 등)로 변화될 수 있음을 강조한다(김융일 외, 2000: 73). 사회복지사의 자원 확보와 폭넓은 활용을 통해 사회변화가 가능함을 강조하였다(최혜지 외, 2013; Goldstein, 1973: 159).

5) 역량강화 모델(강점관점)

1970년대에는 생태체계 관점에 근거한 강점지향 또는 해결중심 접근의 중요성이 대두되었다. 1970년대 중반 Chestang, Solomon, Pinderhughes 등의 학자들에 의해 역량강화 모델이 개발되었다. 역량강화 모델은 완전히 새로운 사회복지실천 모델이 아니라 사회복지 전통에 녹아 있던 강점중심 개입의 재부상이라고 할 수 있다. 역량강화 모델의 이론적 기반은 생태체계 관점과 강점관점이다.

(1) 역량강화 모델의 등장배경

사회복지실천에서 '역량강화(empowerment)'의 개념이 등장한 것은 Solomon(1976)에서 비롯된다. 1970년대 후반 역량강화에 대한 관심이 부각되었고, 1980년대에는 역량강화와 관련된 개념이 소개되었으며(De Jong & Miller, 1995; Weick et al., 1989), 강점기반실천이 사회적 가치에 대한 포스트모더니즘적 비판에 의해 알려지기 시작하였다. 강점 개념은 사회복지에서 Weick, Rapp, Sullivan과 Kisthardt(1989)이 '강점관점'이라는 용어를 논문에 사용하면서부터 문헌에 등장하였다(최혜지 외, 2013).

클라이언트에 대한 역량강화 모델은 사회복지에서 새로운 것이 아니라 사회복지 전문직의 핵심으로 볼 수 있다. 역량강화의 뿌리는 초기 사회복지 전문직의 역사 속에 있으며, 일반적으로 역량강화의 개념적 기원은 1800년대 인보관운동에서 찾을 수 있다(최혜지 외, 2013; De Jong & Miller, 1995). 실제로 역량강화 모델이 사회복지실천의 맥락 안에 이미 존재하고 있었음에도 불구하고 그 용어와 실천적 적용으로 빛을 보게 된 것은 1970년대에 접어들면서이다. 그리고 실제적인 실천에 적용되어야 할 개념으로 강조되기 시작한 것은 1990년대 이후라고 볼 수 있다.

사회복지실천의 중요한 목적 중 하나는 클라이언트의 사회기능 수행능력 향상이다. 이는 사회복지실천의 기능과 연결되어 클라이언트의 능력강화(competence)와 역량강화(empowerment)로 집약된다(Browne, 1995). 최근 역량강화라는 개념은 사실 사회복지실천의 역사 안에서 꾸준히 함께 있던 철학이며 이념이자 실천원칙이다. 전통적 문제해결과정과 역량강화과정을 간략히 비교하면 〈표 6-5〉와 같다.

〈표 6-5〉 전통적 문제해결과정과 역량강화과정의 비교

구분	전통적인 문제해결과정	역량강화과정
초점	문제(욕구, 결함, 증상, 병리) 중심	강점(소망, 열망, 재능, 기술, 지식) 중심
문제에 대한 인식	부정적인 인식	도전과 기회로 적극적인 인식
특징	분석적	총체적
문제해결과정	전문가적 관점 중심, 질문식 인터뷰	클라이언트 자신의 관점에서 정보수집, 민속지학적(ethnographic), 대화적, 목적적
강조	과거와 현재 강조	지금 여기에 두며 미래 강조
클라이언트-사회복지사 관계	전문가 중심	협력적 동반자 관계 중심
클라이언트에 대한 인식	수동적 수혜자로 인식, 전문가에 의해 통제됨	적극적 권리 행사자, 소비자, 서비스 이용자로 인식
최종 목적	문제해결	삶의 질 향상

(2) 역량강화의 의미

역량강화란 힘이나 권한을 부여하는 것, 가능하게 하는 것, 능력을 향상시키는 것, 허용하는 것 등으로 풀이된다. 자신이 처한 상황을 스스로 개선하기 위해 행동을 취할 수 있도록 개인적·대인적·정치적 측면에서 힘을 키워 나가는 과정이다. 클라이언트가 자기 삶에 대한 결정과 행위에 있어서 힘을 가질 수 있도록 돕는 것이다. 힘을 가진다는 것은 필요한 자원을 환경에서 얻을 수 있다는 것을 의미한다. 역량강화에 대한 학자들의 정의를 살펴보면 〈표 6-6〉과 같다.

취약한 클라이언트 집단은 무기력하고 무력하여 필요한 환경자원을 스스로 활용하지 못하고 스트레스 상황에 효과적으로 대처하지 못한다. 역량강화는 이러한 클라이언트가 자신의 삶을 충분히 통제할 수 있도록 원조하는 것이다.

〈표 6-6〉 **역량강화에 대한 정의**

학자	정의
Van Den Bergh & Cooper (1986)	타인에 대한 통제, 권위, 영향력을 소유하는 것이며, 개인이 자신의 삶을 통제하는 데 도움이 되도록 원조를 제공하는 것이다.
Bandura (박내회, 1997: 7)	요구하는 행동을 잘할 수 있다는 믿음이나 판단, 즉 자기효능감을 형성해 주고, 자신의 능력에 대한 신념을 촉진시키는 경험과 기회를 제공해 주는 과정이다.
장인협 (1999: 39)	개인, 집단, 지역사회가 그들의 환경에 대한 통찰력을 얻고 그들 자신의 목표를 달성하여 결과적으로 그들 자신과 다른 사람을 원조하여 삶의 질을 최대화시켜 나가는 수단이다.
Browne (1995)	현대 사회의 특성을 고려하여 역량강화의 개념에 개인의 자기주장, 사회적 상향이동, 개인적 발전, 심리적 강인함 등이 포함되어야 한다.

<Tip> power와 empowerment 비교

• power: 역량 혹은 힘. 자신의 삶의 과정에 영향을 미치는 능력
• empowerment: '역량강화' '권한부여' 혹은 '능력고취'

(3) 역량강화 모델의 기본 가정과 특성

『사회사업사전』에서는 역량강화 모델을 "그들 자신의 삶에 대한 집단적 통제력을 획득하는 방법에 관한 모델, 그리고 사회복지사들이 사람들의 결여된 힘을 증대시키기 위해 추구하는 방법"으로 규정하고 있다. Miley와 DuBois는 사회복지실천의 패러다임으로, 역량강화에 대한 가정을 다음과 같이 제시하였다(김혜숙, 나임순, 김현경, 2013).

① 인간에 대한 가정
• 모든 인간은 수용과 존경을 받아야 한다.
• 클라이언트들은 자신의 상황을 가장 잘 안다.
• 모든 인간행동은 맥락 안에서 타당성을 지닌다.
• 도전은 클라이언트 내부적 원인으로 인해 생기는 것이 아니라 인간체계와 물리적·사회적 환경 간의 교류로부터 생겨난다.
• 강점이란 매우 다양한 것으로, 개인의 존중감, 문화적 자부심, 지역사회 내에서의 성공적 관계형성 및 상호의존성 등을 모두 포함한다.

② 변화에 대한 가정
• 변화는 가능한 것일 뿐만 아니라 필연적인 것이다.
• 생태체계 일부분에서의 작은 변화도 전체에게 유익한 변화의 시작일 수 있다.
• 변화를 견뎌 내는 것은 강점을 형성한다.

- 강점 및 성장잠재성은 모든 인간체계를 특징짓는다.
- 인간체계는 기회를 부여받음으로써 능력을 고양시킨다.
- 협력관계는 힘의 느낌을 자극하면서 이를 행동으로 이행하도록 한다.
- 문화적 차이는 폭넓은 관점과 부차적 대안, 종합적 해결의 가능성 등을 제공하는 자원이 된다.
- 클라이언트는 자신을 변화에 영향을 미칠 수 있는 주체로 인식해야 한다.

③ 역량강화에 대한 가정
- 역량강화는 클라이언트와 실천가가 동반자로서 함께 임하는 협력과정이다.
- 클라이언트체계를 유능하며 자원과 기회로의 접근이 허용된 존재로 본다.
- 능력은 어느 누가 무엇을 하라고 지시하는 상황 속에서가 아니라 인생 경험, 그중에서 특히 유효성을 확인하게 한 경험을 통해 획득하거나 다듬어진다.
- 비공식적 사회관계망은 스트레스를 조정하고 통제감과 능력을 증대시키는 데 필요한 지지의 중요 출처이다.
- 사람은 자신의 역량강화과정에 참여해야 하는데, 목적이나 수단 그리고 결과에 대해서도 스스로 규정지어야 한다.
- 인식(awareness) 수준은 역량강화에서 핵심적 사안이며, 변화가 일어나는 데는 정보가 필요하다.
- 자원을 효과적으로 사용할 수 있는 능력으로의 접근을 시도한다.
- 어떤 상황이라도 복합적 요인이 관련되어 있으므로 효과적 해결을 모색하려면 다양한 접근을 해야 한다.
- 역량강화과정은 역동적이고, 항상 변화하며, 계속 발전한다.
- 개인적 발달과 사회경제적 발달의 구조가 평행선을 이룰 때 역량강화는

성취된다.

역량강화 접근의 특성(Miley et al., 2004)은 다음과 같다. 첫째, 생태체계적 관점을 통합하고 있다. 둘째, 클라이언트의 결함보다는 강점을 지향한다. 셋째, 문제확인보다는 문제해결을 추구한다. 넷째, 처방에 따른 치료보다는 능력향상을 추구한다. 다섯째, 전문가의 전문적 능력보다는 클라이언트가 변화 과정의 모든 단계에 완전한 동반자로서 참여해야 한다는 전제하에 전문가와의 협력적 동반자 관계를 강조한다. 여섯째, 환경은 잠재적 자원을 보유하고 있음을 강조함으로써 다양한 환경적 자원을 활성화하는데, 심지어 클라이언트로 하여금 자신을 자원으로 보도록 돕는다.

(4) 역량강화 모델의 주요 개념

① 역량강화: 역량강화는 클라이언트가 충분하게 자신의 삶에 대한 결정과 행위에 있어 힘을 가질 수 있도록 원조하는 것이다.

② 협력과 파트너십: 클라이언트를 잠재력을 가진 인간으로 그리고 경험과 역량을 가진 원조과정의 파트너로 인식한다. 클라이언트는 문제해결의 변화 과정에 능동적으로 참여하는 파트너이다.

③ 클라이언트에 대한 '소비자' 시각: 기존의 수혜자, 환자, 도움을 받는 사람들이라는 낙인으로부터 클라이언트를 소비자로 본다. 서비스를 수혜가 아닌 하나의 권리로서 이해하는 것, 클라이언트에게 서비스에 대한 능동적인 선택권을 부여하는 것이다.

④ 유능성(능력): 유능성(competence)은 클라이언트가 환경과 효과적인 상호작용할 수 있는 능력이다. 유능성은 개인적 차원, 대인관계 차원, 구조적 차원 등 모든 사회체계 수준에서 적용 가능한데, 이 세 가지 차원이 잘 기능할수록 각 개인이 환경에 대처할 수 있는 유능성은 더욱 향상된다.

⑤ 강점관점: 강점(strengths)은 개인, 집단, 지역사회가 잠재적으로 가지고

있는 총체적인 힘이다. 사회복지실천에서 강점관점에 대한 개념은 모든 인간이 성장하고 변화할 능력을 이미 내면에 가지고 있으며, 문제가 생겼을 때 문제를 해결할 능력과 힘을 갖고 있음을 전제한다.

〈Tip〉 강점관점과 역량강화 모델

강점관점과 역량강화 모델의 관계를 살펴보면, 강점관점은 역량강화 모델보다 좀 더 포괄적인 개념으로써, 역량강화라는 구체적인 모델에 철학적 기반을 제공한다. 또한 클라이언트를 보는 전체적인 시각을 형성해 준다. 역량강화는 무력감을 갖는 개인이나 가족 혹은 지역사회가 힘을 가질 수 있게 해 주는 것인데, 클라이언트는 이미 문제를 해결할 수 있는 잠재적인 힘과 능력이 있다는 사실을 전제로 한다. 즉, 강점관점을 도입해서 보는 것이다. 이런 강점관점으로 클라이언트를 보았을 때 클라이언트를 과거와는 전혀 다른 새로운 존재로 볼 수 있게 된다.

역량강화가 클라이언트에게 동기, 능력, 기회 등을 제공하여 사회적 기능수행을 가능하게 하는 힘을 도출하는 데 초점을 두는 반면, 강점관점은 클라이언트들이 지니고 있는 잠재능력, 재능, 자질을 강화시켜 줌으로써 사회적 적응을 보다 가능하게 하는 데 초점을 둔다(조흥식 외, 2009).

강점관점의 특징은 다음 세 가지로 정리할 수 있다(장인협, 2005: 473-475). 첫째, 문제가 아닌 도전을 강조한다. 둘째, 병리가 아닌 강점을 강조한다. 셋째, 과거가 아닌 미래를 중시한다.

---

(5) 역량강화 모델과 사회복지실천

역량강화는 개인, 대인관계, 구조적 차원 등 모든 사회체계 수준에 적용 가능하다. 그 내용을 살펴보면 다음과 같다.

첫째, 개인 차원의 역량강화는 개인의 역량, 지배력, 강점, 변화능력에 영향력을 주는 것이다. 자신의 요구를 표현하도록 격려하고 자신을 올바르게 설명하게 한다.

둘째, 대인관계 차원은 어느 일방에 의해 주거나 혹은 받기만 하는 것이 아니라 상호 교환하는 관계를 형성하는 것이다. 사회복지사는 클라이언트가 타인을 바르게 이해하도록 격려하는 동시에 클라이언트에 대한 타인의 바른 이해를 돕는다.

셋째, 구조적 차원은 정치적·사회적 상황과 같은 사회구조를 바꿈으로써 좀 더 힘을 얻고 새로운 기회를 창출할 수 있다. 사회적 수준에서의 자원 창출은 그 사회의 모든 개인에게 힘을 부여한다.

역량강화는 개인, 집단, 조직, 지역사회와 관계가 있다. 개인적인 수준에서의 역량강화는 자존감, 자기효능감, 내면적 조정의 중심과 관련이 있다 (Bartle, Couchonnal, & Canda, 1999; Rappaport, 1984). 집단 수준에서의 역량강화는 상호협력, 집단 정체성, 사회행동의 발달과 관련이 있다. 지역사회 수준에서의 역량강화는 잠재력의 성장, 정의를 실현하기 위한 사회 정책과 제도의 변화에 관하여 주시한다(최혜지 외, 2013).

역량강화 모델의 실천과정은 대화단계, 발견단계, 발전단계의 3단계로 구성된다. 사회복지실천에서 역량강화 모델의 각 단계는 독특한 기술과 기법들을 강조한다.

첫째, 대화단계(dialogue phase)에서는 역량강화 관계와 개발하기를 강조한다. 대화단계에서는 사회복지사와 클라이언트체계 간의 상호신뢰라는 협력적 관계를 확립하고 유지시킨다. 대화단계의 주요 과제는 파트너십 형성, 현재 상황의 명확화, 방향 설정 등이다.

둘째, 발견단계(discovery phase)에서는 사정, 분석, 계획하기를 강조한다. 이 단계에서 사회복지사와 클라이언트는 체계적으로 해결에 필요한 자원발굴방법을 모색한다. 발견단계의 주요 과제는 강점 확인, 자원의 역량 사정, 문제해결방안 수립 등이다.

셋째, 발전단계(development phase)에서는 실행, 변화와 안정화하기를 강조한다. 이 단계에서 사회복지사와 클라이언트는 기존의 자원을 활성화하고, 클라이언트가 목적에 도달하기 위한 새로운 대안들을 개발한다. 발전단계의

〈표 6-7〉 역량강화 모델의 실천단계와 과정 및 활동 내용

실천단계	과정	활동 내용
대화단계	파트너십 형성 (Forming Partnerships)	• 역량강화의 관계 수립 • 클라이언트의 고유 능력 인식 • 사회복지사와 클라이언트 각각의 독창성 존중
	현재 상황의 명확화 (Articulating Situations)	• 클라이언트가 겪고 있는 도전적 상황 확인, 목적 탐색
	방향 설정 (Defining Directions)	• 관계형성을 위한 예비 목적 결정 • 클라이언트의 동기 활성화, 적절한 자원 탐색 지도
발견단계	강점의 확인 (Identifying Strengths)	• 클라이언트의 강점 탐색, 역경의 극복 • 도전적 상황과 문화적 정체성에 대처
	자원의 역량 사정 (Assessing Resource Capabilities)	• 클라이언트의 다양한 교류관계(환경, 가족과 사회집단, 조직, 지역사회 제도)의 자원 탐색
	해결방안 수립 (Framing Solutions)	• 클라이언트와 환경자원을 활용하고 원하는 목적으로 이끌어 줄 달성 가능한 행동계획 수립
발전단계	자원 활성화 (Activating Resources)	• 자문, 자원 운영과 교육을 통하여 이용 가능한 자원을 가동함으로써 행동계획 이행
	동맹관계 창출 (Creating Alliances)	• 클라이언트의 본래 원조망과 서비스 전달 체계 내부에서 클라이언트 상호 간 역량강화적 동맹관계 수립
	기회의 확대 (Expanding Opportunities)	• 프로그램 개발과 지역사회 조직, 사회 행동을 통한 새로운 기회와 자원 개발
	성공의 확인 (Recognizing Success)	• 성취를 확인하고 지속되는 행위를 알리기 위한 변화 노력의 성공 평가
	성과의 집대성 (Integrating Gains)	• 성공을 축하하고 긍정적 변화를 정착시키는 방식으로 변화 과정 종결

출처: DuBois & Miley (2005: 199).

주요 과제는 자원 활성화, 기회의 확대, 성공의 확인, 성과의 집대성 등이다.

DuBois와 Miley(2005: 199)는 일반적인 실천에서 역량강화 모델의 실천단계를 〈표 6-7〉과 같이 정리하였다.

역량강화 모델에서 클라이언트의 무기력감을 줄이면서 역량강화로 이끄는 사회복지사의 역할에는 다음의 세 가지가 있다(김혜숙 외, 2013; Morales & Sheafor, 2001). 첫째, 자원 전문가(resource consultant) 역할로, 사회복지사는 클라이언트의 자긍심과 문제해결능력을 향상시키는 방식으로 클라이언트와 자원을 연계시키는 역할을 담당한다. 둘째, 민감성 증진(sensitizer) 역할로, 사회복지사는 클라이언트의 문제를 해결하는 데 필요한 지식을 얻는 데 도움이 되는 모든 역할행동을 병행해야 한다. 셋째, 교육자/훈련자 역할로, 사회복지사는 사회적으로 살아가는 동안 겪게 되는 문제의 해결 혹은 과업의 완수를 위한 학습과정을 관리하는 역할을 하게 된다.

역량강화에 기여하는 것은, 첫째, 태도와 가치 및 신념, 둘째, 집합적 경험을 통한 정당성의 인정, 셋째, 비판적 사고와 행동을 위한 지식과 기술, 넷째, 행동이다(최혜지 외, 2013; Gutiérrez, Parsons, & Cox, 1998).

6) 증거기반실천

증거기반실천은 실천활동에 있어서 과학적 입증의 중요성을 강조하는 것으로 과학기반실천(scientifically based practice), 경험기반실천(empirically based practice), 발전적 연구와 활용(Developmental Research and Utilization: DRU) 등의 이름으로 불리며 강조되고 있다(Whittaker, 2002). 증거기반실천(Evidence-Based Practice: EBP)은 증거기반의학(Evidence-Based Medicine: EBM)에서 기원한 것으로, 임상심리학과 사회복지에 큰 영향을 미쳤다(Proctor & Rosen, 2006).

사회복지사들에게 조사연구를 수행하거나 조사연구의 결과를 활용하도록 권장하고 있지만, 사회복지현장에서 제대로 활용되지 못하고 있다. Rosenblatt(1968)의 연구에 따르면, 사회복지사들은 다루기 힘든 클라이언트의 문제에 직면했을 때 주로 슈퍼바이저의 도움에 의존하며, 관련 조사연구는 거의 참고자료로 활용하지 않는 것으로 나타났다. 그러나 사회복지실천의 실무를 위해 조사연구를 활용해야 한다는 생각은 증거기반실천으로 인해 더욱 탄력을 받게 되었다(최혜지 외, 2013).

(1) 증거기반실천의 등장배경

증거기반실천 모델이 사회복지실천에서 관심을 받게 된 배경은 다음과 같이 세 가지로 정리해 볼 수 있다(최혜지 외, 2013).

첫째, 실천기술 대 과학성 논쟁이다. 인간의 문제를 다루는 사회복지실천이 기술에 가까운지, 아니면 과학에 가까운지에 대한 논쟁이다. 많은 학자들의 연구결과(김연옥, 1993; 정순둘, 2004)에 의하면, 사회복지사의 생각이 임상분야에 가까울수록 기술을 중시하며, 정책이나 행정과 같은 거시적 분야에 가까울수록 과학을 중요시한다.

둘째, 실천의 효과성에 대한 논쟁이다. 1970년대 들어서면서 막대하게 증가된 사회복지 재정에 대한 책임완수의 요구가 높아지면서 사회복지 전문직은 이를 과학적으로 증명해야 할 상황에 처하게 되었다. 이를 계기로 사회복지의 효과성에 대한 논쟁이 시작되었다. 이에 대한 논쟁은 1980년대까지 계속되었는데, 사회복지직이 효과적인 전문직이 되기 위해서는 비과학적 지식체계에서 벗어나 경험적으로 검증된 지식과 기법에 의존해야 한다는 사회복지의 과학화로 이어졌다. 즉, 과학적인 조사방법에 의해 클라이언트의 문제를 사정하고, 효과성이 검증된 방법이 개입 방법으로 적용되어야 하며, 그 결과를 다시 평가해야 한다는 것이다. 이로써 조사방법을 소홀히 했던 사회복지계가 조사연구의 중요성을 인식하게 되었다.

셋째, 개입의 적절성에 대한 논쟁이다. 사회복지실천 현장에서 사회복지사들이 과연 효과적인 개입 방법을 사용하고 있는가에 대한 논쟁이다. 이러한 논쟁에서 사회복지사는 클라이언트를 위해 경험적으로 입증된 개입 방법을 사용할 윤리적 책임성을 가지게 되었다(Barber, 1996; Klein & Bloom, 1994; Reid, 1994). 경험적으로 입증된 개입 방법이란 사회복지사들이 하고 있는 일에 대한 효능감을 보여 주는 것으로 연구(조사) 활용도(research utilization)를 높이도록 기대한다. 또한 입법가들도 사회복지사들이 임상연구를 통해 나온 지침 혹은 가이드라인을 효과적으로 실천활동에 적용해 주기를 기대하고 있다.

(2) 증거기반실천의 정의와 특성

증거기반실천이라는 용어는 의학에서 처음 사용되었으며, 사회복지실천에서 증거기반실천의 개념과 실행하는 절차도 의학의 영향을 많이 받았다. 의학분야에서 증거기반실천의 정의를 살펴보면, "증거기반의학(EBM)이란 개별 환자의 진료와 관련된 의사결정을 함에 있어서 최근의 가장 좋은 증거(current best evidence)를 세심하고 명확하며 현명하게 적용하는 것이며, 최고의 연구근거(best research)를 임상적 숙련도와 환자의 가치에 통합시키는 것이다"(공계순, 서인해, 2005; Sackett et al., 2000: 1).

Howard, McMillen과 Pollio(2003)는 증거기반실천이 효과적이고 반복 가능한 전문적 개입기술을 모든 체계에서 발전시키고자 하는 노력과 일치한다고 하였다. 이러한 맥락에서 McGill(2006)은 연구와 실천의 통합을 증거기반실천과 동일시하였다(최혜지 외, 2013). Cournoyer(2004)는 증거기반 사회복지실천(evidence-based social work)에서 외부 증거로써 조사연구의 활용과 더불어 사회복지사의 전문적 윤리와 가치 또는 클라이언트의 가치와 판단까지도 중요한 요소로 강조한다.

Proctor(2007: 583-584)는 증거기반실천을 다음의 두 가지로 정의한다. 첫째, 효과성을 지지하는 가장 강력한 증거를 지닌 실천방법을 사용하는 것, 둘째, 각각의 결정을 지지하기 위해 연구에서 증거를 추출하여 가능한 한 합리적으로 실천에 참여(관여)하는 것이다. 증거기반실천이란 사회복지실천의 효과성을 검증하고 있는 경험적 조사연구 결과를 검토하여 이를 개입에 활용하는 실천방법이라고 할 수 있다. 저널을 통해 효과적인 개입으로 입증된 개입 방법이나 전문적 판단(professional judgement)은 증거기반실천의 중요한 요소가 된다. 이때 증거는 클라이언트가 가지고 있는 문화적 상황에 따라 달라질 수 있으므로 이러한 문화적 이해도 증거에 포함하여 고려해야 한다(최혜지 외, 2013).

증거기반실천의 정의를 바탕으로 그 특성을 다음과 같이 여섯 가지로 정리해 볼 수 있다(최혜지 외, 2013). 첫째, 증거기반실천은 권위 중심적 실천에 대한 대안이다(Gambrill, 2001). 권위기반실천(authority-based practice)은 지위, 전통, 인기, 합의 등에 의해 이루어지고 있지만, 증거기반실천은 다양한 자료원으로부터의 정보검색, 평가, 관리기술, 정보의 통합 등에 대한 요구가 강조된다. 둘째, 증거기반실천은 사회복지에서 오랫동안 강조되어 왔던 실천의 효과성을 보여 주고 테스트하는 것과 일치한다(Proctor & Rosen, 2006). 셋째, 특정한 클라이언트, 상황 등을 고려하여 입증된 결과가 증거로써 적합한 개입 방법으로 활용된다. 넷째, 증거기반실천은 증거성, 윤리성, 적용가능성을 중시한다. 다섯째, 증거기반실천은 실천가와 클라이언트 모두에게 호소하는 방법이다(Gray, 2001). 여섯째, 증거기반실천으로 끝나는 것이 아니라 개입의 효과성을 모니터링하고 평가할 수 있다.

(3) 증거기반실천의 방법

증거기반실천의 과정은 학자들에 따라 조금씩 다르게 설명된다. Cournoyer(2004)는 질문, 찾기, 분석, 적용 및 평가의 네 가지 과정으로 제시하였다.

첫 번째 과정은 질문이다. 증거기반실천 방법은 처음에 '어떤 개입이 특정 클라이언트에 가장 효과적이었는가?'와 같은 형태의 질문으로 시작한다. 두 번째 과정은 찾기로, 논문 및 문헌 탐색, 관련 조직 검색 등 다양한 방법을 통해 개입의 효과성을 제시하고 있는 키워드를 중심으로 문헌 및 증거 자료들을 찾아야 한다. 세 번째 과정은 분석으로, 찾은 문헌정보에 대한 타당도, 신뢰도, 관련성 등 분석기준을 정하여 분석을 실시해야 한다. 네 번째 과정은 적용과 평가로, 앞선 세 단계를 통해 효과적으로 판명된 개입 방법을 실제 임상 현장에 적용해 보고 그에 대해 평가한다.

공계순과 서인해(2005)는 증거기반실천과 관련된 여러 문헌을 종합하여 증거기반실천을 다음의 5단계로 제시하였다. 1단계에서는 사회복지실천의 의사결정과 관련되어 궁금한 점을 답변 가능한 질문으로 전환한다. 2단계에서는 그 질문에 대한 답이 되는 최선의 증거를 최대한 효율적으로 찾는다. 3단계에서는 수집된 증거를 타당성, 효과의 정도, 적용가능성에 대해서 비판적으로 평가한다. 4단계에서는 비판적 평가의 결과를 실천에 적용한다. 5단계에서는 실행의 결과를 평가한다.

(4) 증거기반실천과 사회복지실천

사회복지사들이 실천 현장에서 증거기반실천을 사용하기 위해서는 ① 현장에서 활용되는 과정에서 충분한 증거와 결과물이 축적되어 있는가, ② 증거기반실천과 관련된 표준화된 사정 도구들이 충분히 있는가, ③ 증거기반실천을 사용할 수 있을 만큼 사회복지사들의 지식과 기술이 충분한가 등이 논의되어야 한다.

〈Tip〉 사회복지실천의 새로운 관점

1. 다문화 관점(multi-cultural perspective)

우리 사회도 국제결혼 증가, 결혼이주여성, 외국인 노동자, 난민 등으로 다문화 관점에 대한 보다 심도 있는 논의가 필요하다. 다문화주의란 한 사회 내에 존재하는 다양한 인

종이나 민족 집단들의 문화를 지배적인 하나의 문화에 동화시키지 않고 서로 인정하고 존중하면서 공존하게 하려는 이념체계를 말한다. 즉, 모든 문화의 가치는 동등하다는 문화상대주의로서 문화적 차이에 대한 관용을 중시하는 입장이다(엄명용 외, 2016).

신자유주의로 인한 노동력 이동이 사회와 경제 전반에 영향을 미치면서 다문화 관점은 우리 사회에서 필연적 선택이 되었다. 다문화 관점은 한 사회의 다른 인종이나 민족 집단의 문화를 지배문화에 동화시키지 않고 서로 인정하고 존중하자는, 문화적 차이에 대한 관용을 중시하는 관점이다. 사회복지실천은 다양성에 대한 개방적인 시각, 소수자 인권 존중, 임파워먼트 시각과 같은 가치와 전략을 다문화 관점과 공유하고 있다. 다문화 관점을 반영한 사회복지실천에는 인식과 지식, 기술의 측면에서 다문화 역량을 갖춘 사회복지사가 필요하다(엄명용 외, 2016).

1) 다문화 관점 관련 개념

① 다문화주의(multi-culturalism): 한 사회 내에 공존하는 여러 이질적인 문화를 소외시키거나 배제하지 말고, 모두 수용하여 제도권 안에서 상호공존과 관용을 지향하자는 태도나 입장

② 문화적 다양성(cultural diversity): 서로 다른 역사와 공간에 따라 다양한 민족 집단이 자기 고유의 문화적 정체성을 보유하면서 사회와 공존하거나 공유문화를 보전하고 다양한 민족 집단의 상호작용을 인정하는 태도

③ 문화다원주의(cultural pluralism): 생활환경에 따라 다양한 문화가 형성된다는 입장으로, 주류사회의 특성을 인정하면서도 문화적 다원성을 수용하는 관점. 세계에는 다양한 문화가 존재하며 그 문화들을 인정하고 공존해야 한다는 것

④ 문화상대주의(cultural relativism): 세계 문화는 일원적으로 진화하지 않고, 각자 독자적인 방향으로 발전하기 때문에 문화의 우열을 가릴 수 없다고 보는 태도나 관점. 문화의 다양성을 인정하며, 각 문화는 그 문화의 독특한 환경과 역사적·사회적 상황과 맥락에서 이해해야 한다는 관점

⑤ 문화동화(cultural assimilation): 다른 사회의 문화 요소가 전파되었을 때 기존의 문화 요소가 전파된 문화 요소에 흡수되어 소멸되는 현상. 즉, 특정 민족이 다른 민족의 문화 전통을 받아들이는 것

⑥ 문화실조(cultural deprivation): 문화 요소의 결핍이나 과잉으로 인한 인간발달의 실패나 지체 현상

⑦ 문화지체(cultural lag): 급변하는 기술과 물질문화의 변화 및 발달의 속도를 비물질문화가 따르지 못하는 것

⑧ 문화변동(cultural change): 한 사회의 문화가 내적으로 변동하거나 다른 사회로부터 문화 요소를 수용하고 변화하는 과정. 문화변동의 주된 형태는 문화접변인데, 이는 성격이 다른 두 문화가 접촉하면서 발생하는 접촉적 변동을 의미

⑨ 문화접변(cultural acculturation): 상이한 두 사회의 성원들이 비교적 장기간에 걸쳐 일차적인 혹은 직접적인 접촉관계에 들어갈 때 그 결과로 어느 한쪽 또는 양쪽 사회의 문화에 변동이 일어나는 것

⑩ 문화적응(cultural adaptation): 문화변용을 경험하는 사람들이 일정 시간이 지난 후 새로운 문화에 어느 정도 익숙하게 되는 것

2) 사회복지사의 다문화 역량

사회복지사도 인간이기 때문에 자신이 속한 문화에 의해 형성된 편견이나 가치와 신념을 가지고 있다. 그러므로 다문화 역량(cultural competency)에 필수적인 것은 자기인식이다. 클라이언트의 문화적 특성을 존중하고 목적을 성취하기 위해 사회복지사 자신의 감정과 사고 및 행동을 기꺼이 변화시켜야 함을 깨달아야 한다. 또한 사회복지실천에 있어 문화적 역량을 키우기 위해서는 문화적 인식, 문화적 지식, 문화적 기술 등을 갖추어야 한다(김혜영, 석말숙, 최정숙, 김성경, 2016).

① 문화적 인식: 사회복지사 자신의 문화적 배경에 대한 인식, 다른 문화의 다양성에 대한 인식, 자신의 문화와 다른 문화의 차이 및 그 차이가 실천과정에 미치는 영향(편견, 선입관 등)에 대한 인식 등을 포함

② 문화적 지식: 다양한 문화에 대한 지식, 그 문화가 만들어진 배경 및 역사에 대한 지식부터 이주민의 현실상황에 대한 지식(관련 제도, 생활상 등)을 포함

③ 문화적 기술: 다른 문화에 대한 인식과 지식을 바탕으로 적절하게 개입 전략을 수립하고 의사소통을 할 수 있는 능력

Lum(2004)은 문화적으로 역량 있는 서비스를 제공함에 있어, 첫째, 문화적 상이성에 대한 수용과 존중, 둘째, 자기 자신의 문화적 정체성과 편견에 대한 분석, 셋째, 이민족 클라이언트에게서 볼 수 있는 상이성의 역동에 대한 인식, 넷째, 다문화 클라이언트와 일하는 데 요구되는 부가적인 지식·연구·자원의 필요성 인식의 네 가지가 필요하다고 하였다(엄명용 외, 2016).

3) 사회복지정책과 다문화 관점

Kymlicka(1996)는 한 사회가 다문화주의를 도입하고 있는지 아닌지 판단하는 기준으로, 첫째, 다문화주의와 관련된 법률이 존재하는가, 둘째, 학교 교육과정에서 다문화주의를 채택하고 있는가, 셋째, 대중매체에서 인종적 문제를 다루고 있는가, 넷째, '이중적 시민권(dual citizenship)'을 허용하고 있는가, 다섯째, 이주자들의 문화적 활동을 지원하는 기금이 존재하는가, 여섯째, 차별받는 이주민을 위한 적극적 조치가 있는가를 꼽고 있다(엄명용 외, 2016). 현재 우리나라에는 「다문화가족지원법」이 있고, '다문화가족지원센터'가 운영되고 있으며, 교육부에서 교육청을 통해 지역 '다문화교육지원센터'를 설치하고 있다.

2. 성인지 관점(gender-sensitive perspective)

성인지 관점은 여성과 남성이 자신들이 지닌 생물학적·사회 문화적 경험의 차이로 인해 서로 다른 요구를 가지고 있다고 보고, 특정 개념이나 정책 및 실천 등에 대한 특정 성(性)의 유리·불리 여부, 성 역할 고정관념의 개입 여부를 검토하는 관점이다. 성인지 관점은 여성의 불이익 문제에 관심을 두는 여성주의 관점과 공유 부분이 많으면서도 다른 시각이다.
성인지 관점은 가부장적 사회에서 당연시되었던 남녀불평등 구조에 반기를 들면서 양성평등을 주장하는 시각이다. 여성의 문제에 초점을 두었던 여성주의로부터 폭을 넓힌 성인지 관점은 여성문제를 넘어 남성의 젠더문제까지 관심을 가져서 각종 제도나 실천이 남녀에게 미치는 영향과 문제점을 개선하고자 하는 관점으로 활용되고 있다.

사회복지실천에 있어서 성인지 관점은 클라이언트의 삶과 사회복지실천 현장 및 개입 과정에서 성이 어떠한 역할을 하고 있는지에 대한 영향을 인식하고 그 영향을 고려할 수 있는 관점을 제공해 준다. 성인지 관점은 성주류화와 남녀평등 개념의 맥락에서 이해 가능하다. 남녀평등 상태에 도달하기 위한 수단이 성주류화인데, 성인지적 관점은 성주류화를 이루는 과정에서 중요하게 필요한 수단이 된다.

1) 성인지 관점 관련 용어

① 생물학적 성(sex)와 사회적 성(gender): 생물학적 성은 선천적으로 타고난 생물학적 차이를 의미하며, 남성과 여성으로 구분되는 반면에 사회적 성은 성차별이 구조화되어 있는 사회에서 사회 문화적으로 규정되는 양성의 역할과 책임을 의미함

② 성차별주의(sexism): 생물학적 성별에 근거하여 개인의 흥미, 능력과 같은 다양한 규준을 무시하고 특정 성 혹은 집단이나 개인에 대해 사회적으로 부여하는 편견이나 차별, 그로 인한 사회적 불평등제도, 그것을 정당화하고 지지하는 사상 혹은 이데올로기

③ 여성주의(feminism): 여성의 권리와 기회의 평등을 핵심으로 하여 여성과 남성의 관계를 살펴보고, 여성이 사회 제도 및 관념에 의해 억압되고 있다는 것을 밝혀내는 여러 가지 사회적·정치적 운동과 이론을 포괄하는 개념. 여성에게 불이익을 초래하거나 여성의 가치를 낮게 평가하는 사고에 도전하는 시각, 실천, 이데올로기

④ 성주류화(gender mainstreaming): 여성이 사회의 모든 분야에 참여하여 의사결정권을 갖는 형태로 사회체계가 전환되는 현상. 공공정책, 입법 추진 등 모든 수준에서 양성에 관련된 함의를 반영하는 것. 정치·경제·사회적 정책을 통합적 차원에서 기획·실행·감시 및 평가함으로써 여성과 남성이 동등한 혜택을 누리고 불평등이 발생하지 않도록 하는 전략으로, 그 궁극적 목적을 양성평등(gender equality) 성취에 둠. 성주류화의 과정에는 여성의 주류화(mainstreaming of women), 젠더 관점의 주류화(mainstreaming of gender), 주류의 전환(transforming the mainstreaming) 등이 있음

⑤ 가부장주의(patriarchy): 가장이 강력한 권력을 가지고 내부적으로는 가족을 지배하고 통솔해야 하며, 외부적으로는 가족을 대표해야 한다는 생각이나 태도. 여성학에서는 가족 내에서뿐만 아니라 사회 전반 영역에서 남성 지배구조를 뜻함

2) 성인지 관점의 요소(김인숙, 정재훈, 윤홍식, 2004)

① 성인지 관점에서 성 중립적 현실은 존재하지 않는다. 따라서 가부장적 사회에서 여성의 주류화가 필요하게 된다.

② 성 중립적 현실은 존재하지 않고 개입대상이 되는 여성과 남성의 삶의 형편과 이해관계가 상이하기 때문에 성인지 관점은 젠더에 따른 개입 역시 여성과 남성에게 다르다.

③ 성인지 관점은 흑백논리를 배재한다.

④ 가족 내 성 역할 분업의 역할을 강조하는 것은 성인지 관점이라고 볼 수 없다.

⑤ 성인지 관점은 개입을 통해 여성이 갖는 보호노동의 부담을 덜어 주고 전통적으로 여성이 담당했던 보호, 양육, 가사노동을 남녀가 공평하게 분담할 수 있는 방안을 제시하려 한다.

⑥ 성인지 관점에서는 정책이나 개입이 여성과 남성에게 미치는 영향을 평가하고 그것을 반영하도록 노력해야 한다.

정리해__봅시다

- 통합적 접근의 등장배경
  - 전통적 방법론의 특성과 한계
  - 복잡한 문제 상황을 가진 클라이언트에 대한 개입의 어려움
  - 지나친 분화와 전문화로 서비스의 파편화 현상 초래
  - 공통기반을 전제하지 않는 분화 및 전문화로 사회복지 전문직의 정체성 확립에 걸림돌
  - 클라이언트의 다양하고 복잡한 문제해결에 적절한 새로운 방법론의 필요성 대두

- 통합적 접근의 주요 이론과 관점
  - 환경 속의 인간 관점: 인간을 이해하기 위해서는 인간의 심리내적인 특성만을 고려할 것이 아니라 개인의 심리적인 특성 외에도 환경 혹은 상황까지 모두 고려해야 한다는 관점. 개인과 환경 간 상호작용 증진의 책임을 개인과 환경 양쪽 모두에 두는 것을 의미하며, 인간이 경험하는 각종 사회복지적 문제를 개인적 요소와 환경적 요소의 상호작용으로 인해 나타나는 결과로 보는 관점
  - 일반체계이론: 체계를 구성하는 요소들의 속성과 이들 간의 상호작용 속성을 이해하고, 복잡한 체계의 관계 속성 또는 체계 내부에서 이루어지는 상호작용의 특성을 파악하기 위해서 개발된 이론. 주요 개념은 경계, 개방체계/폐쇄체계, 위계, 항상성, 안정상태, 평형상태, 투입/전환/산출/환류, 동귀결성/다중귀결성 등
  - 생태체계 관점: 일반체계이론(체계적 관점)과 생태학이론(생태적 관점)이 결합된 것. 생태체계 관점은 유기체들이 어떻게 상호적응 상태를 이루고, 그들이 어떻게 상호 적응해 가는가에 초점을 두며, 인간과 인간의 주변 환경 간의 상호작용, 상호의존성 또는 역동적 교류와 적응을 설명함. 주요 개념은 생활환경/거주환경, 상호작용/상호교류, 적응적합성/적합성, 적응, 유능성, 스트레스, 대처, 공유영역 등

- 통합적 접근의 실천모델

모델	4체계 모델	단일화 모델	문제해결 모델	생활 모델	역량강화 모델
학자	Pincus & Minahan	Goldstein	Compton & Galaway	Germain & Gittermann	Saleeby

초점	인간과 사회환경의 상호작용	유기체로서의 개인, 역동적 사회체계 및 이 양자 간의 상호작용을 강조	개인과 상황의 상호작용의 전체	인간과 환경 간 상호교류 속의 적응균형	개인의 강점관점과 인간과 환경 간의 생태학적 관점
목적	• 사람의 문제해결과 대처 능력 강화 • 사람과 자원체계의 결합 • 체계의 효과적 · 인도적 활용의 특징 • 사회정책의 발전과 개선의 공헌	• 사회학습의 촉진 및 강화 • 사회변화(자원의 확보 및 활용)	• 문제해결 • 클라이언트와 사회복지사 간 공동의 관계형성 • 합리적 과정수행	• 인간생활상의 문제해결 • 인간적응능력의 지지, 강화 • 스트레스 경감	• 문제에서 도전으로 • 병리관점에서 강점관점으로 • 과거로부터 미래지향적으로 • 환경 속의 인간
사회복지사의 기능과 과업	• 문제의 평가 • 자료수집과 최초의 접촉 • 계약-행동체계 구성 • 행동체계의 유지와 영향력 행사 • 변화노력 종결	• 지식과 정보의 인식 • 전략(조사, 개입, 평가)	• 자료의 수집과 평가 • 개입전략 제공	• 생활과업에 대한 원조 • 사회적 조직망과 물리적 장에 관여 • 시간적 배열 활용	• 생태학적 관점 적용 • 역량강화 • 적극적 참여와 권리를 가진 소비자로서의 클라이언트 • 변화 과정의 동반자로서 클라이언트와 협력
실천과정	• 문제의 인식 • 자료의 수집 • 진단 • 개입 • 평가와 종결	• 욕구의 공식화 • 정보의 탐색 • 해결방법의 공식화 • 결과의 비교 • 해결방법의 검증	• 계약단계(평가, 활동계획의 공식화) • 활동단계(계획실시, 종결, 평가)	• 초기단계(준비) • 진행단계(환경문제, 대인과정 개입) • 종료단계(평가, 종결)	• 대화-공유-기존 역량과 자원 구체화 • 발견-찾기-모르고 있는 자원 탐색 • 발달-강화-활용하지 않은 부가적 자원과 역량 사정 및 확립

– 증거기반실천: 사회복지실천의 효과성을 검증하고 있는 경험적 조사연구 결과를 검토하여 이를 개입에 활용하는 실천방법. 증거기반실천의 과정은 질문, 찾기, 분석, 적용 및 평가의 네 가지 과정

1. 사회복지실천에 있어서 통합적 접근의 바람직한 방향은 무엇인지에 대해 생각해 봅시다.

2. 사회복지실천의 다양한 관점을 토대로 하여 우리 사회에 적합한 실천적 관점은 무엇이며, 현실에 어떻게 적용되는 것이 바람직한가에 대해 생각해 봅시다.

3. 사회복지실천에서 새롭게 등장하고 있는 관점에는 어떠한 관점이 있는가를 생각해 봅시다.

참고문헌

공계순, 서인해(2005). 전통모델과 증거기반실천모델: 증거기반실천모델의 실제와 한국에서의 적용가능성. 2005년 한국사회복지학회 추계학술대회 자료집, 159-180.

김연옥(1993). 사회사업가의 조사연구에 대한 태도와 활동에 관한 연구. 사회복지연구, 5(0), 201-224.

김융일, 조흥식, 김연옥(2000). 사회복지실천론(제2판). 서울: 나남출판.

김인숙, 정재훈, 윤홍식(2004). 가족정책의 성인지적 관점 강화 방안 연구. 서울: 보건복지부.

김혜숙, 나임순, 김현경(2013). 사회복지실천기술론. 서울: 학지사.

김혜영, 석말숙, 최정숙, 김성경(2016). 사회복지실천론(2판). 경기: 공동체.

박내회(1997). 임파워먼트: 다수준의 과정개념. 경영논총, 8, 127-145.

성민선, 조흥식, 오창순, 홍금자, 김혜래, 홍봉선, 노혜련, 윤찬영, 이용교, 조미숙, 노충래, 정규석, 오승환, 이상균, 김경숙, 김상곤, 진혜경, 윤철수, 최경일, 이태수, 손병덕, 박경현(2009). 학교사회복지의 이론과 실제(2판). 서울: 학지사.

양옥경, 김정진, 서미경, 김미옥, 김소희(2005). 사회복지실천론(개정 3판). 경기: 나남.

양옥경, 김정진, 서미경, 김미옥, 김소희(2010). 사회복지실천론(개정 4판). 경기: 나남.

엄명용, 김성천, 오혜경, 윤혜미(2016). 사회복지실천의 이해(4판). 서울: 학지사.

이문국 외 공역(1999). 사회복지 대백과사전. National Association of Social Workers 저. *Encyclopedia of Social Work*. 서울: 나눔의집. (원저는 1995년에 출간)

이종복, 전남련(2012). 사회복지실천론. 경기: 학현사.

이필환 외 공역(2000). 사회복지실천이론의 토대. National Association of Social

Workers 저. *Foundations of Social Work Practice* (2nd ed.). 서울: 나눔의집. (원저는 1998년에 출간)

장인협(1989). 사회사업실천방법론(상·하). 서울: 서울대학교출판부.

장인협(1999). 사회복지실천론 中. 서울: 서울대학교출판부.

장인협(2005). 사회복지실천론 下. 서울: 서울대학교출판부.

전재일(1981). 사회사업실제의 통합적 접근방법에 관한 연구. 사회복지연구, 10, 141-237.

전재일, 이종복, 조운희, 이준상, 이애재, 이성희(2004). 사회복지실천론. 서울: 형설출판사.

정순둘(2004). 사회복지현장에서 조사연구활용에 관한 연구. 2004년 한국사회복지학회 추계학술대회 자료집, 294-314.

조휘일, 이윤로(2003). 사회복지실천론. 서울: 학지사.

조흥식, 김연옥, 황숙연, 김융일(2009). 사회복지실천론(개정 3판). 경기: 나남.

최혜지, 김경미, 정순둘, 박선영, 장수미, 박형원, 배진형, 박화옥, 안준희(2013). 사회복지실천론. 서울: 학지사

홍성례, 양정빈, 이무영, 김소진, 정연정(2014). 사회복지실천기술론. 경기: 교문사.

Anderson, R. E., & Carter, I. (1984). *Human Behavior in the Social Environment: A Social Systems Approach* (3rd ed.). New York: Aldine.

Barber, J. G. (1996). Science and social work: Are they compatible? *Research on Social Work Practice, 6*, 379-388.

Bartle, E. E., Couchonnal, G., & Canda, E. R. (1999). Empowerment as a dynamically developing concept for practice: Lessons learned from organizing ethnography. *Social Work, 47*(1), 32-43.

Bertalanffy, L. V. (1968). *General System Theory: Foundations, Development, Applications.* New York: Braziller.

Berzoff, J., Flanagan, L. M., & Hertz, P. (1996). *Inside Out and Outside In: Psychodynamic Clinical Theory and Practice in Contemporary Multicultural Contexts.* Northvale, NJ: Jason Aronson.

Bronfenbrenner, U. (1979). *The Ecology of Human Development*. Cambridge, MA: Harvard University Press.

Browne, C. V. (1995). Empowerment in social work practice with older women. *Social Work, 40*(3), 358-364.

Browne, C., & Mills, C. (2001). Theoretical frameworks: Ecological model, strengths perspective, and empowerment theory. In R. Fong & S. Furuto (Eds.), *Culturally Competent Practice: Skills, Interventions, and Evaluations* (pp. 10-32). Boston, MA: Allyn & Bacon.

Cohen, N. E. (1958). *Social Work in the American Tradition*. New York: Dryden.

Compton, B. R., & Galaway, B. (1975) *Social Work Processes*. Homewood, IL: Dorsey Press.

Compton, B. R., & Galaway, B. (1999). *Social Work Processes* (6th ed.). Pacific Grove, CA: Brooks/Cole.

Cournoyer, B. R. (2004). *The Evidence-based Social Work Skills Book*. New York: Allyn & Bacon.

Cox, E. O., & Parsons, R. J. (1994). *Empowerment-oriented Social Work Practice with the Elderly*. Pacific Grove, CA: Brooks/Cole.

De Jong, P., & Miller, S. (1995). How to interview for client strengths. *Social Work, 40*(6), 729-736.

DuBois, B., & Miley, K. K. (2005). *Social Work: An Empowering Profession* (5th ed.). New York: Allyn & Bacon.

Finn, J. L., & Jacobson, M. (2003). Just practice: Steps toward a new social work paradigm. *Journal of Social Work Education, 39*(1), 57-78.

Flanzer, J. P. (1973). Cointegration: The concurrent integration of treatment modalities in social work practice. Doctoral dissertation, University of Southern California.

Flexner, A. (1915). 'Is Social Work a Profession?' in proceedings of the *National Conference of Charities and Corrections* (pp. 576-590). Chicago, IL: National Conference of Charities and Corrections. (Reprinted 2001 in research on

Social Work Practice, 11(2), 152-165)

Gambrill, E. (2001). Social work: An authority-based profession. *Research on Social Work Practice, 11*(2), 166-175.

Germain, C. B. (1973). An ecological perspective in casework practice. *Social Casework, 51,* 323-330.

Germain, C. B., & Gitterman, A. (1980). *The Life Model of Social Work Practice.* New York: Columbia University Press.

Goldstein, H. (1973). *Social Work Practice: A Unitary Approach.* Columbia, SC: University of South Carolina Press.

Gordon, W. E. (1969). Basic constructs for an integrative and generative conception of social work. In G. Hearn (Ed.), *The General Systems Approach: Contributions Toward a Holistic Conception of Social Work* (pp. 5-12). New York: Council on Social Work Education.

Gray, J. A. M. (2001). Evidence-based medicine for professionals. In A. Edwards & G. Elwyn (Eds.), *Evidence-based Patient Choice: Inevitable or Impossible?* (pp. 19-33). New York: Oxford University Press.

Greenberg, J. R., & Mitchell, S. R. (1983). *Object Relations in Psychoanalytic Theory.* Cambridge, MS: Harvard University Press.

Gutiérrez, L. M., Parsons, R. J., & Cox, E. O. (Eds.). (1998). *Empowerment in Social Work Practice.* Pacific Grove, CA: Brooks/Cole.

Heineman-Pieper, J., Tyson, K., & Pieper, M. H. (2002). Doing good science without sacrificing good values: Why the heuristic paradigm is the best choice for social work. *Families In Society, 83*(1), 15-28.

Howard, M. O., McMillen, C. J., & Pollio, D. E. (2003). Teaching evidence-based practice: Toward a new paradigm for social work education. *Research on Social Work Practice, 13,* 234-259.

Johnson, L. C., & Yanca, S. J. (2007). *Social Work Practice: A Generalist Approach* (9th ed.). Boston, MA: Pearson.

Klein, W. C., & Bloom, M. (1994). Is there an ethical responsibility to use practice

methods with the best empirical evidence of effectiveness? In W. W. Hudson
   & P. S. Nurius (Eds.), *Controversial Issues in Social Work Research*. Boston,
   MA: Allyn & Bacon.

Kuhn, T. (1962). *The Structure of Scientific Revolutions*. Chicago, IL: The University
   of Chicago Press.

Kuhn, T. (1970). *The Structure of Scientific Revolutions* (2nd ed.). Chicago, IL: The
   University of Chicago Press.

Kymlicka, W. (1996). *Multicultural Citizenship: A Liberal Theory of Minority Rights*.
   New York: Clarendon Press.

Lum, D. (2004). *Social Work Practice and People of Color: A Process-stage
   Approach*. Belmont, CA: Brooks/Cole.

McGill, M. (2006). The future of evidence in evidence-based practice: Who will
   answer the call for clinical relevance? *Journal of Social Work, 6*(2), 101-115.

Meyer, C. H. (Ed.). (1983). *Beginning Again in Clinical Social Work in Eco-systems
   Perspective*. New York: Columbia University Press.

Meyer, C. H. (Ed.). (1988). *Clinical Social Work in the Eco-systems Perspective*.
   New York: Columbia University Press.

Miley, K. K., O'Melia, M. W., & DuBois, B. L. (2004). *Generalist Social Work
   Practice: An Empowering Approach* (4th ed.). Boston, MA: Allyn & Bacon.

Morales, A. T., & Sheafor, B. W. (2001). *Social Work: A Profession of Many Faces*
   (9th ed.). Boston, MA: Allyn & Bacon.

National Academies of Sciences, Engineering, and Medicine. (2016). *Preventing
   Bullying Through Science, Policy, and Practice*. Washington, DC: The
   National Academies Press. https://doi.org/10.17226/23482

Parsons, R. J., Jorgensen, J. D., & Hernandez, S. H. (1994). *The Integration of
   Social Work Practice*. Pacific Grove, CA: Brooks & Cole.

Payne, M. (1997). *Modern Social Work Theory* (2nd ed.). Chicago, IL: Lyceum.

Perlman, H. H. (1957). *Social Casework: A Problem-Solving Process*. Chicago, IL:
   University of Chicago Press.

Pincus, A., & Minahan, A. (1973). *Social Work Practice: Model and Method* (3rd ed.). Itasca, IL: F. E. Peacock Publishers, Inc.

Proctor, E. K. (2007). Implementing evidence-based practice in social work education: Principles, strategies, and partnerships. *Research on Social Work Practice, 17*(5), 583-591.

Proctor, E. K., & Rosen, A. (2006). Concise standards for developing evidence-based practice guidelines. In A. R. Roberts & K. R. Yeager (Eds.), *Foundations of Evidence-based Social Work Practice* (pp. 93-102). New York: Oxford.

Rappaport, J. (1984). Studies in empowerment: Introduction to the issue. *Prevention in Human Services, 3*(2-3), 1-7.

Reid, W. J. (1994). The empirical practice movement. *Social Service Review, 68*(2), 165-184.

Richmond, M. E. (1917). *Social Diagnosis.* New York: Russell Sage.

Richmond, M. E. (1922). *What is Social Case Work?: An Introductory Description.* New York: Russell Sage Foundation.

Robbins, S. P., Chatterjee, P., & Canda, E. R. (2006). *Contemporary Human Behavior Theory* (2nd ed.). Boston, MA: Pearson.

Rosenblatt, A. (1968). The practitioner's use and evaluation of research. *Social Work, 13*(1), 53-59.

Sackett, D. L., Straus, S. E., Richardson, W. S., Rosenberg, W., & Haynes, R. B. (2000). *Evidence-based Medicine: How to Practice and Teach EBM* (2nd ed.). Edinburgh, UK: Churchill Livingstone.

Solomon, B. B. (1976). *Black Empowerment: Social Work in Oppressed Communities.* New York: Columbia University Press.

Specht, H., & Vickery, A. (Eds.). (1979). *Integrating Social Work Methods.* London, UK: George Allen and Unwin.

Van Den Bergh, N., & Cooper, L. B. (1986). *Feminist Visions for Social Work.* Silver Spring, MD: National Association of Social Workers.

Weick A., & Saleeby, D. (1995). Supporting family strengths: Orienting policy and practice toward the 21st century. *Families in Society, 76*, 141-149.

Weick, A., Rapp, C., Sullivan, W. P., & Kisthardt, W. (1989). A strengths perspective for social work practice. *Social Work, 34*(4), 350-354.

Whittaker, J. K. (2002). The practice-research nexus in social work: Problems and prospects. *Social Service Review, 76*(4), 686-694.

사회복지실천에서의
관계형성과 면접

●학습개요●

사회복지사와 클라이언트 사이의 전문적인 관계형성은 클라이언트의 문제해결 및 적응을 위해 필수적인 요소로서 중요하다고 볼 수 있다. 또한 사회복지실천 현장에서의 면접은 그 자체로 치료목적을 가지며 클라이언트를 변화시키기 위한 개입기술로도 활용되기 때문에 면접기술은 곧 개입기술이 되기도 한다.

이 장에서는 사회복지실천 현장에서 관계형성의 중요성, 관계형성, 구성요소, 원칙, 면접의 개념, 특징, 구성요소, 면접기술 등을 중심으로 살펴보고자 한다.

●학습목표●

1. 사회복지사와 클라이언트 간의 관계형성의 중요성에 대해 이해한다.

2. 사회복지사와 클라이언트 간의 관계형성의 구성요소, 원칙에 대해 이해한다.

3. 사회복지사와 클라이언트 간의 면접 시 특징, 원칙, 면접기술 등에 대해 이해한다.

1. 관계형성

1) 관계형성의 중요성

사회복지실천에서 관계는 '좋은 라포' 또는 '결합력이 잘 형성된 상태'로 표현되어 왔으며, 사회복지 원조활동(helping endeavor)에 꼭 필요한 요소로 언급된다(최혜지 외, 2013). 따라서 사회복지실천에서의 관계는 사회복지사와 클라이언트 간에 형성된 좋은 신뢰관계를 말하며, 전문적인 원조관계를 말한다. 여기서 말하는 전문적인 원조관계는 사회복지사와 클라이언트 간 합의된 목적이 있고, 한정된 기간 동안 사회복지사가 클라이언트의 이익을 위해 헌신하고 사회복지사는 전문지식과 전문가로서의 윤리와 기술을 통해 권위를 행사하는 관계를 말한다(Johnson & Yanca, 2001).

사회복지사와 클라이언트 사이의 전문적인 관계는 몇 가지 특성이 있다. 첫째, 서로 동의하는 목적과 구체적인 시간의 틀이 있고, 둘째, 사회복지사가 클라이언트의 권리를 위해 헌신하며, 특수화된 지식과 기술, 전문적 윤리관 등을 가짐에서 오는 권위가 있으며, 셋째, 사회복지사가 자신이 진행하는 일에 대한 객관성을 유지하려 하고 자신의 감정이나 반응, 충동에 대해 경계하는 등 통제성이 강조되는 관계라는 특성을 가진다(최혜지 외, 2013).

전문적인 관계와 일상생활의 관계의 차이점을 들자면, 전문적인 관계는 클라이언트의 문제해결 및 적응이라는 분명한 목적을 위한 관계를 지향하며, 이 과정에서 사회복지사는 전문가로서의 책임을 수행한다는 것이다.

사회복지실천에서 사회복지사와 클라이언트 사이의 전문적인 관계형성은 사회복지사와 클라이언트가 서로를 신뢰하고 협조함으로써 이루어진다. 만일 전문적 관계가 형성되지 않는다면 클라이언트의 문제해결을 위한 효과적인 원조관계를 유지하기가 어렵다. 따라서 사회복지사와 클라이언트 사이의 전문적인 관계형성은 클라이언트의 문제해결 및 적응을 위해 필수적인 요소로서 중요하다고 볼 수 있다.

Miller(1976)는 전문적인 관계형성이 다음과 같이 클라이언트의 문제해결 및 적응에 영향을 미치고 있다고 제시하였다(홍성례, 양정빈, 이무영, 김소진, 정연정, 2014에서 재인용). 첫째, 잘 형성된 관계는 문제해결과정에 생기와 활력을 불어넣어 준다. 둘째, 임파워먼트(empowerment)된 느낌과 행동을 취할 능력이 있다는 느낌을 갖게 한다. 셋째, 클라이언트와 사회복지사 모두 자신과 타인에 대한 이해의 폭이 넓어진다. 넷째, 자신의 가치에 대해 높이 평가하게 되어 자신감과 능력의 향상이 이루어진다. 다섯째, 타인과 접촉하고 관계를 형성하려는 욕구가 이전보다 강해진다.

2) 관계형성의 구성요소

Johnson과 Yanca(2001)에 따르면 전문적인 관계는 사회복지사와 클라이언트 양자 간 상호작용의 산물이다. 그들은 전문적인 관계형성을 위해서 다음과 같은 구성요소들을 제시하였다.

(1) 타인에 대한 관심
클라이언트에 대한 따뜻함과 친절함, 진지한 관심, 클라이언트에 대한 관심을 보이는 태도(concern for others)를 말한다. 이러한 관심은 상황 속에 놓여 있는 클라이언트를 이해하려는 열망을 보이는 것이다.

(2) 헌신과 의무
헌신(commitment)과 의무(obligation)는 원조과정에서 책임감을 가지는 것으로, 이는 클라이언트가 신뢰할 만해야 하며 일관적으로 원조해야 하는 것을 의미한다. 사회복지사는 클라이언트의 상처와 기쁨, 좌절 등 클라이언트의 경험세계에 기꺼이 들어가야 한다.

(3) 수용

수용(acceptance)은 사회복지사의 비심판적이고 무비판적인 태도뿐만 아니라 클라이언트의 감정에 대한 존중과 클라이언트에 대한 현실적인 믿음을 의미한다. 여기서 말하는 믿음은 클라이언트가 자신의 문제를 잘 통제할 수 있고 자신의 인생을 책임질 수 있다고 믿는 것이다.

(4) 감정이입

감정이입(empathy)은 사회복지사가 클라이언트를 돌보아 주고, 클라이언트에게 관심이 있음을 전달하는 능력으로, 클라이언트가 인지하고 있는 것을 듣고 이해하고자 하며, 사회복지사가 듣고 이해한 것을 클라이언트에게 전달하는 능력을 말한다.

(5) 명확한 의사소통

명확한 의사소통(clear communication)은 클라이언트가 보내는 메시지를 완전히 이해할 수 있도록 클라이언트와 의사소통할 수 있는 능력을 말한다.

(6) 진정성

진정성(genuineness)은 사회복지사가 자신과 자신의 감정에 대해 정직해야 함을 말한다. 사회복지사가 클라이언트에게 편안하게 대해 주고 사회복지사와의 의사소통이 이해될 수 있게 한다.

(7) 권위와 권한

권위(authority)는 클라이언트와 기관에 의해 사회복지사에게 위임된 권한(power)을 말한다(엄명용, 김성천, 오혜경, 윤혜미, 2016). 클라이언트는 자신의 욕구와 책임을 이행하기 위해 노력하고 자신의 상황이 해결되기를 기대한다. 이를 위해 사회복지사는 전문적인 지식과 기술을 갖춤으로써 권한을 행사할 수 있다.

(8) 목적

전문적인 관계형성은 사회복지사와 클라이언트 양자 간에 수용이 되는 목적(purpose)을 가지고 있다.

3) 관계형성의 원칙

사회복지실천에서 사회복지사와 클라이언트 간 전문적인 관계형성은 사회복지실천의 효과에 매우 중요한 영향을 미친다. Biestek(1957)에 따르면 도움을 요청하는 클라이언트에게는 〈표 7-1〉과 같이 공통적인 기본 감정 및 태도 유형이 있으며, 이러한 클라이언트의 욕구에 대해 사회복지사가 반응해야 하는 관계원칙으로 일곱 가지 원칙이 있다. 이 절에서는 Biestek(1957)이 제시한 일곱 가지 관계원칙을 중심으로 살펴보고자 한다.

〈표 7-1〉 사회복지사와 클라이언트 간의 감정과 태도의 상호작용

클라이언트의 욕구	사회복지사의 반응(관계의 원칙)
1. 개별적인 욕구를 가진 인간으로 대우받고 싶음	1. 개별화
2. 자신의 감정을 표현하기 원함	2. 의도적인 감정표현
3. 문제에 대해 공감적 반응을 얻고 싶어 함	3. 통제된 정서적 관여
4. 가치 있는 인간으로 인정받고 싶음	4. 수용
5. 자신의 어려움에 대해 판단을 받고 싶지 않음	5. 비심판적인 태도
6. 스스로 선택과 결정을 내리고 싶어 함	6. 클라이언트 자기결정
7. 자신에 대한 사적인 정보나 비밀을 지켜 주기를 바람	7. 비밀보장

(1) 개별화

개별화(individualization)는 클라이언트마다 독특한 특성을 가지고 있다는 것을 인식하고 이해하고 원조과정에서도 사회복지사가 각 개인마다 다른 원리나 방법을 활용하는 것을 말한다(Johnson & Yanca, 2001). 사회복지사는 클라이언트를 어떤 유형이나 범주에 속한 사람으로서가 아니라 개별적 차이를 지닌 독특한 존재로 보아야 한다. 예를 들면, 빈곤이라는 동일한 문제를 지닌 여성가장 클라이언트라 할지라도 사회복지사는 이들 여성가장이 모두 각기 다른 환경에 놓여 있으며 각기 다른 특성들을 지니고 있는 존재임을 인정하고 관계를 형성해야 함을 의미한다. 이와 같이 개별성을 존중하는 사회복지사의 태도와 행동은 클라이언트의 자존심을 지원하고 강화한다(조학래, 2019).

클라이언트를 위한 개별화를 위해서 사회복지사는 다음과 같은 역할을 수행한다(Biestek, 1992: 최혜지 외, 2013에서 재인용). 첫째, 사회복지사는 자신의 편견이나 선입견에서 탈피하여야 한다. 둘째, 인간행동 및 사회환경에 관한 지식에 근거하여 클라이언트를 이해하여야 한다. 셋째, 클라이언트의 언어표현 내용과 표정, 몸짓, 침묵 등에 대한 경청 및 관찰 능력이 있어야 한다. 넷째, 클라이언트와 보조를 맞출 수 있는 능력을 갖추어야 한다. 다섯째, 클라이언트의 감정을 직관적으로 파악할 수 있어야 한다.

(2) 의도적인 감정표현

의도적인 감정표현(purposeful emotional involvement)은 클라이언트가 자신의 감정, 특히 부정적인 감정을 자유롭게 표현하고 싶어 하는 욕구를 이해하고 자유롭게 표현할 수 있도록 도와주는 것을 말한다. 사회복지사는 클라이언트의 본능, 충동, 부정적 감정표현 등을 경청하고 비난하지 않으며, 안전한 분위기 속에서 표현할 수 있게 함으로써 클라이언트의 감정표현을 촉진시키도록 한다.

사회복지실천 과정에서 의도적인 감정표현은 몇 가지 목적이 있다. 첫째, 클라이언트 내부에 있는 압력과 긴장을 완화시켜 줌으로써 클라이언트 자신의 문제를 보다 분명하게 객관적으로 보게 한다. 둘째, 클라이언트의 감정표현의 내용을 기초로 클라이언트 문제와 욕구의 단서, 클라이언트의 약점과 단점, 클라이언트의 관점 등 클라이언트에 대한 보다 정확한 사정과 개입에 도움을 얻을 수 있다. 셋째, 클라이언트 입장에서는 사회복지사가 판단 없이 감정표현을 있는 그대로 경청해 주는 것만으로도 심리적 지지가 된다. 넷째, 클라이언트의 부정적인 감정은 때로는 표출을 통해 클라이언트 자신에 대한 인식을 높이고 건강한 문제해결방법을 찾을 수 있게 한다.

사회복지사는 클라이언의 감정표현을 돕기 위해 다음과 같은 역할을 수행한다(Biestek, 1957: 장인협, 1989에서 재인용). 첫째, 사회복지사는 클라이언트에게 안정된 환경을 조성해 준다. 둘째, 사회복지사는 클라이언트에게 허용적인 태도(permissive attitude)로 편안한 분위기를 마련한다. 셋째, 사회복지사는 클라이언트에게 정서적 지지를 제공한다. 넷째, 사회복지사는 클라이언트가 의도적으로 자신의 감정을 표현하도록 격려한다. 다섯째, 사회복지사는 클라이언트가 표현한 감정에 대해 너무 빠른 해석이나 비현실적인 보상은 삼간다.

(3) 통제된 정서적 관여

통제된 정서적 관여(controlled emotional involvement)는 사회복지사가 클라이언트의 감정에 민감성을 가지며, 그 의미에 대해 이해하고 반응하는 것이다. 사회복지사는 클라이언트가 경험한 내용들의 성격을 파악하며 클라이언트의 경험이 클라이언트 자신에게 어떠한 영향을 미치고 있는지 그 의미를 민감하고 정확하게 이해하고, 그의 세계를 클라이언트의 입장에서 감정이입적으로 이해하는 것이다.

통제된 정서적 관여를 위한 사회복지사의 역할은 크게 세 가지로, 첫째, 클라이언트 감정에 대한 민감성, 둘째, 클라이언트가 전달하는 메시지에 대한 감정이입적 이해, 셋째, 이에 대한 사회복지사의 적절한 반응을 의도적으로 잘 표현하는 것이다(Biestek, 1992: 최혜지 외, 2013에서 재인용).

(4) 수용

수용(acceptance)은 클라이언트의 장점과 약점 혹은 단점 등을 포함하여 클라이언트를 있는 그대로 받아들이는 것으로, 사회복지사 자신의 가치관이나 규범과 상관없이 클라이언트의 행동에 대하여 존중과 관심을 가지고 표현하는 것을 의미한다. 수용은 사회복지사의 인내심, 경청하려는 의지 등을 통해서 나타난다. 수용은 무차별적인 동의(agreement)와는 다른 개념으로, 일반적인 사회규범이나 가치관으로부터 벗어난 클라이언트의 일탈적 행동을 인정하는 것은 아니다. 수용의 목적은 오로지 클라이언트의 치료에 있다.

수용을 위한 사회복지사의 역할은 다음과 같다. 첫째, 사회복지사 자신의 욕구보다는 클라이언트의 욕구에 초점을 맞춘다. 둘째, 클라이언트의 가치관은 사회복지사의 가치관과 차이가 있음을 인정한다. 셋째, 수용과 동의하는 것의 차이를 인식한다. 넷째, 수용에 장애가 되는 요인들, 즉 사회복지사의 인간행동과 사회환경에 대한 지식의 부족, 사회복지사의 자기인식능력 부족, 사회복지사의 편견과 선입견, 사회복지사의 클라이언트에 대한 존경심 부족 등이 클라이언트에 대한 수용을 어렵게 하므로 이러한 장애 요소들을 줄인다(엄명용 외, 2016).

(5) 비심판적인 태도

비심판적인 태도(nonjudgmental attitude)는 클라이언트를 돕는 과정에서 클라이언트의 문제를 일으킨 원인이 클라이언트의 인격과 같은 개인 내적인 요소에 의한 것이든 클라이언트의 외부 환경에 의한 것이든 간에 그 문제의 책임이 클라이언트에게 있다는 것을 언어적 · 비언어적인 것으로 표현하지 않는 것을 의미한다.

비심판적 태도와 관련된 사회복지사의 역할은 다음과 같다(엄명용 외, 2016). 첫째, 사회복지사의 클라이언트에 대한 비심판적 태도가 클라이언트에게 전달되어야 한다. 둘째, 클라이언트의 행위와 진술에 대해 편견과 선입견을 가지고 너무 빠른 결론을 내리지 않도록 한다.

(6) 클라이언트 자기결정

클라이언트 자기결정(client self-determination)은 클라이언트가 모든 의사결정과정에 참여하여 스스로 선택하고 결정하는 자유를 누리는 것을 의미한다. 자기결정권은 자신의 선택과 결정을 할 수 있는 자유에 대한 클라이언트의 권리와 욕구에 대한 실천적 인식이다.

클라이언트의 자기결정을 위한 사회복지사의 역할은 다음과 같다. 첫째, 클라이언트가 문제나 욕구를 분명하고 장기적으로 볼 수 있도록 한다. 둘째, 지역사회에서 클라이언트가 적절한 자원을 획득하도록 돕는다. 셋째, 잠재된 클라이언트의 자원을 활성화할 수 있도록 자극을 준다. 넷째, 클라이언트를 성장시키고, 문제를 해결할 수 있도록 자극을 준다(우국희, 성정현, 좌현숙, 장연진, 최승희, 2015).

(7) 비밀보장

비밀보장(confidentiality)은 클라이언트에 관한 정보를 전문적인 치료목적 외에 타인에게 공개해서는 안 된다는 것을 말한다. 비밀보장은 사회복지사의 윤리적인 의무인 동시에 전문적 관계형성 유지를 위한 사회복지사의 책임이라 할 수 있다.

클라이언트의 비밀보장은 경우에 따라서 제한되거나 유예될 수 있다. 첫째, 클라이언트 자신의 내적 갈등으로 클라이언트의 비밀보장의 권리와 다른 권리·의무 간에 모순적 충돌이 일어날 경우 비밀보장은 제한된다. 예를 들면, 클라이언트가 자살충동을 표현할 때 이러한 클라이언트의 내적 갈등은 클라이언트의 비밀보장의 권리와 충돌된다. 둘째, 타인의 권리와 충돌될 경우이다. 클라이언트가 타이의 안전과 생명에 대해 위협을 가할 의도를 알게 될 경우 비밀보장은 제한된다. 셋째, 사회복지사의 권리와 충돌될 경우이다. 클라이언트의 비밀을 보장할 경우 사회복지사 자신의 권리가 박탈당하는 상황이 생길 수 있다. 이 경우 클라이언트와 사회복지사 양자의 권리를 신중하게 비교하여 선택해야 한다(노혁, 2013).

2. 면접

1) 개념

면접(interview)은 사회복지사와 클라이언트 간의 상호작용을 작동하게 하는 구조로 사회복지사들이 활용하는 기본적인 수단이다(Johnson & Yanca, 2001). 면접은 목적이 있고 목표 지향적 특성을 지닌 전문적 대화 혹은 커뮤니케이션 과정이며(Brown & Furstenberg, 1992), 사회적 상호작용과 의사소통 과정이며 인지・정서・행동의 변화를 목적으로 한 언어적 행동으로서 문제해결을 위한 개입이라고 할 수 있다(Kirst-Ashman & Hull, Jr., 1993: 최덕경 외, 2012에서 재인용).

이러한 면접의 목적은 클라이언트의 문제를 해결하거나 클라이언트와 함께 문제해결을 위해 협력하거나 또는 과제를 수행하는 데 있어서 필요한 정보를 얻는 것이다(Johnson & Yanca, 2001). 이는 궁극적으로 클라이언트의 삶의 질 향상과 성장을 위한 것이어야 한다(Hewworth et al., 2017).

따라서 사회복지실천 현장에서 이루어지는 면접은 사회복지사에게는 클라이언트의 욕구를 파악하고 문제를 해결하기 위해 클라이언트의 참여를 유도하고 서로의 상호성을 높이는 능력이 필요하며, 때로는 치유적 역할을 수행하므로 사회복지사의 업무수행에서 매우 중요한 능력이라 볼 수 있다.

2) 특징

사회복지실천 현장에서 이루어지는 면접은 특별한 목적과 구조에 따라 이루어지는데, Compton과 Galaway(1999)는 사회복지실천 현장에서의 면접을 '네 가지 독특한 특성을 지닌 의사소통체계'로 보았다. 이 네 가지 특징은 다음과 같다.

(1) 상황이나 세팅을 배경으로 한다

사회복지실천에서 면접은 특정 상황(context, 맥락)에 한하여 이루어지며, 특정 상황과 관련되지 않는 요인들은 면접에서 다루지 않는다. 또한 특정 기관, 세팅을 통해 면접서비스를 제공한다.

(2) 면접은 의도적이고 방향성이 있다

사회복지실천에서 면접은 클라이언트의 삶의 질 향상과 성장을 위해 클라이언트의 문제를 이해하고 해결하기 위해 필요한 정보를 수집하는 목적을 지닌 활동이다. 면접에 임하는 사회복지사는 개입 계획이 있듯이 클라이언트와 만나는 매번의 접촉마다 분명한 목적을 가지고 임해야 한다.

(3) 제한적이며 구조적이다

사회복지실천에서 면접은 공식적으로 시간, 장소, 목적달성을 위해 노력하거나 해결해야 할 과제 등에 대해 사회복지사와 클라이언트 간 합의된 상태에서 계약을 통해 이루어진다.

(4) 전문화된 역할관계를 포함한다

사회복지실천에서 면접의 경우 사회복지사와 클라이언트 간에 특정한 역할관계가 형성된다. 사회복지사는 면접자, 클라이언트는 피면접자의 역할이 주어지며 이 역할에 따라 상호작용하게 된다. 따라서 면접은 개인적이거나 사적인 차원에서 이루어지지 않고 공식적으로 이루어지는 활동으로, 사회복지사의 경우 권한과 권위가 있는 전문가로서의 역할을 수행하게 된다.

3) 면접의 유형

면접의 유형은 면접의 목적 및 상황에 따라 구분된다. 이 절에서는 정보수집, 치료, 사정을 위한 면접을 중심으로 살펴보고자 한다(엄명용 외, 2016; 우국희 외, 2015; 조학래, 2019).

(1) 정보수집을 위한 면접

정보수집을 위한 면접은 클라이언트의 문제가 무엇인지, 클라이언트 문제의 원인이 무엇인지 등 상황을 이해하는 데 필요한 정보를 수집하는 데 그 목적이 있다. 이 면접에서는 사회력 조사와 같이 클라이언트 개인, 가족, 사회적 환경 등에 대한 여러 가지 정보를 수집한다. 이 과정에서 필요로 하는 정보는 객관적인 사실뿐만 아니라 클라이언트의 주관적인 감정과 태도까지도 포함된다.

구체적으로 면접과정에서 수집하는 정보의 출처는 일차적으로 클라이언트 자신이지만, 그 외 친구, 가족, 이웃, 학교나 직장, 이전에 서비스를 받은 기관 등도 포함이 된다. 예를 들면, 다문화가족지원센터의 서비스를 요청하는 결혼이주여성의 경우, 여성 자신뿐만 아니라 여성의 남편, 여성이 속한 자조모임, 여성이 이전에 경험한 서비스기관(한국어교실 등)까지도 정보의 출처가 된다. 수집하는 정보는 주로 클라이언트의 일반적 사항(나이, 성별, 학력,

결혼상태, 경제적 상태 등), 현재 문제(클라이언트가 호소하는 현재 문제, 현재 문제와 관련된 과거력 등), 가족력, 개인력, 사회적 · 직업적 기능 등이다.

(2) 치료를 위한 면접

치료를 위한 면접은 클라이언트의 사회적 기능을 회복시키고 향상시키도록 사회환경을 변화시키기 위해 실시한다. 이는 클라이언트의 인지, 정서, 행동과 태도의 변화를 일으켜서 자신이 처해 있는 환경과 보다 나은 상호작용을 할 수 있는 역량을 배양시키는 것을 말한다.

사회복지실천 현장에서 치료를 위한 면접은 클라이언트의 변화뿐만 아니라 클라이언트를 둘러싼 사회적 환경의 변화를 포함한다. 이를 위해 일차적으로 클라이언트의 역기능을 변화시킴으로써 내부의 변화(내적 사고와 인지, 정서적 반응과 행동변화 등)를 다루며, 다음으로 클라이언트의 사회적 기능 향상을 위한 사회환경의 변화, 사회환경과의 상호작용의 변화를 목적으로 한다. 예를 들면, 가정폭력 피해 여성인 경우, 사회복지사는 면접을 통해 피해여성이 '경제적 의존자이며 무기력자, 실패자'에서 '자신의 삶을 선택할 수 있는 권리가 있는 자, 경제적 의존자가 아니라 경제적으로 기여한 자, 더 나은 삶을 선택할 수 있는 기회가 있는 자'로 인식을 전환할 수 있도록 돕는다. 또한 피해여성이 피해여성 자조모임, 쉼터 제공, 자립지원프로그램 연결 등을 통해 새로운 삶을 살아갈 수 있도록 지원하는 것이다.

(3) 사정을 위한 면접

사정(assessment)은 클라이언트의 문제, 문제의 원인, 문제해결방법과 관련하여 필요한 정보와 자료를 수집하고 해석하고 필요로 하는 서비스가 무엇인지 결정하는 작업이다. 따라서 사정을 위한 면접은 사회복지사가 클라이언트와 함께 클라이언트의 문제가 무엇인지, 문제의 원인이 무엇인지 그리고 문제를 최소화하거나 해결하기 위해서 무엇을 변화시켜야 하는지를 결정하기 위한 면접을 말한다. 따라서 사정을 위한 면접은 클라이언트의 문제를 해결하기 위해 필요한 서비스를 결정하기 위한 면접이므로 정보를 수집하는 면접보다는 훨씬 더 목적 지향적이다.

4) 면접의 구성요소

효과적인 면접이 이루어지기 위해서는 다음과 같이 장소, 시간, 면접자의 태도 등 몇 가지 필요한 구성요소가 있다.

(1) 장소

면접을 실시할 때 물리적 환경은 면접의 효과에 큰 영향을 미친다. 인터뷰가 수행되는 물리적 환경은 인터뷰 중 사람들의 태도, 감정 및 협력 정도 및 대응 정도 등에 영향을 미친다. 따라서 환경적 측면에서 클라이언트에게 얼마나 안전한 느낌을 주는 공간인지, 편안한 분위기를 느낄 수 있는 공간인지에 따라 사회복지실천 면담의 성과는 달라질 수 있다.

Hepworth 등(2017)은 생산적인 인터뷰를 이끌어 내기 위한 물리적 환경으로 적절한 환기와 조명, 편안한 실내 온도, 충분한 공간, 매력적이고 깨끗한 가구 및 장식, 등을 적절하게 지지하는 의자, 고객의 문화적 신념에 적합한 개인정보 보호, 방해 요인으로부터의 자유로움, 참가자 간 열린 공간, 다양한 클라이언트 집단에 민감한 내부 장식 등을 제시하였다.

면접을 실시하는 장소로는 보통은 사회복지기관의 면접실이 안정적이지만, 때로 방문서비스, 찾아가는 서비스 형태로 클라이언트의 집이나 군부대 등과 같은 외부 장소에서 면접을 실시하기도 한다. 이런 경우 반드시 기관의 승인하에 공식적으로 면접을 진행해야 한다. 또한 클라이언트가 장애나 기타 사유로 인해 외출이 어려운 경우에도 가정방문을 통한 면접을 실시한다. 가정방문을 통한 면접의 경우, 클라이언트의 생활을 직접적으로 관찰함으로써 수집하게 되는 정보가 유용할 수 있다. 다만 클라이언트의 사생활 노출에 따른 불편함과 수치심, 때로는 예기치 못한 클라이언트의 폭력 등으로 인한 사회복지사의 신변위험 등을 고려해야 한다.

(2) 시간

사회복지실천에서 면접이 구조화된 의사소통이라는 점에서 시간에 대한 제한설정은 매우 중요하다. 사회복지사는 클라이언트와 면접의 총 횟수, 한 번의 면접 소요시간, 면접 시작과 종결 시간 등을 미리 계획하고 클라이언트와의 합의를 통해 목적에 부합한 면접을 실시할 수 있다. 면접시간은 얼마가 적절한가에 대해서는 면접의 목적, 클라이언트의 집중능력이나 의사소통능력 등에 따라 다르다. 클라이언트에게 장애가 있는 경우, 사안이 응급이나 긴급일 경우 등은 1회 면접시간, 면접 주기 등이 달라질 수 있다. 통상적으로 1회 면접시간은 45분에서 75분으로 알려져 있으나 상황에 따라서 달라질 수 있다. 다만 사회복지사는 면접의 소요시간, 시작과 종결 시간, 총 횟수 등과 관련해서 미리 클라이언트에게 알려 주어야 한다.

(3) 면접자의 태도

사회복지실천 면접에서 사회복지사의 면접태도는 클라이언트가 편안하고 거리낌 없이 자신을 표현하는 데 영향을 미친다는 점에서 매우 중요하다. 사회복지사가 면접자로서 가져야 할 태도를 정리하면 다음과 같다(노혁, 2013; 한국직업능력개발원, 2019).

첫째, 관심과 따뜻한 마음이 필요하다. 클라이언트가 가진 어려움에 대하여 진심으로 도와주고자 하는 마음, 따뜻한 마음으로 클라이언트에 대한 존중을 표현하도록 한다.

둘째, 친절한 자세를 지녀야 한다. 사회복지사와 클라이언트는 전문적 관계를 유지하며, 사회복지실천이 이루어지도록 해야 한다. 사회복지사는 전문적 관계의 특성상 친하지도 냉정하지도 않은 자세를 유지하되, 전문가로서 부드러운 미소, 편안한 목소리, 적절한 어조, 클라이언트에 대한 세심한 배려 등 친절한 자세를 유지해야 한다.

셋째, 공감적 반응이 필요하다. 사회복지사는 클라이언트에 대한 정서적·인지적 공감을 표현함으로써 클라이언트 자신이 이해받고 있으며 혼자가 아니라는 경험을 할 수 있도록 한다.

넷째, 문화적 차이를 존중해야 한다. 최근에는 우리 사회에서 국제교류가 활발해지고, 국제결혼, 가족의 다양성 등으로 인해 우리 사회 안에 존재하는 다양성의 존중에 대한 요구가 높아지고 있다. 사회복지사는 타 문화에 대한 편견 없는 자세, 차이를 수용하고 존중할 수 있는 태도를 가져야 한다.

5) 면접기술

면접을 하는 데 있어서 클라이언트와의 관계형성과 효과적인 의사소통을 촉진시키기 위해서는 몇 가지 기술이 필요하다. 사회복지사는 효과적인 면접을 위해 오랜 시간에 걸쳐 면접기술을 익히고 개발해야 한다. 또한 클라이언트의 문화적·개인적 차이를 고려하여 주요 기술들을 사용해야 한다. 주요 면접기술로는 관찰, 경청, 질문, 초점 맞추기, 안내하기, 해석하기, 분위기 조성 기술 등이 있다(Johnson & Yanca, 2001).

(1) 관찰

관찰은 클라이언트가 말하고 행동하는 것에 주의를 기울여 그를 이해하려는 기술이다. 특히 클라이언트의 비언어적 표현(표정, 눈 맞춤, 억양 등)은 면접에서 매우 중요한 요소이므로 사회복지사는 주의를 기울여야 한다. 관찰은 클라이언트가 세계를 어떻게 경험하는지를 보다 잘 이해하려는 데 그 목적이 있다(홍성례 외, 2014).

Johnson과 Yanca(2001)는 클라이언트를 관찰할 때 점검해야 할 사항으로 신체언어, 시작하는 말과 종결하는 말의 내용, 주제를 바꾸거나 반복하기, 내용의 불일치 등을 제시하고 있다.

① 신체언어

클라이언트는 얼굴 표정이나 손가락으로 데스크를 두드리는 것과 같은 신체언어(body language)나 좌석에 앉는 방식 등의 행동으로 자신의 의사를 전달하기도 한다. 예를 들면, 클라이언트는 "괜찮아요. 다 잘되겠죠."라고 말을 하지만 얼굴 표정이 굳어 있고 다리를 불안한 듯 떠는 등의 비언어적인 메시지를 전하기도 한다.

② 시작하는 말과 종결하는 말의 내용

클라이언트가 처음 말을 꺼낼 때의 내용과 끝낼 때의 내용은 클라이언트 자신에 대한 인식, 환경에 대한 인식을 나타내는 것일 수 있다. 따라서 사회복지사는 클라이언트가 말을 처음 시작할 때와 말을 끝낼 때의 내용이 어떠한지 주의 깊게 관찰해야 한다.

③ 대화 중 주제 바꾸기

클라이언트가 사회복지사와의 대화 중 주제를 바꾸는 것(shifts in conversation)은 주제가 클라이언트에게 고통이 되거나 금기시되는 것일 수 있다. 따라서 클라이언트가 대화 중 주제를 바꿀 경우, 사회복지사는 클라이언트가 자신을 드러내고 싶지 않거나 회피하는 것일 수 있음을 예상하고 유의해야 한다.

④ 대화 주제를 반복하기

클라이언트가 지속적으로 특정 주제를 반복(recurrent references)해서 언급

할 경우, 그 주제는 클라이언트나 클라이언트가 도움을 얻고자 하는 문제에 매우 중요한 내용일 수 있으므로 주의 깊게 들어야 한다.

⑤ 대화 간 불일치 또는 차이

클라이언트의 말이 불일치하거나 말의 앞뒤 내용 간에 차이(inconsistencies or gaps)가 발생할 경우, 이는 클라이언트가 말하고 있는 내용이 클라이언트에게 위협이 되거나 클라이언트가 공개하고 싶어 하지 않는 것임을 의미한다.

⑥ 스트레스 또는 갈등의 지점

사회복지사와 클라이언트는 서로 문화가 다르고, 문화마다 클라이언트 기능에 대한 관점이 다르다. 따라서 이러한 클라이언트의 문화에 대한 지식이 부족하면 클라이언트에 대한 편견, 이해 부족으로 스트레스와 갈등(points of stress or conflict)이 발생할 수 있다.

(2) 경청

면접에서 매우 중요한 것은 경청(listening)하는 것이다. 경청은 클라이언트가 말하는 것, 질문에 답하는 것과 사회복지사의 답변에 대해 반응하는 것을 파악하며 듣는 것을 말한다. 다른 사람의 말을 주의 깊게 듣고(hearing), 그들의 비언어적 제스처와 포지션을 관찰하고(observing), 그들 자신을 충분히 표현하게끔 격려하고(encouraging), 그들이 전달하려는 것을 기억하는(remembering) 과정을 의미한다(Cournoyer, 2000). 사회복지사들은 자신과 다른 방식으로 표현하는 클라이언트와 의사소통을 할 수 있으므로 경청기술을 개발해야 한다.

<Tip> 언어적 메시지 이해하기 실습

1. 예문 읽기

다음에 제시된 예문을 읽고 클라이언트의 사적인 질문의 의도를 생각해 본다. 표면적인 이유보다는 좀 더 내면의 심층적인 이유나 배경에 대하여 살펴보는 것도 필요하다. 또 심리적인 내용뿐만 아니라 사회·문화적인 내용에 대해서도 같이 살펴보아야 한다.

사례	예문
사례 1	클라이언트는 가정 폭력의 가해자로, 법원에서 판결을 받고 수강 명령을 받은 60대 중반의 남성이다. 이 클라이언트는 결혼 생활을 30년 동안 지속했으며, 자녀들은 성장하여 사회생활을 한다. 반면, 사회복지사는 20대 후반의 여성으로 미혼이고, 실제 나이보다 얼굴이 어려 보인다. 사회복지사는 자신보다 나이 많은 클라이언트에게 언제나 친절하고 예의가 바르게 행동하였다. 그럼에도 클라이언트는 면담에 늦으며, 심지어 사회복지사와 눈을 마주치는 것도 힘들어 한다.
사례 2	클라이언트는 중학교 때 학교 폭력을 당한 이후로 행동이 위축되고, 쉽게 깜짝깜짝 놀라며 사람 앞에 나서지 못하는 성격이다. 사회복지사는 클라이언트의 심리적 외상(trauma)을 다루는 것이 필요하다고 생각하고 첫 회기 상담 시간에 클라이언트가 경험한 학교 폭력의 내용을 상세히 다루었다. 이후로, 클라이언트는 면담시간에 늦게 도착하는 일이 빈번하였다.

2. 제시된 예문 분석하기

구분	약속을 어기는 이유	사회복지사의 적절한 반응	비고
사례 1			
사례 2			

3. 토의하기

다음 예문 분석표를 활용하여 앞에 나온 내용 중에서 클라이언트의 행동 이유를 가장 잘 설명할 수 있는 내용을 찾아보는 토의를 실시한다.

구분	클라이언트의 감정	클라이언트의 인지	사회복지사의 적절한 반응	비고
사례 1				
사례 2				

출처: NCS학습모듈(2019. 8. 11.).

(3) 질문

사회복지사는 필요한 정보를 얻기 위해서 그리고 클라이언트가 생각과 느낌을 표현하도록 돕기 위해서 여러 가지의 질문기술(questioning skills)을 사용한다. 여기서는 주로 많이 사용되는 '개방형 질문' '폐쇄형 질문' '초점을 좁혀 가는 질문'과 주의해야 할 질문에 대해 살펴보기로 한다(한국직업능력개발원, 2019; Janet, 2004; Sheafor, 2008: 홍성례 외, 2014에서 재인용).

① 개방형 질문과 폐쇄형 질문

사회복지사는 질문을 사용하여 클라이언트의 특성을 조사하고 정보를 수집해야 한다. 사용할 수 있는 질문의 유형으로 '개방형 질문(open-ended questions)'과 '폐쇄형 질문(closed-ended questions)'이 있는데, 사회복지사는 클라이언트의 상황과 면접 시기에 따라 이를 적절히 구분하여 사용해야 한다.

먼저, '개방형 질문'은 클라이언트가 원하는 방식으로 질문에 대한 답을 선택해서 설명하고 논의하며 대답할 수 있도록 질문하는 것이다. 개방형 질문은 클라이언트의 주관적인 생각과 감정 등에 대한 많은 정보를 얻을 수 있는 질문기법이다. 예를 들면, "아이의 학교생활은 어떤가요?" "지금 살아가는 데 있어서 당신을 가장 힘들게 하는 게 무엇인가요?"와 같이 '어떻게' '무엇' 등의 의문문을 사용하여 질문하는 개방형 질문기법은 클라이언트를 탐색할 때 유용하게 사용할 수 있다.

이와 반대로 '폐쇄형 질문'은 특정한 답을 요하는 질문기법이다. 주로 구체적인 사실에 대한 정보를 얻기 위해서 사용한다. 폐쇄형 질문은 '예' '아니요' 또는 단답형으로 대답할 수 있다. 예를 들어, "몇 살입니까?" "오늘 학교를 갔다 왔니?" "현재 복용 중인 약은 무엇입니까?" 등과 같은 질문이다. 폐쇄형 질문을 사용하면 정보를 신속하게 파악할 수 있고, 의사를 분명하게 이해할 수 있다. 그러나 클라이언트는 심문을 받는 느낌이 들 수 있고, 사회복지사는 풍부한 정보를 얻기가 어렵다.

② 초점을 좁혀 가는 질문

이 질문기법은 일종의 깔때기처럼 처음 질문에서 진행될수록 점점 구체적으로 클라이언트의 관심사나 말하고자 하는 상황, 문제의 범위를 좁혀 가는 질문기법이다. 예를 들면, 클라이언트가 "이제 저는 모든 게 끝이에요."라고 말을 했을 경우, 사회복지사는 '끝이라는 것의 의미는 무엇인지' '그 일 또는 그 상황에서 무엇을 느꼈는지' '무엇을 했는지'와 같은 식으로 점점 구체적인 문제 상황과 클라이언트가 말하고자 하는 관심사를 파악해 갈 수 있다.

③ 주의해야 하는 질문

면접에서 질문기술을 사용하는 경우, 클라이언트의 연령, 클라이언트의 지적 수준, 심리정서적 상황 등에 따라 질문 유형을 고려해서 사용해야 한다. 사회복지사는 단지 호기심에서 또는 침묵을 없애기 위해 질문을 하거나, 질문을 너무 많이 하거나, 기타 유도하는 질문, 과하게 '왜?' 질문을 사용함으로써 클라이언트와의 전문적 관계를 깨뜨리지 않도록 주의해야 한다.

❶ 한꺼번에 너무 많은 질문은 피하기

질문을 한꺼번에 많이 하면 클라이언트가 폭격을 맞는 듯 느낄 수 있어 당황하게 된다. 질문을 많이 하는 것은 클라이언트 중심이 아닌 사회복지사 중심의 주제로 이끌어 갈 수 있으므로 유의해야 한다.

❷ 유도하는 질문

유도하는 질문(leading question)은 클라이언트에게 특정한 방향으로 응답하도록 이끄는 질문이다. 예를 들어, "생각해 보면 당신도 그렇게 하고 싶지 않았던 거죠?" 혹은 "그 정도 상황이면 당신이 잘못했다는 생각이 들지 않나요?"라는 식으로 유도하는 질문은 클라이언트가 당황하거나 솔직하게 사회복지사의 의견에 반대하기보다는 거짓말을 하게 할 수 있다.

❸ 왜

'왜(why)?' 질문은 클라이언트를 방어적인 태도로 만드는 경향이 있다. 이 질문이 내담자를 비난하거나 책망하는 것으로 들릴 수 있기 때문이다. 특히 아동이나 청소년을 대상으로 하는 면접 상황에서는 '왜'라는 질문을 하는 사회복지사가 권위적으로 여겨질 수 있다.

특히 대부분의 사람은 자신의 행동에 대한 이유를 잘 모르는 경우가 있고, 이로 인해 질문을 받으면 사회적으로 허용되는 대답을 하게 된다. 클라이언트의 행동이나 상황에 대해서 왜 대신에 무엇(what), 언제(when), 어디서(where), 어떻게(how)에 초점을 두는 질문을 사용하는 것이 좋다.

(4) 초점 맞추기, 안내하기, 해석하기

초점(focusing)과 안내(guiding)는 클라이언트가 자신의 생각, 행동, 감정을 잘 표현할 수 있도록 사회복지사가 주의 깊게 듣고 있다는 확신을 주고, 이야기가 두서없거나 명백하지 않을 때 방향을 제시해 주고 정리해 준다.

해석(interpreting)은 암묵적으로 표현된 부분들에 대해 설명해 주는 것으로, 클라이언트가 미처 알지 못한 자신의 문제까지 이해할 수 있게 해 주는 방법이다(엄명용 외, 2016). 이를 위해서 사회복지사는 클라이언트의 말이나 반응 속에 담긴 의미를 파악하고 클라이언트에게 말해 주게 된다. 그리하여 사회복지사는 해석을 통해 클라이언트가 자신의 문제와 행동, 사고, 감정 등을 새로운 각도에서 이해할 수 있도록 돕고 클라이언트의 통찰력을 증진시키게 된다. 다만, 클라이언트가 받아들일 수 있는 준비가 되지 않았거나 성급하게 해석을 공유하게 되면 클라이언트는 방어적이 될 수 있으므로 유의해야 한다.

(5) 분위기 조성 기술

분위기 조성 기술(climate-setting skills)은 면접을 위해 클라이언트가 편안함을 갖도록 하는 기술을 말한다. 대인관계에서 서로를 이해하고 개방적이며 정직한 관계를 만들어 내는 중요한 요소는 공감, 진정성, 따뜻함이다. 이 세 가지 요소는 클라이언트가 편안하게 자신을 개방하고 정직하게 사회복지사와 면접에 임할 수 있도록 도움을 준다. 따라서 사회복지사는 면접에 있어서 따뜻하게 공감하고 진실되게 클라이언트를 대해야 한다. 세 가지 요소는 인간의 개별성을 인정하고 존중하는 사회복지사의 가치에서 비롯된다.

① 감정이입

감정이입(empathy)은 사회복지사가 클라이언트를 수용하고 클라이언트와 의사소통할 수 있는 능력이다. 또한 공감은 사회복지사가 클라이언트의 감정, 메시지를 정확하게 인식하고 그에 대한 구체적인 피드백을 줌으로써 표현된다.

② 진정성

진정성(genuineness)은 사회복지사가 신뢰할 만하다는 것을 클라이언트가 알 수 있도록 의사소통하는 능력을 말한다. 진정성은 사회복지사가 클라이언트가 필요로 하는 정보에 대한 요구를 기꺼이 충족시키고자 하는 사람임을 클라이언트에게 표현함으로써 나타난다.

③ 따뜻함

따뜻함(nonpossessive warmth)은 사회복지사가 클라이언트에게 친밀감을 가지고 있으며 친밀하고자 하는 욕구를 가지고 있음을 전달할 수 있는 능력이다. 사회복지사의 따뜻함은 클라이언트가 의사결정을 하고 자신에 대해 가치 있는 느낌을 갖게 한다. 이러한 따뜻함은 클라이언트에 대한 긍정적인 존중, 클라이언트의 성장과 안녕감에 대한 감사, 사려 깊은 태도와 친절한 태도로 나타난다.

(6) 기타 면접기술

① 반영하기

반영하기(reflecting)는 클라이언트가 하는 말과 행동에서 표현된 기본적인 감정, 생각 및 태도를 사회복지사가 다른 참신한 말로 부연해 주는 것이다. 이는 앵무새처럼 그대로 다시 반복하는 것을 의미하는 것이 아니라 다른 단어를 사용하여 사회복지사가 클라이언트가 하고자 하는 말, 생각, 감정을 이해하고자 하는 노력을 표현하는 기술을 말한다(노혁, 2013).

반영하기는 내용과 감정을 반영하는 것을 말한다. 내용반영은 클라이언트가 말하는 내용을 사회복지사가 정확히 이해하였음을 거울로 비춰 주듯 전달하되 클라이언트가 사용하는 단어보다는 사회복지사가 사용하는 단어를 사용하는 것이 좋다. 감정반영은 감정이입의 한 형태로서 클라이언트가 경험하는 감정을 사회복지사가 이해하고 있음을 전달하는 기술이다. 즉, 사회복지사가 느끼는 감정이 아니라 클라이언트가 느끼는 감정을 사회복지사가 이해한 형태로 다시 말해 주는 것을 말한다.

② 직면하기

직면(confrontation)은 클라이언트가 인식하지 못하거나 인정하기를 거부하고 있는 감정이나 생각을 직접 인식하도록 사회복지사가 지적하는 것을 말한다(우국희 외, 2015). 이는 클라이언트가 자신의 고통스러운 감정과 행동 또는 클라이언트의 말과 행위 사이의 불일치 등을 스스로 인식할 수 있도록 만드는 기술이다. 그러나 직면기술은 클라이언트와의 신뢰관계가 형성되지 않은 상태에서 사용할 경우 클라이언트에게 상처가 되거나 저항을 불러일으킬 수 있으므로 유의해야 한다.

초기면접 기록지

사례번호			담당자		
사례기준	☐ 신규　☐ 기존		작성일	년　월　일	
정보제공자	☐ 본인　☐ 가족(　　　　　)　☐ 기타(　　　　　)				
성명			성별	☐ 남　☐ 여	
생년월일			전화번호		
주소					

직계 및 동거가족사항	관계	성명	연령	결혼 상태	동거 여부	학력	직업	건강상태	장애명	질병명
								☐ 건강 ☐ 장애 ☐ 질병		
								☐ 건강 ☐ 장애 ☐ 질병		
								☐ 건강 ☐ 장애 ☐ 질병		

가구유형	☐ 양부모가구　☐ 모자가구　☐ 부자가구　☐ 미혼모부자가구 ☐ 조손가구　☐ 독신가구　☐ 기타(　　　　　)
수급유형	☐ 최저생계비 150~180%　☐ 최저생계비 130~160%　☐ 최저생계비 130 이하 ☐ 조건부수급가구　☐ 수급가구　☐기타(　　　　　)

주거 형태	환경	☐ 월세(보증금　/월세　　)　☐ 전세(보증금: 1,500만원/LH주택임대)　☐ 자가 ☐ 영구임대　☐ 무상임대　☐ 기타(　　　　　)
	난방	☐ 기름　☐ 도시가스　☐ LP가스　☐ 전기　☐ 기타(　　　　　)

경제상황	가계소득	☐ 월평균 ( )만원	부채	☐ 약(　)만원	총재산	(　)만원
	소득원	☐ 연금　☐ 공공부조　☐ 저축　☐ 가족지원 ☐ 근로수업　☐기타(　　　　　)				

가계도 및 생태도

가구주의 근로능력 및 여건	문해능력	□ 유 □ 무	근로 활동 장애 요인	□ 1. 노령(65세 이상) □ 2. 신체/정신건강 악화(특정질환) □ 3. 대인관계의 어려움 □ 4. (창업희망 시) 자금 부족 □ 5. 부채/채무 □ 6.일자리 정보 부족 □ 7. 근로능력, (취업)기술 부족 □ 8. 가족구성원의 보육/장애/간병 등 돌봄부담 때문 □ 9. 기타( )
	직업력	□ 근로활동경험 전무　□ 무직+경력단절기간 3년 이상 □ 무직+경력단절기간 3년 이내 □ 근로활동 중(사회적 일자리/자활근로/희망근로 등) □ 근로활동 중(일반업체+비정규직) □ 근로활동 중(일반업체+정규직) □ 기타( )		
종합의견	〈생활실태〉 • 기초생활 • 가족관계 • 건강상태 • 주거환경 • 직업고용 〈세대강점〉			
	〈주요욕구〉 〈담당자 의견〉			

[그림 7-1] 초기면접 기록지

정리해__봅시다

- **사회복지사와 클라이언트 간의 관계형성의 중요성**
사회복지사와 클라이언트 사이의 전문적인 관계형성은 클라이언트의 문제해결 및 적응을 위해 필수적인 요소로서 중요하다고 볼 수 있다.

- **사회복지사와 클라이언트 간의 관계형성의 구성요소**
Johnson과 Yanca(2001)는 사회복지사와 클라이언트 간의 관계형성의 구성요소에는 타인에 대한 관심, 헌신과 의무, 수용, 감정이입, 명확한 의사소통, 진정성, 권위와 권한, 목적이 있다고 보았다.

- **관계형성의 원칙**
Biestek(1957)은 관계형성을 위한 원칙으로 개별화, 의도적인 감정표현, 통제된 정서적 관여, 수용, 비심판적 태도, 클라이언트 자기결정, 비밀보장이 필요하다고 보았다.

- **면접의 목적**
면접의 목적은 클라이언트의 문제를 해결하거나 클라이언트와 함께 문제해결을 위해 협력하거나 과제를 수행하는 데 있어서 필요한 정보를 얻는 것이며(Johnson & Yanca, 2001), 이는 궁극적으로 클라이언트의 삶의 질 향상과 성장을 위한 것이어야 한다.

- **면접의 특징**
Compton과 Galaway(1989)는 사회복지실천 현장에서의 면접을 '네 가지 독특한 특성을 지닌 의사소통체계'로 보았다. 네 가지 특징은 상황이나 세팅을 배경으로 하고, 의도적이고 방향성이 있으며, 제한적이며 구조적이고, 전문화된 역할관계를 포함하는 것이다.

- **면접의 유형 및 구성요소**
면접의 유형은 면접의 목적 및 상황에 따라 구분되며, 정보수집, 치료, 사정을 위한 면접 등이 있다. 면접의 구성요소로는 장소, 시간, 면접자의 태도 등이 있다.

- **면접의 기술**
주요 면접기술로는 관찰, 경청, 질문, 초점 맞추기, 안내하기, 해석하기, 분위기 조성 기술 등이 있다.

생각해__봅시다

1. 면담의 유형 중 가정폭력 피해 여성의 자존감 향상을 목적으로 심리적 지지를 제공할 수 있는 유형에 대해 논의해 봅시다.

2. 면접 중 침묵으로 일관하는 클라이언트를 대하는 사회복지사의 태도에 대해 논의해 봅시다.

참고문헌

노혁(2013). 사회복지실천론. 서울: 학지사

엄명용, 김성천, 오혜경, 윤혜미(2016). 사회복지실천의 이해(제4판). 서울: 학지사.

우국희, 성정현, 좌현숙, 장연진, 최승희(2015). 사회복지실천론(제2판). 서울: 신정.

장인협(1989). 사회복지실천방법론. 서울: 서울대학교출판부.

조학래(2019). 사회복지실천론(제2판). 서울: 신정.

최덕경, 이혜자, 이무영, 정혜선, 박경애, 김민경(2012). 사회복지실천론. 경기: 공동체.

최혜지, 김경미, 정순둘, 박선영, 장수미, 박형원, 배진형, 박화옥, 안준희(2013). 사회복지실천론. 서울: 학지사.

한국직업능력개발원(2019). 사회복지면담 초기면접 학습모듈. https://www.ncs.go.kr/unity/th03/ncsSearchMain.do

홍성례, 양정빈, 이무영, 김소진, 정연정(2014). 사회복지실천기술론. 경기: 교문사.

NCS학습모듈(2019. 8. 11.). https://www.ncs.go.kr/unity/th03/ncsSearchMain.do

Biestek, F. P. (1957). *The Casework Relationship*. Chicago, IL: Loyola University Press.

Brown, J. S., & Furstenberg, A. -L. (1992). Restoring control: Empowering older patients and their families during health crisis. *Social Work in Health Care*, 17(4), 81-101.

Compton, B. R., & Galaway, B. (1999). *Social Work Precesses* (6th ed.). Pacific Grove, CA: Brooks/Cole Publishing Company.

Cournoyer, B. (2000). *The Social Work Skills Workbook* (3rd ed.). Belmont, CA:

Brools/Cole.

Hepworth, D. H., Rooney, R, H., Rooney, G. D., Strom-Gottfried, K., & Larsen, J.
A. (2017). *Direct Social Work Practice: Theory and Skills* (10th ed.). Pacific
Grove, CA: Brooks/Cole Publishing.

Johnson, L. C., & Yanca, S. J. (2001). *Social Work Practice: A Generalist Approach*
(7th ed.). Boston, MA: Pearson Education, Inc.

제3부

사회복지실천의 과정

제8장

사회복지실천의 과정과 기록

● 학습개요 ●

기록은 사회복지실천 현장의 필수 항목으로 사회복지사의 전문적 개입과 클라이언트의 변화를 객관적으로 보여 주는 실천적 자료이다. 최근 공적 자금으로 운영되는 사회복지사업의 책무성(accountability)과 전문성이 강조되면서 기록의 중요성이 더욱 부각되고 있다. 사회복지실천의 기록은 클라이언트의 상황, 사회복지사의 개입, 서비스 전달 과정을 객관적이고 구체적으로 기술하는 것으로, 기록을 통해 개입의 효과성과 목적 달성을 확인할 수 있다. 또한 사회복지사는 기록을 통해 전문적인 판단과 개입의 적절성을 입증할 수 있으며, 서비스 질을 향상시키는 도구로 사용하기도 한다. 기록은 전문가에게 요구되는 필수 직무이므로 기록과 관련된 기술과 지침을 익히는 것은 사회복지사에게 주어진 중요한 과제이다. 이 장에서는 기록의 목적, 기록에 포함되는 내용, 기록의 유형, 그리고 좋은 기록을 위한 지침 등을 자세히 살펴보고자 한다.

● 학습목표 ●

1. 사회복지현장에서 기록의 목적과 중요성을 이해한다.
2. 기록에 포함되는 기본적인 내용들을 학습한다.
3. 실무 현장에서 사용되는 기록지의 유형을 살펴보고 직접 작성해 본다.
4. 기록의 기본 원칙들과 유의사항들을 살펴본다.

1. 기록의 목적

기록(記錄)이란 후일 남길 목적을 가지고 어떤 사실을 기호나 글로 적는 작업을 의미한다. 사회복지실천의 기록은 사회복지사가 개입한 사례의 시작부터 종결까지의 과정을 일정한 틀 안에 서술해 놓은 자료로 볼 수 있으며, 기록의 궁극적인 목적은 사회복지실천 서비스 향상을 통한 클라이언트의 복지증진이라 할 수 있다. 최근 사회복지현장에서 실천의 책무성이 중시되면서 사회복지사의 전문성뿐만 아니라 제공된 서비스의 효과성, 효율성, 예산의 적정성, 투명성 등이 다차원적으로 고려되고 있는 상황에서 기록은 매우 중요한 근거(evidence)로 활용되고 있다. 기록의 세부적인 목적은 다음과 같다 (Kagle, 1991: 2-5).

1) 사회복지실천의 문서화

사회복지사는 사례의 시작부터 종결까지 클라이언트에게 제공된 서비스를 비롯한 면담 내용, 진행 상황, 성과 등을 문서화하여 보관한다. 클라이언트와의 면담뿐만 아니라 그 주변을 둘러싼 각종 환경과 자원, 사례회의 내용까지 전부 기록한다. 이는 공적 재원을 근거로 지원하는 사회복지서비스의 정당성 및 책무성을 입증하고 사회복지사의 전문성을 보여 주는 자료로 사용된다. 만일 실천 현장에서 분쟁이 발생할 경우 이 문서는 법정에서 사회복지사의 증언을 증명할 수 있는 증거로 채택되기도 한다.

2) 효과적인 서비스를 위한 모니터링

기록을 통해 사회복지사는 사례 진행 과정, 주변을 둘러싼 환경, 제공 가능한 자원에 대한 분석과 조직화를 할 수 있다. 특히 체계적인 기록일수록 제공된 개입의 효과성 분석이 가능하며, 진행 과정의 긍정적·부정적 요인을 파악하고 서비스 전달 체계를 점검함으로써 향후 개입 전략을 수정할 수 있다. 또한 기관 차원에서 검토할 수 있는 모니터링의 역할을 수행하여 사회복지실천 현장의 질적 향상을 도모할 수 있는 기회를 제공한다.

3) 사례의 지속성 및 연속성 확보

사례를 담당하던 사회복지사의 휴가, 이직, 퇴직 등으로 업무를 지속할 수 없을 때, 기록은 다른 사회복지사에게 업무를 인계할 수 있는 유일한 연결고리가 된다. 인계받은 사회복지사는 그동안 클라이언트와 진행해 온 과정, 개입 목표, 향후 계획 등을 파악하여 서비스 공백 없이 지속적인 개입을 할 수 있다. 또한 기관 내에서 같은 사례가 종결되고 재개시되는 일이 반복될 때 중복서비스를 막고 시간을 절약할 수 있다.

4) 전문가 간의 원활하고 활발한 의사소통

사회복지실천 현장에서 복잡한 문제가 얽힌 사례일수록 여러 전문가의 공조는 필히 요구된다. 이때 기록은 전문가 간의 공조 체계를 원활히 해 주는 도구로 사용된다. 병원이나 정신건강복지센터 등은 사회복지사, 임상심리사, 의사, 정신과 의사, 간호사 등 여러 명이 한 팀이 되어 같은 사례를 담당하므로 하나의 기록부를 사용하게 된다. 기록은 개별 전문가의 활동 내용을 이해하고 자신의 의견을 팀 내에 알리는 도구로 활용될 수 있다.

5) 슈퍼비전의 활성화

기록은 효과적인 사회복지실천을 위한 교육적 도구로 활용된다. 특히 초보 사회복지사의 직무교육이나 학생들의 실습 교육 및 지도를 위한 자료로 활용된다. 슈퍼바이저가 실천 현장을 직접 관찰하고 슈퍼비전을 주기 어렵기 때문에 기록을 바탕으로 상황을 이해하고 실천과정에 대한 피드백을 제공한다. 슈퍼비전의 목적은 사회복지사의 업무능력 향상을 통해 클라이언트에게 제공되는 서비스 질을 높이는 것인데 기록은 그 기반이 된다.

6) 클라이언트와의 정보 공유

최근 사회복지실천 현장에서 클라이언트와의 협력 체계를 구축하는 방법이 권장되면서 클라이언트와 정보를 공유하는 경우가 많아지고 있다. 즉, 기록은 클라이언트와 정보를 공유할 수 있는 의사소통의 도구일 뿐만 아니라 실천과정을 돕는 치료의 도구로 사용된다. 클라이언트는 사회복지사의 기록을 통해 개입의 목표와 실천방법 등을 명확히 알 수 있으며, 향후 진행 과정을 이해함으로써 실천의 효과성을 높일 수 있다. 따라서 사회복지사는 클라이언트와 가족에게 정보가 공개될 수 있다는 것을 염두에 두고 기록해야 한다.

7) 행정적 자료로의 사용

클라이언트에 관한 기록은 클라이언트에게 제공될 서비스의 유형, 사회복지사의 직무 범위, 기관의 자원 분배 등 행정적인 결정을 내리는 중요한 자료로 사용된다. 특히 사회복지 분야의 각종 정보를 보존할 수 있는 기록 체계가 구축되면서 기관 내 행정 업무를 효율적으로 처리할 수 있게 되었다.

8) 연구조사, 통계자료

기록은 사회복지실천 현장의 지속적인 발전을 위한 연구조사 및 통계자료로 사용된다. 사회복지사가 개입한 사례의 효과성을 검증하고 실천과정에서 결과까지 평가할 수 있는 근거 자료를 제공한다. 단, 클라이언트의 신상정보가 노출되지 않도록 비밀보장에 각별히 주의해야 한다.

2. 기록에 포함되는 기본적인 내용

사회복지실천 현장의 기록은 매우 다양하나 공통적으로 적용되는 지침은 클라이언트에게 제공하는 서비스를 중심으로 작성하는 것이다. 서비스 중심 기록은 사회복지사가 클라이언트에게 서비스를 제공하는 가운데 내린 전문적인 의사결정과 그에 따른 근거, 내용, 결과 등이 자세하게 기술된다.

서비스가 중심이 된 기록이므로 사회복지사와 클라이언트의 개입 시간에 따라 문서를 작성한다. 한 단계에서 다음 단계로 넘어갈 때마다 기록의 내용이 달라지므로 기록은 결국 사례 진행의 시간적 흐름에 따라 기술된다. 따라서 이 장에서는 서비스 진행의 단계에 따라 기록에 포함되는 기본적인 내용들을 살펴보고자 한다(Kagle, 1991: 17-53).

1) 서비스 탐색단계(초기단계)

서비스 탐색단계는 사례 개입의 첫 단계로, 클라이언트의 사례를 접수하고 문제를 사정한다. 초기단계의 기록은 클라이언트의 특성(인구학적 정보), 서비스 개시 이유, 사회력, 각종 자원, 사회복지사의 사정 등으로 구성된다.

(1) 클라이언트 특성(인구학적 정보)

클라이언트의 인구학적 정보로는 이름, 성별, 주소, 연락처, 생년월일, 혼인 여부, 학력, 종교, 가족구성, 직업, 경제상황 등이 있다. 이러한 정보는 사회복지사의 전문적인 판단이 요구되지 않는 사실적 정보이기 때문에 주로 행정 직원이나 클라이언트가 직접 작성한다.

(2) 서비스 개시 이유

클라이언트에게 서비스를 개시하게 된 배경과 방법을 기록한다. 클라이언트가 직접 의뢰하였는지, 다른 기관에서 의뢰하였는지, 의뢰하게 된 이유가 무엇인지 구체적으로 기술한다.

(3) 사회력

사회력(social history)이란 클라이언트의 문제나 욕구를 역사적 · 생태학적 맥락에서 이해하기 위하여 클라이언트의 상황과 관련된 과거와 현재의 정보를 정리한 것이다. 사회력은 클라이언트의 사회적 기능에 초점을 둔 것으로 주된 내용은 클라이언트 본인이나 가족원으로부터 얻을 수 있다. 정보의 범위는 간략할 수도 있고 광범위할 수도 있다. 간략한 정보는 현재 클라이언트의 상황을 이해하는 데 유용한 개인적 · 심리적 · 사회적 · 환경적 문제에 집중하며, 광범위한 정보는 과거의 주요 사건, 반복되는 문제 유형을 찾는 데 중점을 둔다.

사회력은 사실적 정보와 정서적 내용을 포함하며, 개입 초기에 이루어지는 단기 작업이 아니라 서비스가 제공되면서 새로운 정보가 생성될 때마다 추가로 기록하는 지속적인 과정이다. 사회력을 기록하는 형식과 방법은 기관마다 다르며, 별도로 기록하거나 사례관리 기록에 포함할 수 있다.

사회력에 포함해야 할 항목으로는 개인적 정보, 대인관계 정보, 사회적 정보, 물리적 환경 관련 정보 등이 있으며 세부 내용은 다음과 같다.

정보	세부 내용
개인적 정보	신체건강, 정신건강, 인지발달, 질병력, 치료경력, 주요 문제 행동, 정서적 반응, 교육, 직업, 재정, 법적 문제 등
대인관계 정보	결혼, 가족, 동료집단, 비공식적 사회망, 직장관계 등
사회적 정보	문화, 지역사회, 제도관계(종교, 법, 체계, 사회복지기관 등)
물리적 환경 관련 정보	주거, 이웃, 작업환경, 교통수단 등

(4) 자원과 제약

사회복지사는 클라이언트의 문제나 욕구를 해결하기 위해 필요한 자원과 서비스를 고려해야 한다. 실제 이용 가능한 공식적 · 비공식적 자원과 적합하지 않은 자원, 장애물 등도 함께 기록한다.

(5) 사정

사정(assessment)은 클라이언트의 문제 상황을 이해하고 해결을 위한 계획을 수립하는 과정이다. 사정 결과는 사실적 정보와 분리하여 '사회복지사의 사정' '사회복지사의 견해' '조작적 가설' 등 분명한 제목하에 기록되어야 하며, 기록자의 관찰과 추론이 명확하게 구분되어야 한다.

2) 서비스 형성단계(중간단계)

서비스 형성단계는 계획을 수립하고 목표에 개입하는 단계로, 중간단계의 기록은 서비스에 영향을 미치는 결정, 서비스 목적, 서비스 계획으로 구성된다.

(1) 서비스에 영향을 미치는 결정

클라이언트에게 제공되는 서비스의 유형, 방법, 질과 양 등에 미치는 중요한 결정의 내용과 정당성을 기록한다. 클라이언트와 사회복지사 간의 상호

결정은 계약을 통해 이루어지며, 면담시간, 과제수행, 비용 등 세부적인 내용까지 포함하여 작성한다.

(2) 서비스 목적

서비스 목적이란 클라이언트의 문제해결을 통해 궁극적으로 달성하고자 하는 바를 의미하며, 모호한 용어를 피하고 구체적으로 기록한다. 서비스 목적이 명확히 작성되어야 효과적인 서비스 제공이 가능하다.

(3) 서비스 계획

서비스 계획은 목적과 목표 달성을 위해 향후에 진행될 과정을 서술하는 것이다. 자세히 기록해 두면 담당 사회복지사의 부재 시 지속적으로 서비스를 제공하는 데 유용하다. 주된 내용으로 클라이언트의 프로그램 참여 유무, 다른 기관으로의 의뢰 계획, 사회복지사와 클라이언트가 담당해야 하는 과업 등이 포함된다.

(4) 서비스 특성

서비스 특성은 행정계획, 연구조사, 서비스 전달 시 사용하는 구조화된 기록을 의미한다. 기관마다 표준화된 서비스 특성별로 정해진 기록양식을 사용한다.

3) 서비스 실행단계

서비스 실행단계는 클라이언트의 문제해결을 위해 본격적인 개입이 이루어지는 단계로, 중간노트 작성, 서비스 재검토 등이 이루어진다.

(1) 중간노트 작성

중간노트(interim notes)란 서비스를 제공한 이후 클라이언트의 변화된 상황과 서비스 진행 과정을 정기적으로 기록하고 사정한 자료를 의미한다. 중간노트는 클라이언트의 향상된 모습과 변화된 과정에 초점을 두고 기록되므로 '과정노트'라고 불리기도 한다.

중간노트에 포함되는 내용은 다음과 같다. 첫째, 클라이언트의 상황과 변화에 대한 서술과 사정을 기록한다. 더불어 사례를 진행하면서 알게 된 새로운 정보 역시 추가로 기록해 둔다. 둘째, 서비스 활동과 진행 과정에 대해 기록한다. 예를 들면, 면담 일시, 장소, 참석자, 논의 내용, 다른 사람과의 면담, 전화기록 등이 있다. 셋째, 중요한 사건을 기록한다. 클라이언트에게 일어난 중요한 사건은 반드시 기록하고 슈퍼바이저에게 보고해야 한다. 중요한 사건으로는 클라이언트의 위협, 공격, 자살시도, 반사회적 행동, 각종 피해 등이 포함된다. 넷째, 서비스 목적과 계획에 대한 사정과 변화를 기록한다. 서비스 목적과 계획을 명확히 정의하고 수정이 이루어지면 반드시 기록해 둔다.

(2) 서비스 재검토(중간요약)

서비스 재검토는 서비스 결과와 활동에 대한 공식적인 재평가를 기록한 자료이다. 주로 사례회의에서 이루어지며 중간노트의 기록은 구조적인 틀에 맞추어 요약·정리한다. 예를 들어, 개최 날짜, 참여자(담당 사회복지사, 슈퍼바이저, 클라이언트, 자문위원 등), 제안점, 결정 내용 등을 상세히 기록한다.

4) 서비스 종결단계

서비스가 종료되는 마지막 단계의 기록은 종결의 방법과 사유, 그동안 진행된 활동과 결과에 대한 요약 및 추후점검으로 구성된다.

(1) 서비스 종결의 방법과 사유

사회복지사는 서비스를 종결하게 된 방법과 사유에 대한 기록을 작성한다. 이는 사회복지사의 책무성 확보와 서비스 평가 실시, 향후 서비스 계획을 위해 반드시 필요하다.

(2) 서비스 활동과 결과에 대한 요약(종결요약)

종결요약은 사례가 종결된 후 그동안 진행된 서비스 과정을 요약하고 결과에 대한 내용을 작성한 기록이다. 포함할 내용으로는 서비스 개시 이유, 사례 진행 과정에서 클라이언트의 상황, 서비스 목적, 목표, 계획, 과정, 종결 당시 클라이언트의 상황, 서비스 평가, 사후 검토를 위한 제언 등이 있다.

(3) 추후점검

추후점검(follow-up)은 서비스 종료 이후 클라이언트의 상황을 재점검하는 것이다. 서비스 종결 이후에도 변화가 일어날 수 있으므로 이는 서비스 효과성 평가에도 유용하다. 대부분의 기관에서는 주로 전화를 통해 추후점검을 진행하고 있다.

3. 기록의 유형

사회복지실천 기록의 형식과 유형은 클라이언트의 욕구, 개입의 목적과 내용, 향후 활용계획 그리고 소속된 기관의 특성에 따라 달라진다. 따라서 사회복지사는 상황별로 적절한 기록 방법을 선택하기 위해서 각 유형의 구체적인 내용과 장단점을 숙지하고 있어야 한다. 이 장에서는 사회복지기관에서 주로 사용하는 기록 방법인 과정기록(process recording), 요약기록(summary recording), 이야기체기록(narrative recording), 문제중심기록(problem-oriented recording), 그리고 녹음 및 녹화 기록을 소개하겠다.

1) 과정기록

(1) 과정기록의 특징

과정기록은 사회복지사와 클라이언트 간의 상호작용을 상세하게 파악하기 위해 고안된 기록 방법으로 면담 과정 중 발생한 모든 내용을 대화 형태로 기록하는 것이다. 즉, 사회복지사와 클라이언트의 대화내용, 클라이언트가 보이는 행동, 사회복지사의 판단과 느낌을 있는 그대로 자세히 기록한다. 과정기록은 주로 사회복지실습이나 지도감독 등 교육적인 목적으로 활용되며, 실천 현장에서는 시간과 노력이 많이 소모되므로 거의 사용되지 않는다.

과정기록은 면접 중 사회복지사와 클라이언트 간에 일어난 상호작용을 시간적 흐름에 따라 다음과 같이 두 가지 방식으로 기술할 수 있다. 먼저, 연극 대본처럼 직접인용(" ")의 형태로 기록하거나 간접인용으로 풀어서 설명하는 방식으로 묘사될 수 있는데, 일반적으로 직접인용이 더 바람직한 것으로 인식되고 있다.

〈표 8-2〉 과정기록 직접인용기법의 예시

구분	대화 예시
치료자	"제가 들은 바에 의하면, 어머님은 티나에게 일부를 부담할 기회를 주고 있지 않아요."
어머니	"저는 부담…… 저 애가 어떤 것을 맡아야 하는 건지 모르겠어요. 저 애가 뭘 할 건가요?"
치료자	"따님에게 물어보세요."

어머니	"좋아요. 나는 너한테 청소하라고 말할 수 있어. 음식을 만들라고 말할 수도 있고, 너한테 목욕탕을 청소하라고 말할 수도 있어. 너만 아니라 다른 애들에게도 그렇고…… 하지만 너는 맏딸이니까 신디가 하는 것을 지켜봐야만 해. 내가 집에 돌아오면…… 좋아, 무슨 일이 일어나지? 라디오는 켜져 있고, 집에는 애들이 버글거리고 넌 춤을 추고 있지. 그리고 내가 집 안에 들어와 이미 화가 나 있는 상태에서 내 기분이 어떨 거라고 생각하니? 넌 신디를 돌보고, 로버트가 자기 일을 하게 시키고, 만일 로버트가 자기 일을 하지 않거나 케니가 자기 일을 하지 않으면 바로 나한테 말해야 한다는 그런 책임감을 가져야만 한다는 것을 생각하지도 못하니?"
치료자	"잠깐만요. 자, 티나에게 대답할 기회를 주세요."
티나	"네! 하지만 쟤들은 제 말을 거의 듣지 않아요. 그래서 만일 쟤들이 제 말을 듣지 않으면 전 그 애들 때문에 신경 쓰고 싶지 않아요."
치료자	"집 안 청소를 하고, 동생들이 그 일을 돕게 하는 것은 어떠니?"
티나	"네! 때로 제가 혼자 집에 있으면 저는 제가 먼저 알아서 집 안을 다 청소해요. 하지만 엄마는 집에 돌아오면 곧바로 방으로 올라가서 누워 버려요. 그런데 때때로 동생들이 저를 미치도록 화나게 만들고 제 말을 듣지 않으면, 전 아무 일도 하지 않아요."
치료자	"누가 네 말을 듣지 않니?"
티나	"여기 있는 셋 중 그 누구도 제 말을 듣지 않아요."
치료자	"좋아. 네 어머니가 조금 전에 신디에 대해 말씀하셨는데, 신디가 왜 네 말을 듣지 않니?"
티나	"모르겠어요. 왜 신디가 제 말을 안 듣는지 그 이유는 모르겠어요."
치료자	"한번 알아보렴!"
티나	"신디야, 넌 왜 내 말을 듣지 않니? (치료자에게) 못하겠어요. 신디한테 못 물어보겠어요."
치료자	"왜?"
티나	"이렇게 해 본 적이 한 번도 없기 때문에 웃기는 것 같아요."
치료자	"동생에게 지금 물어봐! 어머니는 네가 물어볼 수 있다고 말씀하셨어. 왜 네 동생이 너의 말을 듣지 않는지에 대해 동생에게 직접 알아보렴."
티나	"넌 내가 청소하는 걸 도와달라고 할 때 왜 내 말을 듣지 않는 거니?"

신디	"언니는 나한테 고함을 많이 지르잖아!"
치료자	(티나에게) "그것에 대해 신디와 얘기해 보렴."
티나	"왜 내가 너에게 어떤 걸 하라고 하면 넌 항상 '언니가 날 돌보는 것도 아니잖아.'라고 말하고, 엄마가 집에 오면 내가 너에게 다른 걸 하게 시켰다고 말하는 거니?"
치료자의 의견 및 슈퍼바이저의 조언	어머니뿐만 아니라 아이들도 모두 서로 타협하는 것에 익숙하지 않다. 치료자는 어머니로 하여금 장녀인 티나가 어린 동생들이 자기 말을 듣도록 만들 수 없기 때문에 어떻게 자신이 도울 수 없는지를 말한 티나에게 주의를 기울이게 하였다. 신디는 단지 어머니로부터만 지시를 받았다. 자신의 문제에 의해 압도당한 어머니는 더 많은 것을 어떻게 자녀들에게 주는지 그 방법을 알지 못한다. 아이들은 어머니에게 무거운 책임감을 느끼고, 어머니는 자녀들로부터 정서적으로 물러서는 경향이 있다. 치료자는 어머니가 자녀들을 기운나게 하도록 어머니를 격려하는 동시에, 그녀를 지지하려고 노력한다. 그는 어머니와 자녀들 사이에 다리를 만들려고 노력하고 있고, 이 점에서 그는 로버트 대신 어머니와 티나 사이의 관계가 잘되어 가도록 선택한다. 로버트의 문제는 어머니와 티나 사이에 일어나고 있는 것이 명백한 이 가족의 전반적인 쇠약 증상인 것처럼 보인다. 치료자는 듣고 있는 어머니를 위해 티나가 그녀의 삶이 얼마나 힘든지에 대해 이야기하도록 유도한다. 딸의 고충은 그녀 자신의 것과 다르지 않다. 그 소녀는 그녀 자신이 얼마나 고통스러운지와 그녀 역시 자신을 도와줄 다른 사람을 어떻게 기대할 수 없는지를 말하였다. 그 소녀가 말한 것들은 어머니에게는 새로운 것이었다. 우리는 티나가 어떻게 자신의 걱정거리들을 자신 속에 담아 두고 있는지에 대해 얘기할 때 치료자와 티나를 다시 합류시킨다.

출처: 엄예선 외 공역(1995)에서 인용.

〈표 8-3〉 과정기록 간접인용기법의 예시

2019년 10월 15일

학교 담임 선생님이 의뢰한 수지 어머니와 상담실에서 첫 면접을 진행하였다. 몸이 불편한 상황(지체장애인)에서 상담실로 직접 방문한 것에 대한 감사의 말을 전하고, 편안한 자리로 안내하였다. 수지의 담임 선생님으로부터 가정환경의 어려움에 대해 간략하게 전해 들었지만, 좀 더 구체적인 이야기를 어머니께서 직접 해 주시는 것이 좋을 것 같다는 얘기를 하였다. 수지 어머니는 수지가 중학교에 다니면서 말썽피우는 나쁜 친구들과 어울리게 되었고, 고분고분하고 착했던 아이의 성격이 이상하게 변했다고 하였다. 어떤 일을 계기로 어머니가 그런 생각을 하게 되었는지 물었더니, 수지가 중학교에 들어가면서 말씨와 행동이 거칠어지고 어머니 자신이 무슨 얘기를 하려고 하면 고개를 돌리고 듣는 둥 마는 둥 휴대폰만 들여다보며 자기 방으로 들어가 방문을 꽝 닫는다고 하였다. 자신의 말이라면 무조건 따르던 순종적인 아이가 한 순간 돌변한 것에 대해 무척 당황스럽고 슬프다고 말하면서 눈물을 흘렸다.

(2) 과정기록의 장점

첫째, 사회복지실습 또는 초보사회복지사의 교육 방법으로 유용하다. 면담상황에 대해 구체적인 기록이 이뤄지므로 슈퍼바이저는 기록자의 전반적인 수행능력을 파악할 수 있으며, 이를 근거로 기록자의 부족한 부분에 대한 지도가 가능하다. 둘째, 과정기록은 상세한 기록이 요구되므로 자신이 진행한 과정을 살펴봄으로써 자기인식을 높일 수 있다. 클라이언트의 말, 행동과 더불어 자신의 말, 행동, 감정을 자세히 묘사함으로써 스스로 느낀 점과 서비스에 미치는 영향을 분석할 수 있다. 셋째, 기관 차원에서 기록한 내용을 점검함으로써 문제발생을 사전에 차단할 수 있다.

(3) 과정기록의 단점

첫째, 기록에 소요되는 시간과 노력이 많이 요구되므로 비효율적인 측면이 있다. 둘째, 면접 상황에서 일어난 일들을 완벽하게 기록할 수 없다는 제한점을 갖는다. 면접 중에 일어난 언어적 · 비언어적인 상황을 모두 기억할 수 없으며, 남아 있는 기억에 의존하여 기록하므로 왜곡된 정보를 제공할 수 있다. 셋째, 사회복지실천 현장에서 사용할 때 추가적인 기록 방식을 함께 사용해야 한다. 과정기록은 사회복지사와 클라이언트의 상호작용에 초점을 두기 때문에 면접 기록에는 유용하나 개입을 위한 목표, 계획 등은 기록할 수 없으므로 보충적인 기록이 필요하다.

2) 요약기록

(1) 요약기록의 특징

요약기록은 사회복지실천 현장에서 가장 많이 사용하는 형태로 시간의 진행 순서에 따라 중요한 정보를 요약하여 기록하는 방법이다. 클라이언트와 사회복지사 간의 면담 과정을 전체적인 틀 안에서 요점 위주로 정리하여 기록하는 방식으로 '압축기록'으로 불리기도 한다. 경과기록(progress note), 초기면접요약지(intake summary), 의뢰서(referral report) 등을 전형적인 요약기록의 사례로 볼 수 있는데, 작성 횟수나 형식은 기관에 따라 다르다(Miley, O'Melia, & DuBois, 2004). 요약기록에서는 기록하고자 하는 주요 내용을 선택하여 시간의 흐름별로 조직화하여 기록하거나 주제별 제목하에 기록하고 사회복지사의 반응이나 소견보다는 클라이언트에게 초점을 두고 진행한다. 효과적인 요약기록은 다음과 같은 내용들을 담고 있어야 한다(Wilson, 1980).

- 신원 확인 자료(클라이언트의 이름 및 연락처, 인터뷰 시행 날짜, 요약기록이 작성된 날짜, 사회복지사의 이름 등)
- 만남의 목적
- 요약계정(summary account)
- 핵심적인 이슈에 대한 기술

- 사회복지사의 느낌
- 사후관리 계획 및 목적

〈표 8-4〉 **요약기록의 예시**

중학교 2학년 민기는 잦은 학교 결석과 비행, 가정환경의 어려움 등으로 학교에서 지역사회복지관 상담실로 의뢰되었다. 민기가 초등학교 5학년 때 모친은 가출하였고, 부친은 택시 운전기사를 하고 있으며, 와병 중인 친할머니와 함께 생활하고 있다. 민기가 밖에 있다가 집에 들어오면 거동이 많이 불편하신 아픈 할머니만 계시고, 아버지는 일하고 새벽에 들어오셔서 마주하는 시간도 매우 적다고 한다. 민기는 집에 가면 재미도 없고 누워 계신 할머니의 반복되는 잔소리도 듣기 싫어서 동네 친구들과 어울리다 보니 공부도 하기 싫고, 집에도 들어가기 싫다고 한다. 기분도 좋지 않고 놀고 싶은데 용돈은 없고, 그래서 마음 맞는 친구들과 어울리다 경찰서에 잡혀 가는 일이 발생했다고 한다. 민기는 외로움을 타는 경향이 있으며, 학업동기가 약하고 마음 둘 곳이 없는 것으로 보인다. 따라서 다음과 같은 개입 계획을 세웠다.

- 민기가 장래 희망을 찾도록 돕는다.
- 지역아동센터와 연결하여 학습지원을 받을 수 있도록 한다.
- 지역사회기관과 연결하여 할머니가 의료지원서비스를 받을 수 있도록 한다.

(2) 요약기록의 장점

첫째, 장기간 지속되는 사례에 유용하며 전체 서비스 과정을 고려하면서 단시간 동안 사용할 수도 있다. 둘째, 기록에 융통성이 있으며 클라이언트의 상황과 서비스가 갖는 특수한 본질을 개별적으로 반영할 수 있다.

(3) 요약기록의 단점

첫째, 기록 내용이 사회복지사의 재량에 상당 부분 의존하게 되므로 사회복지사의 능력과 투자한 시간에 따라 기록의 질과 내용이 달라질 수 있다. 둘째, 제공된 서비스의 내용을 요약하여 제시함으로써 클라이언트와 사회복지사 간의 비언어적 표현 등이 사실적으로 전달되지 않을 수 있으며, 생각이나 느낌이 잘 드러나지 않을 수 있다.

3) 이야기체기록

(1) 이야기체기록의 특징

이야기체기록은 사회복지사가 클라이언트의 상황과 제공하는 서비스에 대해 이야기를 풀어 가듯이 서술하는 방법으로 사회복지실천에서 보편화된 기록 방법이다. 사회복지사와 클라이언트 간의 면담을 모두 기술하는 것이 아니라 중요한 부분을 중심으로 요약하여 서술하므로 간결하고 초점이 분명하여 사회력, 사정과 같은 특정 내용을 문서화하는 데 효과적이다. 따라서 기록의 질은 기록자의 문장구성능력에 좌우되므로 이야기체기록의 핵심은 사회복지사의 정보 선택과 조직화라고 할 수 있다. 사회복지사는 기록해야 할 중요한 내용을 선별하고, 시간의 순서나 주제별로 조직하여 기록해 나가되, 세부적인 사항은 제외하고 명확한 초점을 유지하며 기록해 나간다.

이야기체기록은 첫째, 단기적이고 일상적인 서비스보다는 복잡하고 개별적인 서비스에 사용하는 것이 적절하며, 둘째, 핵심 내용을 중심으로 서술되므로 내용에 포함 또는 배제되어야 하는 항목별 지침을 세워야 한다.

〈표 8-5〉 이야기체기록의 예시

• 제시된 문제 취향(40세) 씨에게는 유치원에 다니는 지적장애 3급의 딸이 있다. 결혼이민자인 취향 씨는 자녀를 양육하고 돌보는 일에 어려움을 겪고 있어 지역사회복지관에 자녀 양육에 대해 도움을 요청하였다. • 가족기능 취향 씨는 중국인이며 결혼이민자로 전업 주부이다. 다문화 가정이며, 경제적으로는 차상위계층에 속한다. 취향 씨는 10여 년의 한국 생활에도 아직 한국어 회화 능력 수준이 낮으며, 지역사회의 다문화가족지원센터에서 한국어 교육과정과 댄스동아리 활

동을 하고 있다. 남편(53세)은 아파트 경비일을 하고 있으며, 쉬는 날에는 농사를 짓는다. 원래 부부관계는 좋았으나 최근 딸이 지적장애 3급 판정을 받으면서 양육 및 교육 문제로 자주 부부갈등을 겪고 있다.

• 현 상태에 대한 클라이언트의 인식

주 3회 정도 다문화가족지원센터에서 한국어 교육을 받고 댄스동아리 활동을 하고 있으나 장애가 있는 딸의 양육 및 교육에 대해서는 거의 관심이 없다. 가사활동에도 별로 관심이 없어 남편의 도움을 많이 받고 있다. 취향 씨는 시간이 있을 때마다 컴퓨터 앞에 앉아서 중국 드라마나 만화를 보고 휴대폰 게임을 한다.

• 사정

- 가족의 건강상태: 부부의 건강상태는 전반적으로 양호하고, 딸은 지적장애 3급 이다.
- 주거상황: 자가(주택), 좁은 마당이 있는 농가
- 부부관계: 원래는 부부관계가 좋았으나 자녀교육 문제로 최근 자주 말다툼을 한다.
- 부모/자녀 관계: 유치원에 가는 시간 이외에 딸은 집에서 주로 TV만 보고 있는데, 취향 씨는 자녀와 노는 방법, 공부시키는 방법을 전혀 모르고 있으며 배우려는 의지도 없다.
- 가족의 강점: 남편의 경우 자녀에 대한 애착이 크고 책임의식이 강하며 장애인 자녀를 위한 제도나 지원을 스스로 알아보는 등 자립 역량이 있다.
- 장애물: 자녀 양육기술을 가르쳐 주거나 지지해 줄 수 있는 친인척 자원과 이웃이 없다. 결혼이주여성(母)의 한국어 회화 능력 부족으로 부부간 의사소통 문제가 있다.
- 사회적 지지자원: 건강가정/다문화가족지원센터, 언어치료센터, 행정복지센터 사회복지 담당자, ○○유치원 등이 있다.

• 계획

1. 가족돌봄: 해당 기관 연계로 활동보조서비스를 신청하여 자녀 양육 및 돌봄 부담 완화
2. 자녀교육 영역: 학습정서지원(배움지도사 파견) 서비스 연계나 초등학교 진학문제(특수학교) 상담 및 지원
3. 가족관계: 문화체험 프로그램으로 부부관계 개선
4. 일상생활: 한국어 교실을 활용하여 취향 씨의 한국어 회화 능력 향상
5. 부모교육: 장애아를 둔 부모역할 교육

(2) 이야기체기록의 장점

첫째, 융통적인 기록이 가능하므로 사회복지사의 판단에 중요하다고 여기는 것들을 포괄적으로 기록할 수 있다. 둘째, 사회복지실천 현장의 실무를 문서화하는 데 적합하다. 이야기체기록은 클라이언트의 상황과 서비스 교류 형태 등 특수한 본질을 개별적으로 반영할 수 있기 때문이다.

(3) 이야기체기록의 단점

첫째, 이야기체기록은 사회복지사의 재량에 상당히 의존하므로 기록자에 따라 기록의 질과 내용이 달라질 수 있다. 즉, 기록 내용이 지나치게 단순화되어 초점이 불명확해질 수 있으며, 제공된 서비스보다는 기록자의 문장구성 능력과 시간에 의해 기록의 질이 좌우될 수 있다. 둘째, 기록 내용이 개별적으로 구성되므로 향후 원하는 정보를 찾는 데 어려움이 있다. 또한 기록의 양이 많기 때문에 장기간 개입한 사례일수록 정보를 찾는 데 많은 시간이 요구된다. 셋째, 기록하는 데 시간과 노력이 필요하므로 상황에 따라 사회복지사가 기록을 미루는 경우가 발생하기도 한다. 기록의 적정 시기를 놓치게 되면서 내용 또한 부정확하게 기술될 확률이 높다.

4) 문제중심기록

(1) 문제중심기록의 특징

문제중심기록은 병원의 의료기록 표준화 및 진행 상황을 검토하기 위해 개발된 것으로 의료사회복지와 정신건강사회복지현장에서 광범위하게 사용된다. 이 기록은 여러 전문가가 협동하여 일하는 곳에서 많이 사용되며 단순한 기록을 넘어서 클라이언트의 문제해결에 도움이 되도록 고안되었다.

문제중심기록은 현재 제시된 문제를 중심으로 기록이 이루어지는데, 문제 영역에 대한 규명, 자료수집, 사정, 계획 등이 매우 체계적으로 이루어진다.

또한 표준화된 틀이 마련되어 있어 참여하는 구성원이 같은 형태로 기록할 수 있고, 기록을 통해 구성원의 역할도 쉽게 파악할 수 있다.

(2) 문제중심기록의 내용구성

문제중심기록의 내용은 다음과 같이 데이터베이스, 문제 목록, 초기 계획, 진행 노트의 네 가지로 구성된다.

- 데이터베이스: 클라이언트에 대한 자료수집으로 구축되는 데이터베이스는 주로 접수 단계나 개입 초기에 이루어진다. 클라이언트가 제시하는 문제, 일상생활, 사회 · 심리적 정보, 과거력, 신체검사 및 각종검사 결과, 기타 전문가들의 진단 등이 포함되며 클라이언트의 문제 목록을 작성하기 위한 기본 자료로 사용된다.
- 문제 목록: 데이터베이스를 바탕으로 사회복지사가 문제를 정의하고 목록으로 작성하는 단계이다. 사회복지사는 제시된 문제마다 번호를 붙이게 되며, 향후에 목록이 추가될 수 있다. 작성된 문제 목록은 사회복지사의 개입 과정에서 중점적으로 활용되고, 서비스 종료 시 제공된 서비스의 효과성을 검증할 수 있는 기준이 된다.
- 초기 계획: 사회복지사가 문제 목록을 해결하기 위해 세우는 계획이다.
- 진행 노트: 초기 계획을 실행하는 과정에서 나타나는 변화를 시간의 흐름에 따라 기록한다. 사례가 진행되면서 작성된 데이터베이스의 정보나 초기 계획이 수정될 수 있다. 진행 노트는 문제 목록에 기재된 번호에 따라 'SOAP' 형식으로 기록된다.

(3) 문제중심기록의 작성방법

가장 많이 사용되는 문제중심기록인 'SOAP' 형식의 세부적인 내용은 다음과 같다.

- S(Subjective information, 주관적 정보): 클라이언트가 스스로 지각하는 문제를 의미한다. 클라이언트가 자신의 상황과 문제에 대해 어떻게 인식하고 느끼는가에 대한 주관적인 정보를 기술한다.
- O(Objective information, 객관적 정보): 사회복지사의 객관적인 정보로 클라이언트의 행동, 상황의 관찰, 임상실험, 관련 자료수집 등을 기록한다. 클라이언트의 주거환경, 경제적 상황, 건강상태 등이 포함될 수 있다.
- A(Assessment, 사정): 주관적·객관적 정보를 검토하여 기술된 전문가의 개념화된 결론으로 클라이언트의 주관적 지각의 의미, 사회복지사의 관찰, 사실적 정보의 의미를 사정하고 분석한 견해를 기술한다.
- P(Plan, 계획): 사회복지사와 클라이언트가 느끼는 주관적·객관적 정보와 사정을 기반으로 문제를 해결해 나가는 방법을 계획한다.

〈표 8-6〉 SOAP 영역별 주요 내용

영역	내용
S	클라이언트나 가족으로부터 얻는 주관적 정보, 기본적 자료, 클라이언트가 느끼는 자신의 상황에 대한 인식과 감정 등
O	다양한 검사와 관찰로부터 얻은 객관적 정보, 전문가의 관찰, 검사결과, 체계적 정보 등
A	주관적 정보와 객관적 정보를 검토해서 추론된 전문가의 해석이나 결론
P	문제를 해결하기 위한 구체적인 방법이나 계획

〈표 8-7〉 SOAP 기록의 예시

이름: 오○○
진단명: 조현병(schizophrenia)

S (주관적 정보)	"새벽 2시쯤 잠들면 새벽 5시 정도에 일어나요. 억지로 잠을 자려고 노력하는데 잠이 오질 않아요. 내가 잠들면 나를 죽이려는 사람들이 나타나서 죽일지도 몰라요. 새벽에 일어나 방에 앉아 있으면 잘 모르는 사람들이 자꾸 내 얘기를 하는 소리가 들려요. 그 사람들이 나를 알아보고 비웃는 것 같아요. 그들은 큰 소리로 내게 말하고 있어요. 나의 행동과 생각을 조종하려고 해요. 내가 듣기 싫다고 소리쳐도 소용이 없어요."
O (객관적 정보)	오○○은 환청과 망상을 갖고 있다. 비합리적이고 비논리적인 사고와 행동을 보이고 있다. 여동생이 전하는 바에 의하면, 오○○은 혼자 앉아서 누구랑 이야기를 주고받듯이 말하고 웃는 행동을 보인다. 병원에서 조제해 준 약을 잘 챙겨 먹으면 증상이 완화되기도 하는데, 오○○이 약을 먹지 않으려고 한다.
A (사정)	오○○은 현재 매우 혼란스러운 사고와 감정 상태를 보이고 있다. 수면시간이 3시간 정도인데도 전혀 피곤함을 느끼지 못하고 있다. 다니던 직장(어린이집)도 그만두었다. 제대로 챙겨 먹지 않아 체중도 과거에 비해 5kg 정도 감소된 상태이다. 수면시간과 건강상태가 염려되는 수준으로, 식사 챙기기와 약물치료의 중요성을 인지시킬 필요가 있다.
P (계획)	• 혼자서 병원에 가는 외래 치료를 거부하고 있는 상태이므로 가족과 동행하여 주치의의 상담을 받아야 한다. 증상을 치료하기 위해서 가족들은 오○○이 치료를 지속할 수 있도록 지지하고 챙겨 주는 역할을 해야 한다. 예: 조현병(정신분열병) 환자 가족 지지모임 추천 • 사회재활프로그램을 통해 직장생활과 사회생활에 대처하는 방법을 연습

'SOAIGP' 형식은 'SOAP' 형식에서 좀 더 발전된 문제중심기록이다. SOAP 양식과 비교해 보면 다음과 같은 몇 가지 차이점을 발견할 수 있다. 첫째, SOAP의 S(Subjective information)는 클라이언트가 자신의 문제와 상황을 어떻게 인식하고 느끼는가에 대한 주관적인 정보를 기입하는 반면, SOAIGP 형식의 S(Supplemental)는 클라이언트나 가족으로부터 수집된 새로운 또는 수정

된 정보를 의미한다. 둘째, SOAIGP 형식에 활동(Activities)과 목표(Goals)가 추가되었다. 활동은 클라이언트가 수행한 과제, 사회복지사의 과제, 회기 내 과제에 대한 정보를 의미한다. 또한 목표는 개입 목표 또는 수정된 목표를 기록한다. 셋째, 계획(Plans)에 사회복지사의 접근 방법상의 변화를 요약하거나 사회복지사와 클라이언트가 취할 추가 활동 등을 기록한다(홍성례, 양정빈, 이무영, 김소진, 정연정, 2014).

- S(Supplemental): 클라이언트 당사자나 가족으로부터 수집된 추가적인 정보를 포함한다.
- O(Observations): 클라이언트와 클라이언트의 문제 및 상황에 대한 사회복지사의 직접적 관찰을 설명한다.
- A(Activities): 클라이언트가 수행한 과제, 사회복지사의 과제, 회기 내의 과제들을 요약한다.
- I(Impressions): 목표달성 정도에 대한 사회복지사의 평가, 인상 등을 요약한다.
- G(Goals): 개입 목표나 수정된 목표를 기록한다.
- P(Plans): 사회복지사의 접근 방법상의 변화를 요약하거나 사회복지사와 클라이언트가 취할 추가 활동 등을 기록한다.

(4) 문제중심기록의 장점

첫째, 다양한 전문가가 모여 의사소통이 가능하며 여러 분야의 원활한 공조가 가능하다. 둘째, 팀원의 책무성(accountability)을 향상시킨다. 팀원이 함께 클라이언트의 문제에 초점을 맞추어 진행하며, 모든 치료와 개입 계획에 대해 함께 점검함으로써 문서 기록에 대한 책임감이 높아진다. 셋째, 기록이 간결하고 통일된 형식을 지니므로 사회복지사, 기관의 슈퍼바이저, 외부 전문가 등이 보다 쉽게 검토할 수 있다. 이는 담당자가 바뀔 경우에도 개입의 초점을 유지할 수 있다는 장점이 있다.

(5) 문제중심기록의 단점

첫째, 클라이언트의 문제를 강조함으로써 사회복지사의 시각을 제한시킬 수 있다. 즉, 문제에 치우친 나머지 클라이언트의 욕구, 자원, 강점 등으로 관심의 폭을 확대하지 못할 수 있다. 둘째, 개인과 환경 간 상호작용의 관점에서 문제를 파악하기보다는 개인에 초점을 둔 편협된 시각을 유도할 수 있다. 셋째, 문제를 구분하여 부분화시키므로 통합적이고 체계적인 시각을 갖기에 한계가 있을 수 있다.

5) 녹음 및 녹화 기록

(1) 녹음 및 녹화 기록의 특징

녹음 및 녹화 기록은 사회복지사와 클라이언트 간의 면담 내용을 녹음기나 비디오를 이용하여 녹음 또는 녹화한 후 이를 풀어쓰는 기록 방법이다. 면담 종료 후 녹음 및 녹화된 자료를 재조사함으로써 상황을 심층적으로 분석할 수 있으며, 기록을 보관하거나 설명하는 보충적 역할로 사용할 수 있다. 대화 상황 전체가 기록되므로 직접 필기하는 것보다 효율적이지만 녹음 파일을 전사 작업화하는 데 시간과 노력이 많이 요구된다. 무엇보다 중요한 것은 녹음 및 녹화 기록을 위해서는 반드시 클라이언트에게 사전 동의를 구한 후 진행해야 한다는 것이다.

(2) 녹음 및 녹화 기록의 장점 및 단점

녹음과 녹화 기록의 장점은 다음과 같이 크게 두 가지로 요약될 수 있다. 첫째, 교육적인 목적으로 적합하다. 즉, 사회복지실천 현장의 모습을 보여 주므로 이론적 학습을 보완하는 측면을 지닌다. 둘째, 과정 지향적인 접근법을 지도·감독할 때 유용하다. 그러나 녹음 및 녹화 기록은 다음과 같은 단점이 있다. 첫째, 녹음 및 녹화 후 필기 기록으로 구성하는 데 많은 시간과 노력이 요구된다. 둘째, 클라이언트가 녹음이나 녹화를 의식할 경우 충분한 정보가 도출되지 않을 수 있다.

4. 기록을 위한 원칙

1) 좋은 기록을 위한 지침

기록은 사회복지실천 서비스의 질을 향상시키는 수단으로 사용된다. 좋은 기록은 사회복지실천 현장의 유용한 정보를 제공해 주며, 서비스의 편의성과 보관의 용이성을 제공해 준다. Kagle(1991)이 제시한 좋은 기록을 위한 지침은 다음과 같다.

- 서비스의 결정과 행동에 초점을 둔다.
- 사정, 개입, 평가의 기초가 되는 클라이언트와 상황에 관한 정보가 들어 있다.
- 각 단계에서 목적, 목표, 계획, 과정과 진행을 포함하여 서비스 전달에 관한 정보가 들어 있다.
- 상황 묘사와 사회복지사의 견해가 명확하게 분리되어, 별도의 제목하에 기술되어 있어서 읽는 사람들이 사회복지사의 관찰 사항과 해석을 구분할 수 있다.
- 구조화되어 있어서 정보를 효과적으로 문서화할 수 있고 쉽게 찾아낼 수 있다.
- 서비스 전달이 잘 묘사되고 모든 문서가 정확하여 유용하다.

- 기록이 간결하고, 구체적이며, 타당하고, 명확하며, 논리적이고, 시기적절하며, 의미 있고, 사실에 근거한다.
- 전문가적 윤리를 바탕으로 한다.
- 수용된 이론에 기초해 있다.
- 전문가의 견해를 담으면서도 클라이언트의 관점을 무시하지 않는다.

2) 좋지 않은 기록의 특징

좋지 않은 기록의 특징을 살펴보면 다음과 같다. 첫째, 기록 내용이 사실과 다르거나 부정확한 정보를 담고 있다. 사회복지사의 잘못된 사정이나 부적절한 판단에 의한 기록, 사실에 근거하지 않은 기록은 향후 사회복지실천의 방향을 왜곡시킬 수 있다. 둘째, 내용이 복잡하거나 이해하기 어렵다. 다시 말해서, 기록의 요점이 명확히 드러나지 않아 필요한 정보를 제공해 주지 못한다. 셋째, 기록의 정보가 너무 많거나 또는 지나치게 요약되어 있다. 적절히 구조화되어 있지 않은 기록은 정보로써의 가치가 없는 기록이다. 넷째, 기록자의 선입견에 치우쳐 클라이언트에 대한 편견이나 낙인을 준다. 기록자의 독단적인 견해는 클라이언트에 대한 비난이나 부정적인 낙인을 줄 수 있다. 다섯째, 철자나 문법이 잘못되어 있는 맞춤법상의 오류가 있다. 또한 용어의 반복이나 진부한 표현 역시 좋지 않다. 여섯째, 식별되지 않는 수동태 문장으로 기록되어 있다. 수동태 문장을 많이 사용할 경우 행위의 주체를 파악하기가 어렵다.

3) 기록 시 유의사항

기록은 향후 사회복지사의 역량평가, 기관평가, 감사, 법정 자료 등으로 다양하게 활용될 수 있기 때문에 사회복지사는 다음과 같은 사항들을 사전에 유념할 필요성이 있다. 첫째, 기록과 관련된 체계적인 준비와 교육이 필요하다. 기록의 질과 양은 사회복지사에 따라 큰 편차를 보이기 때문에 효과적인 기록을 위한 교육이 우선되어야 한다. 또한 기록자가 소속된 사회복지기관별 기록 형태와 지침을 숙지하고 충분한 실습 교육이 이루어져야 할 것이다. 둘째, 기록을 하기 전에 클라이언트에게 동의를 구한다. 특히 녹음이나 녹화의 경우 반드시 클라이언트의 허락이 전제되어야 하며 중간에 불편해할 경우 중단해야 한다. 셋째, 클라이언트와의 면담 시 메모는 최소화한다. 메모에 집중한 나머지 정작 중요한 면담 내용은 소홀해질 수 있으므로 면담 중 메모는 최소화하되 면담 직후 기록해 두어야 한다. 넷째, 클라이언트의 사적 권리가 보장되어야 한다. 기록 내용은 담당 사회복지사와 클라이언트에게만 공개해야 하며, 효과적인 서비스 증진을 위한 필요성이 제기될 때 제한적으로 공개할 수 있다. 제한적인 공개 역시 개인정보 유출을 최소화해야 하며 기록 보관은 보안을 철저히 유지해야 한다. 다섯째, 기록의 효율적인 보관을 위한 지침이 필요하다. 기록은 서비스 진행 상황을 파악할 뿐만 아니라 종료 후 각종 행정 증빙 자료 및 연구 자료로 사용될 수 있다. 또한 클라이언트가 다시 방문하게 되면 기존 기록을 바탕으로 새로운 기록을 작성하게 된다. 따라서 방대한 기록을 효율적으로 분류할 수 있는 기준 마련과 더불어 기록별 보관기간, 보관방법 등의 세부적인 지침이 필요하다.

정리해__봅시다

- 기록의 세부적인 목적은 사회복지실천의 문서화, 효과적인 서비스를 위한 모니터링, 사례의 지속성 및 연속성 확보, 전문가 간의 원활하고 활발한 의사소통, 슈퍼비전의 활성화, 클라이언트와의 정보 공유, 행정적 자료로의 사용, 연구조사 및 통계자료 활용 등에 있다.
- 기록의 유형에는 과정기록, 요약기록, 이야기체기록, 문제중심기록, 녹음 및 녹화 기록 등이 있다.
- 과정기록은 사회복지사와 클라이언트 간의 상호작용을 상세하게 기록하기 위해 고안된 방법으로 면담 과정 중 발생한 모든 내용을 대화 형태로 기록하는 것이다.

- 요약기록은 사회복지실천 현장에서 가장 많이 사용되는 형태로써 시간의 진행 순서에 따라 중요한 정보를 요약하여 기록하는 방법이다. 요점 위주로 정리하여 압축기록으로 불리기도 한다.
- 이야기체기록은 사회복지사가 클라이언트의 상황과 제공하는 서비스에 대해 이야기를 풀어 가듯이 서술하는 방법으로써 사회복지실천에서 보편화된 기록 방법이다.
- 문제중심기록은 병원의 의료기록 표준화 및 진행 상황을 검토하기 위해 개발된 것으로 의료 사회복지와 정신건강사회복지현장에서 광범위하게 사용된다.
- 대표적인 문제중심기록 방법으로는 'SOAP' 형식과 이 방식에서 발전된 'SOAIGP' 형식이 있다.
- 녹음 및 녹화 기록은 사회복지사와 클라이언트 간의 면담 내용을 녹음기나 비디오로 녹음 또는 녹화한 후 이를 풀어쓰는 기록 방법이다.

생각해___봅시다

1. 올바른 기록을 위해 사회복지사가 유념해 두어야 할 가치와 원칙은 무엇인지에 대해 토론해 봅시다.
2. 녹음 및 녹화 기록 방식이 사용될 수 있는 사례를 찾아봅시다. 또한 녹음 및 녹화 기록 방법이 클라이언트에게 위해가 될 수 있는 문제 상황을 유추해 보고, 이를 예방하기 위해 어떤 보호장치가 마련되어야 하는지 논의해 봅시다.
3. 사회복지사-클라이언트 역할극을 진행한 후, 면담 내용을 요약기록지를 이용하여 작성해 봅시다.

참고문헌

권구영, 고은숙, 김용민, 박봉정, 진혜경, 최은정(2008). **사회복지실천 기술론**. 서울: 창지사.

박영숙, 김주연, 황희숙, 김수정(2008). **사회복지실천기술론**. 경기: 대왕사.

엄명용, 김성천, 오혜경, 윤혜미(2000). **사회복지실천의 이해**. 서울: 학지사.

엄예선 외 공역(1995). 빵과 영혼. Aponte, H. J. 저. *Bread & Spirit*. 서울: 하나의학사.
(원저는 1994년에 출간)

원요한(2007). 사회복지실천기술론. 경기: 학현사.

이애재(2006). 사회복지실천기술론. 경기: 양서원.

이영분, 김기환, 윤현숙, 이원숙(2001). 사회복지실천론. 서울: 동인출판사.

이영호(2008). 사회복지실천기술론. 경기: 공동체.

전남련, 신재명, 이권일, 김상조(2007). 사회복지실천기술론. 경기: 학현사.

전재일, 이종복, 조운희, 이준상(2000). 사회복지실천론. 경기: 형설출판사.

홍성례, 양정빈, 이무영, 김소진, 정연정(2014). 사회복지실천기술론. 경기: 교문사.

Kagle, J. (1991). *Social Work Records* (2nd ed.). Prospect Heights, IL: Waveland Press.

Miley, K., O'Melia, M., & DuBois, B. (2004). *Generalist Social Work Practice: An Empowering Approach* (4th ed). Boston, MA: Pearson.

Wilson, S. J. (1980). *Recording: Guidelines for Social Workers*. New York: The Free Press.

제9장

초기단계:
접수 및 자료수집

● 학습개요 ●

접수 및 자료수집은 사회복지실천 과정이 시작되는 첫 번째 단계이다. 이 단계에서는 클라이언트와 사회복지사가 처음 대면하여 욕구와 문제가 무엇인지 확인하게 된다. 클라이언트의 욕구가 기관의 자원과 정책 여부에 부합하는지 판단하여 서비스를 지속시킬지, 아니면 다른 기관에 의뢰할지를 결정하게 된다. 즉, 접수와 자료수집은 사회복지실천의 시작이자 향후 성공 여부를 가늠할 수 있는 중요한 초석이라고 하겠다.

● 학습목표 ●

1. 접수의 개념과 과제를 이해한다.

2. 사회복지현장에서 사용되는 접수 양식을 살펴보고 직접 작성해 본다.

3. 자료수집의 다양한 정보원을 학습한다.

4. 자료수집에 포함되는 내용과 과제를 살펴본다.

과정(process)의 사전적 의미는 어떤 결과를 성취하는 데 필요한 일련의 행동이다. 이러한 과정의 사전적 의미를 사회복지실천 활동에 적용해 본다면 특정 문제를 해결하기 위해 도움을 필요로 하는 개인, 가족, 집단, 지역사회 등에 전문적인 지식과 기술을 겸비한 사회복지사가 일정한 단계를 거쳐 문제해결을 하는 일련의 연속과정이라고 볼 수 있다. 〈표 9-1〉에서 제시되어 있는 것처럼 학자마다 사회복지실천 과정의 단계를 상이하게 제시하고 있지만 궁극적으로 실천과정을 통해 클라이언트의 욕구를 해결하고 삶의 질을 높이는 데는 동일한 목적을 두고 있다.

〈표 9-1〉 학자별 사회복지실천 과정 비교

학자	사회복지실천 과정
Sheafor 등	접수와 관계형성 → 자료수집과 사정 → 계획과 계약 → 개입과 모니터링 → 평가와 종결
Kirst-Ashman & Hull	관계형성 → 사정 → 계획 → 수행 → 평가 → 종결 → 사후지도
Miley, O'Melia, & DuBois	대화 → 발견 → 발전(empowering practice)
Meyer	탐색/연구 → 추론 → 평가 → 문제정의 → 개입/치료계획
Hepworth 등	탐색 → 관계 맺기 → 사정 → 계획 → 실행 및 목표 달성 → 평가 및 종결

1. 접수

1) 접수의 개념

접수(intake)는 문제나 욕구를 갖고 있는 클라이언트가 사회복지기관을 방문했을 때 사회복지사가 개인의 문제와 욕구를 확인하여 기관에서 서비스를 제공할 수 있는지 판단하는 과정이다. 만약 기관의 서비스를 받기에 적절하다고 판단되면, 그 개인은 비로소 클라이언트가 되며 사회복지사와 관계형성을 이루고 적합한 서비스를 제공받게 된다. 접수는 사회복지실천이 이루어지는 첫 번째 단계이자 기관의 서비스 제공 여부가 결정되는 중요한 과정이기 때문에 일부 기관에서는 접수만을 전문적으로 담당하는 사회복지사(intake worker)를 따로 두기도 한다.

접수는 다음과 같은 구체적인 활동과 결정을 수반한다(김융일, 조흥식, 김연옥, 2000: 179). 첫째, 클라이언트의 문제와 욕구를 분명하게 확인한다. 둘째, 클라이언트와 사회복지사는 원조의 목적을 분명히 하고 원조과정에서 기대하는 바를 명확히 한다. 셋째, 클라이언트의 욕구가 기관의 자원과 정책에 부합되는지 판단한다. 넷째, 이 세 가지 활동을 기초로 하여 사회복지기관과 사회복지사는 클라이언트에게 서비스를 제공할지 아니면 다른 기관으로 의뢰할지를 결정하게 된다.

2) 접수의 과제

(1) 문제확인

문제확인은 기관을 찾아온 클라이언트의 문제가 무엇인지 정확하게 확인하는 것이다. 문제에 대한 심층적인 분석과 다차원적인 이해에 앞서 현재 명백히 드러난 문제가 무엇인지 파악하는 것이 이 단계의 과업이라고 볼 수 있다. 이는 클라이언트가 기관을 방문한 목적과 이유에서 출발하게 되며, 처음 드러내는 감정에서 시작하여 점점 더 깊이를 확대해 나간다. 클라이언트가 이 문제를 얼마나 중요하게 여기는지, 이 문제가 왜 발생했으며, 그 성격은 무엇인지, 언제부터 발생했으며, 해결하고자 어떠한 노력을 했는지를 파악한다. 이 단계에서는 문제를 분석하는 것이 아니라 문제의 원인과 실태를 파악하고 탐색하는 것에 중점을 두어야 한다.

(2) 의뢰

의뢰(referral)는 클라이언트의 문제와 욕구를 탐색한 결과, 기관에서 해결할 수 없거나 해결하는 데 보다 적합한 기관이 있는 경우 그 기관으로 클라이언트를 보내는 것을 의미한다. 적절한 의뢰를 위해서 사회복지사는 지역사회의 각종 자원을 미리 파악해야 하며 기관 차원의 네트워크를 구축해 놓는 것이 필요하다. 클라이언트를 의뢰한다는 것은 단순히 기관 연결로 끝나는 것이 아니라 그 기관에서 적절한 서비스가 실제 제공되도록 하는 것임을 잊어서는 안 된다.

의뢰를 하게 될 경우, 반드시 클라이언트의 동의가 필요하다. 의뢰를 하게 된 이유를 제공하고, 의뢰하는 기관과 서비스에 대한 설명을 반드시 제공함으로써 의뢰에 대한 거부감이 들지 않도록 해야 한다.

(3) 관계형성

문제확인을 거쳐 기관의 클라이언트로 접수된 이후 가장 먼저 해야 할 과제는 사회복지사와 클라이언트 간의 관계형성이다. 즉, 클라이언트와 사회복지사 간에 긍정적인 라포(rapport)를 형성하는 것인데, 이는 문제해결과 효과적인 의사소통을 위해 꼭 필요하다. 사회복지사가 클라이언트를 진심으로 믿고 이해하는 것이 가장 중요하며, 이를 통해 클라이언트는 두려움과 불안감을 해소하고 문제해결과정에 적극적으로 참여하려는 동기를 갖게 된다. 따라서 관계형성은 성공적인 개입을 위한 필수조건이라 할 수 있다.

관계형성은 기본적으로 다음과 같은 특성을 지닌다(김융일 외, 2000: 184-185: Kirst-Ashman & Hull, 1993: 49-53; Sheafor, Horejsi & Horejsi, 1991: 84-85).

① 감정이입

감정이입(empathy)이란 다른 사람의 경험과 기분을 이해하는 능력을 의미한다. 클라이언트 내면의 느낌을 정확하게 감지하고 클라이언트의 경험이 클라이언트 자신에게 주는 의미와 중요성을 이해할 수 있을 때, 그리고 이러한 이해를 의사소통을 통해 적절히 표현할 수 있을 때 감정이입능력을 갖춘 사회복지사라 할 수 있다.

② 긍정적 관심
긍정적 관심(positive regard)이란 외향이나 행동, 그들이 처한 환경과 무관하게 모든 클라이언트를 가치 있는 존엄한 존재로 믿는 것을 의미한다. 즉, 클라이언트의 문제 행동이나 태도를 인정하는 것이 아니라 한 인간으로서 내재된 가치를 인정하는 것이다. 따라서 클라이언트의 행동이나 동기에 대한 판단을 유보하고 생각을 비난하지 않는 능력이 필요하다.

③ 온정
온정(warmth)이란 클라이언트가 안정감을 느끼고 자신이 수용되며 이해되고 있음을 알 수 있도록 만드는 사회복지사의 태도를 의미한다. 온정은 사회복지사의 미소, 목소리, 자세, 눈 맞춤, 몸동작 등을 통해 전달된다.

④ 진실성
진실성(genuineness)은 자기 자신의 있는 그대로의 모습을 거짓 없고, 방어적이지 않으며, 일관되고 솔직하게 드러내는 태도이다. 사회복지사는 자신의 '전부'를 드러낼 필요는 없으나 드러낼 때는 자신의 '진정한' 모습을 보여 줄 수 있어야 한다.

(4) 클라이언트 동기화
사회복지실천 과정은 클라이언트의 문제를 해결하고자 하는 과정으로 클라이언트의 참여 동기와 의지는 변화를 일으키는 가장 중요한 요소라 할 수 있다. 만약 클라이언트의 적극적인 참여가 이뤄지지 않는다면 실천의 과정은 실패할 수밖에 없다. 따라서 클라이언트가 실천과정에서 적극적으로 참여할 수 있도록 동기부여를 하는 것은 중요하다. 자신의 문제로 인해 낙담하고 변화를 기대하지 않는 클라이언트일수록 지금까지 겪어 온 경험과 의지를 격려하고, 정서적으로 지지함으로써 다시금 변화의 희망을 가질 수 있도록 동기화시켜야 한다. 특히 비자발적인 클라이언트일수록 동기화 작업은 필수적이라 하겠다.

〈표 9-2〉 비자발적인 클라이언트를 동기화시키기 위한 사회복지사의 행동 지침

- 비자발적인 클라이언트들은 스스로 원해서 사회복지사를 찾아온 것이 아니라는 사실을 인식해야 한다. 그들에게 원조관계를 긍정적으로 받아들이게 만들려고 무리하게 노력하기보다는 이 사실을 인정하고 원조관계를 시작한다.
- 서비스에 대한 저항의 실체를 이해한다.
- 클라이언트의 부정적인 감정을 분출할 수 있도록 돕는다. 예를 들면, "당신은 나를 만나는 것을 싫어하는군요. 지금 당신 기분이 어떠신지 알고 싶어요."라고 말을 한다면 클라이언트 스스로 자신의 감정을 솔직하게 표현할 수 있는 기회를 제공하는 것이다.
- 비자발적인 클라이언트가 원하는 것을 어느 정도 해결해 줄 수 있는지를 생각해 본다. 클라이언트에게 필요한 구체적인 서비스를 제공함으로써 관계형성이 시작될 수 있다.
- 희망을 갖게 하고 용기를 준다. 사회복지사가 개입함으로써 긍정적인 결과가 나타날 수 있다는 것을 알려 준다.
- 비자발적인 클라이언트에게서 사회복지사에 대한 신뢰감이 바로 형성될 수 있다는 기대는 무리이다. 점진적인 관계형성을 통해 클라이언트가 신뢰감을 가질 수 있도록 기다린다.

출처: Kirst-Ashman & Hull (1993): 백은령, 김선아, 양숙미, 엄미선, 윤철수(2008)에서 재인용.

(5) 양가감정과 저항감 해소

양가감정(ambivalence)이란 두 가지의 상호 모순되는 감정이 공존하는 상태로 클라이언트에게 변화하고 싶은 마음과 변화하고 싶지 않은 마음이 동시에 있는 상태를 의미한다. 저항감(resistance)은 실천과정에 협조하지 않는 기

분이나 태도로 양가감정과 저항감은 사회복지사와의 의사소통뿐만 아니라 실천과정의 진행을 방해하는 커다란 장애물이라 할 수 있다. 사회복지사는 클라이언트가 양가감정과 저항감을 가질 수 있음을 인정하고 자유롭게 표현하도록 지지해 줌으로써 점진적으로 해소시켜 나간다.

(6) 실천과정 안내

클라이언트에게 기관의 서비스 제공이 결정된 이후, 사회복지사는 클라이언트에게 서비스 과정과 내용, 각자의 역할과 지켜야 할 규칙 등에 대해 설명해 주어야 한다. 서비스와 관련된 세부 내용에 대해서도 설명해야 하며, 특히 기관에서 어떤 서비스가 제공되는지, 그 범위와 더불어 한계에 대해서도 명확히 설명해야 한다.

3) 접수 양식과 내용

(1) 초기면접지

초기면접지(intake sheet)는 클라이언트를 접수하는 과정에서 기록하는 양식이다. 기관의 유형 및 제공하는 서비스에 따라 서식의 내용이 달라지기도 하지만 일반적으로 클라이언트에 관한 기본 정보와 주요 문제 등을 적게 된다. 기관에 따라 클라이언트가 직접 작성하는 경우도 있지만 대부분 사회복지사가 면접을 하는 과정이나 면접을 종료한 직후 작성하게 된다. [그림 9-1]은 초기면접지의 예시이다.

초기면접지

방문일:　　　년　　　월　　　일

성명		성별	남 / 여	생년월일	
주소				연락처	
학력				종교	

일반사항	세대유형	□ 조손 □ 노인부부 □ 독거노인 □ 소년소녀가정 □ 장애인
		□ 한부모(모자) □ 한부모(부자) □ 부모자녀가정 □ 기타(　　　)
	결혼상태	□ 미혼 □ 기혼 □ 별거(　년) □ 이혼(　년) □ 사별(　년) □ 기타(　　　)
	보호구분	□ 일반수급 □ 조건부수급 □ 저소득/차상위 □ 기타 □ 해당 없음

가족 사항	관계	성명	생년월일	성별	직업	건강상태	동거	비상연락처	비고

건강상태	건강정도	□ 양호 □ 보통 □ 허약	만성질환	□ 무 □ 유 □ 기타
	질병명		유병기간	년　　　개월

기관에 온 경위	
이전 서비스 경험	
기본 욕구	
사회복지사 의견	

○○종합사회복지관

[그림 9-1] 초기면접지의 예시

초기면접지에 포함되는 정보는 다음과 같다.

- 기본 정보: 이름, 성별, 나이, 주소, 학력, 결혼 여부, 직업, 연락처 등
- 주요 문제: 클라이언트가 사회복지사를 찾게 된 문제, 원인과 발생 시기, 클라이언트가 문제를 바라보는 관점 등
- 기관에 온 동기: 기관을 어떻게 알고 오게 되었는가의 정보
- 의뢰 이유: 클라이언트가 스스로 오지 않은 경우 의뢰한 타 기관명과 의뢰 사유
- 이전의 서비스 경험: 이전의 서비스 경험이 있는 경우, 어떤 기관에서 어떤 서비스를 받았는지에 대한 정보
- 가족관계: 현재 동거 중인 가족을 중심으로 가족구성원의 기본 정보
- 사회복지사 의견: 초기면접을 시행한 사회복지사의 의견, 클라이언트의 문제나 욕구를 해결하기 위해 기관에서 서비스 제공이 가능한지의 의견 등

(2) 접수지침

접수 단계의 지침으로는 다음을 들 수 있다(김경호, 2010: 202). 첫째, 클라이언트는 자신의 기대를 명확하게 표현하지 않기 때문에 사회복지사는 되도록 이를 명확히 기술해야 한다.

둘째, 관계가 형성되기 이전에 클라이언트에 대해 지나치게 묻지 않는 것이 중요하다. 과한 자기노출을 요구할 경우, 클라이언트는 방어적인 태도를 취할 수 있다.

셋째, 클라이언트 스스로 본인의 어려움을 표현하고 사회복지사의 이해와 의지를 신뢰할 수 있도록 충분한 기회를 준 이후에 클라이언트의 기대를 탐색해야 한다.

넷째, 실천과정을 간단히 설명하고 문제해결을 위해 노력하는 협력 파트너로서 사회복지사와 클라이언트의 관계를 정의한다.

다섯째, 클라이언트의 비현실적 기대에 공감은 하나 그것이 충족될 수 없는 이유를 설명한다.

여섯째, 클라이언트가 문제해결을 위해 활발히 참여하고 결정할 수 있도록 클라이언트의 책임을 정한다. 또한 사회복지사는 클라이언트의 문제해결을 돕는 조력자임을 설명한다.

일곱째, 클라이언트의 긴장, 불안, 두려움, 양가감정을 해소시키고 비자발적인 클라이언트의 변화 동기를 강화해야 한다.

여덟째, 클라이언트의 문제가 기관에서 다룰 수 있는 문제인지 판단한 이후 서비스 제공 여부를 결정한다.

2. 자료수집

1) 자료수집의 개념

자료수집은 클라이언트의 문제나 욕구를 이해하고 해결하는 데 필요한 각종 자료를 모으는 과정이다. 자료를 수집하면서 문제나 욕구를 분석하고 개입의 가능성을 판단하게 된다. 자료수집은 실천의 전 과정을 통해 지속적으로 수행되지만 이 단계에서 가장 집중적으로 이뤄지게 된다.

2) 자료수집의 정보원

자료수집의 정보원은 매우 다양하나, 가장 많이 의존하는 출처들은 다음과 같다(김융일 외, 2000: 221; 전남련 외, 2011; 240-242; Hepworth & Larsen, 1990: 196-198; Zastrow, 1995: 78).

(1) 문제, 기분, 의견, 생각, 사건 등에 관한 클라이언트의 이야기

문제나 욕구를 가진 클라이언트 자체가 자료의 일차적인 출처가 될 수 있다. 문제에 대한 클라이언트의 의견, 느낌, 견해, 기분, 감정, 문제를 해결하기 위한 노력, 문제의 원인에 대한 견해, 문제해결에 필요한 자원에 관한 의견 등 클라이언트가 제공하는 모든 것이 자료의 주요 원천이 될 수 있다. 그러나 이와 같은 클라이언트의 이야기는 편견이나 주관적 견해에 따라 왜곡될 수 있음을 알아야 한다. 다른 부가적인 정보가 제시될 때까지 클라이언트의 이야기는 존중되어야 하나 때때로 클라이언트는 문제를 객관적으로 바라보기 힘들 수도 있으며 정보를 숨길 수도 있다는 사실을 주의해야 한다.

(2) 클라이언트가 작성한 서류나 양식

대부분의 기관에서는 첫 면접을 시행하기 전 클라이언트에게 기본적인 정보를 작성하도록 한다. 예를 들면, 이름, 주소, 전화번호, 학력, 결혼상태, 가족구성원 등의 항목을 일정한 양식에 기입하도록 하는데, 이러한 정보는 클라이언트를 이해하는 데 효과적일 수 있다. 이 외에도 자아개념 척도, 개인문제 체크리스트 등과 같은 자기보고 양식을 사용할 수 있다.

(3) 부가적인 정보

지금까지 클라이언트를 통해 직접 정보를 수집했다면, 부가적인 정보는 클라이언트를 제외한 다른 사람을 통해 수집한 정보를 의미한다. 보통 클라이언트의 가족, 친척, 친구, 사회복지기관, 병원관계자, 회사 동료 등으로부터 자료를 수집한다. 사회복지사는 이들을 직접 만나 정보를 취득할 수도 있고, 전화나 메일 등을 통해 수집할 수도 있다. 이러한 이차적 정보는 클라이언트로부터 얻지 못한 귀중한 정보일 수 있는 반면 때로는 왜곡된 정보가 될 수도 있다. 따라서 사회복지사는 부가적인 자료를 단정적으로 받아들이기보다는 신중해야 하며, 반드시 클라이언트의 동의를 얻은 후 정보를 수집해야 한다.

(4) 심리검사

다양한 심리검사와 지능검사의 결과 등도 정보원으로 사용된다. 대부분의 심리검사는 심리학자들이 사용하고 해석하도록 만들어졌기 때문에 사회복지사가 전문적인 지식 없이 사용해서는 안 된다. 검사결과가 필요할 경우, 자격 있는 심리학자가 해석한 결과를 적절히 활용하는 것이 필요하다. 실천 현장에서 사용되는 주된 심리검사로는 MMPI(Minnesota Multiphasic Personality Inventory), MBTI(Myers-Briggs Type Indicator), 사회성숙도(Social Maturity Scale), 결혼만족도(Marriage Satisfaction Scale), 자아존중감(Self-Esteem Scale), 가족관계척도(Inventory of Family Relation) 등이 있다.

(5) 클라이언트의 비언어적 행동

때로는 클라이언트의 언어적 행동 외에 비언어적 행동이 가치 있는 정보원이 될 수 있다. 비언어적 행동은 클라이언트의 감정과 사고를 더 정확히 전달할 수 있기 때문에 사회복지사는 클라이언트의 이야기를 경청하는 동시에 비언어적인 행동을 세심히 관찰해야 한다. 경험이 많은 사회복지사일수록 클라이언트의 비언어적 행동에 관심을 두고 해석을 하게 된다. 주요한 비언어적 행동으로는 몸짓, 표정, 자세, 손동작, 목소리의 크기 및 높이, 호흡, 근육의 긴장, 눈동자, 옷 선택, 눈 맞춤 등이 있다.

(6) 중요한 사람과의 상호작용 및 가정방문

클라이언트의 삶에 큰 영향을 미치는 중요한 사람과의 상호작용을 관찰하는 것은 클라이언트를 이해하는 데 도움이 될 수 있다. 가정방문은 더 나아가 상호작용 외에도 클라이언트에게 미치는 가정의 다양한 환경적 요인을 파악할 수 있게 해 준다. 가족 외에도 친구나 동료 간의 상호작용도 중요한 정보원이 될 수 있다. 학생의 경우는 학교를 방문할 수도 있다.

(7) 사회복지사의 감정과 직관

클라이언트와 상호작용하면서 느끼는 사회복지사의 감정과 직관 역시 자료의 출처가 될 수 있다. 클라이언트와 사회복지사의 상호작용 패턴은 클라이언트와 타인과의 상호작용을 유추하는 데 도움을 줄 뿐만 아니라 문제 행동을 이해하는 실마리를 제공하기도 한다.

3) 자료수집의 내용

자료수집에 포함되는 내용으로는 다음의 항목들이 있다(이준우, 이화옥, 임원선, 2006: 301-302). 첫째, 클라이언트에 대한 기본 정보이다. 접수 시 수집하는 정보로 이름, 연령, 성별, 학력, 결혼 여부, 직업, 소득, 가족관계 등이 있다. 둘째, 클라이언트 문제에 대한 깊이 있는 정보로 문제의 발생 원인, 문제에 영향을 미치는 요인, 문제를 악화시키거나 지속시키는 정보를 의미한다. 셋째, 클라이언트 개인력으로 영유아기, 학령기, 청소년기, 성인기, 노년기 등 인간의 생활주기에 따른 사건과 인간관계 등이 있다. 넷째, 클라이언트 가족력으로 원가족의 상황, 가족관계, 현 가족의 구성, 부모와 자녀 간의 애착 정도, 친밀도, 가족규칙, 의사소통방법, 상호작용방법 등이 포함된다. 다섯째, 클라이언트의 기능으로 지적 기능, 심리적 기능, 정서적 기능, 신체적 기능, 행동적 기능, 대인관계기능, 문제해결능력 등을 포함한다. 여섯째, 클라이언트의 자원으로 문제해결에 도움이 될 수 있는 활용 가능한 모든 자원을 의미한다. 여기에는 교육경험, 서비스 경험, 훈련받은 기술, 자격증 등이 포함된다. 일곱째, 문제를 해결하고자 하는 클라이언트의 의지, 동기, 변화목표를 비롯한 강점과 한계 등도 유용한 정보에 해당된다.

〈표 9-3〉 자료수집의 세부 내용

항목	세부 내용
클라이언트 기본 정보	이름, 연령, 성별, 학력, 결혼여부, 직업, 소득, 가족관계
클라이언트 심층 정보	문제발생의 원인 및 영향 요인
클라이언트 개인력	생활주기에 따른 주요 사건 및 인간관계
클라이언트 가족력	원가족의 상황, 가족관계, 가족 간 애착 정도, 친밀도, 가족규칙, 의사소통 및 상호작용
클라이언트 기능	지적 · 심리적 · 정서적 · 신체적 · 행동적 기능, 대인관계 기능, 문제해결능력
클라이언트 자원	교육경험, 서비스 경험, 기술, 자격증 등
클라이언트 장점, 한계, 동기	문제해결의 의지, 동기, 변화목표

4) 자료수집의 원칙

자료수집 과정에서 사회복지사가 지켜야 할 원칙으로는 다음과 같이 네 가지가 있다(김융일 외, 2000: 222; Kirst-Ashman & Hull, 1993: 150-153). 첫째, 자료수집 과정에서 클라이언트의 참여는 절대적으로 필요하다. 실천과정을 성공적으로 이끌어 가기 위해서는 초기단계부터 개입 과정, 평가에 이르기까지의 전 과정에 클라이언트가 참여하는 것이 중요하다. 둘째, 클라이언트의 강점을 평가한다. 사회복지사는 자칫하면 클라이언트의 문제와 욕구에 집중된 관심을 두면서 강점과 장점을 간과하는 실수를 범할 수 있다. 셋째, 한 가지 문제만 가진 클라이언트는 거의 없다. 즉, 사회복지사는 클라이언트의 문제를 다양하게 규정할 수 있어야 하며 문제의 심각성과 중요도에 따라 우선순위를 부여해야 한다. 넷째, 문제가 다양한 만큼 개입 방법도 다각도로 설정해야 한다. 실현가능성과 효과성, 적절성의 기준에서 어떤 개입 방법이 우선시되어야 할지 정해야 한다.

정리해__봅시다

- 접수는 문제나 욕구를 지닌 개인이 사회복지기관을 방문했을 때 사회복지사가 문제와 욕구를 확인하여 기관에서 서비스를 제공할 수 있는지 판단하는 과정이다.
- 접수 단계의 과제로는 문제확인, 의뢰, 관계형성, 클라이언트 동기화, 양가감정과 저항감 해소, 실천과정 안내 등이 있다.
- 의뢰는 클라이언트의 문제와 욕구를 탐색한 결과, 기관에서 해결할 수 없거나 해결에 더 적합한 기관이 있는 경우 그 기관으로 클라이언트를 보내는 것이다.
- 초기면접지는 클라이언트를 접수하는 과정에서 기록한 양식이다.
- 자료수집은 클라이언트의 문제나 욕구를 이해하고 해결하는 데 필요한 각종 자료를 수집하는 과정이다.
- 자료수집의 정보원으로는 클라이언트의 이야기, 클라이언트가 작성한 서류나 양식, 부가적인 정보, 심리검사, 클라이언트의 비언어적 행동, 중요한 사람과의 상호작용 및 가정방문, 사회복지사의 감정과 직관 등이 있다.
- 자료수집의 내용은 클라이언트에 대한 기본 정보, 문제에 대한 깊이 있는 정보, 개인력, 가족력, 클라이언트의 기능, 클라이언트의 자원, 클라이언트의 한계, 장점, 동기 등을 포함한다.

생각해__봅시다

1. 파트너를 정해 초기 접수 단계의 역할극을 시행한 후, 초기면접지를 각자 작성해 봅시다.
2. 다음 사례를 읽고 아동의 상황을 좀 더 구체적으로 파악하기 위해 어떤 정보원을 이용하여 자료를 수집할지 토론해 봅시다.

〈사례〉

지역아동센터에 다니는 초등학교 3학년 홍○○은 또래 아이들에 비해 체구가 작고 얼굴에 늘 그늘이 서려 있었다. 최근에는 부쩍 더 마르고 학습에 흥미를 잃은 듯 보였다. 날씨가 추워졌지만 여전히 짧은 반팔을 입고 있고, 며칠 전 계단에서 넘어졌다면서 팔에 깁스를 하고 센터에 왔다. 평소에 또래들과 잘 어울리지 못하고 내성적이었는데 최근에는 말 표현과 행동이 더욱 거칠어져 친구들과 멀어지게 되었다.

김경호(2010). 사회복지실천론. 경기: 양서원.

김융일, 조흥식, 김연옥(2000). 사회복지실천론(제2판). 서울: 나남출판.

백은령, 김선아, 양숙미, 엄미선, 윤철수(2008). 사회복지실천론. 경기: 대왕사.

이준우, 이화옥, 임원선(2006). 사례와 함께하는 사회복지실천론. 서울: 인간과복지.

전남련, 이재선, 정명희, 김치건, 최홍성, 오영식, 홍성휘, 김연옥(2011). 사회복지실천
론. 서울: 도서출판오래.

Hepworth, D. H., & Larsen, J. A. (1990). *Direct Social Work Practice: Theory and Skills* (3rd ed.). Chicago, IL: Dorsey Press.

Hepworth, D. H., Rooney, R. H., Rooney, G. D., & Strom-Gottfried, K. (2017). *Direct Social Work Practice: Theory and Skills* (10th ed.). Boston, MA: Cengage Learning.

Kirst-Ashman, K. K., & Hull, G. H., Jr. (1993). *Understanding Generalist Practice*. Chicago, IL: Nelson-Hall Pulishers.

Meyer, C. H. (1993). *Assessment in Social Work Practice*. New York: Columbia University Press.

Miley, K., O'Melia, M., & DuBois, B. (2004). *Generalist Social Work Practice: An Empowering Approach* (4th ed.). Boston, MA: Pearson.

Sheafor, B. W., Horejsi, C. R., & Horejsi, G. A. (1991). *Techniques and Guidelines for Social Work Practice* (2nd ed.). Boston, MA: Ally and Bacon.

Sheafor, B. W., Horejsi, C. R., & Horejsi, G. A. (1997). *Techniques and Guidelines for Social Work Practice* (4th ed.). Boston, MA: Ally and Bacon.

Zastrow, C. H. (1995). *The Practice of Social Work* (5th ed.). Pacific Grove, CA: Brooks/Cole Publishing Co.

제10장

사정 및
계획단계

사정 및 계획단계는 사회복지실천 과정의 핵심이자 사회복지사의 전문적 기술이 요구되는 단계이다. 다양한 사정 도구를 활용해 클라이언트의 문제가 발생한 원인을 파악하고 클라이언트를 둘러싼 환경과 주변의 자원을 확인하게 된다. 시급히 해결해야 하는 표적문제를 선정하고, 개입의 계획을 세우며, 계약을 통해 클라이언트와 사회복지사는 변화를 향해 한 걸음 나아가게 된다.

1. 사정의 개념과 세부 과업을 이해한다.
2. 다양한 사정 도구를 살펴보고 직접 작성해 본다.
3. 계획의 과정과 각 세부 단계를 학습한다.
4. 계약의 특징과 주요 내용을 이해한다.

1. 사정

1) 사정의 개념과 특성

(1) 사정의 개념

사정(assessment)은 수집된 클라이언트의 자료를 심층적으로 분석하여 계획을 수립하는 과정으로 사회복지실천 과정에서 가장 중요한 단계라고 할 수 있다. 즉, 클라이언트의 문제를 이해하고 원인을 규명하며 더 나아가 클라이언트의 문제해결능력을 이끌어 낼 수 있는 다양한 자원을 찾는 탐색 과정이다(이준우, 이화옥, 임원선, 2006: 303). 자료수집이 클라이언트와 관련된 다양한 자료를 모으는 작업이라면, 사정은 수집된 자료를 분석하여 문제를 규정하고 개입의 계획을 도출하는 작업이다.

사회복지실천 현장에서 만나는 문제들은 여러 체계 중 한 체계에만 국한되는 경우가 드물다. 개인적인 문제는 반드시 대인관계에 영향을 미치게 된다. 그리고 주변 환경이 주는 스트레스, 예를 들어 주거 문제, 경제적 문제, 사회적 낙인, 문화적 특성, 법률제도 등도 개인의 기능과 삶에 영향을 미친다. 이처럼 한 개인과 연계된 다양한 체제 간의 역기능적 상황 속에서 초래되는 문제들을 심층적으로 사정하기 위해서는 이러한 체계들에 대한 기초적 지식이 선행되어야 한다(허남순, 한인영, 김기환, 김용석 공역, 2007: 157). 다시 말해서, 사회복지사는 클라이언트에 대한 정보수집 차원을 넘어 각 단계마다 클라이언트의 변화를 측정하고 환경과의 상호작용 속에서 드러나는 정보를 정확히 파악하기 위해 사정 도구들을 활용할 수 있는 역량을 갖추어야 한다.

사회복지실천 과정에서 사정의 중요성은 여러 학자의 저서에서도 기술되고 있다. 우선 Richmond(1917: 62)는 『사회진단(Social Diagnosis)』이라는 저서에서 "사회적 진단(social diagnosis)은 클라이언트의 사회적 상황과 성격에 대해 가능한 한 정확한 정의를 내리기 위한 시도"라고 정의하고 있다. 또한 ① 증거의 수집 혹은 조사로부터 그 과정이 시작되고, ② 수집된 증거를 냉철하게 분석하고 비교하는 작업이 그 뒤를 따르며, ③ 마지막으로 수집된 자료의 해석과 함께 (클라이언트의) 사회적 어려움을 정의 내린다고 설명하고 있다.

또한 Farley, Smith와 Boyle(2003)은 사정에 대해 "접수(intake)에서 시작되어 종결(termination)에 이르는 유동적이고, 역동적이며, 변화무쌍한 특성을 갖는다."라고 설명하고 있다. Gambrill(2006: 310)은 "사정의 핵심은 보이지 않는 것을 보이도록 만드는 것이다."라고 정의하고 있다. 예를 들어, 물건을 던지고 소리 지르고 때리는 행동을 보이는 아동이 있다고 가정하자. 소리를 지르고 물건을 던지고 때리는 행동은 겉으로 드러나지만 문제 행동을 발생하게 하는 여러 환경적 요소(예: 부모의 양육 태도, 주변 사람들의 부적절한 피드백 등)는 숨어 있다. 이처럼 아동의 문제 행동과 관련된 요인들이 포괄적으로 규명되지 않는다면 해결을 위한 개입 방법을 설계하는 데 한계가 있을 것이다.

사회복지사가 사정과정을 통해 찾으려는 것은 다음 질문에 대한 답변들이다(엄명용, 김성천, 오혜경, 윤혜미, 2006: 269-270).

- 클라이언트는 어떤 사람인가?
- 클라이언트는 자기 문제를 무엇이라고 여기는가?
- 클라이언트의 문제는 얼마나 지속되어 왔는가?
- 문제를 해결하기 위해 클라이언트는 어떤 노력들을 해 왔는가? 그리고 어떤 효과가 있었는가?
- 클라이언트에게 영향을 줄 수 있는 중요한 사람들은 누구인가?
- 클라이언트는 문제를 해결하고자 동기화되어 있는가?
- 클라이언트의 강점과 약점은 무엇인가?

[그림 10-1]은 사정의 초점 영역을 도식화한 것이다. 이 도식에는 클라이

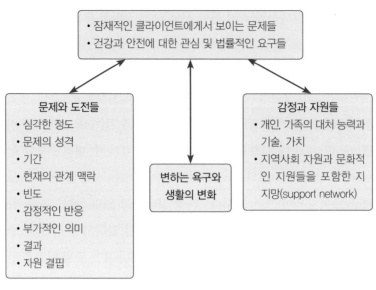

[그림 10-1] 사정의 초점

출처: 허남순 외 공역(2007: 135).

언트에게 나타나는 문제와 도전들, 변하는 욕구와 생활의 변화, 그리고 클라이언트의 감정과 자원 등이 구체적으로 제시되고 있다.

(2) 사정의 특성

Johnson은 사정의 특성을 다음과 같이 열 가지로 정리하였다(이준우 외, 2006: 303-305; 전남련 외, 2011: 244-245; Johnson, 1989: 272-274).

첫째, 사정은 계속적인 과정이다. 사정은 돕는 과정 내내 계속 진행된다. 초기 사정이 제일 중요하지만 돕는 과정이 진행되는 동안 새로운 정보가 발견되기도 하므로 사정은 계속적인 작업이다.

둘째, 사정은 이중 초점을 가진다. 사정은 초기 과정에서 수집된 정보를 바탕으로 상황 속의 클라이언트를 이해하고 계획의 근거를 마련해야 하는 이중 초점을 갖는다.

셋째, 사정은 클라이언트와 사회복지사의 상호과정이다. 사정의 기본이 되는 자료수집이 사회복지사와 클라이언트의 상호과정 속에서 이루어지므로 사정 역시 상호작용 속에서 클라이언트의 반응을 이해하며 진행된다.

넷째, 사정에는 사고의 전개 과정이 있다. 사정은 지속적으로 필요한 정보를 수집하고 수집된 정보들을 이용하여 클라이언트 상황을 이해하며, 부분적인 이해를 모아 전체적인 맥락 속에서 통합하여 사고하는 전개 과정이 포함된다.

다섯째, 사정에는 수평적 · 수직적 탐색 모두가 중요하다. 초기 과정에서는 우선 수평적 정보, 즉 현재의 관계, 능력, 기능 등을 중심으로 클라이언트의 욕구를 발견하고 점차 시간이 지나면서 수직적 탐색, 즉 과거력, 개인력, 문제의 역사 등에 대한 정보를 수집한다. 사회복지사는 상황과 필요에 따라 수평적 · 수직적 탐색을 적절히 사용하는 기술이 필요하다.

여섯째, 클라이언트를 이해하는 데 지식적 근거가 필요하다. 클라이언트의 상황을 이해하는 수단으로 전문적 지식을 이용하여야 한다. 이용되는 지식으로는 인간행동에 대한 이해, 인간의 다양성, 가족관계 등 상황과 사례에 따라 그에 맞는 지식이 필요할 수 있다.

일곱째, 사정은 생활 상황 속에서 욕구를 발견하고 문제를 정의하면서 그 의미와 유형을 설명한다. 사정은 욕구를 발견하고 욕구 만족을 병행하는 것이 무엇인지를 생활 상황과 관련지어 명확하게 하기 위한 과정이다.

여덟째, 사정은 개별적이다. 사정은 각 클라이언트의 독특한 상황과 관련되어 있으므로 모두 다를 수밖에 없다. 인간의 상황은 복잡하여 어느 것도 같은 것이 없다.

아홉째, 판단이 중요하다. 사정에는 여러 가지 결정이 있어야 한다. 어떤 내용을 어떤 지식에 응용할 것인지, 어떤 부분을 고려할 것인지, 클라이언트와 어떻게 연결시킬 것인지, 그리고 어떻게 문제를 정의할 것인지를 결정해야 한다.

열째, 클라이언트를 완전히 이해하는 데 항상 한계가 있다. 어떠한 사정도 완벽할 수 없으며 상황에 대한 완벽한 이해는 불가능하다.

다음은 아동 학대 관련 기관에서 사용하는 다차원적 사정틀로, 아동 개인 뿐만 아니라 주변 환경에 대한 정보를 수집하는 데 유용하다.

〈표 10-1〉 아동 학대 사례의 생심리사회적 사정(biopsychosocial assessment) 개요

① 신원정보
• 아동의 이름, 나이, 인종(ethnicity), 신체적 외양, 종교
• 아동의 거주지, 학교, 다른 중요한 세팅들
• 의뢰처 및 의뢰 정보
② 제시된 갈등
• 아동의 정의
• 부모 및 보호자의 정의
• 사회복지사의 정의
③ 갈등 이력
• 시작 시점, 빈도, 관련된 사람, 장소
• 어떤 사회적·정서적·심리적·학습적·의료적 및 신체적 위험 요인들이 이 갈등에 영향을 미치는가?
• 아동과 가족에게 갈등의 결과물은 무엇인가?
• 사정 도구 결과: 아동 리포트, 성인 리포트, 구조화된 인터뷰
• 이러한 갈등 상황을 개선하기 위해 취해진 시도(아동과 가족에 의한 시도, 전문가의 원조)
④ 안전에 대한 우려
• 학대 혹은 방임의 우려
• 자살 혹은 살인의 위험
⑤ 발달력
• 현재의 발달 위기(도전)
• 이전의 발달 위기
• 현재의 갈등에 발달 위기가 미친 역할(영향)
⑥ 가족력
• 아동 가족 환경의 다세대 배경(multigeneration background)
• 소수 민족 이슈, 문화적응 스트레스 인자, 언어적 우려, 이민/난민 지위
• 가계도
⑦ 강점 및 회복탄력성 요인들

- 아동의 재능, 자원, 기술, 보호 요인들
- 가족의 강점, 자원, 보호 요인들
- 확대가족의 자원들
- 지역 자원들(이웃, 종교 조직, 민족 문화기관들)
- 생태도

⑧ 구조화된 사정 도구들의 결과, 해석, 함의점
- 자기보고식 도구들
- 구조화된 인터뷰

⑨ 아동 및 가족의 욕구
- 경제적: 소득, 주거, 음식, 의복, 교통
- 사회적/정서적: 동료 상호작용, 레크리에이션
- 교육적: 적절한 교육 서비스
- 의료적: 건강 케어, 약물
- 사회 문화적: 통역, 특정 문화를 위한 지지 체계, 지역사회 옹호
- 법적 보호자, 법정 개입 여부, 옹호

⑩ 정신건강 측정
- 아동의 사회적 · 심리적 · 인지적 · 행동적 기능에 대한 정보

⑪ 정신건강 진단
- DSM-5 진단
- 정신건강 사정 도구들의 결과

⑫ 아동과 가족 대상의 초기 접촉
- 첫 만남의 개요
- 아동과 가족에게 원조 과정에 대한 오리엔테이션

⑬ 요약 진술
- 핵심 정보에 대한 요약

⑭ 초기 서비스 계획
- 초기서비스에 대한 초점을 명시하기
- 목적 및 목표 제시
- 누가 참여하고, 어떻게, 언제, 어떤 이유로 개입하는지 파악하기

출처: Holosko, Dulmus, & Sowers (2013: 13).

2) 사정의 과업

(1) 문제 발견

사정의 첫 번째 과업은 클라이언트의 문제를 발견하는 것이다. 이를 위해서 사회복지사는 클라이언트가 일상생활에서 직면하는 불안이나 위기상황, 주변 환경을 면밀히 살펴보아야 하며 겉으로 드러나는 문제 상황보다는 이면에 존재하는 본질적인 문제와 그 원인을 찾아보아야 한다.

Kirst-Ashman과 Hull은 클라이언트가 경험하는 빈번한 문제를 다음과 같이 분류하고 있다(김융일, 조흥식, 김연옥, 2000: 225-226; 전남련 외, 2011: 246-247; Kirst-Ashman & Hull, 1993: 153-156).

- 대인관계 갈등: 주변 사람들과의 인간관계에서 벌어지는 문제를 의미한다. 한 예로, 비행청소년이 다른 청소년들과의 관계에서 느끼는 어려움을 들 수 있다.
- 사회적 관계의 불만족: 명백하게 드러나진 않지만 주변 사람들과의 사회적 관계에서 벌어지는 불만족을 의미한다.
- 공식적 조직과의 문제: 클라이언트가 흔히 제기하는 문제의 유형이다. 예를 들어, 사회복지사가 본인에게 불친절하다고 불만을 갖거나 원하는 만큼의 지원비를 주지 않았을 때 제기하는 문제들이다.
- 역할 수행상의 문제: 본인의 지위에 따라 사회적 · 문화적으로 요구되는 행동양식을 수행하는 데 느끼는 어려움을 의미한다.
- 사회적 전환상의 문제: 사람은 일생을 살아가면서 입학, 졸업, 취업, 결혼 등 인생의 전환기를 맞이하는데, 이때 적응하지 못해 겪는 어려움을 의미한다.
- 심리 · 행동상의 문제: 우울증, 조울증 등의 심리적 · 정신적인 문제가 있을 수 있다.

- 자원의 부재 및 결핍 문제: 기본적으로 필요한 욕구가 충족되지 않았을 때 발생하는 문제로, 생계비 부족, 의료서비스 부족 등이 있다.
- 의사결정의 문제: 객관적이고 합리적인 선택을 하지 못하는 경우 발생하는 문제이다.
- 문화적 갈등 문제: 다민족 사회에서 인종 간의 문제로 인해 파생되는 문제이다.

(2) 정보 발견

사정단계에서 정보를 수집하는 유용한 지침으로 Brown과 Levitt은 다음의 열두 가지 질문을 제시하고 있다(양옥경, 김정진, 서미경, 김미옥, 김소희, 2005: 182–188; 이준우 외, 2006: 306–311; 전남련 외, 2011: 247–250; Brown & Levitt, 1979: 408–415).

① 누가 문제 체계에 관여되어 있는가? 클라이언트가 제시한 문제에 누가 관여되어 있는가를 찾는 것이다.
② 참여자들은 어떻게 관여하고 있는가? 문제에 관여된 사람들이 어떻게 상호작용을 하며 갈등을 일으키는지 파악하는 것이다. 문제 행동이 일어나기 전, 문제 행동이 발생되는 동안, 문제 행동이 일어난 후 각각 서로에게 어떤 영향을 미치는지 알아본다.
③ 클라이언트가 문제에 대해 어떤 의미를 부여하는가? 클라이언트가 문제를 어떻게 바라보는지, 어떤 해석과 의미를 부여하는지를 알아야 한다. 다음 〈Tip〉은 변화를 방해하는 전형적인 의미부여의 형태를 설명하고 있다.

<Tip> 변화를 방해하는 전형적인 의미부여의 아홉 가지 형태

① 비과학적 설명: "요즘 바이오리듬상 우리가 서로 맞지 않는 것 같다." "그 행동은 유전적인 것 같다." 등

② 심리적 낙인: "우리 어머니가 편집증이므로 별 수 없이 거짓말을 할 수밖에 없다." "그녀는 과잉 행동을 보이는 것이다." 등

③ 다른 사람에게 변화의 능력이나 동기가 없다는 믿음: "그녀가 변할 리 없다." "그는 내가 이혼을 요구하게끔 자꾸 나를 자극하는 것이다." 등

④ 변화될 수 없는 외적 요인: "아버지만 살아계셨다면……." 등

⑤ 변화할 수 없는 내적 속성에 대한 잘못된 믿음: "나는 원래 성적 욕구가 없는 사람이다." "나는 원래 재수가 없는 사람이다." 등

⑥ 무력함에 대한 비현실적 감정: "난 아무리 해도 그녀를 따라갈 수 없어." "난 아무것도 할 수 없어. 그냥 그의 처분만을 기다릴 뿐이야." 등

⑦ 고정된 철학적·종교적 원칙: "낙태는 죄악이기 때문에 어쩔 수없이 낳을 수밖에 없어." 등

⑧ 인간본질에 대한 가정을 주장: "그 나이의 아이들은 다 그래." "여자의 행복은 시집을 잘 가는 데 있어." 등

⑨ 문제와 관련된 다른 사람의 한계점을 주장: "그 사람은 너무 둔해서 내 감정을 이해하지 못한다." "그녀가 너무 멍청한 것 같다." 등

출처: Hurvite (1975: 225-240): 양옥경 외(2005: 183-184)에서 재인용.

④ 어디서 문제 행동이 일어나는가? 문제 행동의 발생 장소를 아는 것은 문제 행동을 촉진시키는 상황적 요인을 발견하는 데 도움이 된다. 학교에서 지나친 과잉 행동을 보이는 아이가 집에서 그런 행동을 보이지 않는다면, 집과 학교의 환경적 차이가 과잉 행동을 유발시키는 요인으로 작용할 수 있다.

⑤ 언제 문제 행동이 일어나는가? 문제 행동이 일어나는 시기와 감소되는 시기의 차이를 통해 문제의 유발 요인을 발견할 수 있다. 문제가 발생하

는 요인에 관련된 사람들의 행동을 깊게 탐색해 볼 수 있다.

⑥ 문제 행동이 일어나는 빈도는 어느 정도인가? 문제 행동이 클라이언트
의 전반적인 삶에 폭넓게 영향을 미치는지 이해하는 데 도움을 준다.

⑦ 행동은 언제부터 있어 왔는가? 문제 행동의 역사를 알 수 있는 질문으
로, 문제 행동이 언제 발생하였고 어떤 과정을 거쳐 지금까지 진행되었
는지 살펴보는 것이다. 문제 행동이 가장 처음 발생된 상황에 대한 깊은
탐색이 초기의 유발 요인을 발견하는 데 도움을 준다.

⑧ 문제와 관련하여 채워지지 않는 욕구는 무엇인가? 클라이언트는 본인
의 욕구를 피상적으로 표현하기 쉬우므로 사회복지사는 뛰어난 공감력
을 바탕으로 클라이언트의 채워지지 않는 욕구를 발견해야 한다.

⑨ 문제에 대한 클라이언트의 정서적 반응은 어떠한가? 클라이언트의 감
정이 지나치게 되면 문제를 악화시킬 수 있고, 경우에 따라 문제 행동보
다 감정이 더 큰 문제가 될 수도 있으므로 반드시 사회복지사는 클라이
언트의 정서적 반응을 탐색해야 한다.

⑩ 클라이언트는 그동안 문제에 어떻게 대처해 왔으며 문제를 해결하는
데에는 어떤 기술이 필요한가? 클라이언트가 스트레스를 감당하는 수
준과 문제해결기술, 대처기술을 파악하는 데 도움이 된다. 과거에 이와
관련한 어려움을 어떻게 대처해 왔는지 파악한다면 현재 겪는 문제를
잘 대처할 수 있는 실마리를 찾을 수 있다.

⑪ 클라이언트는 어떤 장점과 기술을 가지고 있는가? 클라이언트가 갖고
있는 활용 가능한 자원을 발견하게 해 준다. 클라이언트의 장점과 능력,
가능성을 적극 이용하여 클라이언트 스스로 문제를 해결하고 상실된
힘을 회복할 수 있도록 도와줄 수 있다. 따라서 사회복지사는 클라이언
트 본인이 보지 못하는 장점과 기술을 찾아내어 활용할 수 있도록 도와
주어야 한다.

⑫ 필요로 하는 외적 자원은 무엇인가? 사회복지사는 매개자로서 클라이

언트가 필요로 하는 외부 자원을 연결시켜 주어야 한다. 이를 위해 지역사회에 어떠한 자원들이 있는지 미리 수집하고 알고 있어야 한다.

(3) 문제형성

문제형성은 그동안 얻은 클라이언트에 대한 정보를 분석하여 사회복지사가 전문가적인 소견으로 판단하는 것이다. 클라이언트가 호소하는 문제와 욕구, 욕구 충족을 방해하는 요인들을 복합적으로 고려하여 문제를 규정하고 개입 계획을 세우게 된다.

3) 정보의 출처

(1) 사정에 필요한 정보 출처의 유형

사정과정에서 고려해야 할 주요한 정보의 출처로는 다음과 같은 것들이 있다(허남순 외 공역, 2007: 137-140; Hepworth & Larsen, 1993: 195-199).

① 클라이언트의 언어적 보고

클라이언트가 말로 표현한 보고물은 중요한 정보의 출처가 된다. 문제에 대한 묘사, 감정의 표현, 사건의 보고, 관점의 제시 등이 포함되며, 종종 거짓으로 재구성되거나 편견, 제한된 자기인식으로 왜곡된 정보가 있을 수 있다는 점을 사회복지사는 고려해야 한다. 클라이언트의 자기보고(self-report) 방식으로 진행되는 일대일(face-to-face) 인터뷰는 상대적으로 구조화되어 있지는 않지만 핵심 정보들(예: 신체적·정신적 건강상태, 가족관계, 대인관계, 알코올 혹은 마약 남용 등)을 파악하는 데 유용하여 가장 보편적으로 사용되고 있다 (O'Hare, 2016). 그러나 클라이언트 자신의 언어에 의한 보고는 간접적인 정보에 해당한다. 왜냐하면 언어에 의한 보고는 문제 행동, 사건, 느낌, 관점 등이 직접적인 관찰에 의해 제시되는 것이 아니기 때문이다. 그럼에도 불구하고 언어에 의한 보고는 구체성과 사고의 깊이에 초점을 둠으로써 클라이언트에게 인식된 행동이나 사건의 아주 상세한 부분까지도 도출할 수 있다는 장점이 있다(허남순 외 공역, 2007: 137-140).

② 비언어적 행동의 직접관찰

직접관찰 방식은 비언어적 행동인 분노, 상처, 당혹, 두려움 등과 같은 감정상태나 반응에 대한 가치 있는 지표이다. 예를 들어, 아버지의 알코올 의존 문제로 가족갈등을 경험한 청소년이 인터뷰 도중 목소리가 떨리고 주먹을 불끈 쥐는 모습을 보인다면 이러한 비언어적인 신호를 민감하게 인식해 내는 것이 필요하다.

③ 상호작용 관찰

상호작용 관찰은 가족구성원, 집단구성원 사이의 행동을 관찰하는 것이다. 클라이언트가 이야기한 사실에만 의존하는 것보다는 상호작용을 관찰하는 것이 필요하다. 따라서 사회복지사는 갈등 상황을 재현하도록 클라이언트를 격려하고 이 과정에서 클라이언트가 보이는 언어적 표현, 행동, 어조 등에 관심을 가져야 한다. 또한 상호작용의 문제 상황을 재현할 때 될 수 있으면 자연스러운 공간과 환경을 조성하는 것이 중요하다.

④ 클라이언트의 자기모니터링

자기모니터링은 클라이언트가 표적문제의 발생과 관련하여 글로 기록한 느낌, 행동, 생각 등이다. 첫 번째 단계는 사건에 대한 인식이며, 다음 단계는 행동의 기초선을 결정하는 정보를 도표나 그래프로 나타내는 것이다. 여기서 중요한 것은 클라이언트의 관심에 초점을 맞춰 클라이언트가 본인의 상황에 대한 안목을 획득하는 것이다.

⑤ 정보의 이차적 출처

정보의 이차적 출처는 클라이언트를 둘러싼 중요한 사람들, 주로 가족, 친구, 의료기관 등에서 제공한 정보를 의미한다. 클라이언트와 정서적인 유대를 갖고 있어 주관적일 수 있으므로 획득한 정보의 질과 유용성을 신중하게 파악해야 한다. 무엇보다 이차적 출처를 이용할 때, 사회복지사는 클라이언트에게 이차적 자료를 사용해도 괜찮은지에 대해 사전 동의를 구해야 한다.

⑥ 심리검사

문제 행동의 원인을 파악하기 위해 각종 심리검사의 정보가 유용하게 활용될 수 있다. 이를 위해 사회복지사는 심리검사 도구에 대한 지식을 갖고 있어야 하며 검사의 신뢰도, 타당도를 판단해야 한다. 전문성이 결여된 사람이 수행한 심리검사의 결과는 오히려 부정적인 영향을 미칠 수 있다는 점을 유념해야 한다.

⑦ 컴퓨터를 활용한 사정

기술 진보에 따라 사정척도를 프로그래밍하여 컴퓨터에 기반을 두고 사정(computer-assisted assessment)할 수 있는 측정도구가 사용되고 있다. 클라이언트는 자신의 선호도에 따라 컴퓨터를 이용하여 척도를 완성할 수 있는데, 컴퓨터의 객관성은 사회복지사에 의한 주관적 해석을 감소시킬 수 있는 장점이 있다.

(2) 가족기능에 대한 사정

가족은 클라이언트에게 직접적인 영향을 주는 가장 중요한 지지체계이다. 현대사회에서 가족의 모습은 한 가지로 묘사될 수 없을 정도로 다양한 가족유형이 존재한다. 이 때문에 현장에서 사회복지사가 가족의 기능을 사정할 때 기존의 선입견을 내려놓고 유동적으로 바라볼 수 있는 시각을 갖출 필요가 있다. 사회복지사는 상황에 따라 가족의 일부 구성원에게 초점을 두고 개입을 진행할 수도 있고, 가족 전체를 대상으로 개입할 수도 있다. 어떤 경우이든 가족을 대상으로 개입할 때 다음과 같은 가족사정의 차원을 이해하는 것이 중요하다(허남순 외 공역, 2007: 201-228).

① 가족의 주변 배경

가족의 주변 배경은 가족의 식생활, 의료, 주거, 재정지원, 직업교육 등 기본적 자원의 접근성을 포함한다. 중요한 것은 가족의 문화적 환경, 성적 특성 그리고 가족의 형태와 관련된 주변 배경의 맥락을 정확히 살펴보는 것이다. 이를 위해서 가족의 현실성, 고유 문화, 인종적 특성, 관습 등과 관련된 지식이 필요하다.

② 가족체계의 외부 경계선

가족체계는 외부의 다양한 체계들과 상호작용을 한다. 이때 유연성의 기준은 가족체계에 제3자의 개입이 허용되고 환영받는 정도, 가족구성원이 외부인과 정서적 관계를 맺는 것을 허용하는 정도, 외부 환경의 정보와 자원을 교환하는 정도가 된다. 이러한 특성을 기준으로 가족체계는 폐쇄형 가족체계(closed family systems), 개방형 가족체계(open family systems), 그리고 임의형 가족체계(random family systems)로 구분된다.

개방형 가족체계는 가족구성원들과 합의 과정을 통해 가족 내 규칙을 생성하고, 가족의 경계는 유동적이다. 외부체계들과의 상호작용이 활발한 것이 특징이다. 폐쇄형 가족체계는 외부와의 상호작용과 사람, 물건, 정보, 생각의 출입을 엄격히 제한하는 가족체계이다. 임의형 가족체계는 가족 경계선의 방어를 중요치 않게 생각하기 때문에 외부와의 교류에 제한이 없다.

③ 내부 경계선과 가족의 하위체계

가족구성원들은 여러 개의 하위체계에 동시에 속해 있다. 예를 들어, 남편과 아내, 어머니와 딸, 형제자매, 아버지와 딸 등의 하위체계가 존재한다. 가족 하위체계 간 경계선의 명확성은 가족기능을 평가하는 데 중요한 기준이 된다.

④ 가족의 권력구조

가족권력은 한 구성원이 다른 구성원의 행동변화를 지시할 수 있는 힘(power)을 의미한다. 사회복지사는 가족의 상호작용을 관찰하면서 누가 권력 균형을 유지하는지 혹은 공식적인 권력자는 누구인가를 파악한다.

⑤ 가족의 의사결정과정

가족의 의사결정과정은 권력문제와 관계가 있다. 효과적인 의사결정을 위해서는 구성원들 간의 개방적인 피드백과 자기표현이 필요하다. 또한 가족구성원들이 신뢰에 기초하여 가족의 욕구를 파악하고 대안을 발견하는 능력을 갖추며 기존 의견에 대해 재협상하고 수정하는 것이 허용되는 가족이 건강한 가족이다.

⑥ 가족의 정서와 감정표현의 범위

감정표현의 정도는 가족체계의 구조와 관계가 있다. 완고하고 융통성 없는 경계선과 모호한 구조를 가진 가족의 구성원들은 실망, 절망, 우울증, 근심, 적개심, 죄책감, 냉소, 무관심을 보인다. 반대로 기능적 가족에서는 낙관주의, 공감, 포근함, 애정, 친절, 긍정적 감정의 어조가 발견된다.

⑦ 가족목표

가족의 목표는 명시적인 것(예: 모든 자식을 대학에 보내고 싶다, 50세가 되면 은퇴를 하고 싶다)과 암묵적인 것(예: 우리는 신분상승을 해야 한다, 우리는 이상적인 가족의 상을 보여 줘야 한다)으로 나뉜다. 가족구성원들은 이러한 목표들을 달성하기 위해 서로 협력하고 소통하게 된다. 사회복지사는 가족의 목표를 염두에 두고 가족구성원들이 가족목표를 어떻게 인지하고 있는지, 목표에 대한 의견이 일치하지 않는 경우 갈등이 존재하는지 등과 같이 구성원 간의 상호작용을 관찰할 필요성이 있다.

⑧ 가족신화와 인식 성향

가족신화(family myth)는 오랜 시간에 걸쳐서 형성된 가족 혹은 가족구성원에 대한 왜곡된 신념과 기대를 의미한다. 이는 가족구성원 모두가 공유하고 있으며 장시간 반복되는 가운데 암묵적인 규칙으로 자리 잡게 된다(김춘경, 이수연, 이윤주, 정종진, 최웅용, 2016). 이때 가족구성원들은 가족의 구조와 기능을 유지하기 위해 현실을 왜곡하거나 무시하고 자신들이 소유한 믿음에 대해 의심하지 않게 되어, 결과적으로 가족구성원 간의 상호작용과 가족규칙에 영향을 미친다. 가장 치명적인 신화는 구성원 중 한 명을 특정하여 '나쁘다' '게으르다' 등의 꼬리표(labels)를 붙여 희생양을 만드는 것이다. 이러한 꼬리표는 가족구성원들의 역할에 고정관념을 부여하여 다른 좋은 특성들을 보지 못하게 만들기도 한다.

⑨ 가족역할

전통적으로 가족의 역할은 생물학적인 성(sex)에 기초하여 구분되는 경우가 많았다. 남성이 여성보다 적극적이고 사회생활을 통해 경제적 수입을 담당하며 여성은 감성적이기 때문에 자녀 양육과 애정표현에 더 적합할 것으로 여겨져 왔다. 그러나 사회가 발전하면서 고정적인 성 역할과 인식에 많은 변화가 생겼다. 사회복지사는 가족문제의 원인이 되는 역할규정에 대해 정확한 사정을 하기 위해서 성 역할과 관련된 요인들을 폭넓게 고려해야 한다. 예를 들어, '가족역할은 얼마나 명확하게 규정되어 있는가?' '부부가 규정된 역할에 만족하고 있는가?' '부부가 배우자와 부모로서 주어진 역할을 얼마나 잘 수행하고 있는가?' '자신의 역할을 수행하는 데 스트레스를 경험하고 있는가?' 등을 구체적으로 살펴보아야 한다.

⑩ 가족구성원들의 의사소통 양식

가족의 의사소통 방식은 가족의 문화적 특성과 밀접한 관계가 있다. 가족 사정에서는 언어적 · 비언어적 수준의 의사소통의 일치성과 명확성, 의사소통의 장애물, 타인의 내적 생각과 감정을 수용하는 방식 등을 살펴본다. 건강한 가족체계는 구성원들의 서로 다른 관점과 시각을 인정하고 때론 논쟁을 일으킬지라도 표현의 자유를 느낀다. 또한 집중하는 표정, 요약하여 전달하기, 의미의 명확성을 묻는 표현, 장점과 성장을 인정하는 반응 등이 풍부하다.

⑪ 가족의 장점

모든 가족은 각자의 장점을 갖고 있다. 사회복지사는 이러한 강점들을 발견하고 개입 과정에 사용함으로써 바람직한 변화를 이끌어 낼 수 있다. 이를 위해서 가족의 독특한 문화적 배경과 역사를 이해하는 역량이 요구된다.

⑫ 가족의 인생주기

가족은 일련의 발달 단계를 거쳐 변화하고 성장한다. 이 때문에 가족을 사정하는 경우 가족의 생활주기를 파악하는 것이 중요하다. 클라이언트 가족이 현재 어느 발달 단계에 있고, 그 단계의 발달 과업이 무엇인지, 그리고 발달 과업을 수행하는 정도는 어떠한지를 살펴본다. 학자마다 가족의 발달 단계를 다양하게 제시하고 있는데, Duvall은 〈표 10-2〉와 같이 8단계를 제시하고 있다. 각 단계의 과업들을 성공적으로 달성해 나가면서 가족은 성장한다. 예를 들어, '성인초기 자녀를 독립시키는 가족' 단계에서는 원가족으로부터 분화하여 새로운 가족체계를 형성하기 위해 가족구성원들은 노력한다.

<표 10-2> Duvall의 가족생활주기 단계와 발달 과업

가족생활주기 단계	가족의 발달 과업
1. 자녀가 없는 부부	• 상호 만족스러운 결혼생활의 확립, 임신과 부모역할에 대한 적응 • 친족망과 조화 이루기
2. 자녀 임신 · 출산 가족 (첫 자녀 출생부터 30개월까지)	• 유아의 발달에 적응하기 • 부모와 유아가 만족하는 가정의 확립
3. 취학전 자녀 가족	• 취학전 자녀의 주요 욕구와 관심을 격려하고 성장을 증진 • 에너지 고갈과 프라이버시 부족에 대처
4. 학령기 자녀가 있는 가족	• 학령기 가족의 지역사회와 조화 • 자녀의 교육 성취에 대한 격려
5. 십대자녀 가족	• 자유와 책임의 조화 • 부모역할을 마친 후의 관심과 진로 확립
6. 성인초기 자녀를 독립시키는 가족	• 적절한 의례와 자원으로 초기 성인 독립 • 지지적 가정 기반의 유지
7. 중년기부부 가족	• 결혼관계의 재확립 • 노인세대, 젊은 세대와의 관계 유지 • 빈 둥지에 적응하기
8. 노년기부부 가족	• 사별과 혼자 사는 것에 대처하기 • 노년에 대한 적응, 은퇴에 대한 적응

출처: Duvall & Miller (1985).

4) 사정 도구의 유형

(1) 사회적 관계망

사회적 관계망은 클라이언트가 자신의 주변 사람들과 어떤 관계를 맺고 있으며, 물질적 · 정서적 지원은 어느 정도 주고받는지, 도움의 방향은 어떠한지, 얼마나 친밀한지를 보여 주는 사정 도구이다.

응답자	생활영역	물질적 지지	정서적 지지	정보/ 조언	비판	원조 방향	친밀도	만나는 빈도	알고 지낸 기간
이름	1. 가구원 2. 다른 가족 3. 직장/학교 4. 조직 5. 다른 친구 6. 이웃 7. 전문가 8. 기타	1. 거의 없다 2. 가끔씩 3. 거의 항상	1. 거의 없다 2. 가끔씩 3. 거의 항상	1. 거의 없다 2. 가끔씩 3. 거의 항상	1. 거의 없다 2. 가끔씩 3. 거의 항상	1. 양방향 2. 그들에게만 3. 그들이 당신 에게만	1. 거의 친하지 않음 2. 가까운 정도 3. 매우 가까움	1. 1년에 몇 번 2. 한 달에 한 번 3. 주마다 몇 번 4. 매일	1. 1년 이하 2. 1~5년 3. 5년 이상
01									
02									
03									
04									
05									
06									
07									

출처: Tracy & Whittaker (1990).

또 다른 유형으로 사회적 네트워크 맵(social network map)이 있다. Ruffolo, Perron과 Voshel(2016)은 '개인/가족(personal/family) 네트워크 맵'이라고도 지칭되는 사회적 네트워크 맵을 제시하였다. 이 도구는 개인 혹은 가족 환경 안에서 특정 사회적 지지체계와 자원을 측정하는 데 초점을 둔다. 당사자 혹은 가족의 친밀 정도에 따라 규명된 자원을 3개의 원으로 표시해 기술한다. 가장 안쪽의 영역에는 가족구성원, 배우자, 기타 중요한 관계들(예: 성직자, 지인 등), 두 번째 원 영역에는 개인 혹은 가족과 관계는 있으나 친밀도가 그다지 높지 않은 체계들(예: 저녁식사나 여가활동을 함께 할 정도의 친밀도), 마지막으로 가장 바깥쪽의 원 영역에는 일상생활에서 자주 만나지 않는 자원들(예: 가게 점원)을 기입한다. 사회적 네트워크 맵을 이용하여 각 원 영역에 표시된 자원들 간의 관계 강도와 특성이 개인 혹은 가족의 삶에 어떤 긍정적·부정

가족	거리가 먼	친구
	가까운	
	친밀한	
지역사회		직장/학교

[그림 10-2] 사회적 네트워크 맵

출처: Ruffolo, Perron, & Voshel (2016: 116).

적인 영향을 미치는지를 평가할 수 있다.

(2) 가계도

1970년대 Murray Bowen은 국립정신보건원(National Institute of Mental Health: NIMH)에서 일하면서 여러 세대에 걸친 가족의 정보를 조직화하기 위한 목적으로 '가족도표(family diagram)'를 처음으로 제시하였다. 이후 Guerin이라는 학자가 1972년 자신의 논문에서 가족도표를 가계도(genogram)로 재명명한 후, Monica McGoldrick과 Randy Gerson이 『가족사정에서의 가계도(Genograms in Family Assessment)』(1985)를 출판하면서 가계도에 대한 학문적 체계가 완성되었다. 오늘날 가계도는 의학, 정신건강, 심리학, 사회복지, 유전 연구, 교육학 등 다양한 분야에서 개인이나 가족 치료에 유용한 도구로 이용되고 있다.

가계도는 특정 세대에 걸쳐 클라이언트 가족의 역사를 도식화한 것으로, 가족의 변화 과정과 중요한 사건을 한눈에 볼 수 있는 사정 도구이다. 가계도는 다음과 같은 특징들을 지닌다(김경호, 2010: 226-227).

첫째, 특정 기간 동안 가족의 역사와 주된 사건을 볼 수 있다.

둘째, 가족 계보를 중심으로 결혼, 별거, 이혼, 사망 등 중요한 생활사건과 인종, 종교, 직업 등의 인구사회학적 특성이 표시되어 있다.

셋째, 세대 간 맥락에서 정서적·행동적인 문제 유형을 검토하는 데 유용하다.

넷째, 가족 내에서 반복되는 정서적·행동적 유형을 이해할 수 있다.

다섯째, 각 세대 가족구성원의 중요한 정보를 얻을 수 있다.

여섯째, 과거 가족의 유형과 상세한 정보를 알 수 있다.

일곱째, 클라이언트와 사회복지사가 함께 가계도를 작성함으로써 가족을 하나의 단위로 보는 기회를 갖는다.

가계도는 기호와 선을 이용하여 가족의 특성을 표현할 수 있다. 가족구성원의 경우 남성은 네모(□), 여성은 동그라미(○)로 표현하며, 이름과 연령은 네모나 동그라미 안에 기입한다. 질병, 사망 등의 중요한 정보는 바깥쪽에 기입한다. 보통 가계도는 가족 내에 반복되는 행동 패턴을 탐색하기 위한 문제중심 접근적 도구로 인식되어 왔는데, 해결중심 혹은 강점중심 사정에서는 세대 간에 반복되는 문제보다는 각 가족구성원들의 강점과 성공 등의 정보를 질문할 수도 있다(Ruffolo et al., 2016: 113).

가계도의 예시

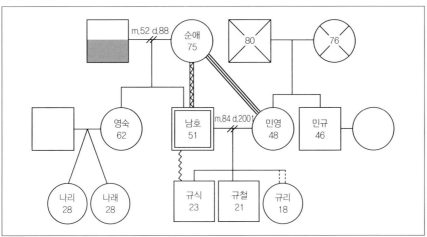

가계도의 상징

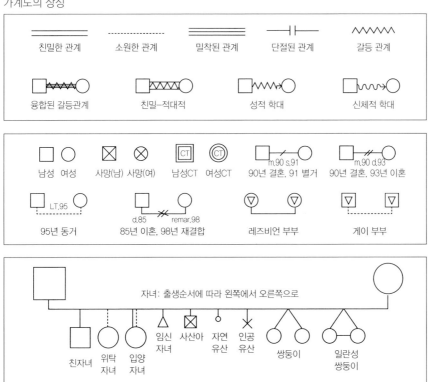

[그림 10-3] 가계도의 예시와 상징

(3) 생태도

1975년 사회복지사인 Ann Hartman은 아동복지 분야에서 처음으로 생태도(eco-map)를 개발해 사용하였다. 생태도는 클라이언트와 그를 둘러싼 가족구성원, 이웃, 학교, 직장, 지역사회, 종교적 지지체계 등을 생태체계적 관점에서 시각적으로 그린 사정 도구로써 클라이언트의 가족, 주요 인물과의 관계뿐만 아니라 주변 환경과의 상호작용의 흐름을 살펴볼 수 있다. 특히 생태도는 사회복지의 중요한 가치인 '환경 속의 인간(person-in-environment)' 개념을 담고 있어 클라이언트가 자신의 외부 환경체계들과 어떤 방식으로 상호작용하고 있는지를 쉽게 이해할 수 있다는 장점이 있다. 더 나아가 클라이언트가 자신의 주변 환경체계들과 맺고 있는 관계가 긍정적인지 또는 부정적인지에 대한 정보도 제공해 준다. 그 결과, 클라이언트의 강점, 자원, 욕구, 결핍 등을 파악할 수 있고, 우울, 불안의 원인을 발견함은 물론 친구, 이웃, 전문기관, 자선기관 등과 같은 숨겨진 지지체계를 발견하는 데도 유용하다. 사용 시 유의할 점은 클라이언트와 사회복지사의 지속적이고 의미 있는 대화를 통해 수집된 자료를 바탕으로 생태도가 그려져야 한다는 것이다. 이 과정을 통해 사회복지사는 클라이언트의 상황에 대해 보다 깊은 통찰을 얻을 수 있기 때문이다.

생태도를 그리는 방법을 보면, 클라이언트/가족을 표현하는 원들을 서식 중앙에 배치하고, 이들이 일상적으로 상호작용하는 주변의 환경체계들을 개별적인 원으로 각각 표시한다. 그런 다음에 가족과 주변 환경과의 관계를 다양한 선으로 표현한다.

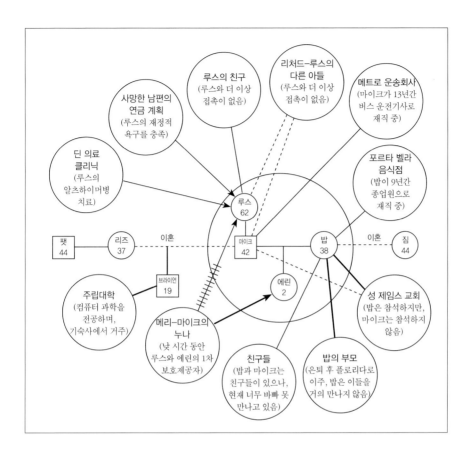

생태도에서 흔히 사용하는 기호

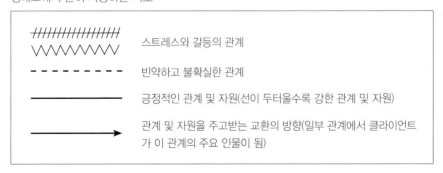

///////////// / VVVVVVVVVVVV	스트레스와 갈등의 관계
– – – – – – – – –	빈약하고 불확실한 관계
———————	긍정적인 관계 및 자원(선이 두터울수록 강한 관계 및 자원)
⟶	관계 및 자원을 주고받는 교환의 방향(일부 관계에서 클라이언트가 이 관계의 주요 인물이 됨)

[그림 10-4] 생태도의 예시와 기호

출처: 김규수 외 공역(2006: 468).

(4) 생활력 도표

생활력 도표(life history grid)는 클라이언트의 생애 동안 발생한 사건이나 주요 문제를 하나의 도표로 나타낸 것이다. 이 도표는 클라이언트의 생활경험이 현재의 문제에 어떤 영향을 미쳤는지 이해하는 데 도움을 준다. 특히 성인보다는 아동이나 청소년 클라이언트에게 효과적인데, 이는 성장과정에서 발생한 사건이 아동과 청소년의 심리 · 정서적 기능에 어떤 영향을 미치는지 이해하는 데 도움을 주기 때문이다. 〈표 10-4〉는 생활력 도표의 예시이다.

〈표 10-4〉 **생활력 도표의 예시**

클라이언트: 김○○(여, 18세)					
연도	나이	장소	가족	주요 사건	문제
2002	1세	경기도	첫째 자녀	출생	미숙아로 출생
2010	8세	경기도	아버지	아버지의 사망	경제적 어려움
2015	13세	서울	남동생	남동생의 가출	가족 간 정서적 단절
2018	16세	서울	본인	자퇴 및 가출	주거 문제, 경제적 문제, 건강문제

(5) 소시오그램

집단 내 상호작용과 역동성을 사정하기 위해서는 특정 사정 도구가 필요한데 가장 많이 사용되는 것이 소시오그램이다. 소시오그램(sociogram)은 집단에 속한 구성원 간의 상호작용을 상징 기호를 이용하여 표현한 그림이다. 루마니아 출신의 미국 정신병리학자이자 심리학자인 Jacob Moreno는 사이코드라마의 창시자이며 집단 정신치료의 선구자로 알려져 있다. Moreno는 또한 '사회적 네트워크 분석(social network analysis)' 분야의 선구자로도 명성이 있는데, 이것은 사회학의 한 분야로써 집단성원의 관계망 분석을 통해 집단 내 한 개인의 역할을 양적으로 평가하는 데 초점을 둔다. 즉, Moreno는 집단 내 구성원들은 끄는 힘과 배척하는 양상의 관계를 보인다고 주장하면서 이른바 소시오메트리(sociometry) 이론을 체계화한다. 이후 그는 『Who Shall Survive: A New Approach to the Problem of Human Interrelations?』(1934)를 출판하였는데, 이 책에는 사회적 네트워크, 즉 지금의 소시오그램에 대한 초기 그래픽적 해석이 담겨 있다.

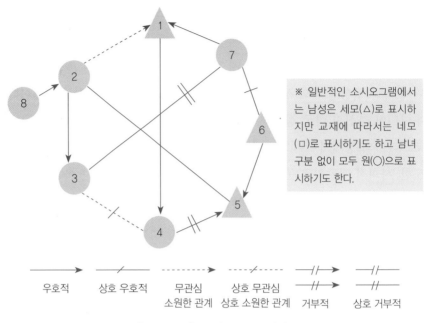

| 우호적 | 상호 우호적 | 무관심 소원한 관계 | 상호 무관심 상호 소원한 관계 | 거부적 | 상호 거부적 |

※ 일반적인 소시오그램에서는 남성은 세모(△)로 표시하지만 교재에 따라서는 네모(□)로 표시하기도 하고 남녀 구분 없이 모두 원(○)으로 표시하기도 한다.

[그림 10-5] 소시오그램의 예시

(6) 의의차별척도

의의차별척도(semantic differential scale)는 의미분화척도라고도 불리는데 2개의 상반된 입장 중 하나를 선택하여 5점 혹은 7점 척도의 범주에 체크하는 방식이다. 의의차별척도는 1957년 Osgood과 Tannenbaum에 의해 소개된 태도척도로 사물, 사건, 개념에 대해 한 개인이 느끼는 함축적 의미를 측정하기 위해 고안되었다. 대상자들은 좋다-나쁘다, 강하다-약하다, 능동적이다-수동적이다, 빠르다-느리다와 같은 7점의 주관적인 척도에서 사물을 평가하도록 질문을 받는다.각 집단성원이 동료 성원들을 사정하는 데 유용하게 활용된다.

〈표 10-5〉 의의차별척도의 예시

※ 당신이 집단성원 ○○○에 대해 느끼고 있는 바를 가장 잘 묘사한 곳에 표시하시오.

번호	구분	7 매우 그렇다	6 그렇다	5 약간 그렇다	4 모르겠다	3 약간 그렇다	2 그렇다	1 매우 그렇다	구분
1	큰								작은 (잠재력)
2	가치 없는								소중한 (평가)
3	빠른								느린 (활동력)
4	차가운								뜨거운 (활동력)
5	행복한								슬픈 (평가)
6	약한								강한 (잠재력)
7	좋은								나쁜 (평가)
8	긴장한								느슨한 (활동력)
9	강인한								부드러운 (잠재력)
10	적극적인								소극적인 (활동력)
11	무거운								가벼운 (잠재력)
12	공정한								불공정한 (평가)

* 잠재력=( )+( )+( )+( ), 활동력=( )+( )+( )+( ), 평가=( )+( )+( )+( )

2. 계획단계

계획단계에서 초점을 두는 주요 과업은 개입 목표의 설정과 계약이다.

1) 계획수립

계획수립은 사정 작업 후 문제나 욕구를 해결하기 위한 목표를 어떻게 달성할 것인지와 관련해 클라이언트와 사회복지사가 적절한 전략을 구상하는 과정이다. 설정된 계획이 실효성을 갖기 위해서는 체계적인 사정에 의해 클라이언트의 현재 상황이 객관적으로 제시되어야 한다. 또한 설정된 목표를 근거로 일관성과 지속성이 있는 내용으로 계획을 수립하되 클라이언트를 둘러싼 상황이 변화됨에 따라 유동적으로 대응해 나가야 한다. 그리고 클라이언트와 사회복지사 모두 실행 가능한 범위 내에서 계획을 수립해야 한다. Ruffolo 등(2016: 131)은 계획수립의 전체 과정은 클라이언트의 관점이 반영되어야 하는 상호협력적 과정(collaborative approach)이라고 강조하고 있다. 상호협력적 특성은 두 가지 중요한 함의점을 갖는다. 첫 번째, 협력적인 관계는 변화를 이끄는 데 제일 중요한 요소인 클라이언트의 참여를 높일 수 있다. 수동적 자세를 보이는 클라이언트는 설정된 목표를 달성하기 어렵다. 두 번째, 협력적 관계를 통해 클라이언트는 변화할 수 있는 능력을 좀 더 고취시킬 수 있다.

일반적으로 계획수립 단계는 7단계로 구성된다(김경호, 2010: 236-238). 1단계는 클라이언트와 함께 일하는 것이다. 계획의 수립은 사회복지사가 클라이언트를 대신해 수립하는 것이 아니라 함께 협의하여 세우는 것이다. 따라서 사회복지사는 클라이언트의 문제나 욕구를 구체화시키기 위해 많은 대화를 나눠야 한다. 또한 클라이언트가 능동적으로 참여할 수 있도록 이끌어야 한다.

2단계는 문제의 우선순위를 정하는 것이다. 클라이언트가 가진 욕구나 문제는 하나 이상인 경우가 많으므로 어떤 것에 먼저 개입할 것인지를 결정해야 한다. 우선순위의 결정은 다음 세 가지 기준에 의한다. 첫째, 클라이언트가 본인에게 문제가 있음을 인정하고 문제의 중요성에 동의해야 한다. 둘째, 문제는 명료하고 구체적이어야 하며, 말로 규정될 수 있어야 한다. 셋째, 현실적으로 문제해결이 가능한 것이어야 한다. 현실가능성이 없는 문제에 우선순위를 두는 것은 시간과 노력을 낭비하는 결과를 초래하게 된다.

3단계는 문제를 욕구로 전환하는 것이다. 클라이언트의 문제를 해결 가능한 욕구로 전환하는 단계로, 예를 들면 실업이라는 문제는 취업이라는 욕구로 전환시킬 수 있다.

4단계는 개입의 수준을 평가하는 것이다. 이 단계는 전략을 선택하는 것으로, 사회복지사와 클라이언트는 주요 목표를 달성하기 위해 전략을 확인한다. 전략을 선택하는 방법은 다음과 같다. 첫째, 클라이언트와 맨 처음 개입하기로 선택한 욕구에 초점을 둔다. 둘째, 문제해결을 위해 미시적·거시적 수준의 대안적 전략을 고려한다. 셋째, 전략 수립 시 클라이언트의 강점을 강조한다. 넷째, 클라이언트와 함께 각 전략에 대해 평가한다. 마지막으로 효과적이고 효율적으로 여겨지는 전략을 선택한다.

5단계는 일차적 목표를 수립하는 것이다. 개입의 목표를 분명하게 하도록 일차적 목표를 수립한다.

6단계는 목표를 구체화하는 것이다. 이 단계에서 초기 목표를 더 작은 목표들로 세분화시킨다. 하위목표들은 무엇이 행해지고 어떻게 성공을 측정할 것인지도 구체적으로 진술하게 된다.

7단계는 계약을 공식화하는 것이다. 클라이언트와 사회복지사 간의 합의를 문서로 수립한다. 계약에는 목표, 하위목표, 시간구조, 관련자의 책임 범위 등이 포함된다.

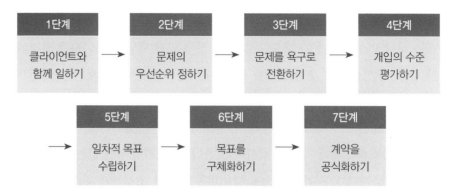

1단계		2단계		3단계		4단계
클라이언트와 함께 일하기	→	문제의 우선순위 정하기	→	문제를 욕구로 전환하기	→	개입의 수준 평가하기

	5단계		6단계		7단계
→	일차적 목표 수립하기	→	목표를 구체화하기	→	계약을 공식화하기

[그림 10-6] 계획수립의 7단계

2) 목표설정

(1) 목표의 개념

목표는 문제가 해결된 바람직한 상태 또는 클라이언트와 사회복지사의 노력을 통해 궁극적으로 원하는 변화와 기대라고 할 수 있다. 명확한 목표설정은 실천의 방향을 구체적으로 제시하며 개입이 끝난 후에도 실천의 내용을 효과적으로 평가할 수 있게 해 준다. 일반적으로 목표는 클라이언트와 사회복지사의 합의하에 설정되는데, 문제를 바라보는 시각의 차이에 따라 일치된 견해를 이끌어 내기까지 진통을 겪기도 한다. 중요한 것은 사회복지사와 클라이언트 간의 협의이므로 활발한 의사소통을 통해 양자가 함께 목표를 설정해야 한다. 정확한 목적을 설정하는 것은 실천의 원조과정의 방향을 명확하게 함으로써 불필요한 과정을 방지한다. 또한 적절한 전략과 개입 방법을 취사선택하는 데 용이하고 모니터링을 체계화시키며, 그 결과 개입의 효과성을 측정하는 데 중요한 기준이 된다.

사회복지사는 목표를 설정할 때 'SMART' 형식을 이용할 수 있다. SMART 형식은 목표를 이해하고 수행하는 데 도움을 준다(Ruffolo et al., 2016).

- S(Specific): 속어, 약어, 함축적 단어, 전문적인 용어 등은 자제한다. 예를 들어, '정신건강 증진'이라는 목표는 내용이 광범위하고 구체성이 결여되므로 '우울, 불안 증세의 감소'로 표기한다. 또한 '지적장애인의 사회기술 향상'이 목적이라면 좀 더 세부적인 내용들(예: 대화 시작하기, 눈 맞춤 하기, 긍정적 · 부정적 피드백 주고받기 등)로 목표를 제시한다.
- M(Measurable): 목표가 달성되고 있는지 모니터링하면서 양적 데이터를 확보할 수 있어야 한다. 측정 가능한 데이터는 결국 개입의 효과를 평가할 수 있는 잣대가 되기 때문이다. 주로 행동적 특성과 관련된 목표들이 SMART 형식을 사용하기에 적당하다.
- A(Attainable): 목표는 주어진 클라이언트의 능력과 환경 안에서 도달 가능한 것이어야 한다.
- R(Relevant): 계획 안에 표기된 모든 목표는 궁극적으로 클라이언트의 욕구와 가치를 반영해야 한다. 또한 중간 목표(intermediatry goals)는 상위 목표(ultimate goals)와 일관되게 상호관련이 있어야 한다.
- T(Time Bound): 설정된 목표들은 정해진 시간 안에 달성되어야 한다. 시간을 정해 놓고 서비스를 제공하는 경우 의미 있는 성과를 도출하기 용이하고, 때로는 시간을 재조정할 수 있을지라도 구체적이고 명확하게 기술되어야 한다.

(2) 표적문제 선정

클라이언트가 갖고 있는 문제는 대부분 한 가지 요소보다는 여러 가지 요소들이 얽혀 있는 복합적인 형태를 띤다. 표적문제를 선정하기 위해서는 클라이언트가 가장 시급히 해결해야 할 문제가 무엇인지 찾는 것이 중요하다. 표적문제는 비교적 해결가능성이 높은 문제로 사회복지사와 클라이언트의 협의하에 선정하는데, 표적문제가 많으면 주어진 시간 안에 해결할 수 없기 때문에 두세 가지 정도로 선택하는 것이 좋다.

(3) 목표설정의 지침

목표설정은 클라이언트와 사회복지사 간 협상의 과정이라 할 수 있다. 일반적으로 목표설정의 지침은 다음과 같다(김경호, 2010: 240-241; 양옥경 외, 2005: 197-199; 전남련 외, 2011: 267-268; Hepworth & Larsen, 1986: 302-307).

첫째, 목표는 클라이언트가 원하는 결과와 관련이 있어야 한다. 이는 클라이언트가 추구하는 욕구나 소망이 목표에 녹아들어야 한다는 것을 의미하고 이를 통해 클라이언트에게 동기를 부여함으로써 이상적인 결과를 도출할 수 있다.

둘째, 목표는 명확하고 측정 가능한 형태로 진술되어야 한다. 클라이언트가 생각하는 변화의 수준이나 범위를 구체적으로 명시해야 한다. 이는 객관적 관찰에 의거해 향후 변화의 정도를 파악할 수 있으며, 사회복지사와 클라이언트가 상호 동의할 수 있다는 장점이 있다.

셋째, 목표는 실현 가능해야 한다. 현실 불가능한 목표, 실현가능성이 없는 목표는 클라이언트에게 패배감과 좌절감만을 안겨 주게 된다. 따라서 클라이언트의 상황을 고려하여 클라이언트가 성취할 수 있는 정도의 목표를 설정해야 한다. 성취감은 향후 더 큰 문제를 해결할 수 있는 역량을 향상시키는 지름길이 될 수 있다.

넷째, 목표는 사회복지사의 지식과 기술에 적합해야 한다. 즉, 사회복지사는 클라이언트의 목표달성에 필요한 지식과 기술이 있는 경우에 한해 목표에 동의해야 한다. 만약 사회복지사의 능력 이상이 요구될 경우 그러한 자격이 있는 외부 전문가에게 의뢰해야 한다.

다섯째, 목표는 성장을 강조하는 긍정의 형태로 서술되어야 한다. 다시 말해서, '~을 하지 않기'보다는 '~을 하기'로 진술하는 것이 좋다. 긍정적 형태의 목표를 달성하는 것이 클라이언트의 동기를 유발하고 변화에 대한 저항을 완화시킬 수 있기 때문이다.

여섯째, 목표는 사회복지사의 가치에 맞아야 한다. 클라이언트의 요구사항이나 목표가 근본적으로 사회복지사의 가치나 윤리에 맞지 않을 경우 동의해서는 안 된다.

일곱째, 목표는 반드시 사회복지기관의 기능과 일치해야 한다. 클라이언트가 호소하는 요구가 기관의 기능과 일치하지 않는 경우, 다른 기관으로 의뢰를 고려해야 한다.

3) 계약

(1) 계약의 특징

계약(contract)이란 클라이언트와 사회복지사가 함께 목표를 설정한 후 문제가 무엇인지, 개입의 목표가 무엇인지, 그리고 향후 진행될 서비스 과정에서 사회복지사와 클라이언트의 역할이 무엇인지 동의하는 것을 의미한다. 즉, 서로가 수행해야 할 과업과 의무, 역할과 규칙, 앞으로 진행할 실천활동에 대한 약속이라고 할 수 있다. 공식적으로 체결되는 계약은 실천과정의 핵심이라 할 수 있는데, 이는 클라이언트가 문제해결과 목표달성에 있어 능동적인 주체자임을 드러내는 것이기 때문이다. 클라이언트 스스로 본인이 해야 할 역할을 충분히 인식하고 노력한다는 의지를 보이는 행위로써 실천의 성공 여부를 가늠할 수 있는 지표가 된다고 하겠다.

계약에 있어 사회복지사는 다음의 사항을 고려해야 한다(김기태, 김수환, 김영호, 박지영, 2010: 223; Compton & Galaway, 1984: 402-403). 첫째, 사회복지사는 시간의 제약성을 고려해야 한다. 이는 특정한 클라이언트에게만 시간을 계속 할당할 수 없기 때문이다. 둘째, 사회복지사 자신이 수행 가능한 범위를 넘어선 활동에 대해 계약을 해서는 안 된다. 자신의 능력 범위를 고려하여 계약을 진행해야 한다. 셋째, 사회복지사의 비윤리적 행동을 요구하는 개입은 하지 말아야 한다. 넷째, 사회복지사가 속한 기관의 기능 범위를 고려하여 계약을 진행해야 한다.

(2) 계약의 내용과 형식

계약에 포함되는 내용으로는 주로 계약 당사자와 클라이언트를 둘러싼 관련 주변 인물들의 역할, 표적문제, 문제 목록, 목표의 우선순위, 사회복지사와 클라이언트의 역할과 책임, 개입 방법, 개입의 구조적 요인인 날짜, 시간, 장소, 기간 등이 있다(엄명용 외, 2006: 284).

계약의 형식은 서면계약, 구두계약, 암묵적 계약의 세 가지 형태가 있다. 서면계약은 가장 공식적인 형태의 계약으로 클라이언트와 사회복지사가 동의한 계약의 내용을 서면으로 명시해 놓은 것이다. 문서로 남아 있기 때문에 클라이언트의 동기부여를 강화시킬 수 있고 필요한 경우 계약내용을 재검토할 수 있는 장점이 있는 반면, 많은 시간이 걸린다는 단점이 있다. 구두계약은 서면계약과 동일하나 문서로 남기지 않고 말로 하는 것이다. 신속히 진행될 뿐만 아니라 서명에 대한 저항이 큰 클라이언트를 대상으로 계약을 진행할 때 유용한 것으로 알려져 있다. 그러나 합의한 계약의 내용을 잊어버릴 수 있으므로 사회복지사는 중요한 내용에 대해 개인적으로 기록해 놓는 것이 필요하다. 마지막으로, 암묵적 계약은 실제로 서면이나 말로 확인하지는 않고 암묵적으로 합의한 계약을 의미한다. 내용이 명시되지 않아 오해의 소지가 크므로 주의해서 사용하도록 한다(허남순 외 공역, 2007: 271). 〈표 10-6〉은 계약서에 포함되는 내용을 정리한 것이다.

〈표 10-6〉 계약서에 포함되는 내용

포함사항	구체적 내용
1. 구조적 요인	• 사례번호, 참석자 • 날짜, 시간 • 장소
2. 문제	• 클라이언트가 규정한 문제 • 사회복지사가 규정한 문제 • 개입활동을 위한 합의된 문제 개요 • 최종목표

3. 최종목표	• 명확하고 구체적으로 목표달성 정도가 측정될 수 있도록 기술
4. 계획	• 접근 방법 • 클라이언트의 과제 • 사회복지사의 과제 • 회기 내의 과제 • 평가계획(목표와 과정에 대한 평가)
5. 비용	• 합의된 목표를 달성하기 위하여 사용되는 비용
6. 서명날인	• 사회복지사 서명날인 • 클라이언트 서명날인

출처: 이종복, 전남련(2011: 267).

정리해__봅시다

- 사정(assessment)은 클라이언트에 대해 수집한 자료를 바탕으로 문제를 분석하고 이를 해결하기 위해 필요한 계획을 수립하는 과정이다.
- 사정의 과업은 클라이언트의 문제를 발견하고, 관련 정보를 수집하여 계획을 형성하는 것이다.
- 사정단계의 정보 출처로는 클라이언트의 언어적 보고, 비언어적 행동의 직접관찰, 상호작용 관찰, 클라이언트의 자기모니터링, 정보의 이차적 출처, 심리검사 등이 있다.
- 사정의 도구로는 사회적 관계망, 가계도, 생태도, 생활력 도표, 소시오그램 등이 사용된다.
- 계약이란 사정이 종결된 후 문제나 욕구를 해결하기 위해 목표를 어떻게 달성할 것인지와 관련해 클라이언트와 사회복지사가 적절한 행동을 설정하는 과정이다.
- 목표는 문제가 해결된 바람직한 상태 또는 클라이언트와 사회복지사의 노력을 통해 궁극적으로 원하는 변화와 기대이다.
- 표적문제는 여러 가지 문제 중에서 가장 중요하고 시급히 해결해야 할 문제로 두세 가지 정도로 선택하는 것이 좋다.
- 계약은 클라이언트와 사회복지사 간에 수행해야 할 과업과 의무, 역할과 규칙, 앞으로 진행할 실천활동에 대한 약속이자 노력이다.
- 계약에는 주로 계약 당사자와 클라이언트를 둘러싼 관련 인물들의 역할, 표적문제, 문제 목록, 목표의 우선순위, 사회복지사와 클라이언트의 역할과 책임, 개입 방법, 개입의 구조적 요인인 날짜, 시간, 장소, 기간 등이 포함된다.

생각해__봅시다

1. 사정과정에서 수집해야 할 필수 정보에는 어떤 것들이 있는지 정리해 봅시다.
2. 사회복지현장에서 다차원적인 사정 도구를 이용해 정보를 수집하는 것은 어떤 장점이 있는지 토론해 봅시다. 또한 이러한 과정을 수행하기 위해 사회복지사가 어떤 역량을 갖추고 있어야 하는지 탐색해 봅시다.
3. 다차원적인 사정과정에서 반드시 기초가 되어야 할 사회복지 윤리강령은 무엇인지 토론해 봅시다.

참고문헌

고영복 편(2000). 사회학사전. 서울: 사회문화연구소.

김경호(2010). 사회복지실천론. 경기: 양서원.

김규수, 김인숙, 박미은, 박정위, 우국희, 설진화, 홍선미 공역(2006). 인간행동과 사회환경. Zastrow, C., & Kirst-Ashman, K. K. 공저. *Understanding Human Behavior and the Social Environment.* 서울: 나눔의집. (원저는 2002년에 출간)

김기태, 김수환, 김영호, 박지영(2010). 사회복지실천론. 경기: 공동체.

김융일, 조흥식, 김연옥(2000). 사회복지실천론(제2판). 서울: 나남출판.

김춘경, 이수연, 이윤주, 정종진, 최웅용(2016). 상담학 사전. 서울: 학지사.

사회복지교육연구센터(2016). 사회복지실천론 1급 기본서. 서울: 나눔의집.

양옥경, 김정진, 서미경, 김미옥, 김소희(2005). 사회복지실천론(개정 3판). 경기: 나남.

엄명용, 김성천, 오혜경, 윤혜미(2006). 사회복지실천의 이해(개정판). 서울: 학지사.

이경남, 조윤득, 오정옥, 김은원, 이기량, 김인숙, 문혜숙, 윤은경, 장덕제, 양심영, 김혜영(2006). 사회복지실천론. 경기: 양서원.

이종복, 전남련(2011). 사회복지실천론(3판). 경기: 학현사.

이준우, 이화옥, 임원선(2006). 사례와 함께하는 사회복지실천론. 서울: 인간과복지.

전남련, 이재선, 정명희, 김치건, 최홍성, 오영식, 홍성휘, 김연옥(2011). 사회복지실천론. 서울: 도서출판 오래.

허남순, 한인영, 김기환, 김용석 공역(2007). 사회복지실천 이론과 기술. Hepworth, D.

H., Rooney, R. H., & Larsen, J. A. 공저. *Direct Social Work Practice: Theory and Skills* (5th ed.). 서울: 나눔의 집. (원저는 1996년에 출간)

Brown, L. B., & Levitt, J. L. (1979). A methodology for problem system identification. *Social Casework, 60*(7), 408–415.

Compton, B. R., & Galaway, B. (1984). *Social Work Process.* Belmont, CA: The Dorsey Press.

Duvall, E. M., & Miller, B. C. (1985). *Marriage and Family Development* (6th ed.). Cambridge, MA: Harper and Row.

Farley, O. W., Smith, L. L., & Boyle, S. W. (2003). *Introduction to Social Work* (9th ed.). Boston, MA: Allyn and Bacon.

Gambrill, E. (2006). *Social Work Practice: A Critical Thinker's Guide* (2nd ed.). Oxford, UK: Oxford University Press.

Hartman, A. (1995). Diagrammatic assessment of family relationships. *Families in Society, 76*(2), 111–122.

Hepworth, D. H., & Larsen, J. A. (1993). *Direct Social Work Practice: Theory and Skills*(4th ed.). Monterey, CA: Brooks/Cole.

Hepworth, D. H., Rooney, R. H., Rooney, G. D., & Strom-Gottfried, K. (2017). *Direct Social Work Practice: Theory and Skills* (10th ed.). Monterey, CA: Brooks/Cole.

Holosko, M. J., Dulmus, C. N., & Sowers, K. M. (2013). *Social Work Practice with Individuals and Families: Evidence-informed Assessments and Interventions.* Hoboken, NJ: John Wiley & Sons.

Johnson, L. C. (1989). *Social Work Practices.* Boston, MA: Allyn and Bacon.

Kirst-Ashman, K., & Hull, G. (1993). *Understanding Generalist Practice.* Chicago, IL: Nelson-Hull Publishers.

Moreno, J. L. (1934). *Who Shall Survive? A New Approach to the Problem of Human Interrelations.* New York: Beacon House.

O'Hare, T. (2016). *Essential Skills of Social Work Practice: Assessment, Intervention, and Evaluation* (2nd ed.). Oxford, UK: Oxford University Press.

Richmond, M. E. (1917). *Social Diagnosis.* New York: Russell Sage Foundation.

Ruffolo, M. C., Perron, B. E., & Voshel, E. H. (2016). *Direct Social Work Practice: Theories and Skills for Becoming an Evidence–Based Practitioner.* Thousand Oaks, CA: Sage Publications.

Tracy, E. M., & Whittaker, J. K. (1990). The social network map: Assessing social support in clinical practice, families in society. *The Journal of Contemporary Social Services, 71*, 461–470.

제11장

개입단계

● 학습개요 ●

사회복지실천의 개입단계에서는 설정된 목표를 달성하기 위한 구체적인 개입활동이 수행되는
시기로 클라이언트의 문제 및 욕구에 따른 다양한 수준의 개입이 필요하다. 일반적으로 개인,
집단, 가족, 지역사회 수준에서 다양한 개입이 이루어진다. 이 장에서는 개입단계에서의 목적
과 과업을 살펴보고 개입 방법을 직접적 개입과 간접적 개입으로 나누어 각각의 실천 전략에
대해서 논의하고자 한다.

● 학습목표 ●

1. 개입단계의 특징과 개입단계에서 수행해야 하는 사회복지사의 과제를 이해한다.
2. 개입단계에서 적용되는 구체적인 개입기법이 무엇인지를 확인한다.
3. 개입단계별로 사회복지사의 개입에서의 적용방법 및 개입기술, 적용 시의 유의점을 살펴
   본다.

개입단계는 사회복지사와 클라이언트가 합의하여 결정한 문제를 해결하
기 위한 계획을 실천하는 단계라고 할 수 있다. 개입단계는 구체적인 행동을
통해 의도적인 변화가 일어날 수 있도록 지원하는 단계로써 사회복지실천 과

정에서 가장 핵심적인 부분이라고 할 수 있다. 이 단계에서 중요한 것은 사회복지사와 클라이언트의 변화 과정을 관찰하고 이전 단계에서 설정된 목표가 제대로 달성되고 있는지를 점검하는 것이라고 볼 수 있다.

일반적으로 직접적 실천은 개인이나 집단, 가족 등 미시체계 수준의 클라이언트에게 직접적으로 개입하고 거시적 실천은 클라이언트를 돕기 위해 클라이언트 외의 개인, 소집단, 조직 또는 지역사회에 개입하여 변화를 도모하는 것이다. 사회복지사는 개인, 가족, 집단을 대상으로 하는 직접적인 실천을 넘어선 다양한 사회적 상황을 인식해야 하고, 전문가로서 사회정의에 대한 이해가 필요하다(Hepworth, Rooney, Rooney, & Strom-Gottfried, 2017). 즉, 개별 클라이언트의 삶에 영향을 주는 사회적 문제, 상황 혹은 정책을 다루는 확장된 원조활동이 필요하다.

개입단계에서의 사회복지사는 클라이언트의 문제해결을 위한 전략을 수립해야 한다(엄명용 외, 2014: 331). 이를 위해서는 첫째, 클라이언트와의 직접적 개입, 지역사회와의 자원 연계 및 새로운 자원의 개발, 사회적 지지집단의 활용, 교육, 정보제공 등을 통해 구체적인 변화 전략을 수립한다. 둘째, 클라이언트의 변화를 위해서 클라이언트 교육, 동기유발, 자원 연결, 행동변화 등이 필요하다. 이를 위해 클라이언트에게 미시적 실천이나 거시적 실천 등 다양한 개입 방법과 기술을 적용해 클라이언트와 클라이언트를 둘러싼 환경체계에서 변화가 일어날 수 있도록 원조해야 한다. 셋째, 개입 과정에서의 변화를 지속시킬 수 있도록 점검하고 평가해야 한다. 특별히 개입과 동시에 클라이언트가 지속적으로 개입 과정에 참여할 수 있도록 하며 특별히 클라이언트의 변화 노력을 방해하는 장애물이 있는지 점검해야 한다. 또한 개입 과정을 통해 변화가 일어나고 있는 클라이언트에게는 정기적으로 환류와 지지를 제공한다. 개입의 방법이 적절하지 않다고 판단되거나 효과성이 없다고 판단된 경우는 개입 방법을 변화시키고 목표를 재수정할 필요가 있다.

〈표 11-1〉 직접적 개입과 간접적 개입

직접적 개입	간접적 개입
클라이언트와 직접 접촉	클라이언트를 둘러싼 환경 변화에 초점
클라이언트를 변화시켜서 그들의 문제를 해결	사회적 지지체계 개발
정서, 인지에 개입하는 기술	서비스 조정에 관련된 활동
행동변화기술	프로그램 계획과 개발
상담, 교육, 정보제공, 가족치료 등	환경조정, 옹호, 자원개발, 의뢰 등

1. 직접적 개입

1) 개인 수준의 개입

개인을 대상으로 하는 사회복지실천은 일반적으로 개별사회사업으로 명명해 왔다. 개별사회사업은 일대일의 관계에서 클라이언트의 문제를 해결하는 데 그 목적이 있다.

(1) 의사소통기술

개인이나 조직에서 일반적으로 야기되는 문제는 의사소통기술의 부족으로 발생하는 경우가 대부분이다(Sheafor & Horejsi, 2012: 96). 또한 사회복지사와 클라이언트 간의 소통에서 의사소통이 중요한 일차적 수단이므로 효과적인 개입을 위해서 의사소통기술을 적절히 사용해야 할 필요가 있다.

① 격려

격려(encouragement)는 클라이언트의 문제해결능력을 향상시키려는 기법으로 클라이언트의 행동이나 태도를 인정하고 칭찬해 주는 것이다. 즉, 클라이언트의 행동, 태도, 감정을 칭찬하거나 인정해 주는 언어적 표현으로, 특별히 자신감이 없거나 자존감이 낮은 클라이언트에게 유용하다. 클라이언트가 스스로 자신의 능력과 기대 정도에 맞추어 문제를 해결해 나가도록 자유롭고 독립적인 분위기를 조성해 주어야 하며, 사회복지사는 클라이언트의 기분과 생각, 행동을 존중하는 반응을 보여 주어야 한다.

② 재보증

재보증(reassurance)은 클라이언트의 능력이나 자질에 대해 사회복지사가 신뢰를 표현함으로써 클라이언트를 안심시키는 것이다. 클라이언트가 실제로 현실적이며 건전하고 사회적으로 수용될 수 있는 결정과 사고방식, 느낌을 가지고 있음에도 불구하고 자신을 믿지 못하거나 합리적인 결정에 대해 의구심을 갖고 있는 경우 효과적으로 적용된다.

③ 일반화

일반화(universalization)는 클라이언트의 생각, 느낌, 행동 등이 그와 비슷한 상황에 있는 다른 사람과 같다고 말해 줌으로써 이질감이나 소외감, 일탈감을 해소하고 자신에 대한 신뢰감과 자신감을 회복시키는 기법이다.

④ 환기법

환기법(ventilation)은 클라이언트의 문제 또는 상황과 관련된 감정(분노, 증오, 슬픔 등)을 표출하도록 하여 감정의 강도를 약화시키거나 해소시키는 기법이다. 감정이 제대로 표출되지 않거나 강하게 억압되어 있는 감정이 문제가 되어 문제해결을 방해하는 경우, 클라이언트가 문제와 관련된 감정을 표출하도록 하는 것이다.

⑤ 재명명

재명명(reframing)은 어떤 문제에 대해 클라이언트가 부여하는 의미를 수정해 줌으로써 클라이언트의 시각을 긍정적으로 변화시키는 방법이다. 재명명 시에 유의할 점은 새로운 시각의 해석이 신뢰성이 있고 클라이언트가 납득할 만한 것이어야 한다는 것이다.

⑥ 초점화

초점화(focusing)는 클라이언트가 자신의 문제를 언어로 표현할 때 산만한 것을 점검해 주고 말 속에 숨겨진 선입견, 가정, 혼란을 드러내어 자신의 사고과정을 명확히 볼 수 있도록 하는 것이다. 따라서 초점화는 제한된 시간 내에 최대의 효과를 추구해야 하는 전문적 관계에서 불필요한 방황과 시간 낭비를 막아 줄 수 있다.

⑦ 직면

직면(confrontation)은 클라이언트의 말과 행위 사이의 불일치, 표현한 가치와 실행 사이의 모순을 클라이언트 자신이 주목할 수 있게 해 주는 기술이다. 일반적으로 클라이언트가 자신의 문제를 부정하거나 회피하고 합리화하여 변화를 거부하고 개입을 피하려고 할 때 사용된다.

⑧ 도전

도전(challenge)은 클라이언트가 자신의 문제해결에 있어 상충되거나 왜곡된 것 혹은 불일치하는 상황을 다룰 때 혹은 클라이언트가 문제를 부정하거나 회피하고 합리화할 때 사용하는 기술이다. 클라이언트가 다루기 곤란한 상황을 재고해 보고 이를 해결할 수 있도록 돕기 위해 사용된다.

⑨ 정보제공/조언

일반적으로 클라이언트의 의사결정이나 과업수행에 필요한 정보를 제공해야 하며, 클라이언트가 해야 할 것을 추천하거나 제안하는 조언이 수행되어야 한다. 사회복지사는 정보제공(information)을 통해 클라이언트와 클라이언트의 행동에 영향을 미치는 중요한 사람들이 문제해결을 하도록 도울 수 있으며, 클라이언트는 정보를 얻음으로써 선택의 폭을 확장할 수 있다(최해경, 2018). 또한 사회복지사는 클라이언트가 생각지 못했던 다양한 대안을 제시하는 조언(advice)을 한다.

(2) 행동을 변화시키기 위한 기술

사회복지사는 클라이언트의 특정 문제 행동을 변화시키기 위한 목적으로 다양한 행동기법을 적용할 수 있다.

① 강화와 처벌

강화(reinforcement)는 표적행동이 더 빈번하게 발생할 가능성을 증가시키는 활동으로 정적 강화와 부적 강화가 있다. 정적 강화는 표적행동을 증가시키기 위해 클라이언트가 좋아하는 것을 제공하는 것이며, 부적 강화는 클라이언트가 싫어하는 조건을 제거하는 것이다. 예를 들면, 아동의 성적 향상을 목적으로 아동의 성적이 일정 수준 이상이면 아동이 좋아하는 게임을 하도록 하는 것이 정적 강화이다. 수업 중 주의집중이 필요한 아동이 과제수행을 거부할 경우, 과제에 집중하면 수업을 일찍 끝내 줌으로써 집중하게 하는 것은 부적 강화의 예가 될 수 있다.

처벌(punishment)은 표적행동을 억제하거나 감소시키는 방법으로써 불쾌한 자극을 주는 것이다. 유쾌하지 않은 결과가 따르는 정적 처벌의 예는 침을 뱉는 아동에게 야단을 쳐서 표적행동을 감소시키는 것이다. 혐오자극을 제거하여 표적행동을 감소시키는 부적 처벌의 예는 물건을 집어 던져서 사회복지사의 관심을 끌려는 아동에게 야단치기보다는 무시함으로써 바람직하지 못한 행동을 감소시키는 것이다.

② 타임아웃

타임아웃(time-out)은 어떠한 행동을 했을 때 강화물이 많은 상태에서 강화물이 적거나 없는 상태로 옮겨 놓음으로써 바람직하지 못한 행동을 하지 못하게 하는 방법이다. 일반적으로 클라이언트를 일시적으로 격리시켜 문제를 감소시키거나 제거하는 것이다.

③ 행동조성

행동조성(shaping)은 강화의 원리를 가장 원칙적으로 따르는 것으로서 행동수정의 가장 대표적인 방법이다. 일반적으로 특정한 행동 수준까지 끌어올리기 위해 작은 단위의 행동으로 나누어 과제를 주는 것이다. 처음에는 아주 간단한 반응을 요구하다가 점점 강화물을 주는 기준을 까다롭게 하여 좀 더 복잡하고 정교한 반응까지 습득하게 하는 것이다.

(3) 기타

① 문제해결기술

문제해결기술은 클라이언트가 미래에 직면하게 될 많은 어려움에 효과적으로 대처할 수 있게 도와주고, 하나의 원칙을 여러 상황에 적용할 수 있도록 하는 것이다. 이러한 문제해결 원리의 핵심기능은 예방으로 클라이언트가 실제 생활에서 사용할 수 있는 기술을 점차 습득해 감에 따라 사회복지사에 대한 의존도를 점차 줄여 나가는 것이다.

② 사회기술훈련

사회기술훈련은 예방과 교정을 위한 폭넓고 다양한 기술을 가르치는 것으로써 클라이언트에게 현재 환경과 삶의 주기 또는 역할관계에서 효과적으로 기능하는 데 필요한 기술을 습득할 기회를 제공하는 것이다.

③ 자기주장훈련

자기주장훈련은 클라이언트가 자신과 타인의 권리를 동등하게 존중하면서 자신의 사고, 감정, 원하는 것, 의견 등을 단호하게 요구하거나 표현하는 것이다. 특별히 클라이언트는 자신의 사고나 감정을 미성숙하게 표현하거나 공격적인 방법으로 표현하기 때문에 대인관계에서 갈등이 발생할 수 있는데 자기주장훈련을 통해 이를 개선할 수 있다.

④ 스트레스 관리

스트레스 관리기술은 클라이언트가 겪을 수 있는 스트레스 상황에 적절히 대처할 수 있도록 돕기 위한 것이다. 클라이언트에게 특정 근육을 수축 · 이완하는 기술을 가르치고 규칙적이고 깊은 호흡을 할 수 있는 방법, 즐거운 생각이나 이미지를 떠올리는 법 등을 훈련함으로써 스트레스에 대처할 수 있도록 돕는다.

2) 집단 수준의 개입

사회복지실천에서 집단이란 상호작용하는 2~3명 이상의 사람이 서로가 동일한 집단에 소속되어 있다는 집단의식과 공통의 관심사가 있으며, 성원들의 욕구충족이나 문제해결을 위한 목표를 달성하고자 참여하는 모임을 말한다. 초기 집단활동이 본격화된 것은 인보관운동이 시작되면서부터인데, 도시빈민과 이민자들을 교육 · 계몽하고 지역사회에 참여하는 데 필요한 기술을 가르치고자 하였다. 그러나 초기 집단활동은 성인 및 청소년 교육, 지역사회조직론, 시민참여 등과 뚜렷한 구분 없이 발전하였다.

(1) 집단과정 촉진기술

집단과정을 촉진하려는 기술은 사회복지사가 집단과정에 영향을 미치려는 의도가 있을 때 사용한다. 집단과정을 촉진하는 기술은 집단성원 간의 이해를 증진시키고, 개방적 의사소통을 형성하며, 신뢰감을 형성시키는 데 도움을 준다.

① 집단성원의 참여를 촉진하기

집단에 참여한 성원들 모두가 집단과정에 참여하는 것이 이상적이다. 특히 사회복지사는 소외되거나 침묵하고 있는 집단성원들이 생기지 않도록 집단성원의 참여를 촉진해야 한다. 집단과정이나 참여활동에 소극적인 성원들을 토론에 참여시켜 자신의 생활경험을 나누고 문제해결방법을 찾도록 원조해야 할 필요가 있다.

② 집단성원에 집중하기

이 방법은 집단성원이 말하는 것이나 행동하고 있는 것에 주의를 집중하는 것으로써 상대방의 말과 행동에 대한 느낌과 존중의 메시지를 전달하는 것이라고 할 수 있다. 사회복지사는 집단성원의 언어적·비언어적 의사소통을 적극적으로 관찰하고 주의 깊게 경청하는 등 의사소통의 흐름을 따라가면서 집단성원에 집중해야 한다. 이는 구성원이 반복적이거나 다른 말로 표현하는 것 혹은 구성원이 말한 바의 이면에 숨어 있는 의미에 대한 감정이입적 반응을 하거나 구성원과 눈 맞춤을 하고 고개를 끄덕임으로써 구성원에게 관심을 보이고 있음을 표현하는 것 등이 해당된다.

③ 표현기술

표현기술은 생각이나 느낌을 자유롭고 편안하게 표현하도록 원조하는 것이다. 구성원들이 말하기를 꺼리거나 어려워하는 주제에 대해서 사회복지사가 먼저 자기개방을 하는 것은 개방적인 의사소통이 이루어질 수 있는 계기가 된다.

④ 반응기술

특정한 집단과정에 선별적으로 반응하여 다음에 이루어질 집단과정에 영향을 미치는 기술을 의미한다. 구성원들의 노력을 지지하는 반응은 중요한데, 구성원들의 행동이나 말에 반응을 보이지 않거나 동의를 하지 않으면 그 행동을 하지 않게 될 수 있다.

⑤ 집단 의사소통의 초점 유지하기

집단과정의 특정 영역에 초점을 둠으로써 관련 의사소통을 감소시키고, 중요한 문제에 대해 심도 있는 탐색을 할 수 있게 하는 기술이다. 집단 의사소통의 초점을 유지하기 위한 구체적인 기술로는 명확화, 특정 의사소통의 반복, 토론 범위의 제한 등이 있다.

⑥ 집단과정을 명확하게 하기

이 기술은 집단성원들이 어떻게 상호작용하고 있는가를 성원들이 인식할 수 있도록 도와주는 기술이다. 집단성원들이 자신의 감정, 사고, 행동 유형이나 상호작용에 대한 이해를 도모하기 위해 사용하는 것으로서 현재 일어나고 있는 일이 무엇이며 그에 대해 어떻게 생각하고 느끼는지, 특정한 상호작용 형태를 지적하거나 특정한 상호작용 형태가 만족스러운지 등을 물어봄으로써 집단과정을 명확히 할 수 있다.

⑦ 내용 명료화

집단에서 의사소통을 원활히 하기 위해 구성원들이 자신을 분명히 표현할 수 있도록 원조하고 특정한 메시지를 잘 이해했는지 질문하거나 검토하는 것이다. 집단성원 간 상호작용의 내용을 명료화하기 위해 활용된다.

⑧ 집단 상호작용 지도

이 기술은 집단의 목적을 달성하기 위해 특정한 방향으로 집단을 이끌어 나가는 기술이다. 하위집단의 역기능적 작용을 수정하고 집단의 과업성취에 도움이 되는 상호작용을 촉진하며 의사소통의 방향을 재조정함으로써 개방적인 의사소통을 장려하기 위해 사용한다. 특정 성원의 의사소통을 제한하거나 격려하며, 성원 간 의사소통을 연결하여 집단의 상호작용 형태를 이끌어 가는 것이다.

(2) 자료수집과 사정 기술

① 확인 및 묘사하기

사회복지사가 집단구성원을 이해하고 문제에 대한 자료를 수집하기 위해서는 구성원들이 특정 상황을 파악하고 묘사할 수 있도록 해야 한다. 이를 위해 사회복지사는 구성원들이 문제의 성격을 정확하고 구체적으로 표현하도록 도와주며, 문제와 관련된 현재와 과거의 특성을 확인하고 기술하게 하여 구성원들이 문제를 정확히 이해할 수 있도록 원조해야 한다. 이를 통해 사회복지사는 구성원들이 다양한 관점에서 자신의 상황을 바라보고 이해할 수 있도록 다양한 준거틀을 제시하거나 대안적인 해석을 제시하기도 해야 한다.

② 정보를 요청하고 질문하고 탐색하기

집단의 구성원들에게 정보제공을 요청하고 질문을 하며 탐색하는 기술이다. 이를 위해 사회복지사는 집단의 각 구성원과 집단에 관련된 정보와 감정, 생각을 파악하고 집단의 목적, 목표, 운영방법에 관한 각 구성원들의 이해 정도를 파악하기 위해 또는 구성원들 간 관계를 파악하기 위해 탐색하기를 활용한다. 탐색하기는 특히 사회복지사가 문제와 관심사를 명확히 하고 모든 구성원에게 유익한 추가정보를 파악하기 위해서 사용한다.

③ 요약 및 세분화하기

집단에서 논의된 내용의 핵심을 묶어 간략하게 재진술하는 요약하기는 새로운 논의를 시작하기 전에 이전까지의 핵심요소를 검토하거나 모임을 종료할 때 구성원들의 진척상황을 상기시켜 주기 위해 사용한다. 복잡한 이슈나 문제를 다룰 때 작은 단위로 나누는 세분화하기는 문제가 너무 복잡하거나 어려워서 해결하기 힘들 경우 세분화하면 해결하기 쉽게 느낄 수 있으므로 문제해결의 동기를 높일 수 있다.

④ 언어적 · 비언어적 의사소통 통합하기

이 기술은 구성원들이 집단활동을 통해 다른 구성원들에게 어떻게 인식되고 있는지에 대한 피드백을 제공하는 데 유용하다. 특히 구성원들이 하는 말이나 행동의 의미를 연결하고, 숨겨진 의제를 표면화하며, 명확하지 않은 생각이나 느낌을 분명히 하는 것, 말이나 행동 속에 나타나는 주제나 경향을 지적하는 것 등이 있다.

(3) 행동기술

① 지지하기

지지하기는 심리사회적 기술 가운데 가장 핵심적인 것으로서 새롭고 어려운 상황에 대처하려는 자아를 지원해 주는 것을 목적으로 한다. 지지는 일상생활에서 겪는 스트레스에 대한 대처능력을 향상시킬 뿐 아니라 심리사회적 안녕도 향상시킬 수 있다. 사람들은 지지적인 관계 속에서 안도감과 확신을 갖게 되며, 수용되었다는 느낌을 가지고 덜 불안해하는 경향이 있기 때문이다. 구성원들이 서로 관심사를 나누고 의견과 감정을 솔직하고 자유롭게 표현할 수 있도록 격려하는 것, 구성원들의 요구에 반응을 보여 주는 것, 현실적인 기대를 설정하는 것 등이 포함된다.

② 재구성 및 재명명

재구성과 재명명은 구성원들의 문제나 상황을 사실에 맞게 다른 관점에서 볼 수 있도록 원조하는 기술이다. 다른 사람의 관점에서 문제를 봄으로써 대안적인 행동 범위가 향상되기도 하고, 적합한 문제해결방법을 찾게 된다.

③ 집단구성원의 의사소통을 연결하기

이 기술은 구성원들이 사회복지사가 아닌 구성원들끼리 의사소통을 활발히 할 수 있도록 원조하는 기술이다. 이는 초기의 사회복지사와 구성원 간의 일방적 대화 패턴을 방지하고 구성원 간의 상호작용에 도움을 준다. 이를 위해 사회복지사는 집단의 구성원들이 하는 말이나 행동에 대해 다른 구성원에게 의견이나 느낌 등을 표현하도록 격려하거나 구성원들이 서로 이야기하고 도움을 청하도록 장려할 수 있다.

④ 지시하기

구성원들이 프로그램 활동에 참가하도록 원조하거나 토론을 이끌어 가고 정보를 공유할 때 집단구성원의 활동을 지시하는 기술이다.

⑤ 조언, 제안, 교육

특정 행동을 제안하거나 추천해 클라이언트에게 직접적인 영향을 미치는 방법으로 새로운 행동이 요구되거나 문제를 이해할 때, 문제 상황을 바꾸려 할 때 사용한다. 구성원들이 받아들일 수 있을 때가 적절한 시기이라고 할 수 있다. 조언이나 제언을 한 뒤 구성원들의 환류를 구하는 것이 사회복지사나 구성원들에게 도움이 된다.

⑥ 직면

직면은 클라이언트 자신이 말과 행위 사이의 불일치, 표현한 가치와 실행 사이의 모순을 주목하도록 하는 기술로서, 구성원의 행동과 진술 내용이 일치하지 않거나 차이가 있을 때 사용한다.

⑦ 모델링, 역할극, 실연, 코치

행동기법의 일종으로 자주 사용하는 것으로 클라이언트가 자신이 수행해야 하는 역할이나 활동과 관련해 어려움이 있는 경우 이 기법을 적용할 수 있다. 사회복지사가 클라이언트에게 이 역할이 수행되는 방법을 시범 보이기도 하고, 클라이언트가 실제 생활에서 발생할 수 있는 내용을 각본에 따라 행동하거나 관찰함으로써 대처기술과 자신감을 발달시킬 수 있다.

⑧ 갈등해결

집단 내에서 갈등이 발생할 수 있으므로 집단의 규칙을 개발하고 구성원들이 이를 지키도록 하는 집단규칙이 필요하다. 집단 내에 갈등이 생겼을 경우에는 조정, 협상, 중재 등의 기술을 허용한다. 구성원들이 집단 외부 환경과 갈등을 일으켰을 경우에는 사회복지사가 갈등 상황에 직접 개입하거나 갈등을 해결할 수 있는 기술을 개발하도록 원조한다.

3) 가족 수준의 개입

가족을 단위로 실천할 때 사회복지사는 개별 구성원으로부터 가족 전체로 관심의 초점을 넓히는 '가족초점(family focus)'을 유지하고 가족이 체계로 연계되어 있는 것을 알게 하는 것, 가족체계 내 상호작용 및 환경과의 상호작용이 가족의 욕구와 관련될 수 있음을 생각하고 가족이 상호작용과 교류의 새로운 균형을 잡을 수 있도록 방법을 찾는 것, 가족의 발달과정 및 역사, 가족의 가치, 신념, 문화 등 가족의 맥락에 대한 이해를 하는 것이 필요하다.

(1) 다세대 가족치료의 개입기법

Bowen은 가족을 정서적으로 서로 긴밀하게 영향을 주고받는 정서체계로 설명하였다. 그는 부모의 자아가 비교적 잘 분화되어 있고 불안 수준이 낮으며 부모가 그들의 원가족과 정서적으로 좋은 관계를 맺고 있을 때 최상의 가족발달이 이루어질 수 있다고 보았다(이영분, 김유숙, 신영화, 최선령, 최현미, 2015: 81). 즉, 다세대 가족치료에서는 가족의 분화[1] 수준이 개인의 성장에 영향을 준다고 본다. 따라서 Bowen은 증상을 개인의 문제로 보기보다는 미분화된 정서가 가족투사[2]와 삼각관계[3] 형성, 세대 간 전수[4] 등을 통하여 현재의 핵가족에서 나타나는 가족 증상으로 보기 때문에 가족성원의 분화 수준을 향상시켜 가족체계의 기능적 변화를 이루는 데 개입의 초점을 둔다.

---

1) 자기분화는 개인 내적 수준에서 사고와 감정을 분리시켜 활용할 수 있는 능력이며, 타인과의 관계에서는 상대방의 영향에 좌우되지 않으면서 자신의 신념에 따라 자신의 입장을 취하면서 친밀한 관계를 유지할 수 있는 능력이다.

2) 가족투사과정이란 원가족에서 형성된 자신의 불안한 감정문제를 핵가족관계에서 투사하는 과정을 말한다.

3) 두 사람의 관계가 불안정해졌을 때 제3의 사람이나 대상에게 다가감으로써 불안을 회피하는 행동을 삼각관계라고 한다.

4) 세대 간 전수과정은 미분화된 가족정서가 가족투사와 삼각관계 과정을 거쳐 세대 간에 불안이 전달되고 가족의 증상이 반복되는 과정을 뜻한다.

① 가계도

가계도는 가족에 개입하기 위해, 가족의 여러 문제를 재구성하고 재명명하기 위해, 가족체계의 방해 요인을 제거하기 위해, 가족 유형을 명료화하기 위해, 가족과 그 이전 세대를 연결하여 그들에게 힘을 부여하고 미래에 그들을 자유롭게 하기 위해 사용한다. 이처럼 가계도는 가족의 문제를 사정함으로써 다세대에 걸쳐 내려오는 가족체계의 문제, 가족역할, 유형, 갈등, 단절, 삼각관계 등을 알아보는 데 도움이 된다.

② 가족연대기

가족연대기는 가계도와 함께 가족사정을 위해 유용하게 사용될 수 있는 도구이다. 시간의 흐름에 따라 가족이 연속적으로 어떤 변화 과정과 발달을 거쳐 왔는지를 평가하는 것이 가족연대기이다. 특히 중요한 가족사의 연대기는 가족 유형의 추적에 최상의 방법으로써, 중요한 사건이 발생한 이후에 다음 사건과의 연계성을 깨달음으로써 가족관계 유형을 추적할 수 있으며, 중요한 시기에 가족의 질병과 주요 사건의 발생 관계를 추적하는 데 유용하다.

③ 탈삼각화

탈삼각화는 제3자를 두 사람의 관계에서 분리시켜 가족 내에 형성되어 있는 삼각관계를 벗어나게 함으로써 가족원들이 자아분화를 하도록 돕는 기법이다. 즉, 융합된 두 사람은 서로 거리를 두게 하고 그동안 소원했던 두 사람은 서로 다가가도록 코칭하는 것이다.

(2) 구조적 가족치료의 개입기법

구조적 가족치료(structural family therapy)는 가족을 재구조화함으로써 가족이 적절한 기능을 수행할 수 있도록 돕는다.

① 실연

실연(enactment)은 치료면담 중에 가족에게 역기능적인 가족성원 간 교류를 실제로 재연시키는 것으로 가족은 사회복지사 앞에서 가족의 문제나 갈등 상황을 직접 실행해 보게 된다. 가족성원들은 직접 자신들의 문제를 행동함으로써 자신들의 상호교류를 경험하고 관찰해 볼 수 있다. 또한 사회복지사는 구성원들이 어떻게 갈등을 처리하는지를 보고 그 상호작용을 수정하고 구조화한다.

② 경계 만들기

경계 만들기는 하위체계 간에 경계를 만드는 것으로, 가족의 재구조화를 위해서는 부부체계 간에 그리고 부모와 자녀의 하위체계 간에 명확한 경계를 설정하는 것이 매우 중요하다고 할 수 있다. 이 개념에서는 각 체계 간의 경계가 명확해야만 새로운 상호작용 유형이 생기고 체계의 기능이 증가한다는 것이다.

③ 긴장의 고조

가족 내의 긴장을 고조시켜 대안적인 갈등해결방법을 사용하도록 돕는 기법이다. 사회복지사는 가족체계 간의 경계선, 제휴, 연합, 권력에 직접 개입함으로써 가족들의 긴장을 고조시키고, 이를 통해 가족의 구조를 재구조화하는 것이다.

④ 과제부여

가족이 시도해 볼 필요가 있는 상호작용을 개발하도록 과제를 주는 것이다. 가족이 행할 필요가 있는 분야를 개발시키기 위해서도 가족 상호교류에서 자연스럽게 발전될 수 없는 행위를 실연해 보도록 하는 과제를 준다.

(3) 경험주의적 가족치료의 개입기법

경험주의적 가족치료는 인본주의와 실존주의를 배경으로 지금-여기에서의 주관적인 체험을 중시한다. 경험주의적 가족치료에서는 가족 내에 존재하는 모든 것과 모든 구성원은 영향을 주고받는다는 상호작용의 역동성을 고려하며 정서적 경험을 강조한다. 따라서 개입 과정 중에 가족성원들의 자아존중감[5]을 사정하고 재규정한다. 또한 가족성원들이 자신들이 사용하는 역기능적인 의사소통 유형을 인식하도록 하여, 자신과 상대방의 자아존중감을 향상시키면서 감정이나 생각을 일치적 의사소통 유형으로 전달할 수 있도록 돕는다.

① 접촉하기

접촉하기는 경험적 가족치료의 첫 상담에서부터 거의 모든 상담 장면에서 흔하게 사용되는 것으로 Satir의 특징적 기법이다. 접촉하기의 목적은 관계맺기라고 할 수 있다.

② 원가족 삼인군 치료

원가족 삼인군 치료의 목적은 내담자가 원가족 삼인군(어머니, 아버지, 아동)에서 학습한 역기능적 대처방법에 집착하는 것에서 벗어나고, 가족규칙과 부모의 규제에서 나와 독자적인 개별성을 갖도록 돕는 데 있다. 원가족 삼인군 치료는 대부분의 역기능적인 학습이 원가족 삼인군의 가족관계에서 세대 간에 전달되어 온다는 것을 전제로 하고 있다. 또한 출생 이후 성장과정에서 자아존중감의 발달 측면에 있어 부모의 영향을 중요시하면서 성장 이후에도 자아존중감의 변화와 새로운 차원에서의 성장이 가능함을 강조하였다. 원가

---

5) 자아존중감(self-esteem)은 자기에 대한 신뢰와 존중을 의미하는 것으로, 타인이 자신을 어떻게 판단하는가 하는 것과는 다르다.

족 삼인군 치료는 원가족도표를 사용하며, 가족원들이 공동으로 원가족도표를 작성하는 과정과 완성된 원가족도표를 설명하고 재구조화하며 조각기법 혹은 역할극을 병행하면서 치료과정을 진행하게 된다.

(4) 해결중심 단기가족치료의 개입기법

해결중심 단기가족치료 모델은 내담자의 감정을 해석하고 직면과 교육에 초점을 두는 전통적 치료와 달리 내담자의 힘과 이전의 성공경험에 초점을 둔다. 사회복지사는 내담자가 문제해결능력이 없다는 입장이 아닌, 문제해결능력이 있다는 긍정적 방향에서 해결책을 구축해 나갈 수 있도록 한다. 이러한 변화를 위해 주로 질문을 사용하는데, 질문은 단순한 정보 획득을 위해 사용하는 것이 아니라 내담자의 변화를 이끌어 내기 위해서 사용한다.

① 첫 상담 전 변화에 관한 질문

해결중심 단기가족치료 모델은 계속적으로 변화가 일어난다는 것을 기본 원리로 삼고 있다. 첫 면담시간에 상담자가 내담자에게 어떻게 문제의 심각한 정도가 완화되었는지를 내담자가 파악할 수 있도록 질문하는 것이다. 이러한 질문은 내담자의 잠재능력을 발견하고 내담자 자신이 의식하지 못하는 해결방안을 찾는 데 도움이 될 수 있다. 예를 들면, "제가 경험했던 바에 따르면 처음 상담을 약속했을 때와 상담을 받으러 오는 일주일 사이에 변화가 있는 사람이 많습니다. ○○ 씨는 그런 변화가 있었습니까?"와 같은 질문을 할 수 있다.

② 예외질문

예외질문은 문제가 되었던 실패의 경험보다는 성공했던 경험을 찾아내어 그때 했던 행동을 의도적으로 계속 실행함으로써 성공의 경험을 확장하고 강화하는 것이다. 즉, 문제가 없던 상황은 문제가 있는 지금의 상황과 어떻게 달랐는지를 탐색하게 함으로써 문제해결이 안 되었어도 그 상황을 확대하기 위한 단서를 찾게 하는 것이다. 예를 들면, "○○ 씨는 지금까지 생활하는 동안 문제가 일어나지 않거나 덜 심각했던 때는 언제인가요?"와 같은 질문이다.

③ 기적질문

기적질문은 문제 자체를 제거하거나 감소시키지 않고 문제와 떨어져서 해결책을 상상하게 하는 것이다. 즉, 기적이 일어나서 문제가 해결되었다고 상상하게 함으로써 문제와는 별도로 해결책을 생각해 보게 하여 기적이 일어났을 때 달라질 수 있는 일들을 실제 행동으로 해 보는 것이다. 예를 들면, "잠자고 일어나면 오늘 여기 가져온 모든 문제가 해결되어 최상의 상태가 됩니다. 아침에 일어났을 때 무엇을 보고 기적이 일어났다는 것을 알 수 있을까요?"와 같은 질문이다.

④ 척도질문

척도질문은 구체적인 숫자를 이용해 가족성원에게 자신의 문제의 정도, 변화 정도, 변화에 대한 의지 등을 표현해 보게 하는 것이다. 척도질문을 통해서 상담자는 내담자의 문제해결에 대한 태도를 보다 정확하게 알아볼 수 있으며, 내담자의 변화 과정을 격려하고 강화해 주는 구체적인 정보를 알 수 있다. 예를 들면, "1부터 10까지의 척도에서 10은 문제가 다 해결된 상태이고, 1은 문제가 가장 심각할 때를 의미합니다. 오늘은 몇 점쯤 되나요?"와 같은 질문을 할 수 있다.

⑤ 대처질문

대처질문은 클라이언트가 절망적인 상황에서도 잘 견디어 내어 상황이 나빠지지 않은 것을 강조하고, 위기에서 살아남기 위해 적용한 방법을 파악하는 질문이다. 따라서 문제 상황에 있는 내담자에게 경험을 활용하도록 하고 새로운 힘을 갖게 하며 자신의 자원과 강점을 발견하도록 하는 데 도움이 되는 질문이라고 할 수 있다. 예를 들면, "지금까지 그 어려운 상황 속에서 어떻게 견딜 수 있었습니까?"와 같은 질문이다.

⑥ 관계성질문

관계성질문은 내담자와 중요한 관계에 있는 사람들을 활용하는 질문으로, 클라이언트와 중요한 관계에 있는 사람들의 시각에서 클라이언트를 보게 하는 질문이다. 예를 들면, "어머니가 여기에 계시다고 가정해 봅시다. ○○ 씨의 문제가 해결될 때 무엇이 달라지겠냐고 묻는다면 어머니는 뭐라고 말씀하실까요?"와 같은 질문이다.

(5) 전략적 가족치료의 개입기법

전략적 가족치료는 가족에 대해 체계 지향적인 관점을 갖고 있어 행동의 정신내적 원인보다 증상행동의 대인관계적 의미에 초점을 둔다. 전략적 가족치료에서 사회복지사는 문제를 정확히 규정하고 현재의 언어적 · 비언어적 의사소통이 가족의 항상성을 어떻게 유지시키고 있는가에 관심을 둔다. 즉, 클라이언트에 대한 이해보다는 변화에 관심을 더 둔다.

① 역설적 개입

대부분의 가족은 현재의 상태를 그대로 유지하면서 증상만을 치료하고 싶어 하기 때문에 사회복지사가 가족체계를 변화시켜 문제를 해결하려고 하면 저항하게 된다. 역설적 개입은 문제해결을 위해 시도되었던 기존의 방법과 전혀 상반된 방법을 사용하는 것이다. 즉, 치료를 위해 변하지 말고 증상을 계속 유지하라고 주문하는 것은 사회복지사에게 저항하도록 유도하여 가족들 스스로가 변화하도록 돕는 것이다.

② 지시적 기법

지시적 기법은 사회복지사가 클라이언트나 가족에게 특정 행동을 하도록 혹은 특정 행동을 하지 않고 다른 행동을 하도록 지시하는 것이다. 이러한 지시는 습관적인 행동이 아닌 다른 행동을 하도록 함으로써 다른 경험을 하게 하고, 지시를 따르는 동안 지속적으로 사회복지사가 클라이언트의 생활에 긍정적 영향을 미치는 장점도 있다.

③ 시련기법

시련기법은 변화를 원하는 사람에게 증상보다 더 고된 체험을 하도록 과제를 주어 증상을 포기하도록 하는 것이다. 이때의 체험은 증상을 잊을 정도로 고통스러운 것이어야 한다. 만약 체험이 증상을 소멸시키기에 충분하지 않다면 그 정도를 높여야 하고 소멸될 때까지 계속해야 한다

2. 간접적 개입

간접적 개입은 환경을 활동대상으로 삼으며, 클라이언트를 위해 사회자원이나 서비스를 직접 제공하거나 연결해 주는 활동, 클라이언트와 관련된 조직이나 기관의 조정, 제도나 프로그램의 변화 등을 포함한다. 중범위(mezzo) 또는 거시적(macro) 실천이라 불리기도 한다(주경필, 김윤나, 2018).

1) 지역사회 수준의 개입

개인을 대상으로 하는 사회복지실천은 일반적으로 개별사회사업으로 명명해 왔다. 개별사회사업은 일대일의 관계에서 클라이언트의 문제를 해결하는 데 그 목적이 있지만, 지역사회복지는 지역사회의 복지증진을 위한 사회

복지실천 방법의 하나로서 지역사회에 초점을 둔다. 지역사회복지는 사회복
지사가 지역사회 수준에서 개입하여 지역사회에 존재하는 각종 제도에 영향
을 주고 지역사회의 문제를 예방하고 해결하고자 하는 일체의 사회적 노력을
의미한다.

(1) 사회적 지지체계 개발

일반적으로 인간은 타인과의 관계 속에서 타인의 행동을 통해 정서적 안
정과 보호, 자신의 생각이 남과 다르지 않다는 것에 따른 위로, 경제적·물질
적 도움이나 원조, 자신의 과업수행과 사고방식이 옳다는 지지 등을 받는다
고 한다. 이처럼 사회적 지지가 부족한 상황에서는 많은 신체·심리·사회
적 문제가 발생하므로, 사회복지사는 클라이언트가 가지고 있는 기존의 사회
적 지지체계를 활성화시키거나 적절한 지지체계가 없다면 새로운 지지체계
를 개발해 줄 필요가 있다.

(2) 서비스 조정에 관련된 활동

조정(coordination)이란 두 가지 이상의 서비스 제공자들과 함께 일하는 것
을 말한다. 다양한 문제를 가지고 있는 클라이언트에게 복합적인 서비스가
주어질 때 서비스의 중복과 누락을 방지하면서 서비스의 공동목적을 달성하
기 위하여 적절한 시기에 적절한 방법으로 클라이언트를 원조할 수 있도록
조정하는 것이다.

(3) 프로그램 계획과 개발

클라이언트의 욕구와 문제를 해결하기 위한 서비스가 지역사회 내에 없을
경우 사회복지사는 클라이언트의 욕구를 만족시킬 수 있는 프로그램 및 자원
을 개발해야 한다. 지역사회 내에서 프로그램을 개발하기 위해서는 지역의
지지가 필요하므로, 사회복지사는 지역 내에 영향력을 가진 사람들이 문제를

인식하도록 정보와 자문을 제공하고 지역주민을 대상으로 욕구조사를 실시하여 그 문제의 심각성과 프로그램의 필요성을 설득할 필요가 있다.

(4) 클라이언트 옹호

옹호란 클라이언트에게 제공되지 않은 자원과 서비스를 얻을 수 있도록 하고, 클라이언트에게 불리한 영향을 미치는 실천이나 절차 및 정책들을 수정하며, 필요한 서비스나 자원을 제공받을 수 있는 정책이나 절차를 만들기 위해 클라이언트와 함께 또는 클라이언트를 대표해서 있는 것이다. 사회복지사는 특정 클라이언트 개인을 옹호하고 특정 집단이 불이익을 받을 때 이들을 위해 제도적이거나 법률적인 체계를 변화시키도록 노력하는 활동을 수행할 수 있다.

(5) 지역사회 내 기관 간의 협력

클라이언트의 욕구를 효과적으로 충족시켜 주기 위해서는 지역사회 내 존재하는 다양한 조직이나 기관과의 협조가 필수적이다. 특히 클라이언트의 문제가 복잡하고 다양해서 한 기관이 클라이언트의 문제를 모두 해결할 수는 없기 때문에 기관에 정보를 교환하거나 협조체계를 구축하여 클라이언트의 욕구에 유연하게 대응해야 한다.

(6) 환경조정

클라이언트의 사회적 기능을 강화하기 위해서는 클라이언트의 환경에 변화를 가져오도록 해야 한다. 클라이언트의 대인관계를 포함한 생활환경의 개선을 위하여 사회자원을 사용하기도 하고, 심리적 원조를 제공하여 사회환경에 있어 좋지 못한 요인들을 감소시키거나 제거하여 생활기능을 강화하기도 한다.

3. 사회복지사의 역할

개입단계의 목표는 클라이언트의 문제해결이라는 변화를 만들어 내는 것이다. 이러한 변화를 이끌어 내기 위해 사회복지사는 다양한 역할을 수행할 수 있다. 개입단계에서 사회복지사의 역할은 다음과 같다.

첫째, 중개자로서의 역할이다. 중개자로서의 역할은 클라이언트 차원에서 직접적 개입이나 의뢰를 통해서 클라이언트가 필요로 하는 자원과 서비스를 연결하는 역할을 하는 것이다. 자원을 파악하고 서비스가 적절하게 제공되는지를 점검해야 하므로 자원에 대한 정보와 자원과 클라이언트를 연결하는 데 필요한 지식과 구체적인 기술을 갖추어야 한다. 직업활동을 위해 출퇴근이 필요한 장애인에게 활동지원인이나 장애인 콜택시를 이용할 수 있도록 연결해 주는 것을 그 예로 들 수 있다.

둘째, 조력자의 역할이다. 클라이언트가 스스로 문제해결능력을 키우고 자원을 찾을 수 있도록 하는 것이다. 클라이언트의 욕구를 확인하고 문제를 규정하며 문제를 효과적으로 다룰 수 있는 능력을 개발시키는 것이다. 부부 갈등을 겪고 있는 아내에게 남편과의 관계를 분명히 인식할 수 있도록 돕고 남편과의 관계를 개선할 수 있는 대안을 모색하도록 원조하는 것을 예로 들 수 있다.

셋째, 교사로서의 역할이다. 클라이언트의 문제해결능력이 향상될 수 있도록 교육시키고 정보를 제공하는 것이다. 또한 적응기술을 익히도록 클라이언트를 가르치기도 한다. 따라서 사회복지사는 전문적 지식과 정확한 정보를 알아야 하며 클라이언트를 이해시키기 위해 의사소통기술을 갖추어야 한다. 학교사회복지사는 학교폭력의 개념과 범위, 절차 등을 명확히 이해하고 교육시킬 필요가 있다.

넷째, 중재자의 역할이다. 중재자로서의 역할은 클라이언트를 둘러싼 미시, 중간, 거시 체계 사이의 논쟁이나 갈등을 해결하는 역할을 담당하는 것이다. 의견이 다른 개인이나 집단 사이의 의사소통을 향상시키고 타협하도록 돕는 중재자는 중립을 유지하며 논쟁에서 어느 한쪽 편도 들지 않으며, 양측이 서로의 입장을 이해하고 있는지 확인해야 한다. 학교폭력 피해 학생의 부모, 가해 학생의 부모와 같이 갈등이 있는 이들이 타협할 수 있도록 중간에서 중재하는 역할을 하는 것이다.

다섯째, 옹호자의 역할이다. 옹호자로서의 역할은 클라이언트를 위하여 일을 진행하고 대변하는 것으로, 특히 클라이언트가 필요한 것을 얻을 능력이 없을 때 클라이언트의 입장에서 클라이언트를 대변하는 것을 의미한다. 옹호자로서의 사회복지사는 클라이언트의 이익을 대변하는 역할을 하여 클라이언트를 대신하여 체계의 변화를 이끌어 낸다. 클라이언트가 자원과 서비스를 받을 권리를 유지하도록 돕는 활동을 한다. 특정한 불이익 집단을 위해 제도적·법률적 체계를 변화시키도록 노력하는 것으로(양옥경, 김정진, 서미경, 김미옥, 김소희, 2010), 학대받는 아동의 입장에서 아동 학대의 문제를 제기하고 해결하는 역할도 옹호자로서의 사회복지사의 역할에 해당된다.

여섯째, 사례관리자/조정자로서의 역할이다. 최근 이러한 역할은 점차 증대되고 있다. 많은 클라이언트는 복합적인 문제를 가지고 있으며 이에 따라 사회복지기관을 비롯한 여러 기관에서 서비스를 필요로 한다. 이때 사회복지사는 자원을 탐색하고, 서비스 제공을 조직화하고, 진전상황을 모니터하는 역할을 해야 한다(Kirst-Ashman & Hull, 2009: 82).

일곱째, 행동가로서의 역할이다. 클라이언트의 입장에서 기본적인 제도변화를 위해 권력 구조, 제도, 정치적 구조에 압력을 행사하는 것을 의미한다. 학대 노인을 보호하기 위해 노인 학대 관련 법과 제도를 바꾸려고 사회적으로 문제를 제기하는 것 등이 그 예이다.

정리해___봅시다

- 개입단계

사회복지사와 클라이언트가 합의하여 결정한 문제를 해결하기 위한 계획을 실천하는 단계이
다. 개인이나 집단, 가족 등 미시체계 수준의 클라이언트에게 직접적으로 개입할 수도 있고,
클라이언트를 돕기 위해 클라이언트 외의 개인, 소집단, 조직 또는 지역사회에 개입하여 변화
시키는 간접적인 방법도 있다.

- 직접적 개입

미시적 실천은 개인이나 집단, 가족 등 미시체계 수준의 클라이언트에게 직접적으로 개입한다.

- 간접적 개입

거시적 실천은 클라이언트를 돕기 위해 클라이언트 외의 개인, 소집단, 조직 또는 지역사회에
개입하여 변화시킨다.

- 사회복지사의 역할

사회복지사는 중개자, 조력자, 교사, 중재자, 옹호자, 사례관리자/조정자, 행동가로서의 역할을
수행할 수 있다.

생각해___봅시다

일반적으로 성인에게 효과적인 실천기법들이 아동·청소년들에게는 효과적이지 않을 수 있습
니다. 만약 사회복지현장에서 아동 및 청소년에 대한 개입을 할 때 필요한 개입기술은 어떻게
달라질 수 있는지 생각해 봅시다.

참고문헌

양옥경, 김정진, 서미경, 김미옥, 김소희(2010). 사회복지실천론(개정 4판). 경기: 나남.

엄명용, 김성천, 오혜경, 윤혜미(2014). 사회복지실천의 이해(3판). 서울: 학지사.

이영분, 김유숙, 신영화, 최선령, 최현미(2015). 사례로 배우는 가족상담과 가족치료. 서울: 학지사.

주경필, 김윤나(2018). 사회복지실천론. 서울: 한국방송통신대학교출판문화원.

최해경(2018). 사회복지실천론. 서울: 학지사.

Hepworth, D. H., Rooney, R. H., Rooney, G. D., & Strom-Gottfried, K. (2017). *Direct Social Work Practice: Theory and Skills* (10th ed.). Monterey, CA: Brooks/Cole.

Kirst-Ashman, K. K., & Hull, G. H., Jr. (2009). *Understanding Generalist Practice* (5th ed.). Belmont, NC: Brooks/Cole, Cengage Learning

Sheafor, B. W., & Horejsi, C. R. (2012). *Techniques and Guidelines for Social Work Practice* (9th ed.). London, UK: Pearson.

Zastrow, C. (1989). *The Practice of Social Work*. Chicago, IL: The Dorsey Press.

제12장

종결단계

●학습개요●

사회복지실천 과정의 최종단계는 종결이다. 종결은 개입을 끝마치는 것이므로 간단한 것처럼 보이지만 클라이언트의 사회적 기능을 강화시키는 동시에 사회복지사와 클라이언트가 개입의 전 과정을 통해 함께 발전해 온 성과를 이해하는 과정이기도 하다. 또한 클라이언트는 종결에 대해서 강한 정서적 반응을 동반할 수 있으므로 사회복지사는 최종단계에서 종결을 잘 다룰 수 있는 기술을 갖출 필요가 있다. 종결에는 또한 개입의 전 과정에 대한 평가가 병행된다. 평가는 개입의 전 과정에서 지속적으로 시행되지만 특히 개입이 끝날 때 더욱 중요하다.

●학습목표●

1. 사회복지실천에서 평가의 중요성과 평가의 유형을 익히고 특히 사회복지실천에서 활용하는 주요 평가기법을 이해한다.
2. 종결단계에서 사회복지사가 수행해야 할 과제를 이해하고, 종결에 따른 클라이언트의 반응에 대한 대처법을 익힌다.
3. 종결 이후의 사후관리방법에 대해 파악한다.

1. 사회복지실천 평가

사회복지실천의 평가는 넓은 의미에서는 사회복지실천 활동이 효과적이었는지, 효율적이었는지를 판단하는 것이다. 좁은 의미에서는 사회복지사의 개입 노력을 사정하는 것으로 개인이나 가족, 집단, 지역사회를 대상으로 실시한 개입이 변화를 일으켰는지, 어느 정도의 변화가 생겼는지를 사정하는 것이다. 최근 사회복지 분야에서는 책무성이 강조되고 있다. 사회복지사에게 책무성이란 클라이언트에게 계약내용대로 서비스를 제공하고, 사회복지전문직의 윤리와 가치를 서비스 전달 과정에서 잘 지켜 내며, 기관에 대해 기관의 프로그램과 정책 및 지침에 맞는 서비스를 제공해야 하는 것이다. 또한 기관은 기관을 지원해 주고 인가를 해 준 사람과 지역사회에 대한 책임을 이행해야 한다. 즉, 사회복지서비스가 정말로 대상자들의 삶의 질을 변화시켰다는 것을 증명해야 할 책임이 있는 것이다. 이러한 사회복지실천의 평가는 사회복지실천의 전 과정에서 지속적으로 일어나는 과정으로써, 사회복지사는 실천 전반의 목적과 목표의 달성도를 평가할 수 있으며, 목적과 목표를 성취하기 위해 사용된 수단의 적합성 또한 판단할 수 있다.

1) 평가의 중요성

평가가 사회복지실천에서 중요한 이유는 다음과 같다(이영실 외, 2014; 이재선, 김미림, 김성철, 2016: 321-322). 첫째, 사회복지실천의 효과성 측정이다. 평가의 일차적 목적은 목표를 달성했는지 측정하는 것이다. 그리고 원래 계획했던 대로 서비스를 제공해서 결과에 도달했는지, 즉 목표의 달성 여부를 사회복지실천이 얼마나 효과적이었는가로 측정한다. 둘째, 사회복지실천의 효율성 측정이다. 효율성은 동일한 비용으로 높은 효과를 내었을 때 증가하기 때문에 평가과정을 통해 실천의 효율성을 측정할 수 있다. 셋째, 자원 사용에 대한 책임성 입증이다. 이것은 재정적인 자원이나 지역사회의 승인이 필요할 때에 이에 대한 근거를 제시하는 계획안이 된다. 넷째, 클라이언트에 대한 책임성 이행이다. 사회복지사는 사례의 진행 정도에 대해 사회복지사 자신뿐만 아니라 지역사회와 클라이언트에게 알려 줄 책임을 이행할 수 있다. 다섯째, 실천과정에 대한 점검이다. 클라이언트는 어떻게 반응하고 있는지, 계획했던 변화가 일어나고 있는지 등 변화 과정에 대한 점검을 할 수 있다. 여섯째, 사회복지사가 사회복지실천 내용에 대해 점검하고 평가함으로써 반성할 기회를 갖고 새로운 활동에 반영하는 것이다. 이를 통해 특정 문제나 클라이언트에게 효과가 있는 개입 방법을 적용하게 되어 효과적인 개입이 가능해지며 사회복지사의 능력이 향상될 수 있다.

2) 평가의 유형

(1) 결과평가

결과평가(outcome evaluation, 성과평가)는 설정한 목표들이 얼마나 달성되었는가를 측정하는 것으로 개입을 통해 원하는 결과가 일어났는지를 평가하는 것이다. 따라서 이 경우에는 원하는 변화가 사회복지적 개입을 통해 일어났음을 검증해야 하는 것으로, 클라이언트의 변화를 알아보기 위해서 주로 실험적 조사설계를 활용하여 인과관계를 파악하고 그 결과에 초점을 둔다. 객관적인 자료를 얻기 위해서 단일집단 사전 · 사후 비교방법, 통제집단과 실험집단을 통한 평가방법 등을 활용한다.

① 단일집단 사전-사후 비교

단일한 집단에 대해 개입 전에 사전검사를 실시하고 개입 후에 사후검사를 실시하여 그 전후를 비교함으로써 개입의 효과를 측정하는 조사이다. 개입한 후 문제 수준이 감소하였다면 개입이 문제를 감소시키는 데 영향을 미쳤다고 판단할 수 있으며, 그 결과로 개입의 효과성이 증명된다. 단일집단 사전-사후 비교방법은 사회복지실천평가에서 많이 사용된다. 자활대상자들에게 근로의욕을 고취하기 위하여 10주간의 집단상담을 실시하기 전과 실시 후의 근로의욕 결과를 비교하여 프로그램의 효과성을 검토하는 것을 그 예로 들 수 있다.

② 실험집단과 통제집단을 통한 평가

개입을 한 집단(실험집단)과 개입을 하지 않은 집단(통제집단)을 비교하여 그 차이를 개입의 결과로 추정하는 것이다. 개입이 필요한 집단에 의도적으로 개입을 하지 않는 것은 사회복지윤리에 어긋날 수 있으므로 단일집단 사전-사후 비교방법에 비해 주로 활용되지 않는다. 또한 실험집단과 통제집단 간의 차이가 발생했다 할지라도 개입 이외에 다른 영향이 전혀 없었다고 볼 수 없다는 점에서 효과성 파악의 어려움이 있다. 이 평가방법의 예를 들면, 노인들을 위한 각종 여가활동 프로그램이 노인들의 생활만족도 향상에 도움을 준다는 가정하에 노인대학에서 운영하고 있는 각종 프로그램에 참여한 노인들에 대해서 6개월간 프로그램을 제공한 후 생활만족도를 측정한다. 그리고 이 프로그램에 참여하지 않은 인근 경로당 노인집단을 대상으로 생활만족도를 조사하여 그 차이가 있는지를 비교하는 것이다.

(2) 과정평가

과정평가(process evaluation)는 사회복지실천 과정을 분석하기 위한 것으로 성과평가에서 간과하기 쉬운 프로그램의 준비, 진행, 종결 과정에서 환경적인 요인과의 관련성을 각 과정에 따라 분석하는 것이다. 사회복지실천 개입이 클라이언트에게 도움이 되었는지, 클라이언트가 원조과정을 어떻게 인식했는지를 평가하는 것이다. 혹시 원조과정에서 도움이 되었거나 방해되었던 기술과 사건에 대해 클라이언트의 피드백을 받으면 사회복지사는 분별력을 가지고 실천기술을 사용할 수 있게 된다. 과정평가의 핵심은 긍정적인 변화를 유발할 수 있는 일반적인 요소를 잘 알아 실천에 통합하고 치료적 효과를 향상시키는 것이다.

과정평가에서 프로그램의 실행과정을 모두 기록할 때는 주로 이야기 형식을 활용하여 의사결정과 새로운 프로그램 개발에서 핵심적 사안들을 구체적으로 기술한다(황성동, 2007: 207). 과정평가의 초점은 클라이언트의 성공 여부에 있는 것이 아니라 프로그램 수행과정에서 무엇이 왜 일어났는지이다(황성동, 2007: 208).

(3) 형성평가

형성평가(formative evaluation)는 프로그램을 개선하는 데 초점을 둔다. 따라서 프로그램의 발전을 위해 필요한 정보를 수집하는 것이 목적이며, 적은 비용으로 신속하게 실행할 수 있다(황성동, 2007: 204). 형성평가는 계획된 변화 과정이 진행 중인 상태에서 이루어지는 것으로 미래 지향적이며 앞으로 오게 될 것에 영향을 미치고자 하는 평가이다(Kirst-Ashman & Hull, 2009: 272). 활동의 진행 과정에서 개입을 부분적으로 수정·개선하는 데 필요한 정보를 얻기 위하여 주기적으로 진전상황을 평가하는 것으로, 형성평가는 실천과정의 점검이라고 볼 수 있다.

(4) 총괄평가

총괄평가(summative evaluation)는 계획된 변화 과정의 시작시점에서 기대하였던 결과가 성취되었는지를 알아보는 데 목적이 있으며(Sheafor & Horejsi, 2012), 이에 따라 계획된 변화 과정이 끝난 후 평가할 수 있다는 점에서 형성평가와 대조된다. 개입이 목표한 바를 얼마나 잘 성취했는지를 평가하는 것으로 개입 방법의 성과나 효과, 즉 효율성과 효과성을 평가한다.

(5) 클라이언트 만족도 평가

클라이언트 만족도 평가(consumer satisfaction)는 평가 유형 중에서 가장 단순하고 가장 자주 사용하는 평가이다. 일반적으로 만족도 평가의 경우 클라이언트가 제공받은 서비스의 타당성, 이러한 서비스들이 실제로 문제를 해결한 정도 그리고 사회복지실천 과정에 대한 만족 등을 질문하는 설문지로 구성된다. 만족도 조사는 클라이언트의 주관적 경험을 측정한다는 점에서 서비스의 질을 평가하기에는 불충분할 뿐만 아니라 클라이언트의 인식만으로 파악한다는 점을 항상 유의해야 한다.

만족도 평가의 경우 대체적으로 긍정적 결과가 나타나는데 그 이유는 다음과 같다(황성동, 2007). 첫째, 만족도 측정을 위한 클라이언트 평가도구는 대체로 기관에서 자체 제작된 것이므로 신뢰도와 타당도에 있어서 문제가 있을 수 있다. 둘째, 참여자 선정의 오류가 있을 수 있다. 대부분의 서비스에 만족하지 않는 사람들은 프로그램의 초기에 탈락하기 때문에 실제 만족도 조사의 경우는 대체로 긍정적인 결과를 산출할 수 있다. 셋째, 클라이언트가 갖는 취약성이다. 클라이언트는 부정적으로 응답할 경우 서비스를 지속적으로 받을 수 없을 것이라는 두려움으로 인해 긍정적인 평가를 하는 경우가 많다.

(6) 동료평가

동료평가는 동료 사회복지사가 사회복지사의 수행 정도를 평가하는 것이다. 사회복지사는 클라이언트의 변화를 이끌어 내는 변화 매개자이며 스스로가 변화의 도구여야 하는 존재이기 때문에 사회복지사의 능력이나 활동에 대한 평가는 아주 중요하다. 동료평가는 개입의 결과보다는 과정에 초점을 두는 것으로 좋은 실천활동이란 어떤 것인지에 대한 기준과 원칙을 논의하면서 발달시키는 것이다. 기관에서는 일반적으로 정기적인 회의를 통해 동료평가를 하도록 하고 있다. 동료평가의 목적은 개입 과정에서 나타나는 사회복지사 개인의 문제를 수정하고 개선이 필요하면 기관의 정책이나 절차에 대한 수정을 요구하려고 하는 것이다.

3) 평가기법

일반적으로 사회복지실천 현장에서 주로 활용되는 평가방법으로는 표준화된 척도를 활용한 사전–사후 검사, 단일사례설계, 개별화된 목적달성척도(GAS), 과제달성척도, 만족도 조사 등이 있다. 각각에 대해 살펴보면 다음과 같다.

(1) 표준화 척도 활용

표준화된 측정도구는 타당도와 신뢰도 검증을 통해 그리고 다른 연구자가 사용하는 과정을 통해 이미 검증되어 있기 때문에 보편적인 측정도구로 인정받은 도구라 할 수 있다. 사회복지실천 현장에서 많은 클라이언트와 그들의 다양한 문제에 직면하는 사회복지사는 이들의 문제를 측정할 수 있는 과학적인 척도들이 필요하다. 이러한 척도는 인간의 행동, 성격, 인지, 태도, 만족, 감정과 그 외의 다양한 측면을 쉽게 측정할 수 있는 장점을 갖고 있으며, 실천가들이 가장 유용하게 사용하는 도구로 대표된다. 일반적으로 표준화된 척도는 정교하고 엄격한 통계분석방법을 통해 개발되었으며, 척도개발의 과정을 통해 반드시 필요한 문항은 남기고 필요 없는 문항은 버리는 정제과정을 모두 거친 것이다. 지능검사(IQ), 성격유형검사(Myers–Briggs Type Indicator: MBTI), 다면적 인성검사(Minnesota Multiphasic Personality Inventory: MMPI), 가족의 환경을 측정하는 도구(Family Environment Scale: FES) 등이 대표적인 도구라 할 수 있다.

> **〈Tip〉척도 선택에서의 유의점**
>
> • 과학적 · 체계적 · 논리적이어야 함
> • 실용적이고, 사용하기 쉽고, 응답자가 쉽게 완성할 수 있어야 함
> • 신뢰성과 타당성: 변화를 시도하는 욕구나 문제 자체의 측정뿐 아니라 변화의 가능
>   성과 그 결과에 대한 정보를 제공해야 함

(2) 단일사례설계

단일사례설계(single-subject design)는 개입이 성공적이었는지를 보는 조사방법으로 단일한 사례에 적용되었기 때문에 붙여진 명칭이다. 일반적으로 단일사례설계는 개입 이전과 개입 이후의 상태를 비교하는 것으로 흔히 AB 설계라고 하는데, A는 개입 이전 상태를 의미하고 B는 개입상태를 의미한다.

단일사례의 평가를 실시하는 단계를 보면, 먼저 쉽게 측정할 수 있는 목적을 규정한 후 개입 이전의 행동 빈도를 보여 주는 기초선(baseline)을 설정한다. 그리고 개입 중과 개입 후의 행동 빈도를 기록한 후 개입 전, 중, 후의 변화를 도표에 표시하면 변화가 쉽게 관찰된다. 하지만 사회복지실천에서는 기초선을 측정할 수 없는 상황도 많기 때문에 이러한 경우는 개입기간의 행동의 변화만을 기록할 수 있으며 B 설계라고 한다.

ABA 설계는 개입이 효과가 있었나를 검증하기 위해 일정 기간 개입을 실시한 후 중단한다. 중단한 후 기초선으로 다시 돌아간다면 그동안의 변화가 개입의 효과 때문이지만, 변화가 없다면 그동안의 변화는 개입으로 인한 것이 아니라 클라이언트를 둘러싼 다른 요인들 때문이라고 해석할 수 있다.

ABAB 설계는 ABA 설계에서 다시 개입을 시작한 것이다. 두 번째 개입이 실시된 후에도 변화가 일어난다면 이는 개입 때문이라는 것이 확실히 증명되는 것이다.

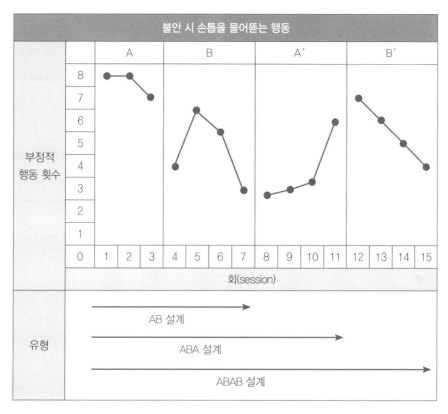

불안 시 손톱을 물어뜯는 행동

부정적 행동 횟수		A			B			A′			B′		
8													
7													
6													
5													
4													
3													
2													
1													

0 | 1 | 2 | 3 | 4 | 5 | 6 | 7 | 8 | 9 | 10 | 11 | 12 | 13 | 14 | 15

회(session)

유형	AB 설계
	ABA 설계
	ABAB 설계

[그림 12-1] AB 설계의 예시

(3) 목표달성척도

목표달성척도(Goal-Attainment Scaling: GAS)는 클라이언트에 따라 개별화된 목표에 도달한 정도를 측정하기 위해 개발된 것이다. 개입에 대한 클라이언트의 성취 수준을 측정하는 것으로 사회복지사는 클라이언트의 목적에 대한 진술을 기준으로 측정한다. 이러한 측면에서 클라이언트에 따라 개별화된 맞춤형 척도라고 볼 수 있다. 목표는 클라이언트의 욕구와 능력, 희망을 고려해 작성하고, 구체적이고 측정 가능하며 현실적이도록 작성하는 것이다.

〈표 12-1〉 목표달성척도의 예시

목표달성 수준	클라이언트: 이○○(52세의 빈둥지 증후군의 주부)		
	목표 1	목표 2	목표 3
	자녀와 경계 지키기	우울감 해소하기	개인적 성장
2점 (높은 수준의 성과)	자녀의 사생활을 존중한다.	사회봉사와 관련된 모임을 통해 삶의 의미를 찾는다.	자신의 목표를 알고 노력한다.
1점 (기대 이상의 성과)	자녀와 자신이 별개임을 알고 가끔 연락한다.	친구들과 적극적으로 각종 모임에 참여한다.	자신이 하고 싶은 일을 찾아본다.
0점 (기대한 수준의 성과)	자녀와 자신이 별개임을 인지한다.	주변 친구들과 연락하여 적극적으로 만나려고 노력한다.	자신의 삶에 대해 성찰한다.
-1점 (기대 이하의 성과)	자녀에게 하는 일방적인 연락을 자제한다.	매일 집 밖을 나가 이웃과 접촉한다.	가족만이 삶의 의미가 아님을 깨닫는다.
-2점 (전혀 성과 없음)	매일 자녀의 안부를 묻고 간섭하며, 자녀에게 섭섭해한다.	매일 자신의 삶에 대해 후회하며, 집에서 머문다.	삶의 의미를 모르겠다.

(4) 과제성취척도

과제성취척도(task-achievement scaling)는 개입모델이 특히 과제중심모델에 근거할 때 적합하다. 개입활동이 기초선을 설정하거나 단일사례설계를 이용하기 어려울 때 유용한 척도로, 일반적인 과제중심모델에서는 목적에 도달하기 위해 문제해결활동을 여러 개의 활동과 과제로 세분화하여 과제를 수행하는 과정에서 문제가 해결되도록 하기 때문이다. 즉, 척도는 과제가 성취된 정도를 평가하는 것으로, 사회복지실천에서는 클라이언트의 목적을 달성하기 위해 많이 활용되고 있다. 클라이언트와 사회복지사가 어떤 과제를 누가할 것인지 합의한 기대치를 토대로 하며, 과제수행 노력이 아닌 과제성취 결과에 초점을 둔다. 일반적으로 과제는 클라이언트가 달성 가능하다고 느낄 때에 조금씩 성취해 나갈 수 있기 때문에 빠른 시일 안에 달성 가능한 것으로 선정할 필요가 있다.

〈표 12-2〉 과제성취척도의 예시

클라이언트: 전○○(48세 남자인 실직자)		
과업(과제)	성취 수준	등급*
우울감 해소	친구들과 연락을 하고 만남을 가진다.	2
직장을 얻기 위한 노력	고용노동부를 통해 교육을 받고 구직등록을 한다.	3
가족과의 대화	아내 및 자녀와 대화를 시도한다.	2

* 등급 점수
0점: 전혀 달성되지 않음, 1점: 조금 달성, 2점: 일부 달성, 3점: 상당히 달성, 4점: 완전 달성

2. 종결

1) 종결단계의 과업

사회복지실천 과정의 최종단계는 종결이다. 종결은 개입을 끝마치는 것이므로 간단한 것처럼 보이지만 사회복지실천 과정에서 매우 중요한 단계이다. 종결은 클라이언트의 사회적 기능을 강화시키는 동시에 사회복지사와 클라이언트가 개입의 전 과정을 통해 같이 발전시켜 온 성과를 이해시키는 과정이기도 하다. 종결단계의 과업은 다음과 같다.

첫째, 종결시점을 결정하는 것이다. 종료시점은 개입 목표의 성취 여부 등에 따라 달라질 수 있다.

둘째, 개입의 목표성취 정도를 평가하는 것이다. 종결단계에서의 핵심적 과제는 합의된 목표가 성취되었는지의 여부이다. 종결은 희망하던 결과가 발생하였을 때 혹은 더 이상의 진전이 가능하지 않을 때 이루어진다. 이때 사

회복지사는 그동안 성취한 바를 정리해 주고 클라이언트체계가 그동안 얼마나 성장하였는지 인식하도록 도와야 한다.

셋째, 상담으로 인한 효과의 유지 및 지속 여부를 살펴야 한다. 사회복지사는 클라이언트체계가 원조과정에서 성취한 바가 종결 이후에도 유지될 수 있도록 원조해야 한다.

넷째, 종결에 대한 클라이언트의 반응은 슬픔에서 안도까지 그리고 상실감에서 자유에 대한 기대까지 다양하다. 그리고 클라이언트뿐 아니라 사회복지사도 정서적 반응을 가지고 있으므로 이를 인지하고 논의하고 해결하도록 해야 한다.

다섯째, 종결과정에서 클라이언트에게 도움이 더 필요하다고 판단될 때 적절한 의뢰를 해야 한다. 클라이언트는 의뢰를 '거부'로 받아들여 필요한 도움을 더 이상 받지 않으려 할 수 있기 때문에 신중하게 진행해야 한다. 의뢰는 정신과 의사와 같은 특정 개인이나 클라이언트가 필요로 하는 유형의 도움을 제공할 수 있는 기관에게 할 수 있다.

2) 종결의 유형

(1) 계획된 종결

사회복지사와 클라이언트의 관계는 종결로 귀결된다. 따라서 사회복지사의 종결시점을 원조관계의 중요한 부분으로 간주하는 것은 당연하다. 따라서 언제 종결할지를 결정하는 것은 사회복지사가 성취해야 하는 주요 과업 중의 하나라고 할 수 있다. 일반적으로 종결의 시점은 개입의 초기부터 정해지며, 이에 따라 클라이언트는 자신의 상담과정이 언제 끝날지를 예측하고 있다. 하지만 예정된 종결임에도 불구하고 클라이언트는 서비스가 중단되었다고 생각할 수 있고, 사회복지사는 남아 있는 문제를 해결하기 위해 다른 기관에 의뢰해야 하는 부담을 가질 수 있다. 따라서 사회복지사는 클라이언트에게 기관의 한계를 설명하여 신뢰관계가 손상되지 않도록 주의하고 적절한 기관에 의뢰해야 한다.

(2) 계획되지 않은 종결

계획되지 않은 종결은 클라이언트와 사회복지사 양자 모두에 의해 일어날 수 있다. 클라이언트가 상담 종결을 요구하거나, 클라이언트에게 갑작스러운 일정이 일어나 더 이상 서비스를 받을 수 없거나, 클라이언트의 문제 행동 등으로 더 이상 서비스를 제공할 수 없는 경우는 클라이언트의 주도에 의한 종결이라고 할 수 있다. 또한 사회복지사의 이직과 해고, 클라이언트의 비협조와 동기의 부족 등으로 개입이 도움이 되지 않다고 느낄 때 사회복지사에 의한 종결이 일어날 수 있다.

① 클라이언트의 일방적인 조기 종결

가장 긍정적인 종결방법은 사회복지사와 클라이언트 모두가 목표를 달성했음을 인지하고 합의하에 종결을 맞이하는 것이다. 하지만 일부 클라이언트는 갑자기 약속을 어기거나 핑계를 대면서 올 수 없다고 하거나 자기노출을 거부하는 등의 경우로 종결에 이르게 될 수도 있다. 하지만 클라이언트가 연락 없이 종결했다고 해서 꼭 부정적이라고 할 수는 없다. 클라이언트 스스로가 문제해결이 되어서 더 이상의 상담이 필요 없다고 생각해 스스로 종결을 결정할 수도 있기 때문이다. 하지만 클라이언트가 부정적인 감정 때문에 종결을 통보해 올 경우 종결 전에 클라이언트의 그러한 감정을 해소할 수 있도록 노력해야 한다. 또한 클라이언트가 필요로 할 경우 언제든 서비스가 제공될 수 있음을 알릴 필요가 있다.

② 사회복지사의 사정으로 인한 종결

사회복지사가 개인적인 사정으로 사직 혹은 이직을 하게 되어 개입이 중단될 수 있다. 혹은 상담과정에서 클라이언트의 비협조 등으로 개입이 도움이 되지 않다고 판단되어 개입을 중단할 수 있다. 이러한 경우 클라이언트가 계속적인 원조를 원한다면 모두에게 어려움이 있을 수 있다. 특히 사회복지사가 일방적으로 종결하면 클라이언트가 분노, 배신감 등을 느낄 수 있으므로 세심한 주의가 필요하다. 사회복지사는 클라이언트가 가능한 한 이러한 부정적인 감정들을 표현할 기회를 주고 극복할 수 있도록 도와준 후 다른 기관이나 사회복지사에게 의뢰하는 것에 대한 준비를 시켜야 한다.

3) 종결에 대한 반응

종결단계에서는 클라이언트가 실천과정을 통해 얻은 문제해결능력을 극대화하고, 종결 이후에도 자신의 문제해결 역량을 지속할 수 있도록 도와야 한다. 종결을 앞둔 클라이언트는 종결에 대한 다양한 반응을 보일 수 있기 때문에 종결에 대해 미리 충분히 준비시켜야 한다. 사회복지실천은 사회복지사와 클라이언트 간의 독특한 원조관계에서 이루어지기 때문에 클라이언트는 사회복지사와 관계를 종결할 때 어려움을 겪을 수 있다. 특히 의존이 강한 클라이언트는 이별에 따른 불안이 클 수 있으므로 이들의 감정을 잘 다뤄 줄 필요가 있다. 또한 종결 이후에도 문제가 있으면 언제든지 다시 도움을 요청할 수 있는 권리가 있음을 알려 줌으로써 클라이언트에게 심리적 안정감을 주어야 한다.

일반적으로는 개입의 목표가 성취되었기 때문에 맞이하게 되는 자연스러운 종결이 종결로 인한 충격이 가장 적을 수 있다. 그런 종결에서는 오히려 사회복지사와 클라이언트가 성취감을 느낄 수 있다. 하지만 특별한 관계의 유지가 종결됨에 따라 클라이언트들이 부정적인 반응을 보이기도 한다. 클라이언트가 보이는 부정적인 반응은 다음과 같다.

- 과거문제가 재발되었음을 호소한다. 이러한 경우 종결 이후의 삶과 관련한 두려움과 불확실성에 초점을 둔 개입을 통해 클라이언트의 부정적 감정을 해소하는 것이 필요하다. 또한 클라이언트의 감정에 공감하고 클라이언트의 성취에 대해서 검토한 후 스스로에 대한 믿음을 주는 것이 필요하다.
- 사회복지사에게 집착할 수 있다. 이러한 클라이언트의 경우는 원조관계를 통해 외부관계에서 긍정적인 성취를 얻으려 하기보다는 원조관계 자체를 관계의 대체물로 생각하는 경우라고 할 수 있다. 따라서 클라이언트의 부정적인 측면에 초점을 두기보다는 강점과 성장에 초점을 두고 개입할 수 있도록 해야 한다.
- 원조관계를 계속하기 위한 방편으로 새로운 문제를 호소한다. 클라이언트가 호소하는 새로운 문제의 중요성을 간과해서는 안 되지만, 종결에 대한 클라이언트의 감정을 탐색해야 한다.
- 클라이언트가 의존할 다른 대상을 찾는 경우이다. 사회복지사는 클라이언트의 역동을 인식하고 클라이언트의 선택이 어떤 결과를 가져올지를 점검할 수 있도록 해야 한다.

3. 사후관리

상담을 종결한 이후 1~6개월이 지났을 때 클라이언트의 변화를 평가하고 유지하기 위해서는 사후 회기를 갖는 것이 필요하다. 특별히 종결 이후 사후 회기의 활용은 평가 및 변화 유지와 밀접한 관련이 있다. 클라이언트는 종결 이후에도 지속적으로 발전하며, 사회복지사는 그것에 대한 확신을 갖고 클라이언트에게 계속 노력하도록 독려해야 한다.

사후 회기의 경우는 사회복지사의 노력에 대해 더 많이 평가할 수 있는 기회로 가장 도움이 된 것과 그렇지 않은 것을 돌아볼 수 있으며, 사회복지사에게 클라이언트가 기능적으로 퇴보하는 것을 막도록 적절한 원조를 계획하거나 종결 이후 발생한 문제를 다룰 수 있는 기회를 제공한다. 또한 클라이언트에게 여전히 남아 있는 문제가 있을 경우 추가적인 도움을 제공해 줄 수 있는 기회가 되기도 한다(Hepworth et al., 2006: 582).

사회복지기관은 사후지도의 절차와 시기를 제도적으로 수립하고 종결과정 시 클라이언트에게 사후지도에 대한 정보를 제공할 필요가 있다. 사후 회기를 갖는 것은 사회복지사가 클라이언트의 문제에 지속적으로 관심을 갖고 있다는 것을 보여 줌으로써 클라이언트가 종결의 충격을 최소화할 수 있다는 장점이 있다. 사회복지사는 사후 회기에서 미해결된 문제가 발견되면 클라이언트에게 필요한 도움을 제공할 수 있다. 이러한 도움은 이전에 서비스를 제공했던 사회복지사가 줄 수도 있고 의뢰를 통해 다른 사회복지사가 줄 수도 있다.

정리해__봅시다

- 사회복지실천의 평가

사회복지실천의 평가는 넓은 의미에서는 사회복지실천 활동이 효과적이고 효율적이었는지를 사정하는 것이고, 좁은 의미에서는 사회복지사의 개입 노력을 사정하는 것으로 개인이나 가족, 집단, 지역사회를 대상으로 실시한 개입이 변화를 일으켰는지, 어느 정도의 변화가 생겼는지를 사정하는 것이다.

- 종결단계의 과업

종결은 클라이언트의 사회적 기능을 강화시키는 동시에 사회복지사와 클라이언트가 개입의 전 과정을 통해 같이 발전시켜 온 성과를 이해시키는 과정이기도 하다. 종결을 잘 이행하기 위해서는 종결시점의 결정, 개입의 목표성취 정도의 평가, 상담의 효과 유지, 종결에 대한 클라이언트의 정서적 반응 검토, 의뢰와 같은 과업이 필요하다.

- 종결의 유형

종결에는 계획된 종결과 계획되지 않은 종결이 있으며, 사회복지사는 종결에 대한 클라이언트의 반응을 잘 다룰 수 있어야 한다.

- 사후관리

사회복지기관은 사후지도에 대한 절차와 시기를 제도적으로 수립하고 종결과정 시 클라이언트에게 사후지도에 대한 정보를 제공할 필요가 있다.

생각해__봅시다

1. 클라이언트 만족도 평가는 일반적으로 긍정적 결과가 높게 나타납니다. 클라이언트 만족도 평가 시에 고려해야 할 사항은 무엇인지 논의해 봅시다.
2. 클라이언트를 다른 기관에 의뢰할 때 새로운 서비스에 대해 클라이언트가 불안감을 보일 수 있습니다. 이때 유의해야 할 사항은 무엇인지 생각해 봅시다.

참고문헌

양옥경, 김정진, 서미경, 김미옥, 김소희(2010). 사회복지실천론(개정 4판). 경기: 나남.

엄명용, 김성천, 오혜경, 윤혜미(2016). 사회복지실천의 이해(4판). 서울: 학지사.

이영실, 나임순, 임원균, 신준옥, 조명희, 홍성희(2014). 사회복지실천론. 경기: 양서원.

이원숙(2014). 사회복지실천론. 서울: 학지사.

이재선, 김미림, 김성철(2016). 사회복지실천론. 경기: 양서원.

황성동(2007). 알기 쉬운 사회복지조사방법론. 서울: 학지사.

Hepworth, D. H., Rooney, R. H., Roony, G. D., Strom-Gottfried, K. S., & Larsen J. (2006). *Direct Social Work Practice: Theory and Skills* (7th ed.). Monterey, CA: Brooks/Cole.

Kirst-Ashman, K. K., & Hull, G. H., Jr. (2009). *Understanding Generalist Practice* (5th ed.). Belmont, NC: Brooks/Cole, Cengage Learning.

Sheafor, B. W., & Horejsi, C. R. (2012). *Techniques and Guidelines for Social Work Practice* (9th ed.). London, UK: Pearson.

제13장

사례관리

탈시설화 이후 클라이언트를 지역사회에서 보호하게 되면서 사례관리가 대두되게 되었다. 사례관리(case management)는 다양한 문제와 복잡한 욕구를 가지고 있는 클라이언트에게 종합적인 서비스를 제공하기 위한 실천방법이다. 그러나 우리나라의 경우 준비가 미처 되지 않은 상황에서 혼란스럽게 사용되고 있어 논란이 있는 상황이다. 이 장에서는 사례관리의 개념 및 도입배경을 살펴보고, 사례발견, 사례등록, 사정, 목표설정과 서비스 개입 계획의 수립 및 개입 실행, 개입평가와 측정으로 이루어지는 사례관리의 과정을 알아본다. 마지막으로 이러한 과정에서 사례관리자로서 어떠한 역할을 해야 하는지를 살펴보고자 한다.

●학습목표●

1. 사례관리의 개념 및 등장배경, 사례관리의 특징, 목적, 기능을 이해한다.

2. 사례관리의 과정을 이해하고 각 과정에서의 사회복지사의 역할을 파악한다.

3. 사례관리자의 다양한 역할에 대해 살펴보고 각 역할에 따른 구체적인 내용을 점검한다.

1. 사례관리의 개념 및 도입배경

사회복지현장에서는 1950년대와 1960년대에 탈시설화의 영향으로 지역사회 보호를 목적으로 하는 사례관리 차원의 개입이 수행되었다. 1976년 전미사회복지사협회(National Association of Social Workers: NASW)에서는 사회복지실천의 초점이 치료(cure)에서 보호(care)로 변화되고 있으며, 사례관리는 클라이언트 보호를 위한 실천의 새로운 출발점을 나타내는 개념이라고 제안했다. 1981년 Brieland(1981)는 사례관리가 사회사업을 개념화하는 하나의 수단이라고 언급했으며, 1990년 『사회사업백과사전(Encyclopedia of Social Work)』에서는 기존의 개별사회사업(case work) 대신 사례관리 항목이 새롭게 등장하는 등 큰 변화를 보여 주고 있다. 우리나라의 경우는 1990년대 이후에 사례관리에 대한 개념을 도입하여 클라이언트에게 필요한 도움을 통합적으로 제공하고자 노력하고 있다.

이처럼 사례관리는 대인서비스 실천영역에서 복합적인 문제를 가진 클라이언트의 욕구를 사정한 후 그것을 충족시키기 위해 적절한 서비스를 확인하고, 포괄적인 서비스 계획을 개발하며, 각종 서비스에 대한 클라이언트의 접근이 용이하도록 옹호를 제공하고, 적절하고 효과적인 서비스 전달을 점검하거나 평가하는 활동이다. 즉, 복합적인 욕구를 가진 사람들의 복지를 위해서 공식적 · 비공식적 지원과 활동의 네트워크를 조직 · 조정 · 유지하는 활동으로, 사회기능상의 문제를 가진 개인의 기능 회복 및 증진을 초래할 수 있도록 개인과 주변 환경을 변화시키는 데 지속적이고 통합적으로 개입하는 방법이다.

이러한 측면에서 사례관리는 기존의 공급자 중심의 복지서비스에서 수요자 중심의 복지서비스로의 전환이라고 볼 수 있다(노혁, 2014: 329). 예를 들어, 기존에는 실직한 알코올중독 아버지와 정신질환이 있는 어머니가 있는 아동이 있다고 하면, 이러한 가족에 대한 개입은 알코올상담센터, 고용노동부, 정신건강증진센터, 지역아동센터, 사회복지관, 주민자치센터 등 각각의 기관으로부터 서비스가 요구될 수 있다. 이처럼 사회복지현장의 클라이언트들은 대부분 다양한 문제를 갖고 있기 때문에 클라이언트가 지역사회 내의 서비스 제공자들을 일일이 찾아다니지 않고 사회복지사(사례관리자)로부터 필요한 서비스를 보다 쉽게 효율적으로 제공받도록 하는 접근이라고 할 수 있다. 사례관리는 클라이언트가 필요한 자원을 활용하여 스스로 자립적으로 생활할 수 있도록 도와주는 통합적인 서비스 전달방식이다.

〈표 13-1〉 개별사회사업과 사례관리의 비교

구분	개별사회사업	사례관리
개입의 범위	클라이언트와 그들의 가족에 대한 상담과 치료	클라이언트와 그들의 가족에 대한 적극적 개입과 지역사회 보호
서비스의 목적	문제해결을 통한 인격의 성장과 사회적 기능의 회복	지역사회 보호
서비스 제공 장소	사회복지사가 근무하는 기관 내	클라이언트 문제해결에 필요한 다양한 기관과 사회환경

이처럼 사례관리는 클라이언트의 욕구에 기초한 서비스 개발과 제공을 목적으로 하며 단편화되고 분산된 지역사회서비스를 조정하고 통합하고자 하는 것이다. 따라서 사례관리자는 지역사회 자원에 대한 충분한 지식과 정보를 갖고 있어야 하며 자원 관리와 조정 등의 간접적 서비스를 제공해야 하는 동시에 클라이언트와 환경체계를 사정하며 클라이언트의 다양한 욕구를 충족시킬 수 있는 직접적 서비스 역시 제공해야 한다.

Maxloy(1989)는 사례관리를 서비스 전달시스템으로서 복합적인 욕구를 가진 사람들의 기능 향상과 복지를 위해 공식적·비공식적 자원과 사회 지지망의 활용을 조직, 조정 및 유지하는 것이라고 정의하고 있다. Compton과

Galaway(1999)는 클라이언트의 사회적인 요구와 욕구를 확인하고, 지역사회에 이용 가능한 서비스를 결정하고, 클라이언트가 요구하는 공식적인 사회서비스를 획득하도록 돕는 과정으로 정의하고 있다. 즉, 사례관리는 사회복지실천의 전통적인 개입 방법인 개별사회사업, 집단사회사업, 지역사회복지를 통합적으로 적용한 사회복지실천의 핵심기술의 하나라고 할 수 있다. 사례관리는 개별 클라이언트의 복합적인 욕구에 초점을 두고 기관의 기능과 목적에 한정하기보다는 클라이언트의 문제해결과 관리 및 조정에 초점을 맞추며 개별서비스를 계획하여 실천하는 통합적인 활동이라고 정의할 수 있다.

사례관리 등장배경의 구체적인 내용은 다음과 같다.

첫째, 탈시설화(deinstitutionalization)의 영향으로 지역사회 중심 보호에 대한 이념으로 많은 클라이언트가 지역사회에 거주하게 되었다. 그러나 스스로 관리가 어려운 중증 정신장애인들은 흩어져 있는 여러 종류의 서비스에 각각 접근하는 것이 불가능했고 지역사회 내에서 제대로 관리와 보호를 받지 못하였다. 따라서 지역사회에 흩어져 있는 서비스를 통합적으로 제공하는 서비스 관리체계가 필요했다.

둘째, 복잡하고 분산된 사회복지서비스 체계를 통합하고 연계할 필요가 있었다. 미국의 경우 사회복지서비스 전달 체계가 공공부문에서 민간부문으로 이양되면서 다양한 서비스 간 조정을 담당할 장치의 부재가 발생하게 되었다. 따라서 서비스 중복을 막기 위해 조정하고 연계하는 기능에 대한 필요가 중요하게 부각되게 되었다. 즉, 복잡하고 분산된 서비스 체계에서 서비스의 연계성을 확보하여 클라이언트의 생활 전반을 다룰 수 있는 기능의 필요성이 있었다.

셋째, 지역사회 내 이용할 수 있는 자원 마련이 부족한 상황에서 클라이언트의 가족들은 클라이언트의 보호에 대한 과도한 부담을 느꼈고, 따라서 클라이언트와 그 가족들이 자원을 개발하고 연결할 수 있도록 돕는 서비스 기능이 요구되었다.

넷째, 기존의 사회복지서비스는 특정 서비스를 한정된 범위에서 특정 인구에게만 제공하는 형태로 이루어졌기 때문에 서비스가 단편적이고 세분화되어 있어 복합적인 문제와 욕구를 가진 클라이언트의 욕구를 충족시키는 데는 어려움이 있었다. 따라서 복합적인 문제와 욕구를 가진 클라이언트가 증가하면서 지역사회에 적응하는 데 필요한 서비스를 조직하고 충족시킬 수 있는 역할이 필요했다.

다섯째, 사회복지서비스에 대한 정부의 개입역할이 점차 지방자치단체와 민간기관으로 이양되는 경향에 따라 대규모 시설의 고비용서비스를 줄이기 위해 불필요한 시설 입소를 배제하고, 비용효과가 높은 서비스를 중심으로 재가서비스를 확대하게 되었다. 이처럼 사회복지에 투입되는 자원이 한정된 상황에서 서비스 간 중복을 피하고 비용효과를 높이기 위한 전문기술인 사례관리가 주목받게 되었다.

최근 우리나라는 사회복지관의 3대 기능 중의 하나로 사례관리가 규정되어 있으며, 공공사례관리 역시 시·군·구뿐 아니라 읍·면·동의 단위에서도 '국민중심의 생애주기별 맞춤형 복지'라는 명목하에 복지허브화라는 명칭으로 시행됨으로써 국가적 차원에서 대국민 직접적 서비스를 제공하는 최초의 통합적 서비스로서의 전달 체계 성격을 갖추고 있다.

〈Tip〉 최근 사례관리의 중요성이 강화되고 있는 요인

• 클라이언트를 가장 구속이 적은 환경에서 보호하는 것이 점차 강조됨
• 지역사회에서 클라이언트를 거주하게 하려는 목적
• 클라이언트가 가능하면 자신의 익숙한 집에서 오래 살 수 있게 하려는 목표
• 클라이언트에게 다른 형태의 보호를 제공하는 비용을 감소시키거나 절감하고자 하는 노력
• 이용 가능한 자원에 대한 이해가 부족한 클라이언트의 권리에 많은 관심을 가짐

- 일부 클라이언트는 제한된 능력으로 일반적인 의뢰가 도움이 되지 않음
- 환경이 문제에 어떻게 기여하는지에 대한 초점
- 의료모델에 대한 초점의 약화
- 보다 인간적인 프로그램의 확장 및 서비스의 복잡성과 파편화의 증대

출처: 이원숙(2014: 391).

2. 사례관리의 개입원칙

클라이언트에 대한 실천적 개입으로서의 사례관리는 일정한 원칙하에 이루어져야 한다. Kirst-Ashman과 Hull(2009)은 사례관리의 목적을 이루기 위한 사례관리의 개입원칙을 다음과 같이 제시하였다.

1) 서비스의 개별화

서비스의 개별화는 클라이언트의 독특한 신체적·정서적·사회적 상황에 따라 각 클라이언트의 욕구에 맞게 서비스를 제공하는 것이다. 각 개인은 서로 다르고 자신만의 강점이나 욕구가 있기 때문에 서비스도 각 개인에 따라 제공되어야 한다는 원칙이다.

2) 서비스 제공의 포괄성

서비스 제공의 포괄성은 지역사회에서 클라이언트의 다양한 욕구가 모든 분야에 걸쳐 충족시키기 위해 필요한 광범위한 지지를 연결하고 조정·점검하는 것이다.

3) 클라이언트의 자율성 극대화

클라이언트의 자율성 극대화는 클라이언트의 선택에 대한 자유를 최대화하고, 지나치게 보호를 하지 않으며, 클라이언트의 자기결정권을 가능한 보장하는 것이다. 클라이언트가 가능한 한 자립할 수 있도록 돕는 데 초점을 두고, 클라이언트가 자신의 서비스와 관련된 판단을 하는 데 있어서 자기결정 능력을 최대화하도록 하는 것이다.

4) 서비스의 지속성(연속성)

사례관리자는 클라이언트의 욕구를 점검해 서비스를 지속적으로 제공해야 한다. 단편적인 서비스 제공이 아니라 클라이언트가 자신의 생활현장에서 잘 적응해 나갈 수 있도록 지속적으로 원조해야 한다는 것이다.

5) 서비스의 연계성

서비스의 연계성은 복잡하고 분리되어 있는 서비스 전달 체계를 연결하는 것을 의미하는 것으로, 클라이언트의 욕구를 점검하여 일회적이거나 단편적인 클라이언트에게 필요한 서비스가 여러 기관에서 제공되지 않고 또 지속적으로 제공되게 하는 것이다. 즉, 적절한 서비스를 받을 수 있도록 다른 기관에 클라이언트를 의뢰함으로써 서비스가 연계되도록 하는 것이다. 이때 사례관리자는 다른 서비스 전달 체계 간의 중개자 혹은 권익옹호자의 역할을 한다.

6) 서비스의 접근성

클라이언트가 프로그램이 복잡하거나 자격조건 등이 다르거나 까다로워서 서비스 접근에 어려움이 있는 경우, 사례관리자는 서비스 제공자와 접촉하여 중개역할을 하여 좀 더 쉽게 자원에 접근할 수 있게 도와주어야 한다. 클라이언트가 서비스를 이용하는 데 있어 장애가 되는 심리적 요인이나 물리적 요소 혹은 사회 문화적 · 경제적 상황이 존재하는지를 살펴 서비스에 대한 접근성을 높여야 한다.

7) 서비스의 체계성

서비스 간의 중복을 줄이고 서비스의 비용을 효율적으로 하기 위해서는 서비스와 자원들 간에 조정이 필요하다. 사례관리자는 서비스를 제공하는 공식적 지원체계 간의 조정뿐 아니라 가족이나 친구 혹은 친지 같은 비공식적 지원체계를 통합하고 기능적으로 연결하여 다양하고 체계적인 지지망을 구축해야 한다.

3. 사례관리의 과정

클라이언트의 문제해결은 효과적인 사례관리 과정을 통해 이루어진다. 사례관리의 과정은 목표에 따라 클라이언트가 필요로 하고 원하는 서비스를 제공받기 위해 원조해 줄 수 있도록 이루어져야 한다. 일반적으로 사례관리의 과정은 사회복지실천 과정과 크게 다르지 않다. [그림 13-1]과 같이 접수-사정-계획-개입-점검-평가로 이루어진다. 사례관리의 과정은 서비스 제공 중 특정한 클라이언트의 다양한 욕구와 목적 및 필요성에 따라 다르게 적용될 수 있다.

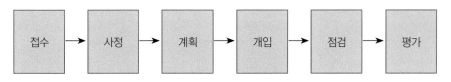

[그림 13-1] 사례관리의 과정

1) 접수

일반적으로 클라이언트는 자신의 문제를 스스로 해결하기 위해 방문하거나 가족 등의 의뢰를 통해 기관과 접촉하게 된다. 접수과정은 사회복지사가 클라이언트의 문제와 상황을 이해하는 과정이다. 일반적으로 접수면접을 통해 개인의 사회심리적인 정보를 모으고 신청서를 작성하는 것 등이 이루어지는 공식적인 과정이라고 할 수 있다. 접수과정은 개입의 시작, 즉 계약이라고 할 수 있다.

초기 상담 내역

상담번호				
상담자	○○○	상담일자 2020 ○월 ○일	상담 차시	(차) 상담
		소속	연락처	

상담경로: ■ 사례관리자의 발굴(동·통 사회담당) □ 타 기관 의뢰( ) □ 기관 내 의뢰( ) □ 좋은 이웃들( ) □ 129콜센터 이관( ) □ 복지사각지대( ) □ 보건소 의뢰( ) □ 대상자 요청(방법:) □ 기타( )

상담유형: □ 지역사회기관 방문 □ 가정방문 ■ 내방 □ 전화

대상자 성명	○○○	주민등록번호	****** - 1*****	성별 ■ 남 □ 여
연락처	집(직장) ***-***-****	주소	등본 주소 서울특별시 ○○구 ○○동	
	휴대전화 ***-****-****		실거주지 주소 서울특별시 ○○구 ○○동	

가구유형: □ 소년소녀가구 □ 노인부부가구 □ 독거노인가구 □ 청장년 1인가구 □ 조손가구 □ 부부중심가구 ■ 한부모가구 □ 미혼모 부가구 □ 세대민가구 □ 공동체가구 □ 장애인가구 □ 다문화가구 □ 기타( )

주거유형: □ 자가 □ 전세 □ 월세 □ 시글세 □ 임대주택 □ 무상임대 □ 기타(마이하기, 고시원 등)

가족사항					가구원 특성					대상자가 생각하는 가구원별 문제			개인별 전화번호
관계	성명	주민등록번호 (외국인등록번호)	동거 여부	장애 등록	생애주기	대상 특성	학력	직업	문제	문제 원인	원하는 지원	우선순위	
본인	▽▽▽		동거	-	중장년		중졸	일용직	11	알코올중독	생계비	1	
자	△△△		동거	-	청소년		중·고재학		14	학업성적 부진	도시락	2	

상담 내용

주요 문제: □ 안전(학대, 방임, 기타 안전) 문제 □ 사회적 관계(친인척, 이웃, 동료관계 등) 문제 ■ 생활환경 문제 ■ 신체 및 정신 건강 문제 □ 경제적 문제 □ 가족생활(가족관계, 돌봄, 간병 등) 문제 □ 법률 및 권익보장 문제 ■ 일상생활 유지 문제 □ 교육 및 학습의 문제 □ 취(창)업 및 직무수행상의 문제 □ 기타

상담결과 판정의견: □ 기초생활보장 □ 장애인복지 □ 영유아 □ 노인복지 □ 이동 □ 사회복지서비스(바우처) □ 청소년 특별지원 □ 긴급복지 □ 한부모가족 □ 기타 사회복지서비스( ) ■ 통합사례관리 대상/서비스 연계 □ 읍면동 서비스 연계)

상담자 종합의견: 알코올 문제로 사례관리 대상자로 선정하여 개입하였던 세대로, 당시 음금상황이 해소되어 사례관리를 종결하였으나, 최근 문제 상황이 재발하여 이에 대한 관리의 취업 및 주거 지원, 자녀 학습지원을 통한 안정적인 생활유지를 돕기 위해 통합사례관리 대상자로 재추천하고자 함

[그림 13-2] 초기 상담 내역 기록지

출처: 보건복지부(2020).

2) 사정

접수 이후 클라이언트의 확인과 접수를 통해 서비스 적격성이 확인되면 사정이 이루어진다. 클라이언트에 대한 사정을 통해 클라이언트 개인의 심리적·사회적 기능뿐 아니라 사회적 지지망과 지역사회 내에서 활용 가능한 자원까지 포함해 다차원적으로 접근할 수 있다. 일반적으로 클라이언트 사정

사례회의록			
1. 사례관리 번호		대상자명	
회의 차수		회의 일시	
2. 작성자		소속 기관	
3. 회의 제목			
4. 회의 내용			
5. 회의결과			
6. 내부 참석자			
7. 외부 참석자 (수행기관 종사자 등)	• 소속: • 직책: • 이름:		
8. 외부 참석자 (외부전문가)	• 소속: • 직책: • 이름:		
9. 차기 회의 예정일시	( )차:		

[그림 13-3] 사례회의록

출처: 보건복지부(2020).

을 위한 정보는 클라이언트의 가족과 클라이언트를 의뢰한 기관 등의 외부 정보제공자에 의해서도 이루어질 수 있다. 또한 정확한 사정을 위해서는 표준화된 척도 등의 다양한 사정 도구를 활용해 현재 클라이언트의 심리·사회적인 기능을 파악할 수 있다.

3) 계획

사례관리에서의 계획은 필요한 서비스를 발견하고 확보하는 과정이라고 할 수 있다. 사례관리자는 서비스 제공자들이 제공하는 서비스와 구성원들이 제공하는 사회적 지지활동을 통합할 수 있는 포괄적 서비스 계획을 수립하는 데 관여한다. 사례관리는 다학문적 과정이며, 사례관리자는 클라이언트의 욕구에 우선순위를 두고, 서비스의 목적과 목표를 수립하며, 관여시켜야 할 자원체계를 명확히 규정하도록 계획해야 한다.

4) 개입

계획이 세워지고 개입의 목적과 전략이 결정되면 사례관리자는 개입을 하게 된다. 이때의 개입은 크게 내부자원 획득을 위한 직접적 서비스 제공과 외부자원 획득을 위한 간접적 서비스 제공으로 나눌 수 있다(양옥경, 김정진, 서미경, 김미옥, 김소희, 2010). 직접적 서비스 제공의 경우 사례관리자는 이행자·안내자·교육자·정보제공자·지원자로서의 역할을 하는 반면, 간접적 서비스 제공의 경우에는 중개자·연결자·옹호자로서의 역할을 한다. 이 외에 환경에 대한 개입을 통해 클라이언트의 사회적 지원체계의 확장을 도모하거나 공식적 대인서비스 제공, 환경구성원과의 기술적 조력 및 협력 등의 기능을 한다.

5) 점검

점검과정은 클라이언트에게 제공되고 있는 서비스가 제대로 지원되고 있는지를 점검하는 과정이다. 이 과정에서는 서비스 계획이 적절히 실행되고 있는지, 서비스와 지원계획 목표가 어느 정도 성취했는지, 서비스와 사회적 지지를 어느 정도 산출했는지, 클라이언트의 욕구변화를 점검해서 서비스 계획을 바꾸어야 하는지 등을 검토해야 한다.

서비스 제공계획 및 점검표

| 관리번호 | | 대상자명 | ○○○ | 담당 사례관리자 | △△△ | 점검일자 | 2020○년 ○월 ○일 | 소속기관 | |

단기목표

번호	단기목표
1	전문기관 연계를 통한 알코올의존증 치료 및 관리하기(부)
2	학습멘토 연계를 통한 자기주도학습 방법 습득하기(자)
3	재무적인 문제해결을 통한 경제적 부담감 완화하기(부)

장기목표

번호	장기목표
1	알코올의존증 치료를 통해 음주에 대한 자기조절력 기르기(부)
2	학습능력 향상을 통해 자신감을 갖고 학교생활하기(자)
3	취업을 통한 생활 안정 찾기(부)
4	희망리본사업 참여를 통해 근로능력 강화하기(부)

욕구영역	개입목표	서비스명	대상자	우선순위	개입시기	서비스 시작 일자	서비스 종료 일자	횟수(회/1주당)	제공기관	담당자	점검 방법	이행 여부	변경 내역	변경 사유
안전														
건강	정신적 건강 유지	알코올의존증 완화	약물치료	○○○		1주일 이내	2020년 ○월 ○일		주 1회	**정신과	-	전화	이행 중		
건강	정신적 건강 유지	알코올의존증 관리	단주모임	○○○		한달 이내	2020년 ○월 ○일		주 1회	**알코올 상담센터	△△△	실시	이행 중		
일상생활 유지														
가족관계														
사회적 관계														
경제														
교육	기초지식 습득 및 향상	학습능력 향상	일대일 학습멘토	△△△		한달 이내	2020년 ○월 ○일		주 2회	**대학교 사회봉사단	△△△	실시	이행 중		
고용	구직역량 강화	취(창)업	희망리본 사업	○○○		한달 이내	2020년 ○월 ○일		수시	**	***희망 리본 본부	실시	이행 중		
생활환경														
법률 및 권익 보장	재무적인 문제해결	자산관리	무료 법률상담	○○○		1주일 이내	2020년 ○월 ○일		1회성	무료법률 홈닥터	△△△	실시	이행 중		
기타														
대상자 실태 점검 결과														

본인은 2020년 ○월 ○일부터 상기와 같은 서비스 이용에 동의하며, 적극적으로 변화 노력에 동참할 것을 약속합니다. 또한 더 나은 생활지원을 위해 협력하는 기관들과 본인 및 가족의 기초정보 및 서비스 진행 과정에 대한 정보를 공유하는 것에 대해 동의합니다.

2020○년 ○월 ○일 성　명: ○○○ (인)
2020○년 ○월 ○일 사례관리자: △△△ (인)

[그림 13-4] 서비스 제공계획 및 점검표

출처: 보건복지부(2020).

6) 평가

사례관리의 평가단계는 사례관리자가 만들고 조정한 서비스의 계획, 구성요소, 활동 등이 클라이언트의 삶에 어떤 영향을 미치는지를 측정하는 과정이라고 할 수 있다. 평가에는 클라이언트에 관한 서비스와 개입 계획에 관한 평가, 목적달성에 대한 평가, 전반적인 사례관리서비스 효과에 대한 평가, 클라이언트 만족도에 관한 평가가 있다.

또한 재사정(reassessment)을 통해 클라이언트의 사회생활상의 욕구가 충족되지 않고 생활상의 곤란이 생겨나고 있는지에 대한 점검이 필요하다. 만약 부적절한 결과를 보인다면 목표의 설정과 계획으로 돌아가 사례관리 과정을 순환적으로 반복할 수 있다.

〈표 13-2〉 종결심사서 작성방법

항목	작성방법
1. 성과목표별 (단기 · 장기) 성과 내용	• (목표 내용) 대상자와의 상담을 통해 서비스제공계획 수립 시 설정한 장 · 단기 목표 내용 기록 • (성과 구분) 전혀 달성하지 못함, 기대 이하로 달성함, 보통 수준으로 달성함, 기대한 정도의 목표 달성함, 기대 이상의 목표 달성함 등 달성 여부 및 정도 기록 • (성과 내역) 목표별 성과 내용을 기록
2. 사례관리자 의견 (담당자 의견)	• 성과목표 달성 여부 결과를 기초로 서비스 지속 제공 여부 필요성, 타 기관 의뢰 필요성 등 종결에 대한 담당자 개인의 전문적인 의견을 기술
3. 대상자(가족)의 변화	• 개입을 통해 대상자 및 가족의 변화된 정도를 기술

4. 종결심사 의견	• 사례관리 대상자를 둘러싼 이해관계자 간의 사례회의를 통해 대상자의 변화를 유도하고 적절한 보호 조치가 이루어졌는지 여부를 평가하고 대상자에 대한 종결 여부 논의 결과를 요약하여 기록 ※ 장기목표 달성 없이 단기목표 달성만으로 종결할 경우 그 사유를 특이사항란에 명기
5. 종결심사 결과	• 대상자를 둘러싼 중대한 환경 및 욕구의 변화가 발생한 경우 욕구 조사를 재차 실시하며, 그 외의 경우 종결 처리
6. 종결 유형	• (장기목표 달성) 대상자의 욕구 및 문제점을 진단하여 당초 수립했던 장기목표 달성으로 판단되는 경우 • (단기목표 달성) 대상자의 욕구 및 문제점을 진단하여 당초 수립했던 단기목표 달성으로 판단되는 경우 • (상황 호전) 위기도 조사를 실시한 결과, 사례관리 전후 점수가 ○점 이상 향상되고 대상자의 취업 또는 환경 변화로 인하여 상황이 호전되어 더 이상 사례관리 서비스가 불필요한 경우 • (거절이나 포기) 서비스에 대한 거부가 지속되는 경우 또는 사례관리 서비스에 대한 동의 이후 계약에 대해 해지를 요구하여 사례관리 진행의 중단이 야기되는 경우 • (연락두절) 대상자가 의도적으로 사례관리자를 회피하여 3개월 이상 연락을 끊는 경우 • (이사 또는 사망) 대상자의 이사로 인해 타 지역으로 사례관리를 이관해야 할 경우 또는 사망으로 인해 더 이상 사례관리를 진행할 수 없는 경우 • (자체종결) 기관의 자원·능력의 한계, 사례관리 대상자의 소극적 참여 등

출처: 보건복지부(2020).

4. 사례관리자의 역할

일반적으로 사례관리자는 클라이언트의 욕구를 확인한 후 관계를 수립하고 클라이언트의 욕구를 사정하며, 적절한 서비스를 계획·배치하고, 클라이언트를 지역사회의 여러 자원에 연결하며, 목표를 성취하기 위한 과정을 감독하는 등의 활동을 수행한다.

사례관리자의 역할은 다음과 같다(엄명용, 김성천, 오혜경, 윤혜미, 2011: 384-385).

첫째, 사정자로서의 사례관리자는 클라이언트의 문제나 약점에 초점을 두기보다는 강점, 능력, 가능성, 자원, 잠재력과 같은 긍정적 측면에 초점을 두고 클라이언트의 욕구를 수집하고 분석하는 등의 종합적인 역할을 해야 한다.

둘째, 계획자로서의 사례관리자는 클라이언트의 욕구충족을 위한 사례계획, 치료, 서비스 통합, 기관의 협력 및 서비스 네트워크를 계획하고 조직한다.

셋째, 상담자로서의 사례관리자는 새로운 지식이나 기술이 필요하고 문제해결능력 및 대처능력 향상이 필요할 때 이를 획득할 수 있도록 가르치고 기능 향상을 위해 원조해야 한다.

넷째, 중개자로서의 사례관리자는 자원과 클라이언트를 연결해야 한다. 많은 클라이언트는 자신이 필요로 하는 자원을 지역사회기관으로부터 제공받지 못하거나 지식이나 능력의 부족으로 자원 활용에 대한 인식이 부족하기 때문이다.

다섯째, 조정자로서의 사례관리자는 클라이언트와 원조자들 간의 관계에 필요한 활동을 조정해야 한다. 클라이언트의 문제를 사정하고, 원조자들로부터 도움이 필요한 욕구를 사정하며, 원조를 수행하는 과정에서 클라이언트의 욕구와 자원 간의 관계, 클라이언트와 원조자들 간의 관계에서 필요한 활동을 조정해야 한다. 클라이언트에게 필요한 다양한 자원은 다양한 원조자로 이루어진 사회적 지지망을 통해 제공되어야 하기 때문에 서비스의 효과성을 향상시키기 위해 원조자들과의 의사소통이 중요하다.

여섯째, 평가자로서의 사례관리자는 프로그램의 효과성 및 효율성을 평가하여 사례관리 과정 전반에 대한 정보를 수집하고 분석해야 한다. 특히 개별 클라이언트 및 담당사례, 서비스 계획, 서비스 전달 체계, 서비스 활동 및 지원체계의 효과성을 분석해야 한다.

일곱째, 옹호자로서의 사례관리자는 자신을 스스로 대변하고 옹호하는 능력이 부족한 클라이언트를 대변하여 클라이언트의 요구사항을 구체화시키고 가능한 자원이 클라이언트에게 적절히 공급될 수 있도록 지원활동을 해야한다.

〈Tip〉사례관리의 이론적 기반

• 임파워먼트

사례관리에서 임파워먼트는 클라이언트가 강점을 갖고 있다는 기본 전제하에 클라이언트가 사회환경에서 잠재적 자원을 찾아낼 수 있도록 사회복지사가 함께한다는 것을 강조한다. 즉, 클라이언트의 문제해결 및 긍정적 변화 과정에서 클라이언트는 완벽히 동반자로서 과정에 참여하여 함께 활동한다는 것을 전제를 한다.

• 생태체계적 관점

인간의 다양성 및 인간과 환경 간의 상호관계를 이해하는 방법을 제공하는 생태체계적 관점은 사례관리실천에서 인간과 인간을 둘러싼 환경이 어떻게 작동하는가에 대한 내용에서 사회복지사들이 클라이언트와 함께 클라이언트의 잠재적 역량을 개발하고 욕구충족에 필요한 다양한 자원을 조정하고 발굴하는 데 중요한 개념틀을 제공한다.

• 사회적 지지망

사례관리는 공식적으로 전문적인 서비스와 비공식적인 사회적 지원망을 조정하고 통합하는 데 초점을 둔다. 이용 가능한 자원을 가지고 있는 개인이 자신이 갖고 있는 다양한 자원을 적절하게 활용하지 못할 경우 이러한 사회적 지지망의 활용을 돕는 것이다. 하지만 사회적 지지망이 지지할 수 있는 사회적 자원이 결여되어 있다면 개입의 목적은 비공식적 지지망을 형성시켜 주거나 공식적 지지서비스를 제공하는 것이다.

출처: 노혁(2014: 336-337).

정리해___봅시다

• 사례관리의 개념

사례관리는 다양한 문제를 가지고 있는 클라이언트를 효과적으로 돕기 위한 사회복지실천의 한 방법이다. 클라이언트 스스로 그의 능력을 개발하도록 지지하며, 사회적 자원망을 개발하거나 강화시키는 것이다.

• 사례관리의 등장배경

사례관리는 탈시설화에 따라 지역사회를 보호하고, 복잡하고 분산된 서비스 체계를 통합연계하며, 한정된 자원에서 서비스 비용의 억제 및 전달을 최대화하려는 노력으로 시작되었다.

• 사례관리의 과정

사례관리는 접수-사정-계획-개입-점검-평가의 과정으로 이루어진다.

• 사례관리자의 역할

사례관리자는 상담자, 조정자 그리고 옹호자 등의 역할을 한다. 사례관리자는 클라이언트에게 연속적이고 지속적인 보호를 제공하는 기능에 초점을 맞추고 있다.

생각해___봅시다

다음의 복합적인 문제를 갖고 있는 클라이언트에 대한 사례관리 과정에 대해서 논의해 봅시다.

〈사례 1〉

학교를 중퇴한 영호는 18세의 청소년이다. 어머니가 미혼모로서 영호를 양육했지만 2년 전 결혼해 영호는 새아버지, 어머니와 함께 살고 있는 상황이었다. 새아버지는 심한 알코올 중독자로서 만취한 상태로 어머니와 영호에게 폭력을 가하는 경우가 잦다. 어머니는 식당에서 일을 하고 있으며 새아버지는 최근 실직한 상황이다. 영호는 어머니에 대한 반항으로 최근 가출했으며 가출팸의 일원으로 최근 합류한 상태에서 아웃리치 상담원을 통해 상담이 의뢰된 상황이다. 영호는 어머니에 대해 양가감정을 갖고 있으며 미래에 대한 계획이 없다.

〈사례 2〉

아이를 경찰서 앞에 유기하다 구속된 21세의 미숙은 3급 지적장애를 갖고 있는 여성이다. 미숙은 이미 두 차례나 아이를 임신해 미혼모시설을 통해 아이를 입양시킨 전력이 있다. 미숙의 부모 역시 지적장애를 갖고 있으며, 이번 미숙의 아동 유기는 미숙이 가출한 상황이었기 때문에 부모는 모르고 있는 상황이다. 미숙은 이번만큼은 아이를 양육하고 싶었으나 막상 출산한 이후에는 두려워져 경찰서에 유기하면 잘 키워 줄 것이라고 생각했다고 한다. 아이의 아버지에 대해서는 누군지 모르겠다고 한다.

참고문헌

노혁(2014). **사회복지실천론**. 서울: 학지사

보건복지부(2020). 2020년 찾아가는 희망복지지원단 업무안내.

양옥경, 김정진, 서미경, 김미옥, 김소희(2010). **사회복지실천론**(개정 4판). 경기: 나남.

엄명용, 김성천, 오혜경, 윤혜미(2011). **사회복지실천의 이해**(3판). 서울: 학지사.

엄명용, 김성천, 오혜경, 윤혜미(2016). **사회복지실천의 이해**(4판). 서울: 학지사.

이원숙(2014). **사회복지실천론**. 서울: 학지사.

Brieland, D. (1981). Definition, specialization and domain in social work. *Social Work, 26*(1), 78–82

Compton, B. R., & Galaway, B. (1999). *Social Work Processes* (6th ed.). Pacific Grove, CA: Brooks/Cole Publishing Company.

Kirst-Ashman, K. K., & Hull, G. H., Jr. (2009). *Understanding Generalist Practice* (5th ed.). Belmont, NC: Brooks/Cole, Cengage Learning.

Maxloy, D. (1989). *The Practice of Case Management.* Thousand Oaks, CA: SAGE Publications.

Sheafor, B. W., & Horejsi, C. R. (2012). *Techniques and Guidelines for Social Work Practice* (9th ed.). London, UK: Pearson.

인명

공계순 226
김윤나 380
김융일 175

서인해 226

엄명용 360

주경필 380

황성동 392

Addams, J. 25

Bartlett, H. M. 35, 109, 177
Bertalanffy, L. V. 183
Biestek, F. P. 245
Bowen, M. 339, 373
Boyle, S. W. 321
Brieland, D. 406
Brill, N. I. 41, 150
Bronfenbrenner, U. 193, 195
Brown, L. B. 327

Chestang, L. W. 213
Compton, B. R. 139, 204, 206, 251, 407
Cournoyer, B. R. 150, 224, 225

Dolgoff, R. 46, 64, 65
DuBois, B. 140, 216, 222, 304
Duvall, E. M. 336

Farley, O. W. 321
Flexner, A. 131
Friedlander, W. A. 37

Galaway, B. 139, 204, 206, 251, 408
Gambrill, E. 321
Germain, C. B. 193, 211
Gitterman, A. 193, 211
Goldstein, H. 212
Gordon, W. E. 32
Greenwood, E. 130

Hartman, A. 342
Hepworth, D. H. 134, 254, 304, 360

Horejsi, C. R. 361
Hull, G. H., Jr. 304, 326, 384, 410

Johnson, L. C. 101, 243, 322

Kagle, J. 297
Kirst-Ashman, K. K. 304, 326, 384, 410
Kuhn, T. 171

Levitt, J. L. 327
Levy, C. S. 32, 38, 46
Loewenberg, F. M. 46, 64, 65
Lutz, F. A. 203

Maxloy, D. 407
Meyer, C. H. 211, 304
Miley, K. K. 140, 202, 216, 222, 304
Minahan, A. 22, 204
Moreno, J. L. 345

O'Melia, M. W. 140, 304

Osgood, C. E. 346

Perlman, H. H. 81, 208, 210
Perron, B. E. 338
Pincus, A. 22, 204
Pinderhughes, E. 213
Proctor, E. K. 224
Pumphrey, M. 33

Rawls, J. B. 36
Reamer, F. G. 63

Richmond, M. 26, 50, 182, 320
Rooney, G. D. 360
Rooney, R. H. 360
Rosenblatt, A. 223
Ruffolo, M. C. 337

Satir, V. 376
Seden, J. 101
Sheafor, B. W. 115, 304, 361
Smith, L. L. 321
Solomon, B. B. 213

Strom-Gottfried, K. S. 360

Tannenbaum, P. H. 346
Toynbee, A. J. 75

Voshel, E. H. 338

Yanca, S. J. 243

Zastrow, C. H. 19, 140, 155

•

내용

1차 현장 109
2차 현장 109
4P 210
4체계 모델 204
6P 210
6체계 모델 204, 206
FES 393
Freud 학파 79
MBTI 393
MMPI 393
NASW 50, 52
SMART 350
SOAIGP 형식 294
SOAP 형식 292

가계도 159, 339, 374
가정 기반 103
가정위탁지원센터 114
가정폭력방지 및 피해자보호 등에
    관한 법률 119
가정폭력피해자 지원시설 121
가족권력 334
가족대상 사회복지실천 102, 104

가족목표 334
가족사회복지실천 103
가족신화 335
가족에게 초점 19
가족역할 335
가족연대기 374
가족의 인생주기 336
가족의 하위체계 334
가치 32, 44
가치상충 42
간접인용 283
감정이입 244, 263, 306
강점관점 173, 218
강점에 초점 83
강화 364
개방체계 185
개방형 가족체계 333
개방형 질문 260
개별사회사업 78
개별화 246
개인대상 실천기술 101
개입단계 359
거시적 수준 18

거시체계 196
격려 361
결과우선가치 39
결과평가 389
결정론 172
결정론적 패러다임 172
경계 185
경계 만들기 375
경로당 116
경청 258
경험주의적 가족치료 376
계약 353
계획가 138
계획수립 348
계획자 421
고지된 동의 50
공간성 184
공공기관 110
공동생활가정 114
공유영역 201
과정기록 283
과정평가 390
과제성취척도 396

관계 242
관계성질문 379
관계형성의 원칙 245
관찰 256
관찰기술 101
교사 383
구두계약 354
구조적 가족치료 374
궁극적 가치 33
권위기반실천 225
권위와 권한 244
긍정적 관심 307
기능주의 208
기능주의 학파 80
기록 273
기적질문 378
기획가 138

네겐트로피 186, 188
노인 일자리 전담기관 117
노인 일자리 지원기관 117
노인 취업 알선기관 117
노인공동 생활가정 116
노인교실 116
노인복지 주택 116
노인복지관 116
노인복지시설 116
노인여가복지시설 116
노인요양 공동생활가정 116
노인요양 시설 116
노인의료복지시설 116
노인인력 개발기관 117
노인주거복지시설 116
녹음 296
녹화 296

다중결과성 190
단기보호 서비스 117
단일사례설계 394

단일화 모델 212
대상 100
대상집단 108
대상체계 184
대처 201
대처질문 378
대화단계 220
도덕 44
도전 363
독특함 19
동료평가 392
등결과성 190
따뜻함 264

면접 250
면접기술 256
면접의 구성요소 254
명확한 의사소통 244
목표 350
목표달성척도 395
문제중심기록 291
문제해결 모델 207, 209
문제해결과정 210
문제해결기술 365
미국사회복지교육협의회 39
미시적 수준 18
미시체계 195
민간기관 110
밀포드 회의 177

반영적 경청기술 101
반영하기 264
발견단계 220
발전단계 220
방문목욕 서비스 117
방문요양 서비스 117
방법 100
범위 100
변화매개체계 204, 206

병원사회복지사업 125
부적 환류 189
분야 108
분위기 조성 기술 101, 263
불변성 184
비밀보장 19, 62, 249
비심판적 행동 154
비심판적인 태도 248
비자발적인 클라이언트 308

사람우선가치 38
사례관리 406
사례관리자 135, 384
사전 동의 34
사정 81, 253, 320
사정자 421
사회계획 106, 107
사회기술훈련 366
사회력 278
사회복지 생활시설 111
사회복지 이용시설 112
사회복지사 132
사회복지사 윤리강령 55
사회복지사업법 93, 108
사회복지실천 평가 388
사회복지실천 현장 108
사회적 관계망 337
사회적 네트워크 맵 337
사회정의 36
사회진단 26, 320
사회행동 106, 107
사후 회기 401
산출 188
상담자 421
상위체계 185
상호인과성 184
상호작용 200
상호작용 관찰 331
생심리사회적 사정 324

생태도 159, 342
생태체계 관점 192, 197, 199
생태학 210
생활 모델 193, 210, 211, 212
생활력 도표 344
생활환경 199
서면계약 354
서비스기관 111
성매매방지 및 피해자보호 등에 관
    한 법률 119
성매매피해 지원시설 120
성폭력피해자 보호시설 120
소시오그램 345
수단우선가치 39
수단적 가치 34
수용 244, 248
슈퍼바이저 138
슈퍼비전 160
스트레스 201, 212
스트레스 관리기술 366
시간체계 196
시련기법 380
실연 375
실천기술 101
심리검사 314

아동 전용시설 114
아동보호전문기관 114
아동보호치료시설 114
아동복지 112
아동복지시설 114
아동상담소 114
아동양육시설 114
아동일시보호시설 114
안내 263
안정상태 187
암묵적 계약 354
양가감정 308
양로시설 116

엔트로피 186
여성복지 119
역동적 균형상태 188
역량강화 173, 215, 218, 219
역량강화 모델 213
역량강화과정 214
역설적 개입 379
예외질문 377
온정 307
옹호자 136, 139, 384, 422
외국원조기관 87
외부체계 196
요약기록 287
우애방문단 73
원가족 삼인군 치료 376
위계 186
유능성 200, 218
윤리 44
윤리강령 48, 49
윤리원칙 준거틀 65
윤리적 갈등 59
윤리적인 의사결정 63
의도적인 감정표현 246
의뢰 306
의뢰-응답체계 207
의무상충 42
의사결정모델 64
의의차별척도 346
이야기체기록 289
인간의 존엄성 35
인보관운동 75
일반체계이론 183
일반화 362
일원적 접근 179
임의형 가족체계 333
임파워먼트 243

자기결정권 19, 61
자기노출 157

자기모니터링 331
자기보고 330
자기인식 149
자기주장 156
자기주장훈련 156, 366
자기통제 157
자료수집 312
자립지원시설 114
자문가 137
자선조직협회 73
자아존중감 152
장애인 거주시설 119
장애인 생산품 판매시설 119
장애인 의료재활시설 119
장애인 지역사회재활시설 119
장애인 직업재활시설 119
장애인복지 118
장애인복지법 118
장애인복지시설 119
재가노인복지시설 117
재명명 363
재보증 362
재활사회복지사업 125
저출산·고령사회 기본계획 115
저항감 308
적응 200
적응적합성 200
전략적 가족치료 379
전문가체계 207
전문적 관계 19
전문적인 원조관계 242
전통적 문제해결과정 214
전통적 방법론 174, 175
전환과정 188
접수 304
정보의 이차적 출처 332
정보의 출처 330
정보제공 364
정신건강 사회복지실천 122

정신건강증진 및 정신질환자 복지
  서비스 지원에 관한 법률 122
정신건강증진시설 123
정신요양시설 123
정신의료기관 123
정신재활시설 123
정적 환류 189
정책 및 절차 개발자 139
제도적 대책 19
조력자 383
조언 364
조정자 384, 421
조직분석가 136
조직화 184
존엄성 19
종결 397
주·야간 보호서비스 117
중간 수준 18
중간노트 281
중간체계 195
중개자 134, 383, 421
중재자 135, 383
증거기반실천 222, 223
지시적 기법 380
지역사회 기반 103
지역사회개발 106, 107
지역사회실천 106
지역사회중심 보건의료사회복지사
  업 124
지역아동센터 114
직면 363
직면하기 265
직접관찰 방식 331
직접서비스 134

직접인용 283
진단적 학파 79
진단주의 208
진실성 307
진정성 244, 264
질문 260
질문기술 101
집단과정 촉진기술 367
집단사회복지실천 105
집단지도 105

차등적 가치 33
처벌 364
척도질문 378
체계 184
체계론적 관점 104
초기면접지 309
초점 263
초점·안내·해석기술 101
초점화 363
촉진자 137
총괄평가 391
추후점검 282
축소론 172
축소론적 패러다임 172

클라이언트 만족도 평가 392
클라이언트 자기결정 249
클라이언트체계 204, 206

타인에 대한 관심 243
타임아웃 365
탈삼각화 374
통제된 정서적 관여 247

통합적 접근 170, 177, 178, 179
투입 188
팀 구성원 137

패러다임 171
평가자 421
폐쇄체계 186
폐쇄형 가족체계 333
폐쇄형 질문 260
표적문제 351
표적체계 205, 206
표준화된 측정도구 393
프로그램 개발자 138

하위체계 185
학대피해노인 전용쉼터 117
항상성 187
해결중심 단기가족치료 377
해석 263
행동가 384
행동조성 365
행동체계 205, 206
행정기관 111
헌신과 의무 243
협력과 파트너십 218
형성평가 391
호스피스 사회복지사업 124
홀론 187
환경 속의 인간 79
환경 속의 인간 관점 182
환기법 362
환류 189

저자 소개

양정빈(Yang, Jung-Bin)
성균관대학교 사회복지학과 학사
미국 일리노이 주립대학교(어버너–샴페인) 사회사업대학원 석사(MSW)
성균관대학교 대학원 사회복지학 박사
현 남서울대학교 노인복지학과 부교수

〈주요 저서〉
의료사회복지론(공저, 학지사, 2016)
사회복지실천기술론(공저, 교문사, 2014)
노인복지론(공저, 창지사, 2011)

김효순(Kim, Hyo-Soon)
서울대학교 생활과학대학 아동가족학과 학사
서울시립대학교 대학원 사회복지학과 석사
성균관대학교 대학원 사회복지학 박사
미국 시카고 로욜라 대학교 사회복지대학원 박사 후 연구원
현 세종사이버대학교 상담심리학부 교수

〈주요 저서〉
재혼가족론(한국창의인성교육연구원, 2019)

〈주요 논문〉
Exploratory Study on the Factors Affecting Marital Satisfaction among Remarried
    Korean Couples(2010)

이무영(Lee, Moo-Young)
숙명여자대학교 가정관리학과 학사
숙명여자대학교 대학원 가정관리학과 석사
숙명여자대학교 대학원 아동복지학 박사
성균관대학교 대학원 사회복지학 박사
현 대덕대학교 사회복지과 부교수

〈주요 저서〉
가족복지론(공저, 공동체, 2019)
아동권리와 복지(공저, 공동체, 2019)
정신건강론(공저, 창지사, 2015)

정여주(Jung, Yeo-Joo)
충남대학교 사회복지학과 학사
충남대학교 대학원 사회복지학 석사 및 박사
현 청운대학교 사회복지학과 부교수

〈주요 논문〉
고령의 시각장애인 안마사가 지각하는 일의 의미에 대한 질적 탐색(2019)
장애노인의 자아 통제감과 우울의 관계에서 영성의 매개효과(2019)
장애인 활동보조인의 활동보조 경험에 대한 연구(2015)

홍성례(Hong, Sung-Rye)
경희대학교 아동가족학과 학사
경희대학교 대학원 아동가족학 석사
서강대학교 공공정책대학원 사회복지학 석사
경희대학교 대학원 가족학 박사
현 여주대학교 사회복지상담과 조교수

〈주요 저서〉
사회복지실천기술론(공저, 교문사, 2014)
건강가족의 이해(공저, 교문사, 2009)
새로운 가족학(공저, 신정, 2004)

새롭게 배우는
사회복지실천론
Social Work Theory and Practice

2020년 9월 10일 1판 1쇄 발행
2023년 10월 20일 1판 4쇄 발행

지은이 • 양정빈 · 김효순 · 이무영 · 정여주 · 홍성례
펴낸이 • 김 진 환
펴낸곳 • (주) **학지사**
　　　　04031 서울특별시 마포구 양화로 15길 20 마인드월드빌딩 5층
대표전화 • 02) 330-5114　　　팩스 • 02) 324-2345
등록번호 • 제313-2006-000265호

홈페이지 • http://www.hakjisa.co.kr
인스타그램 • https://www.instagram.com/hakjisabook

ISBN 978-89-997-2179-3 93330

정가 22,000원

┃ 출판미디어기업 **학지사**

간호보건의학출판 **학지사메디컬** www.hakjisamd.co.kr
심리검사연구소 **인싸이트** www.inpsyt.co.kr
학술논문서비스 **뉴논문** www.newnonmun.com
원격교육연수원 **카운피아** www.counpia.com